日本海沿岸地域における
旧石器時代の研究

麻柄 一志 *Magara Hitoshi*

雄山閣

序

　本書は、麻柄一志氏が富山を研究拠点に、過去30年にわたって日本海沿岸地域の後期旧石器時代を中心に研究を続け、これまで折々に発表された論文を核に、新たに書き下ろされた二、三の論文をくわえて一冊の単著にまとめられたものである。あらためていうまでもなく、日本海沿岸地域の後期旧石器時代を対象とした著作としては初めてのものである。本書に再録された既発表論文をいま読み返してみても、新鮮な響きを与えるのに驚かされる。考古学に関わる調査・研究はまさに日進月歩であり、新たな資料が累積するなかで論文寿命がますます短くなっていくのは、考古学の宿命とはいえ、この学問に携わるものとして避けられない運命といえる。経験したものだけが共有できる、編集にともなうさまざまな困難を克服し、刊行までに漕ぎ着けられた労苦を、先ずはねぎらいたい。

　麻柄一志氏とは、浅からぬ因縁がある。1975年、氏が同志社大学文学部文化学科文化史学専攻（現文化史学科）の門を叩かれて間もなく、サヌカイト原産地二上山北麓にある桜ヶ丘第1地点遺跡の発掘調査に参加されたときからのお付き合いとなる。この調査は、奈良県立橿原考古学研究所によって、二上山北麓における旧石器時代遺跡を対象とした初めての学術調査として企画され、近畿地方における本格的な旧石器文化研究の端緒となったことで知られる。調査に引き続き、遺物整理・報告書の作成にも麻柄氏は積極的に関与され、サヌカイト製石器の観察を通して研究方法の基礎を構築された。大学に入って初めて体験された調査が旧石器時代の遺跡であったことが、ここに上梓された著書へつながる出発点となったことは疑いない。ゼミ指導教授の森浩一先生をはじめ周囲から大学院への進学を嘱望されながらも、大学を卒業されて故郷の富山にもどり魚津市教育委員会に職を得られたのち、数々の緊急調査を担当するなかで、魚津歴史民俗博物館の運営、魚津埋没林博物館の立ち上げにも大きな役割を果たされたと仄聞する。氏の研究領域は旧石器・縄文・弥生時代から中世まで及び、考古学以外でも数多くの業績があり、近年は蜃気楼に関する講演会にもお呼びがかかるらしい。

北海道から山陰地方までおよぶ日本海沿岸地域は、厚い火山噴出物に恵まれた鳥取県大山周辺を除き、後期旧石器時代の堆積物が総じて薄く、層位学的編年研究にとって大きなハンディキャップを抱える地域として知られる。もとより、これは研究者の責任ではない。日本列島に展開した旧石器文化を汎列島的視野で正しく評価するためには、厚い火山灰の堆積に恵まれた一部の地域の研究だけで事足りるものではない。このような研究環境のうえでのハンディキャップを抱えながらも、25年もの間、日常的な行政事務をこなすかたわら、学生時代に培った旧石器への情熱を絶やさず、富山の旧石器研究に先鞭をつけられた橋本正氏の亡きあと、北陸地域の旧石器文化研究を終始リードする論文を発表し続けてこられた著者の堅実な研究姿勢と数多の業績は斯界にあって高く評価されるばかりでなく、本書は考古学を志向する学生、行政職に身を置かれる研究者にとって励みと勇気を与えるにちがいない。本書が、日本の旧石器学界にとって大きな財産となることはいうまでもない。

　日本列島の後期旧石器時代の研究において、北陸・東北日本海沿岸地域は北と南の旧石器文化が交差する地域として、ひときわ注目されてきた。瀬戸内海沿岸地域のサヌカイト石材圏で隆盛を見た瀬戸内技法あるいは国府石器群の影響がこの地域に及んだことは、いまや多くの研究者が認めるところである。この瀬戸内技法の伝播を実感させたのは、山形県越中山K遺跡出土の石器群である。そのなかに国府型ナイフ形石器の存在を初めて指摘したのは、1969年当時、東京国立博物館に在職されていた佐藤達夫氏である。筆者は大学院に在籍中、加藤稔氏を晩冬の山形に訪ね、その出土資料を実見するにおよんで氏の炯眼にあらためて畏服させられたものである。

　その後、私は瀬戸内技法の本場である大阪平野周辺と越中山K遺跡との間の分布の空白を埋める当該資料を探索するなかで、新潟県御淵上遺跡の報告書中に国府型ナイフ形石器によく似た石器実測図を見出し、遺物を実見する機会を待ち望んでいた。4回生の夏休み（1969年）を利用し、佐渡島を訪れた帰途、長岡市立科学博物館を訪ね、展示ケース越しにまぎれもない国府型ナイフ形石器を目のあたりにして独り欣喜雀躍したものである。それから8年を経た1977年、私自身は所用があって同行することはできなかったが、当時学生であった麻柄一志・佐藤良二・古森政次氏らが手弁当で同科学博物館を訪れ、瀬戸内技法関連資料の詳細な実測図・写真をもたらした。このときの記録がもと

になって、麻柄・古森両氏が連名で『旧石器考古学』45・46（1992・93年）誌上に報告し、この地域の瀬戸内技法への注意をあらためて喚起することになった。その詳細は、第Ⅳ章第3節を参照されたい。

　麻柄氏が富山に帰られた後、日本海沿岸地域の瀬戸内系石器群に並々ならぬ関心をもって研究に邁進されてきたのも、学生時代の経験はもとより、このときの原体験に根ざしたものにちがいない。第Ⅱ章と第Ⅳ章は、日本海沿岸地域の瀬戸内系石器群の研究に多くの紙数を割かれ、特定石材と外来要素としての瀬戸内系技術との関連性をローカルな石材原産地との距離を絡めながら、詳細な検討・考察をくわえている。なかでも日本海沿岸地域における瀬戸内技法とその故地での石材利用構造の類似を読み取られた点はまさに炯眼といってよい。第Ⅱ章第3節と第Ⅳ章第6節は、本書の刊行に合わせて新たに書き起こされたもので、日本海沿岸地域の瀬戸内系石器群研究について現時点での到達点と課題が要諦を押さえつつ包括的にまとめられており、向後の研究に明確な指針を提供する。

　第Ⅴ章は、北陸の旧石器時代に出土例の多い、姶良丹沢火山灰の降灰にさきだって出現した斧形石器（刃部磨製石斧）の機能を再検討したもので、定説とされていた木材伐採用具説に異を唱え、列島周辺地域の民族誌を援用しつつ革鞣し具としての用途にも注意を促すものであった。使用痕研究による検証が残されているとはいえ、民族誌におよぶ著者の該博な知識を垣間見せ、定説に果敢に挑戦した好論文といえよう。

　第Ⅵ章では、立野ヶ原石器群の源流を周辺大陸に求めて、1992年に日中旧石器学術交流訪中団の一員として華北旅行で実見・観察した山西省許家窰遺跡から出土した旧石器の観察と遺跡訪問の記録が克明に記されている。このとき訪中団の迎え入れの準備と訪問先への仲介の労を取っていただいたIVPPの李炎賢教授は、この3月、闘病の甲斐なく急逝された。当時お世話になった方々とともに、ご冥福を祈りたい。このときの訪中を皮切りに、いまなお麻柄氏らと共に中国、韓国の旧石器行脚が続いている。麻柄氏を絶えず海外に駆り立てた動機を察するに、蜃気楼の立つ富山湾越しに日本海の水平線の彼方に夢を追い続けられてきたのであろう。私もまた、東シナ海に続く水平線の彼方に夢を追い続けてきたもののひとりで、いまにしてみれば、最初の出会いからして、なにかしら運命的な糸で結ばれていたのかもしれない。日本列島の旧石器文化

のルーツを求めて、著者との旧石器行脚の旅は、まだしばらくの間続くにちがいない。

　2006年4月

同志社大学教授
松藤和人

■日本海沿岸地域における旧石器時代の研究■目次

序 ……………………………………………………………(松藤和人)…1

第Ⅰ章　序論―北陸旧石器研究の現状と課題― ……………………9
第1節　北陸地方の旧石器研究50年 ………………………………10
1　研究史の概要　10
2　個人研究の時代　11
3　共同研究の時代　13
4　自然科学との提携　14
5　編年と系統研究　16
6　剥離技術の分析　17
7　日本の旧石器研究に果たした北陸地方の役割　17

第2節　北陸旧石器研究の現状 ………………………………………18
1　はじめに　18
2　石器群の様相　19
3　今後の課題　31

第3節　北陸地方の旧石器編年 ………………………………………32
1　これまでの研究概要　32
2　各遺跡・遺跡群での石器群の変遷　33
3　北陸地方の後期旧石器時代石器群の変遷　40

第Ⅱ章　石材と石器群 ……………………………………………47
第1節　石器文化と石材選択 …………………………………………48
1　石器石材　48
2　立野ヶ原遺跡群の石器系統と石材　48
3　石器系統と石材の選択　50
4　まとめ　55

第2節　剥片剥離技術と石材 …………………………………………56
1　石材と剥離技術への視点　56
2　安山岩と横剥ぎ技法　57
3　北陸地方の石器群と石材　59

第3節　瀬戸内系石器群の安山岩使用 ………………………………60
1　北陸地方での追加資料　60
2　新潟県の瀬戸内系石器群　63
3　下呂石と瀬戸内系石器群　64
4　まとめ　68

第Ⅲ章　後期旧石器時代前葉の石器群 ………………………… 73
　第1節　局部磨製石斧を伴う石器群について ………………… 74
　　　1　はじめに　74
　　　2　中部地方日本海側の局部磨製石斧と石器群　74
　　　3　日本列島の局部磨製石斧　89
　　　4　まとめ　93
　第2節　いわゆる立野ヶ原型ナイフ形石器の基礎的整理 ………… 95
　　　1　はじめに　95
　　　2　研究史と定義　96
　　　3　各遺跡の検討　98
　　　4　石器群の特徴　106
　　　5　おわりに　109
　第3節　立野ヶ原遺跡群ウワダイラL遺跡の再検討 ……………… 110
　　　1　はじめに　110
　　　2　ウワダイラL遺跡　111
　　　3　採集された石器　113
　　　4　立野ヶ原型ナイフ形石器について　120
　　　5　おわりに　126
　第4節　後期旧石器時代前葉の剝離技術 ………………………… 127
　　　　　―米ヶ森技法の出現と展開―
　　　1　はじめに　127
　　　2　立野ヶ原石器群の剝離技術　129
　　　3　各地の端部整形石器と米ヶ森技法・類米ヶ森技法　131
　　　4　まとめ　147

第Ⅳ章　日本海沿岸地域の瀬戸内系石器群 ……………………… 155
　第1節　日本海沿岸地域における瀬戸内系石器群 ……………… 156
　　　1　はじめに　156
　　　2　各遺跡の概要　157
　　　3　瀬戸内系石器群の様相　171
　　　4　北陸地方における瀬戸内系石器群の位置　177
　第2節　国府型ナイフ形石器と掻器 ……………………………… 180
　　　1　はじめに　180
　　　2　国府型ナイフ形石器の拡散　180
　　　3　国府石器群の掻器　182
　　　4　北陸地方の掻器　185
　　　5　まとめ　187

第3節　御淵上遺跡の瀬戸内技法 ……………………………… 187
　　1　はじめに　187
　　2　御淵上遺跡の研究史　189
　　3　瀬戸内技法関連資料　192
　　4　既報告資料　205
　　5　出土状況　206
　　6　石材　209
　　7　剥離技術　211
　　8　おわりに　214
第4節　中部地方および東北地方日本海側の
　　　　瀬戸内系石器群について ……………………………… 215
　　1　はじめに　215
　　2　瀬戸内技法が認められる石器群　216
　　3　その他の横長剥片剥離技術　222
第5節　富山市御坊山遺跡出土の瀬戸内系石器群 ……………… 225
　　1　遺跡の位置　225
　　2　出土した石器　226
　　3　石器群の評価　228
第6節　瀬戸内系石器群をめぐる諸問題 ………………………… 229
　　1　瀬戸内系石器群の編年的位置づけ　230
　　2　野尻湖周辺の瀬戸内系石器群　232
　　3　角錐状石器について　236
　　4　瀬戸内系石器群の時期幅　238

第Ⅴ章　後期旧石器時代および縄文時代草創期の斧形石器 …… 245
　第1節　後期旧石器時代の斧形石器について …………………… 246
　　1　定義と特徴　246
　　2　分布　247
　　3　年代と出土層位　247
　　4　機能　248
　第2節　斧形石器の用途 …………………………………………… 249
　　1　はじめに　249
　　2　斧形石器の破損　250
　　3　磨製と打製　253
　　4　刃部再生　254
　　5　使用痕　255
　　6　斧使用の民族例　258
　　7　まとめ　261

第3節　神子柴型石斧の機能 …………………………………… 262
　　　　　　　―破損と石質に関する研究ノート―
　　　　　　1　はじめに　262
　　　　　　2　神子柴型石斧2例　264
　　　　　　3　神子柴型石斧の破損　267
　　　　　　4　石質について　271
　　　　　　5　まとめ　272

第Ⅵ章　後期旧石器時代の日本列島と東アジア …………… 279
　　　第1節　許家窰遺跡を訪ねて ………………………………………… 280
　　　　　　1　列島と大陸の石器群の対比　280
　　　　　　2　許家窰遺跡の位置づけ　280
　　　　　　3　許家窰遺跡の発掘資料　282
　　　　　　4　許家窰遺跡の見学　285
　　　　　　5　おわりに　288
　　　第2節　中国遼寧省の旧石器文化と日本列島 ………………………… 289
　　　　　　1　はじめに　289
　　　　　　2　遼寧省の旧石器時代遺跡と出土遺物の見学　290
　　　　　　3　遼寧省の旧石器時代概観　298
　　　　　　4　おわりに　300
　　　第3節　日本列島における後期旧石器時代の装身具 ……………… 301
　　　　　　1　はじめに　301
　　　　　　2　後期旧石器時代の出土例　302
　　　　　　3　縄文時代草創期の石製装飾品　310
　　　　　　4　列島の旧石器時代装身具の様相　312
　　　　　　5　おわりに　314

あとがき ………………………………………………………………………… 319

収録論文初出一覧 ……………………………………………………………… 322

索引Ⅰ（遺跡名）……………………………………………………………… 325

索引Ⅱ（人名）………………………………………………………………… 331

第Ⅰ章　序論－北陸旧石器研究の現状と課題－

第1節　北陸地方の旧石器研究50年

1　研究史の概要

　中部地方の旧石器研究は1952年の茶臼山遺跡の発掘に始まり、岩宿以後の旧石器研究初期の段階では関東地方と並び重要な位置を占めていた。1965年に刊行された『日本の考古学Ⅰ先土器時代』では列島を7地域に分け概説しているが、中部地方は南部と北部がそれぞれ1地域として取り扱われている。ちなみに、ここでは近畿地方は瀬戸内海地方の中に含まれ、項目としては存在していない。

　その後南関東を中心とする層位的な石器群の検出事例が増加し、層位に恵まれない中部地方では一時的な停滞期が存在したが、近年は東海地方東部の良好な層位、中部高地の黒曜石原産地などがあらためて注目され、再び脚光を浴びている。以下、今後のこの地域での旧石器研究の方向性を探るためにも、中部地方北部の北陸地方についてその研究の歴史をたどり、総括を試みたい。

　北陸地方の旧石器文化の研究史については、すでに富山県では西井龍儀（1983）によって、新潟県では小熊博史・立木宏明（1993・1994）によってまとめられているので、文献などは省略する。

　北陸地方の旧石器研究は岩宿遺跡発掘以前にもその萌芽が認められる。古くは1940年代の藤森栄一による新潟県北蒲原郡笹岡村杉村（現阿賀野市）出土の石刃核などの発見があったが、紹介された石器が旧石器と認識されていなかった。戦後は、いち早く1947年の駒井和愛による新潟県上越市五智の黒曜石製細石刃核の発見（駒井 1953）や、1948年の森秀雄による富山県上市町眼目新の赤土の中から石刃石器群の発見などがあった（江坂 1959　第1図）が、いずれも発見者たちの認識が広く伝わらず、岩宿発掘以降にようやく再評価された。おそらく列島各地で岩宿前後に旧石器発見の舞台は用意されていたが、相沢忠洋、芹沢長介という役者が揃ったのが岩宿であった、といえようか。

　北陸地方の岩宿発掘以降50年の研究の歩みは1970年代までの30年間と1980年以降の20年間に大きく二分される。さらに研究の主体は、初期はほと

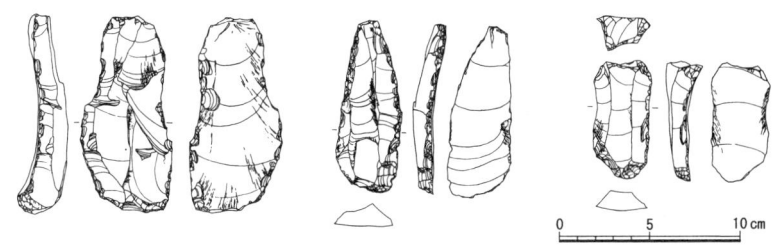

第 1 図　1948 年に眼目新丸山遺跡の赤土の中から出土した旧石器

んど個人にあり、後期は行政機関、研究団体が中心となっている。

2　個人研究の時代

芹沢長介

　日本海側での旧石器文化の解明を目的とした発掘調査は芹沢長介らによる1956年の新潟県津南町本ノ木遺跡の発掘が嚆矢となる。岩宿の発掘以降いち早く芹沢長介らが中部高地の旧石器遺跡を精力的に調査し、中部高地が黎明期の旧石器研究をリードしていたが、芹沢の足跡はこの地域でも大きく、槍先形尖頭器の本ノ木遺跡、細石刃の新潟県川口町荒屋遺跡（1958）のあと津南町神山遺跡（1958）、東北大学に移ってからも有舌尖頭器の新潟県十日町市（旧中里村）中林遺跡（1961）、同田沢遺跡（1970）と発掘調査を継続した。津南町神山遺跡を除き、いずれも旧石器時代の終末から縄文時代草創期の遺跡で、芹沢のこの時期の問題意識は明らかである。芹沢の調査した遺跡は、神山型彫器、荒屋型彫器、中林型有舌尖頭器、本ノ木式土器など該期の標式遺跡となっているものが多く、また山内清男との本ノ木論争にみられるように学史的に避けて通れない重要遺跡もある。なお、本ノ木遺跡については、芹沢と土器の共存問題で見解を異にした山内清男が1957年に第2次調査を実施しているが、調査の内容は未報告である。

　さらに、忘れてならないのは、芹沢に遺跡や石器の情報をもたらした新潟県の星野芳郎や石沢寅二などの地元の研究者の存在である。

中村孝三郎（1910〜1994）

　日本海側での旧石器時代遺跡の発掘調査は、中村孝三郎の新潟県津南町貝坂

遺跡の調査（1957）に始まる。中村はその後津南町楢ノ木平遺跡（1960）、新潟県三条市（旧下田村）中土遺跡（1964）、新潟県魚沼市（旧堀之内町）月岡遺跡（1968）、三条市（旧下田村）御淵上遺跡（1969）と意欲的に調査し、日本海側での後期旧石器時代の様相をほぼ明らかにした。

さらに、中村は新潟県阿賀町(旧上川村)小瀬ヶ沢洞窟の調査（1958・1959）で、縄文時代草創期の大量の資料を得ている。このほかに縄文時代草創期に属する津南町卯の木遺跡（1956）、阿賀町（旧上川村）室谷洞窟（1960・1961・1962）の発掘調査もおこなっており、1960年代の旧石器時代終末から縄文時代草創期にかけての変遷の研究に大きく貢献している。中村はいちおう行政機関に属していたとはいえ、これらの調査は個人的な負担によっていた面も大きく、多数の研究同好者やボランティアに支えられての調査であった。

芹沢と中村の調査は、今日の一般的な行政調査と比較すれば短い期間と少ない予算で、最大の成果を収めている点が共通する。しかし、こうした発掘調査は、発掘面積、調査期間が増大した1970年代以降の埋蔵文化財行政の充実とともに衰退した。芹沢・中村時代に比べ、より広く、より深く、より長期間にわたっておこなわれる今日の発掘調査は、遺跡破壊の免罪符としての開発側からの多額の資金提供によっておこなわれている場合が多く、自然科学の分野との提携もなされており、得られる成果も大きい。しかし、その目的があくまで遺跡の破壊部分の記録保存であり、得られたデータが、必ずしも研究者を100％満足させるものとは限らない。当然後年に補足の調査が必要な場合もあるであろうが、そうした実践例を知らない。

そして何よりも重要な点は、芹沢と中村の発掘した石器群が今なお日本の旧石器文化研究に欠かせない資料であることと神山、小瀬ヶ沢や御淵上のように報告書が刊行されており、後進の研究者の再検討が可能であることであろう。

西井龍儀

西井は富山県の西部を中心に精力的に旧石器時代の遺跡の踏査を続け、多数の旧石器遺跡を発見し、石器群の分類をおこなっている。西井の研究成果は『富山県史』考古編（1972）に結実しており、この段階で富山平野に分布するさまざまな系統の石器群の様相が明らかにされた。その後『北陸の考古学』（1983）で分類した石器群の系統と編年をまとめている。西井によって発見された遺跡は、その後に開発事業に伴い行政調査の対象となったものもある。特

に立野ヶ原遺跡群の発見は、6次に及ぶ立野ヶ原遺跡群の調査の原動力となった。西井の分類は橋本正や後進の研究者の石器群編年研究の基礎となっている。

橋本正（1947～1992）

1970年代に入ると、中部地方でも各地で大規模な開発に伴う行政調査が実施されるようになり、行政機関による旧石器遺跡の発掘も増大する。橋本正は富山県初の埋蔵文化財担当職員として、数多くの発掘調査と遺跡保護に取り組み、そのなかでも、直坂遺跡群、立野ヶ原遺跡群などの旧石器時代の重要な遺跡を担当している。橋本は富山平野の発掘調査での層位的所見に基づき、西井によって系統分類されていた石器群を編年に組み入れ、北陸における後期旧石器時代の石器群変遷の見通しを立てた（橋本1975）。ただ、これらの研究の立論の基礎となった各遺跡の調査報告書が刊行されておらず、後進の我々が充分検証できないという欠陥がある。橋本の考古学的業績は多岐にわたっているが、そのなかでも旧石器時代研究の方法論に踏み込もうとした点は注目される。残念ながら公私の不幸が重なり、研究は中断された。

3 共同研究の時代

1970年代に入ると、北陸地方各県にも行政内に埋蔵文化財担当の職員が配置され、行政調査が実施されるようになる。これまでの学術調査と異なり、発掘面積は広く、発掘の深度も深くなり、担当者の興味関心にかかわらず、旧石器の調査も増加の一途をたどるようになった。

富山、石川、福井では1980年代より、各県に分散する旧石器研究者が、定期的に遺跡・遺物見学、情報交換をおこなうことにより、研究会活動を開始する。契機は平口哲夫による福井県西下向遺跡の発掘調査で、1986年の三国シンポジウム、1989年の日本考古学協会富山大会での斧形石器をめぐるシンポジウムはその延長線上にあった。西下向遺跡の発掘調査は芹沢や中村以来の久々の学術調査で、狭い面積にもかかわらず、多くの研究者が参加し、石器群の分析にも意見交換が何度もおこなわれ、平口による三国技法の提唱に繋がった。そのほかに旧石器の発掘があれば、遺跡・遺物の見学会を不定期におこなうようになった。人が集えば派閥が形成される弊害もあるが、旧石器研究者人口の少ない地域で、在野に散在し、日常的にそれぞれが孤立する恐れのある環

境で研究会が自然成立した意義は大きい。この間、北陸では平口哲夫、奥村（松島）吉信らによって旧石器時代に関する論文が量産されたが、これらは研究会活動を通じての意見交換、情報収集によるところが大きい。この会は北陸旧石器文化研究会と称しているが、規約も会費もないルーズな集まりで、旧石器が好きな者は誰でも参加できる。ただし、現在は行政機関での旧石器遺跡の発掘調査がほとんどなくなり、1990年代半ばから休眠状態が続いている。

　新潟では芹沢長介と中村孝三郎の研究以降は、三条考古学会が五十嵐川流域で踏査を中心とする地道な調査を続けていた。そのなかには旧石器時代の遺跡も多く含まれており、その成果は佐藤雅一の論文（1981）に結実している。

　その後、1990年代に入り、新潟県の行政機関に大学時代に旧石器を専攻した調査員が続々と採用され、旧石器時代遺跡の大規模な発掘調査も増加した。樽口（たるくち）遺跡や上ノ平（うえのたいら）遺跡群などの重要遺跡の発掘調査、報告書の刊行が続いている。新潟県の旧石器研究者人口の増大は新潟大学に在職した小野昭の存在が大きく、門下の多くの人材が県および市町村に埋蔵文化財専門職員として就職している。そうした中で、日本考古学協会の新潟大会では、「環日本海における土器出現期の様相」が議論されたが、その題材の一つとして、小瀬ヶ沢洞窟発掘の資料の再整理が共同研究でおこなわれた。報告書刊行から30年近くが経過しており、こうした試みは評価される。その後、新潟石器研究会として、中土遺跡の再検討がおこなわれ、その成果が刊行されている。現在は御淵上遺跡の再整理が継続されている。個人的には、新潟県内で最も重要遺跡であると考えている御淵上遺跡が再び脚光をあびていることは喜ばしい。成果が公表され、問題点が明らかになった段階で再発掘の気運が高まることを期待したい。北陸旧石器文化研究会に元気がない今、このグループの活動が刺激を与えてくれることを願っている。

4 自然科学との提携

　日本では、考古学はおもに遺跡、遺構、遺物から人類史を究明する歴史学の一分野であるが、遺跡、遺構、遺物そのものの考古学的情報は限られており、伝統的な考古学的手法のみでは過去の社会の再構築には手が届きにくい。そのため、遺跡の発掘調査から歴史の叙述をおこなおうとする場合、異なる分野と

の連携による学際的研究が不可欠となっている。とくに考古学的情報そのものが他の時代に比べて少ない旧石器時代においては、遺跡から得られるさまざまな自然科学的情報は、考古学資料の最も重要な属性である年代の推定などに決定的な役割を果たすことが多い。また近年研究の重要な視点となっている遺跡をとりまくさまざまな環境なども自然科学的方法を駆使して復元される。こうした研究はすでに各地で実践されており、1980年代以降になると北陸地方でも取り入れられてきているが、その取り組みは部分的であり、他地域に比べると遅れているといえよう。

　最も早くからおこなわれた手軽な自然科学の分析としては、^{14}Cの年代測定がある。北陸では荒屋遺跡の調査で実施されたが、なぜかその後近年まで他の遺跡での実施報告がない。

　当該地域で最も早く遺跡調査と並行して石器包含層の火山灰分析を実施したのは、鈴木忠司による富山県野沢遺跡A地点の調査（1979）であり、小林武彦によりAT（姶良Tn火山灰）が確認され、石器群の年代がATとの関連で把握できた。実はすでに1973年に立野ヶ原遺跡群のウワダイラ地区の発掘調査で小林による石器包含層の黄褐色粘土層のブロックサンプリングが実施され、その後火山灰の分析もおこなわれてATが検出されていたが、考古学側の関心を引かなかった。立野ヶ原遺跡群ウワダイラ地区の火山灰分析結果が考古学の成果と関連させて公表されていたら、橋本正の立野ヶ原型ナイフ形石器の位置づけももっと早く正当に評価されていたと思われる。

　野沢遺跡A地点の調査以降、石器包含層の火山灰分析が一般的におこなわれるようになった。南関東のように厚い火山灰層に恵まれていない中部地方日本海側では、これまで石器群の遺跡ごとの層位的な対比ができない状態であったが、広域テフラにより鍵層（とくにAT）を基準に少なくともその上下の年代を与えることが可能になった。またDKP（大山倉吉軽石層）もたいがいの遺跡で検出されており、今後中期以前の旧石器の存在が問題となるとき、この火山灰の存在が決め手となる。さらに新潟ではAs-YPk（浅間草津火山灰）が縄文草創期の鍵層として注目されており、壬遺跡、大刈野遺跡、西倉遺跡などで検出されている。

　野沢遺跡A地点でのAT検出以降、富山県の白岩藪ノ上、新造池A、福井県の西下向などの発掘調査で相次いで火山灰の分析が実施され、ATを基準とし

た編年のめやすができあがった。また新潟県では朝日村樽口遺跡でこの地域ではめずらしく複数の石器群が層位的に検出され、ATの存在により、従来後期旧石器時代の後半に盛行すると考えられていた掻器を有する基部調整のナイフ形石器の一群（いわゆる東山型）が、AT降灰以前にさかのぼることが判明した。

　本格的な自然科学との提携は、新潟県上ノ平遺跡A地点、樽口遺跡の報告でようやく実現し、この2冊の報告書が北陸地方での今後の旧石器調査のモデルになることが期待される。学際的研究は遺跡の保存条件にもよるが、現状ではまだまだ不充分である。

5 編年と系統研究

　石器群の編年については、研究初期は杉久保系と東山系が錯綜する地帯として、その前後関係が問題にされていたが、位置づけは二転三転し定位置が確立していなかった。北陸で初めて全石器群の編年的位置づけを試みたのは橋本正で、富山県の旧石器を、石器群の出土層位を基に編年的に配列した（橋本1975）。橋本の方法は、当時注目されていた南関東の野川遺跡群などで報告された石器群の層位的出土に基づく研究事例を北陸にも適用させようとしたものであった。しかし、北陸の旧石器包含層は関東ロームのような広範囲にわたる同一層序が認められず、結果として石器包含層の赤土上面からの深度を手がかりに序列を与えることになった。

　橋本の編年案は、系統の錯綜する多数の石器群を系統別にすべて前後関係で表した点に特徴がある。橋本以後北陸の編年をまとめた平口哲夫や西井龍儀の編年ではその点は含みをもたせてあり、各系統が時間幅を持ち、系統ごとに時期的に並行する場合が想定されている。

　しかし1遺跡内で層位的に複数の石器群が検出されたのは直坂II遺跡のみで、しかも直坂II遺跡でも複数検出されたブロックが完全に同じ地点で上下関係を把握することができるわけではなく、異なった地点の石器群のわずかな深度差が編年のめやすとされている。さらにこの直坂II遺跡の発掘調査報告書は未だ刊行されておらず、概報のみが我々の前にある。その後の北陸地方も層位的事例には恵まれていない。唯一新潟県朝日村樽口遺跡で不明瞭ながらも複数の石器群が層位を異にして検出されているのみである。1遺跡で複数の石器群

が検出される例は数多いが、石器群の出土レベルに違いが認められない。

　北陸地方のナイフ形石器文化期の大きな特徴の一つに、明らかに技術基盤の異なる東山、杉久保、茂呂、瀬戸内、立野ヶ原などのグループがそれぞれ単独で存在することである。ATを基準に立野ヶ原系の位置づけは確定したが、その他の系統相互の関係は今後の研究に委ねられている。列島の中央部で日本海沿岸地帯という地理的条件から西南地方や東北地方の影響を波状的に被っていることは想像にかたくないが、石器群の違いを集団の交代と理解するのか、環境適応の差と見るかは解釈がわかれている。

6　剥離技術の分析

　層位的事例に期待できないことから1980年代に流行したのが、技術基盤による石器群の分類と相対的前後関係の把握である。奥村吉信による石刃石器群の研究や西下向遺跡を対象とした平口哲夫の横長剥片剥離術の研究などは、層位に恵まれていないハンディを精緻な剥離技術分析で補うもので、同じく層位的に劣悪だった東北地方や近畿地方の研究実績に倣ったものである。しかし技術基盤は石器群の分類には有効であってもそのまま編年に結びつけることはできない。

　また特定の技術が特定の石材を好んで使用していることも指摘されており、石材の性質に剥離技術が適応したものか、文化が石材を決定しているのかこれから究明しなければならない課題の一つである。

　さらに近年は新潟県で細石刃文化の資料が増加しており、細石刃剥離技術の分析から、矢出川技法、湧別（ゆうべつ）技法、ホロカ技法のほかに特異な荒川台技法の存在が明らかにされている。これらの石器群の編年については、新潟県内では確認されていないが、周辺地域での成果が参考にされている。

7　日本の旧石器研究に果たした北陸地方の役割

　先述したように、研究の初期は新潟県内で本ノ木遺跡、荒屋遺跡、小瀬ヶ沢洞窟、中林遺跡などの旧石器時代終末から縄文時代草創期の学史に残る著名な遺跡が調査されている。その後も遺跡の密集する津南町や十日町市（旧中里村）

をはじめ該期の重要遺跡の発掘調査が相次いでおり、新潟発の情報が列島を駆け回っている。この時期の研究者にとって無視できない地域である。

また、立野ヶ原系石器群や刃部磨製斧形石器など後期旧石器時代前葉の段階の石器群、さらに日本海を北上した瀬戸内系石器群の研究も北陸地方が出発点となった。しかしその後の研究が未消化なので、継続する必要があろう。

第2節　北陸旧石器研究の現状

1　はじめに

中部地方日本海側の旧石器研究は、岩宿遺跡の発見前後にその萌芽が認められるが、1950年代からは新潟県の中部を中心に旧石器、縄文草創期の資料の発掘が相次ぎ、日本における旧石器研究黎明期の研究拠点の一つであった。1950年代から60年代には新潟県で中村孝三郎、芹沢長介らによって、学史に残る重要遺跡の調査が実施されている。1970年代には、富山平野で西井龍儀らの踏査で発見された旧石器遺跡の発掘がさかんになりさまざまな様相の石器群の存在が明らかにされ、さらに1980年代では石川県・福井県でも遺跡の発見・発掘が続き、資料の蓄積と石器愛好者の増加を見た。

このように北陸地方の旧石器研究は新潟県に始まり、徐々に西進した。富山県～福井県で旧石器遺跡の調査が進められている間、新潟県では縄文草創期を除き目立った調査・研究がおこなわれていないが、地元の研究者による地道な踏査が続けられており、こうした蓄積によって1990年代には再び旧石器遺跡の調査と研究は新潟県へ中心を移している。遺跡が研究の単位である考古学は、遺跡の発見が研究のスタートとなる。北陸地方の旧石器研究は、情熱を持った熱心な研究者の踏査などの日常活動の成果に支えられている。1990年代に入り、研究の停滞している富山県～福井県でも、原点に立ち戻って再びフィールドに立つ必要があるのではないだろうか。

この地域の旧石器研究の歴史については詳細な論考があるのでこれらを参照されたい（西井 1983、小熊・立木 1993・1994、麻柄・堤 1999など）。小論では、近年の北陸地方における旧石器研究の新たな成果を中心に、石器群のさまざま

な様相を認識し、そこから今後の研究を展望したい。なお、北陸地方でも砂田佳弘や中村由克らによって前期旧石器の追究も行われているが、今のところ資料が少なく、過去の採集資料の再検討の段階にとどまっている。我々のいっそうの努力が求められている。前期旧石器・中期旧石器の研究を大きな課題とし、ここでは後期旧石器時代を対象に議論を進める。

2 石器群の様相

北陸地方は列島のほぼ中央部の日本海側に位置しているという地理的条件のため、各時代を通し北からの文化と西からの文化が複雑に融合している。特に後期旧石器時代では、太平洋側より日本海側の方がさまざまな系統の石器群が認められ、変化に富んだ移り変わりとなっている。かつて石器文化の地域性の指標として注目された主な石器群が北陸地方ではほとんどすべて存在する。さらに日本海沿岸部に特徴的な石器づくりも認められ、独自の文化圏も形成されている。こうした特色ある石器群は通常、瀬戸内系、杉久保系、東山系、茂呂系などと呼び慣わされているが、これらの定義は明確でなく研究者によってとらえ方は異なっている。「系」という言葉である特徴を基準に関連ある石器群を包括してとらえることは、複雑な様相を単純化して理解する場合に便利であるが、実体が曖昧となり、分析の単位としては使えない。ここではできるだけ個別の石器群について定義づけをおこなって使用したい。

(1) 立野ヶ原系石器群

立野ヶ原型ナイフ形石器は2～4cmの矩形の小型剥片の末端に整形加工を施したもので、米ヶ森技法や打面転位を頻繁におこない、残核がサイコロ状の石核から剥離される。立野ヶ原石器群は、立野ヶ原型ナイフ形石器を主体とし、石核調整の発達しない石刃の基部の両側線に調整が施されたナイフ形石器、ペン先形ナイフ形石器、枝去木型や日ノ岳型の台形様石器などを組成することがあり、しばしば刃部磨製斧形石器を伴う石器群をさす。立野ヶ原石器群の大きな特徴の一つに、技術基盤に米ヶ森技法を含むことがあげられる。このことについてはすでに詳述しているので繰り返さない。立野ヶ原石器群は、今のところ主として北海道から山陰地方までの日本海側に分布しており、後期旧石器時

代の前半(AT降灰以前)における地域性を表すものと考えられる。

立野ヶ原石器群は北陸では分布が富山県と石川県に限られており、東北地方日本海側の秋田県でも集中して認められていたが、その間の新潟県、山形県が空白地帯として残されていた。近年ようやく新潟県でも立野ヶ原石器群に関係すると思われる石器群が検出されだした。しかし発掘調査がおこなわれた遺跡では、樽口遺跡以外は報告書が刊行されておらず、速報された内容は、立野ヶ原型ナイフ形石器や台形様石器が存在するもの、ペン先形ナイフ形石器が主体となるものなどさまざまな様相が認められ、剥片剥離技術を含めて、石器群の全容が報告書に公開されることが待たれる。

ところで、筆者らはかつてAT降灰以前の石器群に列島規模での関連性を認めることができることから、はじめは「局部磨製石斧を伴う石器群」、のちに「立野ヶ原系石器群」として整理を試みようとした(麻柄 1986)。しかし、詳しく概念規定をおこなわず放置したため、「実体が不明であり、概念規定もない」(佐藤 1988)と批判をあびている。指摘のとおりであるが、北陸の立野ヶ原石器群を分析する過程で立野ヶ原石器群には、立野ヶ原型ナイフ形石器のほかに、ペン先形ナイフ形石器、枝去木型や日ノ岳型の台形様石器が組成されることが判明し、他地域のAT降灰以前のこうした石器群に二次加工ある剥片や削器として報告されている小型の矩形剥片の一部に二次加工を施した石器が存在することが明らかになり、立野ヶ原石器群との関連が考えられた。さらに刃部磨製斧形石器を組成するなど共通点が認められ、後期旧石器時代前半のある程度限定された時間内に存在することから立野ヶ原系石器群としてまとめることができると考えた。その後のAT降灰以前の石器群研究の潮流となった台形様石器群(佐藤 1988)に含まれるものを包括していた。いずれその責を果たしたい。

(2) 瀬戸内系石器群

かつて山形県の越中山遺跡K地点が国府型ナイフ形石器の島と称されたが、東北と近畿の中間地帯の北陸地方で続々と資料の増加が認められ瀬戸内系の石器群は近畿から東北まで点々と繋がった。しかし瀬戸内系で一括された石器群の内容は単一ではなく、近畿・瀬戸内地方と同様にナイフ形石器の形態、剥片剥離技術、石器組成の点で何段階かの変遷が想定されている。瀬戸内系石器群

と呼ぶ場合かなり幅広い内容を包括している。瀬戸内技法を技術基盤とし、国府型ナイフが石器組成の主体である国府石器群を含み、剥片素材の石核から剥離された瀬戸内技法によらない横長剥片剥離技術を主とした技術基盤とする石器群を包括して瀬戸内系石器群と呼ぶ。

　越中山遺跡 K 地点の発掘調査の後、新潟県御淵上遺跡、富山県直坂 II 遺跡、長野県仲町遺跡が調査され、さらに表面採集の資料であるが、富山県安養寺、同七曲(ななまがり)、同眼目新遺跡などの資料の再評価がおこなわれた。1970 年代後半から 80 年代前半にかけて新造池 A 遺跡、南原(みなみはら) C 遺跡など断片的な資料ながら遺跡の発見が相次ぎ、その結果、研究初期の段階で単純に国府石器群と対比されていたものが、瀬戸内技法そのものが認められる御淵上遺跡と瀬戸内技法が認められず、直坂 II 型と仮称した背面側から腹面側に整形加工を施し、断面が平行四辺形の特異なナイフ形石器の一群の存在が明らかになった。さらに福井県西下向遺跡の発掘で三国技法が復元され、瀬戸内技法の変異としてとらえられた。これにより、中部地方日本海側では瀬戸内系の横剥ぎの石器群が 3 グループ存在することが明らかにされた。

　石器群の年代については、直坂 II 型のナイフ形石器を含む新造池 A 遺跡と西下向遺跡で AT が石器群より下位に検出され、瀬戸内系石器群の内二つのグループの年代が AT より上位であることは確認されたが、他の系統の石器群や瀬戸内系各類型の相互関係は発掘のデータからは不明である。そのため、これらの前後関係については近畿・瀬戸内での石器群の変遷に照らして、瀬戸内技法・国府型ナイフ形石器の認められる御淵上遺跡、三国技法の西下向遺跡、いわゆる櫃石島(ひついしじま)技法の直坂 II 遺跡・仲町遺跡の 3 段階の変遷が予想された。

　その後の成果として、御淵上遺跡の瀬戸内系と考えられていた石器群の剥離技術の概要が明らかにされ(麻柄・古森 1992・1993)、近畿・瀬戸内の瀬戸内技法の第 2 工程とほぼ同じ剥離技術が確認された。さらに新潟県北部で相次いで瀬戸内系石器群が検出され、樽口遺跡(朝日村教委 1996)では層位的に、坂ノ沢 C 遺跡(田中・斎田 1998)ではブロックで他の石器群と分離が可能で、この地域での瀬戸内系石器群の石器組成が明らかになった。御淵上遺跡の石器群を国府石器群と尖頭器石器群の二つに分離する際、これらの石器組成が参考になる。ただし、両遺跡とも剥片剥離などの石器製作はあまりおこなわれておらず、特に国府型ナイフ形石器はすべて搬入品である。そのため瀬戸内技法の実

態は明らかではない。さらに御淵上遺跡の石器群が2期の混在である可能性が高いため、石器組成など不明な点が多く、依然、越中山遺跡K地点の報告書刊行が待たれる。

　樽口遺跡では翼状剥片、翼状剥片石核が出土していないため、剥離技術の分析が充分おこなえず、ナイフ形石器の剥離痕の観察から推定せざるをえない。出土している国府型類似のナイフ形石器の背面のネガティブ面は複数の剥離面から構成されるものも認められるが、打点の位置が主要剥離面の打点の位置に近いものが多く、打点を後退させながら連続して翼状剥片を剥離していると推定できる。三国技法のように打点を大きく左右に移動させながらの剥離ではない。また、直坂Ⅱ遺跡のような背面から腹面に向けてのナイフ形石器の整形剥離も認められない。石材が珪質頁岩のため底面がポジティブかネガティブかの判断がつかないものが多いが、基本的に瀬戸内技法の所産とみなしたい。

　樽口遺跡での大きな成果は瀬戸内系石器群と他の石器群が層位的に検出された点で、北陸地方では直坂Ⅱ遺跡以来20年ぶりである。樽口遺跡ではA地区の瀬戸内系を含む石器群（Ⅴ層下面）が、AT層（Ⅵ層）を挟みA地区の東山系石器群（Ⅶ層上面）の上位で、A地区の杉久保系、B地区の杉久保系、B地区の東山系石器群（いずれもⅣ層下面からⅤ層上面）の下位から出土しており、息の長い東山系のある段階に瀬戸内系（国府石器群）が入り込んで、杉久保系が瀬戸内系より新しいことになる。少なくとも瀬戸内系の国府段階の石器群と東山系、杉久保系の石器群との関係が明らかである。

　越中山遺跡K地点では多量の角錐状石器の出土が報告されているが、新潟以西の北陸では角錐状石器がほとんど出土していない。輝石安山岩製では富山県眼目新丸山が知られているにすぎず、長野県北部（西岡A遺跡）を含めても1遺跡が追加できるにすぎない。しかも眼目新丸山の角錐状石器は幅広で先端があまり尖っておらず、形態的に西日本の角錐状石器と直接対比しにくい。長野県北部の角錐状石器も幅広の同様の形態である。この角錐状石器の欠如は何を意味しているのだろうか。越中山Kの角錐状石器の存在が説明を困難にしている。なお、樽口でチャート製の角錐状石器、スクレイパーと報告されている石器は埼玉県殿山の先端の一部のみを残し周辺加工されたナイフ形石器に類似する。単純に日本海ルートの石器群とはいいきれないかもしれない。

　さらに近年福井県猪野口 南 幅遺跡で輝石安山岩製の底面を持つ横剥ぎのナ

イフ形石器とスクレイパー、珪質頁岩製の石刃素材の掻器、彫器などがセットで発掘されており、大阪府郡家今城（ぐんげいましろ）遺跡の珪質頁岩製の石刃を素材にした掻器と東北地方との中間地帯での様相が明らかになりつつある。残念ながら製品のみの出土で剥片剥離技術等は明らかでないが、輝石安山岩製のナイフ形石器は瀬戸内技法、もしくは三国技法によるもので、石理をうまく使って薄く剥離している。珪質頁岩製の石器は調整技術の発達した石刃技法によるもので、東北地方および中部地方日本海側で発達したいわゆる東山系石器群に類するものである。石材の輝石安山岩は地元産で珪質頁岩は搬入品と考えられる。

　三国技法については、西下向遺跡の調査以後、三国技法を追認することのできる資料が発見されておらず、依然として資料不足である。三国技法が成立するには打点を横に移動させながら横長剥片を剥離するため、瀬戸内技法に比べてより幅広の盤状剥片が石核の素材として用意されなければならない。原礫がかなり大きくないとこうした技法は活用できない。そのため、輝石安山岩の原産地から遠く隔たると大きな素材の確保も困難になり、三国技法での剥離方法はより希薄になることが予想される。こうした石器群の追究は輝石安産岩の原産地の周辺が手っ取り早いかもしれない。

　直坂Ⅱ遺跡、新造池A遺跡、仲町遺跡などで確認された直坂Ⅱ型のナイフ形石器はその後、野尻湖周辺で多数発見されているが、概要のみで、詳細は報告されていない。直坂Ⅱ遺跡や新造池A遺跡はきわめて小規模の遺跡であったため石器群の分析に耐えなかったが、しかし野尻湖周辺では仲町遺跡と類似する石器群が東裏（ひがしうら）遺跡、上ノ原（うえのはら）遺跡などで多数検出されており、剥片剥離技術および石器組成などの詳細な報告が期待される。なお上ノ原遺跡では直坂Ⅱ型ナイフ形石器を含む仲町遺跡類似の安山岩横剥ぎナイフの一群が上下2層に分かれて出土していることが報告されている（中村 1997）。下層の石器群はATを含む層準から台形様石器と瀬戸内系石器群が共に出土しているとされている。報告書が刊行されていないので評価は避けたいが、もしこのことが事実であれば、従来剥片剥離技術が、近畿・瀬戸内と連動し、瀬戸内技法、三国技法、櫃石島技法と一系統で変化したと単純に解釈していた日本海沿岸の瀬戸内系石器群の変遷が根拠を持たなくなる。また直坂Ⅱ型のナイフ形石器も時期的な指標にはならなくなり、瀬戸内系ではなく中部地方北部の在地の石器群であることにもなる。筆者にとっては、今までの解釈がすべて崩れ去る可能性もあること

なので全容が明らかにされた時点でもう一度上ノ原遺跡下層の石器群の評価をおこないたい。

北陸地方の瀬戸内系石器群の使用石材は輝石安山岩地帯ではほとんどが輝石安山岩を使用しているが、輝石安山岩の原産地から離れた新潟県北部及び越中山Kでは珪質頁岩が使用されている。輝石安山岩は岩石の性質が流状構造を示し、石理に沿って剥離しやすく、鋭い刃部を持つ横長剥片の剥離が容易である。しかし、珪質頁岩で作られた国府型ナイフ形石器は刃角が鈍い。剥片剥離の段階で鋭い刃部をもつ剥片が剥離できていない。瀬戸内技法及び横長剥片剥離技法が珪質頁岩ではうまく機能していないようだ。そのため、新潟県北部では瀬戸内系が断片的にしか存在しておらず、越中山Kでは珪質頁岩のほかに安山岩に類似する凝灰質砂岩などでも瀬戸内技法が試みられているのだろうか。

(3) 杉久保系石器群

長野県杉久保遺跡より採集されたナイフ形石器は芹沢長介らによって杉久保形（型）と呼ばれ、「典型的な石刃から作り出され、柳の葉のように細長く、先端部・基部ともに、優美に尖った形」と定義づけられた。さらに付け加えれば、石刃技法は単設打面で、稜形成、打面調整、打面再生、頭部調整などの各種調整技術を持ち、ナイフ形石器は基部の裏面に石刃の打瘤を除去する調整加工が施される場合が多い。先に確認された関東・中部地方に分布している縦長剥片の一側縁と刃部の基部に近い部分を整形した茂呂型と対比して、その特徴が認識された。こうしたナイフ形石器は研究の初期からきわめて限定的な分布を示すことが指摘されており、旧石器時代の文化圏の指標となりうると想定された。杉久保の後、新潟県貝坂、同神山と相次いで発掘調査がされ、さらに山形県横道遺跡が発見され、杉久保型ナイフ形石器の分布は中部地方の北部から東北地方と考えられた。

神山遺跡の発掘調査では、杉久保型ナイフ形石器に特殊な彫器が多量に伴出することが明らかになり、この彫器は芹沢長介によって神山形（型）と名づけられた。神山型彫器は、石刃の一端に背面から腹面への調整によって主軸に対して斜めの彫刀面打面を作出し、背面側に彫刀面が形成される。彫刀面を上から見た形状がZ字状を呈する。神山型彫器の分布は杉久保型ナイフ形石器の分布とほぼ一致し、多くの遺跡で両者は共存する。杉久保型ナイフ形石器と神

山型彫器が石器組成の主体で、東北地方の後期旧石器時代後半の各時期の石器群にほぼ伴う掻器をほとんど組成せず、石刃技法を技術基盤とする石器群は杉久保石器群と称されている。

近年、新潟県薬師堂遺跡、同樽口遺跡、同上ノ平遺跡Ａ地点、同上ノ平遺跡Ｃ地点、同吉ヶ沢遺跡Ｂ地点、同下モ原Ⅰ遺跡、同居尻Ａ遺跡や野尻湖周辺で良好な杉久保石器群が検出されているが、杉久保石器群を厳密に認定すれば、その分布は依然山形県の南部、新潟県、長野県の北部に限られている。杉久保型ナイフ形石器に類似する細身の柳葉形で基部と先端を尖らせたナイフ形石器や神山型彫器を含む石器群を杉久保系石器群として包括する場合その分布は東北地方全体に広がるが、中部地方南部や関東地方、富山県以西では発見されていない。杉久保系の石器群の中核は北信越にあり東北に拡散しているといえよう。

杉久保系石器群については、標式遺跡の杉久保遺跡の調査で3段階の変遷案が示されているが、量的に保証された資料を用いた分析例はなかった。上ノ平遺跡Ａ地点及び同Ｃ地点の報告をおこなった沢田敦は、杉久保石器群に類似する資料の内、新潟県楢ノ木平遺跡、秋田県鴨子台遺跡、岩手県和賀仙人遺跡出土の石器群の彫器が神山型であるが、ナイフ形石器が二側縁調整のものが多いことを指摘し（沢田 1994a）、さらに楢ノ木平遺跡、鴨子台遺跡、和賀仙人遺跡、新潟県荒沢遺跡などの「長軸が素材石刃の長軸と一致するような二側縁調整のナイフを一定量保持する石器群と典型的な杉久保型ナイフを主体とする石器群は分離できる可能性が高い」ことを指摘し、楢ノ木平遺跡や和賀仙人遺跡で尖頭器が共伴していることから、これらが杉久保石器群の中の新しい段階のものとしている（沢田 1996）。二側縁調整のナイフ形石器を多く組成する杉久保石器群は、杉久保石器群の中核地帯より東北地方に目立つが、新潟県内の楢ノ木平遺跡や荒沢遺跡は杉久保石器群の中核地帯に位置しており、同一地域内での様相の違いは、沢田の指摘のとおり時期差の可能性が高い。野尻湖遺跡群でも上ノ原遺跡で二側縁調整のナイフ形石器と槍先形尖頭器を伴う杉久保石器群が報告されており、杉久保石器群の2段階変遷を支持している。

神山型彫器については、新潟県の豊富な資料の分析が沢田敦や菅沼亘らによっておこなわれており、杉久保型ナイフ形石器に伴う彫器がかなりバラエティに富んでおり、杉久保石器群がナイフ形石器より彫器に特徴を持つ石器群

であることが明らかにされている(菅沼 1996)。菅沼によれば、杉久保型ナイフ形石器には神山型彫器のほか、従来小坂型彫器と呼んでいたものも伴い、素材となる石刃の末端が薄いと神山型に、石刃末端が厚いと小坂型に作られるという。一つの石核から剥離された石刃でも、形状によって神山型と小坂型に作り分けられる例もある。

　杉久保石器群の使用石材は在地のものを使用する傾向があり、頁岩、安山岩、凝灰岩、黒曜石とバラエティに富んでいる。東北地方の頁岩地帯では頁岩が主要石材で、上ノ平遺跡A地点及び同C地点、樽口遺跡、薬師堂遺跡などの新潟県北部でも頁岩が主であるが、神山遺跡では頁岩のほかに安山岩、凝灰岩、黒曜石が使用され、貝坂遺跡では凝灰岩、黒曜石が主である。さらに杉久保遺跡では凝灰岩と安山岩が使用されており、「信濃川を遡るに従い頁岩が減少し、輝緑凝灰岩、安山岩が増加する傾向が認められる」ことが指摘されている(加藤・会田 1998)。いわゆる東山系石器群が富山県以西でも珪質頁岩系の石材にこだわっているのとは対照的である。また、瀬戸内系石器群に見られるような石材の違いがナイフ形石器の属性の差となるようなことはなく、杉久保石器群では石材の違いが杉久保型ナイフ形石器や神山型彫器の形態差には反映されていないようである。

　杉久保石器群の編年的位置づけについては、東北地方の石器群の中で二転三転していたが、近年の野尻湖遺跡群の研究や樽口遺跡の層位的事例をもとに、より後出的にとらえる傾向が強い。AT降灰以降のナイフ形石器の中でも槍先形尖頭器出現以前のより新しい段階と考えられている(沢田 1994b)。たしかに杉久保石器群の中で後出的と考えられる新潟県内の楢ノ木平遺跡や和賀仙人遺跡では槍先形尖頭器が伴出する可能性があり、こうした推定を裏づける。野尻湖の泥炭層の放射性炭素の年代や樽口遺跡での層位的所見が東山系→瀬戸内系→杉久保系の変遷を示していること、さらに近年発掘されたいずれの遺跡でも石器の出土層準がATより上位でAs-YPkに近いことなどが根拠となっている。

　これらの遺跡の調査結果は、いずれも杉久保石器群がナイフ形石器の終末に近い段階の所産であることを示しており、現段階では矛盾はない。しかし杉久保石器群の分布範囲がきわめて狭く、富山県以西で発見されていないことから、富山県以西の北陸では、杉久保石器群に並行する別の石器群が存在することが予想される。

(4) 東山系石器群

　大型石刃の基部を整形したナイフ形石器を東山型と呼んでいるが、東山型ナイフ形石器の定義は研究者によって異なっている。狭義の東山型は「先端に抉り入り状の逆剥離面をもつ」石刃の基部両側に整形加工が施され、先端部の一部にも調整が認められる場合がある。広義には大型石刃の基部周辺に整形加工が施されたナイフ形石器を東山型に含める。

　東山石器群については、「東山インダストリイとして、上下両設打面をもつ石刃核による典型的な石刃技法をもち、東山型ナイフ形石器、小坂型彫刻刀形石器、先刃式掻器を組成する石器群と規定する」と定義されている（加藤 1992）が、肝心の東山型ナイフ形石器のとらえ方がまちまちであり、むしろ概念は曖昧にしたまま杉久保石器群以外の頁岩製石刃石器群を東山系として扱う場合が多い。そのため用語の定義に厳密な研究者は東山系石器群という名称は用いない傾向にある。しかし掻器と基部整形のナイフ形石器を多量に組成する頁岩製の石刃石器群が北陸地方から東北地方一帯に分布していることも事実である。おそらく地域差と時期差を持った石器群であると考えられるが、こうした石器群を総称する場合、東山系は便利な用語である。その便利さにあやかってここでは東山系石器群を使用する。

　東山系石器群は東北地方に分布の中心を持っているが、日本海沿岸では北陸地方一帯にも広がっている。

　新潟県では阿賀野川以北で東山系石器群が集中している。発掘調査された遺跡としては、樽口遺跡や円山遺跡（高橋 1995）があり、表面採集で多数の遺跡が発見されている。新潟県西部で今のところ東山系石器群が少ないが、頁岩地帯の周辺に遺跡が立地していることから、頁岩との結びつきが強い石器群といえよう。富山県では眼目新丸山(さっかしんまるやま)遺跡、嫁兼平林(よめがねひらばやし)遺跡、飯山遺跡、才川七的(さいかわしちまと)場遺跡などが知られているが、発掘資料は眼目新丸山遺跡にすぎない。石川県では古くから知られていた灯台笹(とだしの)遺跡のほか近年宮地向山(みやじむかいやま)遺跡、灯台笹下遺跡が発掘され豊富な掻器の一群が追加されている。福井県では瀬戸内系石器群で取り上げた猪野口南幅遺跡の頁岩製の掻器などが東山系に含まれる可能性がある。このように西に行くに従い石器群の内容が貧弱になっており、石川西部の宮地向山遺跡や福井県の猪野口南幅遺跡では広義の東山型ナイフ形石器が出

土していないが、頁岩製や玉髄製の石刃素材の掻器を伴うことから東山系の流れで理解したい。さらに西に目を向ければ、大阪府郡家今城遺跡の頁岩製の石刃素材の掻器も西日本へ進出した東山系石器群の痕跡と見なすこともできる。

　東山系石器群の使用石材はほとんどが珪質頁岩で、一部玉髄が使用されている。これは地域を越えて共通しており、頁岩地帯から離れるに従い、安山岩、凝灰岩、黒曜石の比重が高くなる杉久保系石器群とは対照的な石材利用のあり方である。そのため猪野口南幅遺跡などではほとんど製品のみの出土となっている。瀬戸内系石器群が技術的な理由で安山岩に固執したのと同じように、東山系石器群が珪質頁岩や玉髄にこだわっている。東山型ナイフ形石器や掻器の素材となる大型石刃の剥離に関し、他の石材では何か技術的な問題があったのかもしれない。

　なお、東山遺跡ではナイフ形石器がすべて珪質頁岩製であるのに対し、掻器の多くは玉髄を使用している。東北地方では二、三同様の例があるが、宮地向山遺跡で掻器に玉髄を使用している点は東山遺跡に共通する。ナイフ形石器と掻器の機能差によって石材の使い分けがおこなわれている可能性がある。

　石器の組成では、小坂型彫器の有無に地域性が認められる。小坂型彫器が比較的安定して伴う東北部と小坂型彫器をほとんど組成しない西部の２地域が認められる。小坂型彫器を組成しない石器群もいちおう彫器は伴っているが、杉久保石器群のように彫器が石器の主体を占めるようなことはない。

　東山系石器群の編年的位置づけについては、杉久保系石器群の位置づけと絡んで流動的であったが、近年では樽口遺跡と岩手県大渡Ⅱ遺跡でAT下位より東山系石器群が出土しているため、東山系を古く、杉久保系を新しく位置づける傾向がある。この２遺跡の発掘以前は、東山系石器群が石刃技法の最も発達したあり方を示すものとしてナイフ形石器の終末期に置かれることが多かった。富山平野では立野ヶ原遺跡群での東山系の出土層位、石川県では灯台笹遺跡での槍先形尖頭器との共伴の可能性などが根拠となり、石刃製の掻器が細石刃文化や縄文時代草創期の石器群にも連続することから、掻器を多数組成する東山系が槍先形尖頭器の石器群に近い段階に置かれた。しかし杉久保石器群の項目で述べたように、近年の調査例は杉久保石器群がナイフ形石器文化の中でも後出的なことが明らかで、樽口遺跡と大渡Ⅱ遺跡でのAT検出は決定的のように見えた。

しかし、東山系石器群は先にも断ったとおり曖昧で幅広い石器群である。時期や地域の異なるさまざまなものを含んでいる。実際AT下位より東山系石器群が出土した樽口遺跡と大渡Ⅱ遺跡でもAT上位からも東山系石器群が出土している。少なくともATを挟んである程度の幅のある石器群といえる。

樽口遺跡での層位的所見では、A地区で基部整形のナイフ形石器と掻器を特徴とするA-KH文化層がAT（Ⅵ層）下位のⅦ層上面から出土しており、またB地区では同様の石器群であるB-KH文化層がⅣ層下面からⅤ層上面から出土している。つまり基部整形のナイフ形石器と掻器を特徴とする石器群がATの下と上に存在することが明らかにされた。典型的な杉久保石器群であるA地区のA-SU文化層がⅣ層下面からⅤ層上面から、B地区のB-SU文化層がⅣ層からⅤ層にかけて出土しており、両地区で出土層位が共通するのとは対照的である。A-KH文化層とB-KH文化層出土の石器群はいわゆる東山系石器群に含めることができ、こうした石器群がATの下位から上位までの息の長い石器群であることを示している。

同様な結果は大渡Ⅱ遺跡でも得られているので樽口遺跡だけの現象ではなく、東北地方全体でのあり方であろう。しかし、樽口遺跡の調査結果からは、東山系石器群と杉久保石器群との関係は明らかではない。いずれの出土層位もⅣ層下面からⅤ層上面で新旧の決め手はない。B地区のB-KH文化層はA地区のA-SE文化層より上位なので、瀬戸内系石器群より新しいことがわかる。しかし、杉久保石器群が尖頭器石器群の直前、もしくは一部は尖頭器と共存すると考えられており、ATより上位の東山系石器群が杉久保石器群の段階まで存続したか否かが議論の焦点となろう。

杉久保石器群と分布域の重なる新潟県北部や山形県小国盆地などでは、両者を時期差ととらえることもできるが、それ以西では、杉久保石器群のもう一つの中核地帯の津南周辺や野尻湖遺跡群で東山系が確認されておらず、また富山以西では東山系が広く分布するが杉久保石器群が存在せず、両者は分布域を異にしている。これらの地域では時期的に両者が並行関係にあることも考えられる。いずれにせよ東山系で括られている石器群を、組成するナイフ形石器、掻器、彫器などの形態、石材の獲得や遺跡群の形成などさまざまな視点で分析しなおす必要があろう。

(5) 尖頭器石器群

　北陸地方の尖頭器については、西井龍儀（1974）、奥村吉信（1986・1989）、古川知明（1989）によって考察されているが、分析に耐えうる良好な石器群としては、御淵上遺跡、富山県立美遺跡が知られているにすぎなかった。しかし近年新潟県で真人原遺跡が報告されるなど、ようやく資料が充実しだした。

　こうした新しい資料も含めて立木宏明は、北陸地方の旧石器時代の尖頭器石器群を3期に分ける案を発表している（立木 1996）。立木編年では後期旧石器時代の尖頭器の出現から細石刃文化の前段階までをⅡb期として把握し、Ⅱb期が3段階に細分されている。ただし第1段階、第2段階はほとんど尖頭器を組成しておらず、御淵上遺跡、立美遺跡や真人原遺跡などの本格的な尖頭器文化はすべて第3段階として位置づけられている。たしかに共伴に若干の問題はあるが、楢ノ木平遺跡や石川県灯台笹遺跡のようにナイフ形石器に少量の尖頭器を伴う石器群と尖頭器が組成の主体となる石器群の2者が存在する。これに対し、小野昭は尖頭器が組成の主体となる石器群の中で素材の剥片の形状や尖頭器の大きさから御淵上遺跡→真人原遺跡の変遷を考えている（小野 1997）。

　さらに新潟県津南町でいずれも尖頭器を主体とする道下遺跡、貝坂桐ノ木平遺跡、居尻B遺跡が相次いで発掘され、比較検討資料が増加している（佐藤ほか 1999）。これらの遺跡の報告書が刊行されれば、今まで尖頭器石器群の希薄だった日本海側の実態が明らかにされることが期待できる。

　北陸地方では後期旧石器時代の遺物を包含する地層があまり発達しておらず、尖頭器石器群と細石刃石器群、一部のナイフ形石器群との層位的区別、また尖頭器石器群の細分を層位的には検証できない。尖頭器文化のさらに上部の鍵層として浅間山起源のAs-YPkが知られているが、分布範囲が新潟県中・北部に限られ、純層としてはほとんど見つかっていない。尖頭器石器群の編年研究は、先進地域である南関東との石器群の比較検討、ナイフ形石器などの他の器種との共伴関係や尖頭器の形態の変化に頼っているのが現状である。そのため、細石刃石器群の研究にも共通するが、同一の資料を扱っても資料操作の方法によって結論が異なることがある。

(6) 細石刃石器群

　細石刃石器群は北陸地方では、富山県の単独出土の数例の細石刃核を除き、ほとんどが新潟県に集中しており、北陸の細石刃石器群について語ることは新潟県の細石刃石器群の研究概要を語ることになる。もともと新潟県では1946年駒井和愛による糸魚川市の細石刃核の発見以来、1958年の芹沢長介の荒屋遺跡の発掘調査、中村孝三郎による1964年の中土遺跡、1968年の月岡遺跡の発掘調査がおこなわれており、細石刃文化研究の先進地の一つに数えられていた。細石刃石器群についても近年の新潟県での資料の増加が著しく、樽口遺跡、荒川台遺跡、大平遺跡、大刈野遺跡、正面中島遺跡が追加されている。しかしいずれの遺跡も規模が小さく、大量の資料が得られているのは荒屋遺跡のみである。

　また、資料の増加に伴い細石刃石器群の研究についても活発になってきている（阿部1993、高橋ほか1993、吉井1993、立木1996、吉井1998）。細石刃文化についての編年案がそれぞれ発表されているが、尖頭器文化と同様にこの地域内での層位的事例から帰結したものではなく、周辺諸地域の研究成果の援用による。立木宏明は北陸の細石刃文化を後期旧石器時代終末で4段階に区分（さらに細別して5期）し、縄文時代草創期の第1段階を含め5段階に細分している。吉井雅勇は大別して5期、小期を含めて7区分している。基本的な変遷は、北海道や東北地方の研究成果を参考に、矢出川技法→荒川台技法→湧別技法札滑型→湧別技法白滝型→ホロカ技法と両者とも一致しているが、大刈野遺跡の取り扱いなどに相違が認められる。また縄文時代草創期と関連する大型の槍先形尖頭器の伴出についても評価が分かれる。縄文時代との線引きをどの段階に置くかが議論となろう。

3　今後の課題

　紙数の関係で、北陸地方の主な石器群研究の現状にしか触れることができなかったが、全体的な石器群の編年については新潟県で樽口遺跡の層位的出土や地域ごとの編年案が示されている（沢田1994b、阿部1996、高橋・沢田1999、佐藤ほか1999）。旧石器の研究は編年と系統にとどまるものではない。かつて神

山遺跡の報告書で芹沢長介は3ヶ所の遺物集中地点を「当時の住居と関係をもつ」と指摘している。こうした遺跡の構造と集団についての研究は長く省みられなかったが、奥村吉信によってその分析が試みられ（奥村1988）、また生態系との関係についても言及されている（奥村1985）が、その後に続いていない。遺跡の全面発掘が増加しており、北陸においても遺物だけでなく、遺跡、さらに遺跡群を単位とした研究を始める条件は揃ったといえる。

　北陸の旧石器研究の現状を概観したが、今後の課題の多さを実感した。また近年の旧石器研究はほとんど新潟県の研究者に負っている。富山県以西の数少ない旧石器愛好家の奮起が必要であろう。

第3節　北陸地方の旧石器編年

1　これまでの研究概要

　日本海側の平野部では更新世以降の地層の堆積はきわめて貧弱で、後期旧石器時代に相当するローム層等は一般的に薄く、関東・東海地方の旧石器時代の遺跡で検出されるような層位的に複数の文化層が検出される例は稀である。そのため、旧石器研究の初期段階では日本海側での旧石器編年は困難を極め、層位的出土例に裏打ちされたものではなく、型式学的処理や他地域との対比を根拠に編年がおこなわれたため、頻繁に編年表が変更される事態が長く続いた。

　北陸地方は日本列島のほぼ中央部に位置し、その地理的環境から旧石器時代においては東西各時代の石器群の流入が認められ、層位には恵まれないがさまざまな石器群が検出されている。北陸地方の旧石器編年は体系だったものとしては橋本正による編年案が公表されている（橋本1975、1976）。橋本の編年案は富山県の旧石器時代から縄文時代草創期までを6期13段階に細別しており、直坂Ⅱ遺跡における複数の石器群の層位的出土と立野ヶ原遺跡群での石器の出土深度を主な根拠として組み立てられている。広域火山灰などを活用した1980年代以降の編年や年代観とは若干の齟齬が認められるが、当時としては、関東地方南部の旧石器編年に匹敵する細かな編年案であった。ただし、系統の異なる石器群をすべて年代差として捉え、時間軸に沿って配列したため、編年

表の上では北陸地方には入れ替わり立ち替り各地の石器群が流入し一定期間で消滅するという結果になった。

橋本の編年案を受けて平口哲夫 (1983) や西井龍儀 (1983) が北陸の旧石器石器群の編年的検討をおこなっているが、両者とも基本的には橋本編年を大筋で承認した上で石器群を石器製作技術や石材によって系統的に把握し、系統ごとの変遷を描いている。橋本の編年案では縦の時間系列に並べられた石器群が、それぞれが時間幅をもち、ある程度他の石器群と並行するような柔軟な関係を想定している。

しかしこれらの先駆的研究以後、旧石器時代遺跡での火山灰の分析が調査の一環でおこなわれるようになり、ATの検出が増加しATを石器群の年代的目安にすることは可能になったが、複数の文化層が重複するような新たな層位的検出例が乏しく、北陸の旧石器時代全体を扱った編年的研究は認められず、個別の石器群の細かな分析作業を中心とする研究が主流となった。なお、近年佐藤雅一が新潟県津南町の旧石器時代遺跡編年で周辺地域との対比をおこない、富山平野の旧石器遺跡の変遷も示している（佐藤 2002）。

2 各遺跡・遺跡群での石器群の変遷

以下に中部地方日本海沿岸地域で、複数の文化層が検出されている重層遺跡・遺跡群を対象に検討を試みる。

(1) 直坂Ⅱ遺跡 (富山県教育委員会 1976)

直坂Ⅱ遺跡ではさまざまな石器群が12のブロックに分かれて出土している。石器群は上から第3層に包含されている縄文時代草創期のU-5、6、7のブロック、第3層下半から第4上層上半に包含されているU-2、3、10、11、第4上層下半のU-4、8（報告ではU-4がU-8の下位とされている）、第4上層下半から第4下層上半にかけて出土しているU-1、9のブロック、第4下層下半から第5層上半のU-4下ブロックの順に検出されている。旧石器時代の包含層は4層以下であるが、包含層の上部は耕作などによって削平された地区もあり、また出土石器の数が各ブロック数点から数十点と少なく、基準資料とするには量的に貧弱である。

第1表　直坂Ⅱ遺跡の石器群の変遷

	層位	ブロック	主な石器
1	3層	5、6、7	有舌尖頭器、大型槍先形尖頭器
2	3層下～4上層上	2、3、10、11	黒曜石製小型尖頭器？
3	4上層下	8	輝石安山岩製瀬戸内系石器群
4	4上層下	4	メノウ製小型ナイフ形石器
5	4上層下～4下層上	1、9	玉髄製立野ヶ原型ナイフ形石器
6	4下層下～5層上	4下	石刃製ナイフ形石器

　第3層下半から第4上層上半のU-2、11は黒曜石製の石器群で、平坦加工が施されたナイフ形石器が出土し、黒曜石製の小型槍先形尖頭器が表面採集されていることなどからこのブロックは小型黒曜石製尖頭器を組成する石器群と想定されている。第4上層下半のU-4、8は層位的には近似しているがまったく顔つきが異なり、より下層とされるU-4ブロックはメノウ製の小型ナイフ形石器、流紋岩の石刃、黒曜石の石核などが出土しているが、特徴を示すことができるほどの石器はない。同じ第4上層下半のU-8は輝石安山岩製の瀬戸内系石器群で、石核からみた剥片剥離は櫃石島技法と呼ばれている有底剥片剥離技術に類似する。ナイフ形石器は北陸地方の瀬戸内系石器群の一部に特徴的な背面側から打面部を除去する整形技術の直坂Ⅱ型が数点出土している。

　第4上層下半から第4下層上半にかけてのU-1、9は立野ヶ原型ナイフ形石器と呼ばれている端部整形石器が特徴の石器群で、大型剥片の腹面部を作業面とした米ヶ森技法に類似した剥離技術で得られる石核も出土している。第4下層下半から第5層上半のU-4下のブロックは流紋岩製石刃を用いたナイフ形石器とチャート製のチョッパーとされる石器の2点のみの出土である。流紋岩製石刃を用いたナイフ形石器は直坂Ⅰ遺跡の石器群に対比されているが、直坂Ⅰのナイフ形石器は、石刃の基部周辺と先端部の一部に整形加工を施す特徴があり、石刃の片側縁全体に整形が加えられるU-4下のナイフ形石器の形態とは異なっており同じ類型に分類することはできない。また出土石器の数量が少なすぎるため、ブロックとしての型式学的特徴を抽出することができない。

　直坂Ⅱ遺跡ではこのように出土層位と石器群の顔つきから石器群が6段階に細分されている。しかし、出土層の厚さが薄く、ブロックによっては出土石器の数量が少なく、基準資料として資料操作が不可能なものもある。この遺跡

での成果を北陸の旧石器編年に普遍化できるのは、立野ヶ原型ナイフ形石器の一群→瀬戸内系石器群→黒曜石製小型槍先形尖頭器の一群→縄文時代草創期の石器群の変遷である。

(2) 新潟県樽口遺跡（朝日村教育委員会 1996）

　樽口遺跡は山形県と新潟県の県境に近い朝日村の三面川上流に位置し、石材環境からは北陸というより東北の遺跡である。樽口遺跡では3枚の段丘面のうち、上段から複数の旧石器文化層が検出されている。旧石器時代の石器はIV層からVII層に包含されているが、いずれの石器群も複数の地層にまたがっての出土で、本来の包含レベルは出土状況からの調査者の判断によるところもある。III層下面から浅間－草津黄色軽石（As-YPk）が検出されており、VI層はAT層の層準とされている。報告書によれば各層からの出土石器群は次のとおりである（第2図）。

　III層上面から縄文時代草創期前半の石器群が出土している。
　IV層にはホロカ型細石刃核、大型掻器、削器、彫掻器に特徴づけられるA-MH文化層、白滝型細石刃核、掻器、スクレイパー、大型尖頭器に特徴づけられるA-MS文化層が含まれる。
　IV層下～V層上面からは杉久保型ナイフ形石器と神山型彫器に代表されるA-KSU、B-KSUの文化層と東山型ナイフ形石器を含むナイフ形石器と彫器、掻器、石刃を組成するB-KH文化層が検出されている。
　V層下面では横長剥片を素材とするナイフ形石器、二側縁加工のナイフ形石器、角錐状石器、彫器、掻器等からなるA-KSE文化層の瀬戸内系石器群が出土している。
　VII層上面からは基部調製のナイフ形石器、東山型ナイフ形石器、各種の彫器、大型の掻器、削器などを組成する東山系石器群のA-KH文化層が検出されている。
　VII層下面からは小型の台形状の石器に代表されるA-KATD文化層が見つかっている。

　IV層のA-MH文化層とA-MS文化層、IV層下～V層上面のA-KSU、B-KSU文化層とB-KH文化層は層位的には分離できないが、周辺地域での石器群のあり方からA-MS文化層→A-MH文化層、B-KH文化層→A-KSU、B-KSUの文

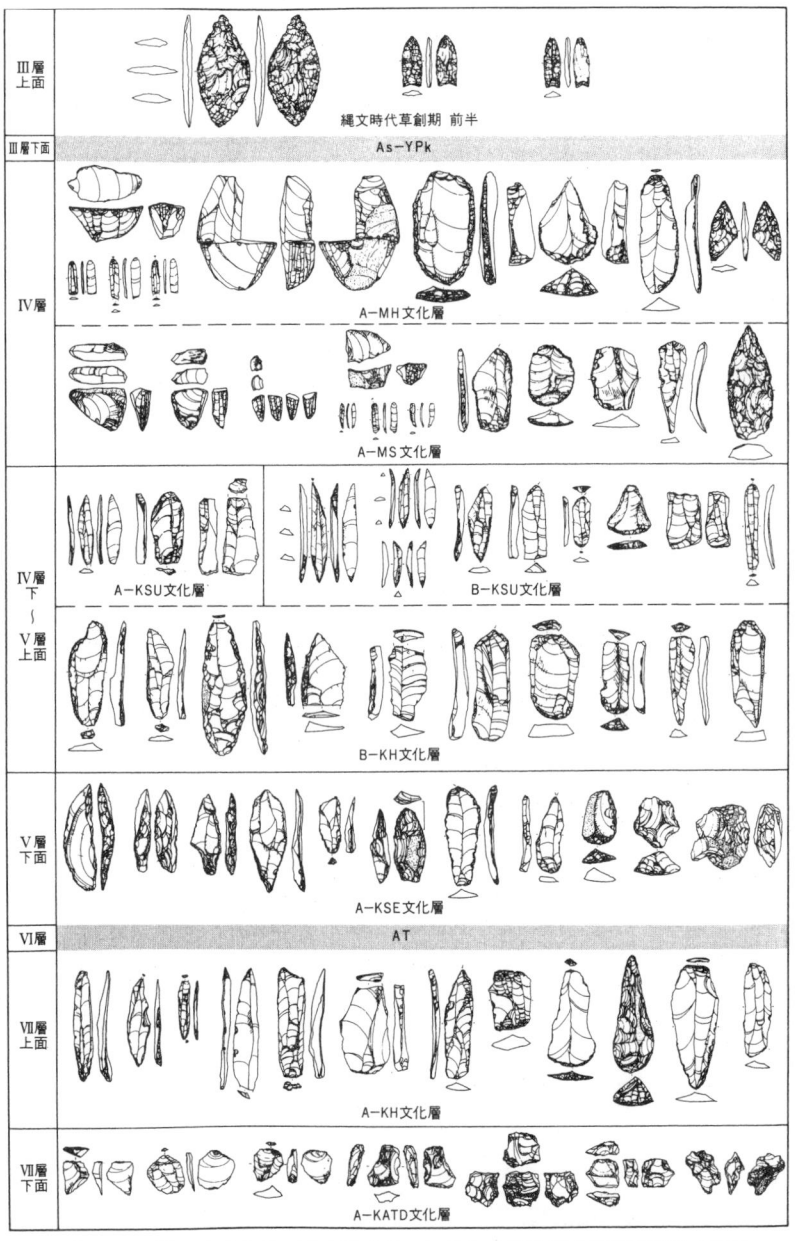

36　第Ⅰ章　序論—北陸旧石器研究の現状と課題—

第2図　樽口遺跡上段の旧石器時代から縄文時代草創期前半石器群の変遷
（朝日村教育委員会 1996）

化層へ変遷すると想定されている。樽口遺跡の層位的所見は従来曖昧であった瀬戸内系、杉久保系、東山系の石器群の編年的位置づけに根拠を与えるもので、東日本日本海側の旧石器編年の基準の一つとなった。

　瀬戸内系石器群の位置はAT層より上位で大方の予想どおりである。杉久保系石器群についても近年ナイフ形石器の中でもより新しい段階と推定されており、樽口遺跡ではそれを追認する結果となっている。東山系石器群は古くから杉久保系石器群との編年的関係が問題となっていたが、樽口遺跡と前後して調査された岩手県大渡Ⅱ遺跡（㈶岩手県文化振興事業団埋蔵文化財センター 1996）でもATを挟んでその前後から広義の東山系石器群が出土したことからAT降灰以前からAT降灰以後までの長期間存続することが明らかになり、従来の東山系石器群の位置づけと石刃技法の発達過程による時期区分を変更せざるを得なくなった（麻柄1997）。

　大渡Ⅱ遺跡ではAT下位の第1文化層の石器群は中・大型の石刃を素材とした基部調整のナイフ形石器、掻器、彫器を主体に数点の台形様石器を含み、AT直上の第2文化層は小・中・大型の石刃から作られたナイフ形石器、掻器、彫器を組成する。第1文化層と第2文化層は、ATを間に介在させているが近接しており、両文化層の放射性炭素年代の測定値も近い。

　これに対し、樽口遺跡のA-KH文化層はATの直下で大渡Ⅱの第1文化層と対比できるが、B-KH文化層はAT上位のA-KSE（瀬戸内系）文化層のさらに上に位置し、A-KH文化層や大渡Ⅱ遺跡第1文化層とはかなりの年代差が認められ、基部調整のナイフ形石器と掻器を主体とする珪質頁岩製の石刃石器群が長期間存続したと考えられるようになった。大阪府郡家今城遺跡で国府石器群に珪質頁岩製の石刃素材の掻器が伴出しており、この掻器が東山系石器群に由来するものであれば、東山系石器群と国府石器群の接点の可能性が論じられていたが、こうした石刃素材の掻器やいわゆる東山型ナイフ形石器は年代の決め手にはならないことが判明した。

(3) 野尻湖遺跡群

　杉久保遺跡の発見以後長い間に断続的な発掘調査がおこなわれている野尻湖遺跡群では、陸上部分でも長野県埋蔵文化財センター、信濃町教育委員会、野尻湖発掘調査団などによって近年集中的に発掘調査がおこなわれ、それぞれが

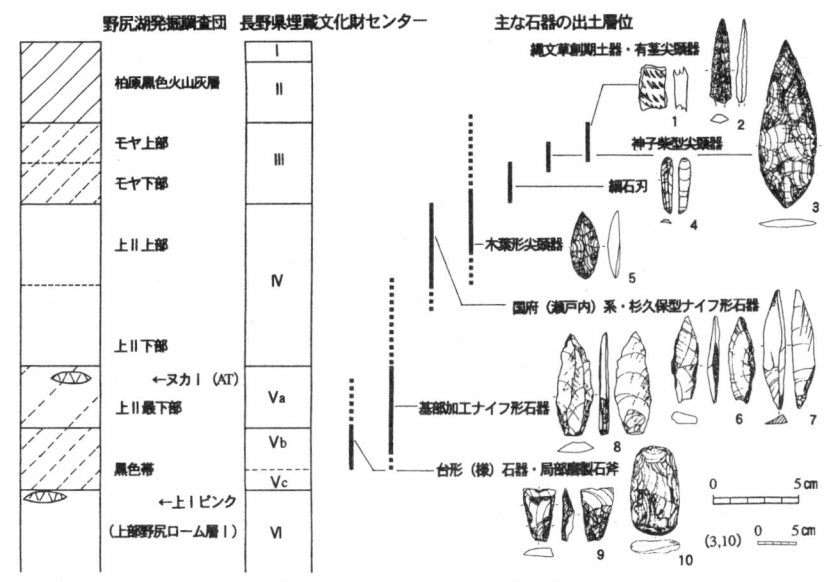

第3図　野尻湖遺跡群における文化層の層位と主な石器（中村 2003）

石器群の変遷を提示している。

長野県埋蔵文化財センターの調査資料は出土層位から5期に大別している（谷・大竹 2003）。

第Ⅰ期　最下層Ⅴb層は斧形石器、台形石器、ナイフ形石器などが組成され、武蔵野台地のⅩ～Ⅸ層に対比されている。

第Ⅱ期　Ⅴa層は斧形石器、台形石器、基部加工のナイフ形石器を特徴とする石器群と斧形石器、台形石器、二側縁加工のナイフ形石器を特徴とする石器群があり、武蔵野台地のⅦ～Ⅵ層に対比されるという。

第Ⅲ期　Ⅳ層下部はAT降灰以降で、左右非対称の槍先形尖頭器と円形掻器を特徴とする石器群、「国府系石器群」、杉久保系石器群が含まれる。武蔵野台地Ⅴ～Ⅳ層下部に対比されている。

第Ⅳ期　Ⅳ層上部からⅢ層下部は杉久保系石器群、「国府系石器群」、槍先形尖頭器を主体とする石器群が見られ、武蔵野台地Ⅳ層上部～Ⅲ層下部に対比されている。

第Ⅴ期　この段階の良好な石器群の出土例はないが、細石刃石器群と神子柴石器群が想定されている。

以上のように細分されているが、瀬戸内系石器群が第Ⅱ期から第Ⅳ期にわたっていることや、杉久保系石器群が第Ⅲ期と第Ⅳ期、台形石器と斧形石器が第Ⅰ期と第Ⅱ期にまたがっているなど総じて各石器群の存続期間が長い編年案である。この地域の堆積層に充分な厚さがないための見かけ上のことなのか、それとも周辺地域の編年案が石器型式や器種を時期区分に置き換えているためなのか、いずれにせよ同じ野尻湖遺跡群の発掘調査をおこなっている信濃町教育委員会や野尻湖発掘調査団の研究成果や比較的近接する津南町の旧石器時代遺跡の編年とも若干の齟齬が生じている。

信濃町教育委員会や野尻湖発掘調査団の調査結果は中村由克 (2003) と渡辺哲也 (2003) が簡潔にまとめている (第3図)。地層の名称は長野県埋蔵文化財センターの調査と異なっているが、基本的な区分は同じなので対比は容易である。陸上部分の風成層は縄文時代草創期から旧石器時代で9文化層に細分されているが、細石器文化より古い後期旧石器時代後半の石器群の大部分は上Ⅱ上部文化層に含まれており、さまざまな石器群が検出されている部分の細分ができない。

(4) 津南町の旧石器時代遺跡 (佐藤2002、山本2003)

河岸段丘の模式図のようにみごとな段丘面が一望できる新潟県津南町は1990年代後半に日本海側で最も注目を集めた遺跡群の調査がおこなわれた地域の一つである。これまでに発掘がおこなわれた遺跡は20数遺跡におよび、後期旧石器時代初頭から縄文時代草創期までの各期の石器群が出土しており、1遺跡での多文化層の検出例はないが、狭い範囲で広域火山灰を目安に石器群の編年が可能である。時期区分はAT層とAs-K層 (As-YPkと同一起源の軽石層) を基準に、AT層下位がⅠ期、AT層を介在して出土する石器をⅠ期〜Ⅱ期への過渡期、AT層上位に包含され、As-K層を介在しない石器群をⅡ期、As-K層に介在して出土する石器群をⅢ期、As-K層を介在せず、黒土最下部層から出土する石器をⅣ期に大別し、Ⅱ期はさらに①瀬戸内系石器群、②杉久保型ナイフ形石器群など、③尖頭器石器群が隆盛する段階に細分されている。Ⅲ期、Ⅳ期も2分され都合9段階が設定されている。

Ⅰ期は正面ヶ原D遺跡の刃部磨製斧形石器、石核調整の未発達な石刃基部整形のナイフ形石器、ペン先形ナイフ形石器を特徴とする。

I期～II期への過渡期は胴抜原A、大原北I遺跡があり、両遺跡ともに石刃石器群で、胴抜原Aではナイフ形石器と掻器が、大原北Iではナイフ形石器と彫器が出土している。同じ層準からの出土であるが、両遺跡の石器群に石材も含めて共通点は少ない。

II期は旧石器時代の中で最も遺跡数が多く、国府型ナイフ形石器や角錐状石器を組成する瀬戸内系石器群（正面ヶ原B、かじか沢）、杉久保型ナイフ形石器群（貝坂、神山、下モ原I、居尻A、向原A、楢ノ木平）など、尖頭器石器群（すぐね、道下、貝坂桐ノ木平A、越那A）などがある。

III期は細石刃石器群、大型尖頭器や局部磨製石斧さらに土器などを有する石器群。

IV期は隆起線文土器や押圧縄文土器などを保有する石器群。この段階の遺跡数が最も多い。

津南町の段丘上には後期旧石器時代後半から縄文時代草創期にかけての遺跡が多く、後期旧石器時代前半期のものは少ない。後期旧石器時代前半の資料も豊富な野尻湖周辺とはこの点が異なっており、刃部磨製斧形石器と台形石器を組成する石器群を携えた集団の活動の場としては、野尻湖周辺ほど重要視されない環境にあったことも考えられる。

津南段丘での石器群の変遷はおおむね周辺地域の編年と整合するものであるが、I期～II期への過渡期とされた石器群は石刃技法を技術基盤としており、胴抜原Aは東山系石器群の古期、大原北は太平洋側のAT下位の石器群に対比できるかもしれない。

3 北陸地方の後期旧石器時代石器群の変遷

以上の各地域の研究成果を参考に、北陸地方の各遺跡での石器の出土状況から北陸地方の後期旧石器時代の石器群変遷を素描する（第4、5図）。

第1期　「立野ヶ原型ナイフ形石器」と称していた端部整形石器と刃部磨製斧形石器を特徴とする石器群である。ペン先形ナイフ形石器、枝去木型台形様石器、打面調整の施されない石刃の基部整形ナイフ形石器なども組成されることがある。AT下位で後期旧石器時代の前葉の段階に位置づけられる。立野ヶ原台地の西原C、ウワダイラL、ウラダイラI遺跡、直坂II遺跡U-1・9、白

岩藪ノ上遺跡等。

第2期　基部や先端に整形加工を施す石刃製ナイフ形石器と刃部磨製斧形石器を組成する石器群。打面調整などの石核調製がおこなわれている石刃技法を技術基盤とする。後期旧石器時代前半のAT直下に相当すると考えられる。直坂Ⅰ遺跡や鉄砲谷遺跡がこの段階に位置づけられる。かつて刃部磨製斧形石器に伴う石器群の考察で、野沢遺跡A地点の石器群の出土層位と石刃技法の発展過程などから鉄砲谷遺跡をATの上位に位置づけていたが、刃部磨製斧形石器を伴うことや石核調製の技術がAT下位の段階から出揃っていることが明らかになっており、周辺地域の石器群の変遷に照らしてこの段階に想定できる。

第3期　瀬戸内系石器群の国府石器群相当の石器群。樽口遺跡での層位からAT上位でもATに近い段階であろう。御淵上遺跡や越中山遺跡K地点の石器群に代表される。富山平野では七曲、石山Ⅰ遺跡などの国府型ナイフ形石器が対応する可能性があるが、国府型ナイフ形石器は瀬戸内技法以外の有底横長剥片を素材としてもできる場合があり、1、2点のナイフ形石器で判断することは危険である。大阪府郡家今城遺跡出土の国府石器群に珪質頁岩製の石刃素材の掻器が伴出し、また、越中山遺跡K地点や樽口遺跡でも国府型ナイフ形石器に石刃石器群が共存しており、同時期の北陸地方にも東山系石器群が存在すると思われる。

第4期　AT降灰以降の段階で瀬戸内系石器群の内、国府型ナイフ形石器を主体とする石器群を除いた石器群。第4期の前半には西下向遺跡のような直坂Ⅱ型ナイフ形石器が認められない石器群が、後半は直坂Ⅱ型のナイフ形石器の一群である直坂Ⅱ遺跡U-8、南原C遺跡、新造池A遺跡等が位置づけられる。野尻湖遺跡群の層位的事例などから直坂Ⅱ型のナイフ形石器は瀬戸内系石器群の中でも後出的な存在である。また、樽口遺跡のB-KH文化層は国府石器群以降にも東山系石器群が存在していることを示しており、この段階にも東山系石器群が存続するものと推定される。

第5期　信越地域で杉久保石器群が盛行する段階。富山平野の遺跡では杉久保型ナイフ形石器・神山型彫器は発見されていないので、対応する砂川期のナイフ形石器に類似する石器群が相当しよう。立野ヶ原台地の万年台A、万年台B遺跡、中尾台K遺跡等の茂呂系石器群に類似するといわれている資料が対応するが遺跡数、資料点数ともに貧弱である。ナイフ形石器は比較的小型

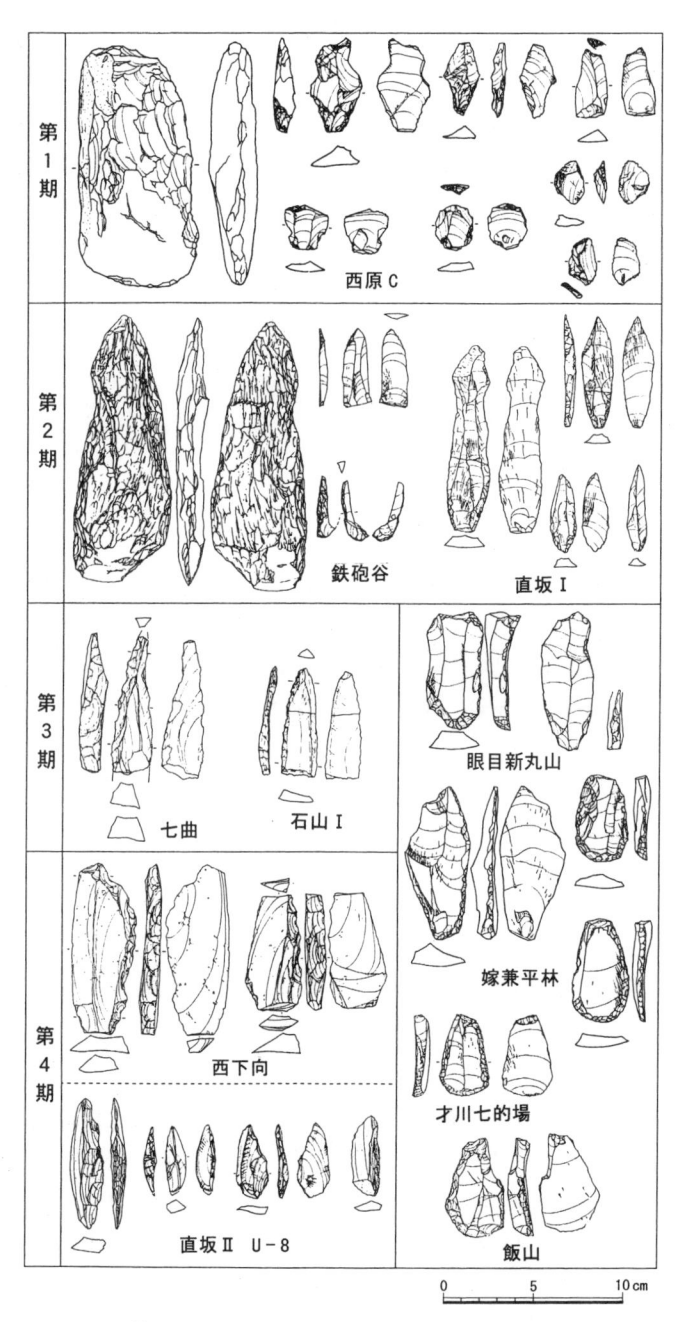

42 第Ⅰ章 序論―北陸旧石器研究の現状と課題―

第1期 西原C

第2期 鉄砲谷 直坂Ⅰ

第3期 七曲 石山Ⅰ 眼目新丸山 嫁兼平林

第4期 西下向 直坂Ⅱ U-8 才川七的場 飯山

0 5 10cm

第4図 北陸地方の旧石器時代石器群の変遷(1)

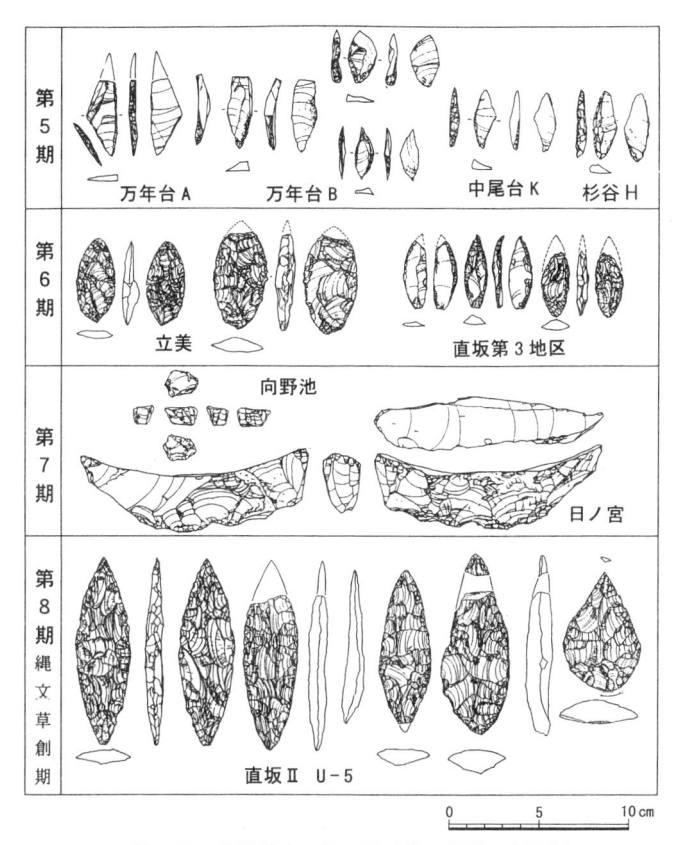

第5図　北陸地方の旧石器時代石器群の変遷(2)

化している。小松市八里向山遺跡出土の有樋尖頭器もこの段階に含まれよう。

　第6期　小型の槍先形尖頭器を組成する石器群。直坂Ⅱ遺跡U-2、直坂遺跡第3地区、立美遺跡の石器群がこの段階に相当するが、立美遺跡以外は資料が貧弱で石器組成等は不明である。黒曜石や輝石安山岩が石材として多用される。立美遺跡では尖頭器のほかに片面加工、両面加工の掻器が伴う。

　第7期　細石刃石器群。削片系と稜柱形の2種類が存在しており、2期に細分できる。珪質頁岩製の削片系細石刃核またはその母型が日ノ宮遺跡、小長谷遺跡から、稜柱形の細石刃核が向野池遺跡から出土しており、それぞれの時期を代表する。出土石器は石核が各遺跡で1点ずつしか出土しておらず、細石刃も発見されていない。

細石刃石器群に後続するものとして、直坂II遺跡U-5の大型槍先形尖頭器を主体とする石器群が想定できる。

　これらの各時期は南関東武蔵野台地の旧石器編年に対応させると1期がIX～X層前後、2期がVII層前後、3期がIV下～V層段階、4期・5期がIV層中、6期がIV層上、7期がIII層の石器群に相当する。ただし、珪質頁岩を用いた基部整形の石刃ナイフ形石器と石刃製掻器をもつ東山系石器群は樽口遺跡と大渡II遺跡でもAT下位から上位に出土しており、2期にも存在する可能性があり、下限は5期までにも及ぶことが考えられる。また、瀬戸内系の直坂II型のナイフ形石器は野尻湖遺跡群で、杉久保型ナイフ形石器と同水準で出土しており、4期から5期まで存続することも考えられる。

　以上のように現時点での編年案を示したが、北陸地方では橋本編年以降の新資料に乏しく、また対比資料として援用した日本海側の多文化層の遺跡や遺跡群も石器群の包含層が充分な厚みを有しているわけではない。解釈と推定に頼った箇所も目につくが、現時点での総括としたい。

引用・参考文献

朝日村教育委員会 1996『奥三面ダム関連遺跡発掘調査報告書V　樽口遺跡』
阿部朝衛 1993「新潟県荒川台遺跡の細石刃生産技術の実体―荒川台技法の提唱―」『法政考古学』第20集
阿部朝衛 1996「新潟県北部における旧石器時代研究の現状と課題」『北越考古学』第7号
小熊博史・立木宏明 1993「新潟県における旧石器時代・縄文草創期研究の現状(1)」『長岡市立科学博物館報告』第28号
小熊博史・立木宏明 1994「新潟県における旧石器時代・縄文草創期研究の現状(2)」『長岡市立科学博物館報告』第29号
奥村吉信 1985「北陸を舞台とした2万年前の出来事」『考古学研究』第32巻第3号
奥村吉信 1986「新町II遺跡出土の尖頭器」『新町II遺跡の調査』婦中町教育委員会
奥村吉信 1988「富山平野の旧石器時代遺跡の遺物集中地点―旧石器集団の動態復原をめざして(1)―」『大境』第12号
奥村吉信 1989「富山平野の尖頭器・有舌尖頭器」『旧石器考古学』39
小野　昭 1997「まとめ」『真人原遺跡II』東京都立大学考古学報告1
加藤　稔 1992『東北日本の旧石器文化』
加藤　稔・会田容弘 1998「山形県小国町横道遺跡の研究」『東北芸術工科大学紀要』

第5号
駒井和愛 1953『先史のアジア』アジアの歴史文庫
(財)岩手県文化振興事業団埋蔵文化財センター 1996『大渡Ⅱ遺跡発掘調査報告書』
佐藤宏之 1988「台形様石器群研究序論」『考古学雑誌』第73巻第3号
佐藤雅一 1981「五十嵐川流域の先土器時代」『三条考古学研究会機関誌』第2号
佐藤雅一 2002「新潟県津南段丘における石器群研究の現状と展望」『先史考古学論集』第11集
佐藤雅一・山本　克・織田拓男・安部英二 1999「津南町の旧石器時代の様相」『第12回東北日本の旧石器文化を語る会　予稿集』
沢田　敦 1994a「まとめ1.上ノ平遺跡A地点出土旧石器について」『磐越自動車道関係発掘調査報告書　上ノ平遺跡A地点』(財)新潟県埋蔵文化財調査事業団
沢田　敦 1994b「新潟県の様相」『群馬の岩宿時代の変遷と特色　予稿集』
沢田　敦 1996『磐越自動車道関係発掘調査報告書　上ノ平遺跡C地点』(財)新潟県埋蔵文化財調査事業団
菅沼　亘 1996「「神山型彫刻刀」の再検討」『考古学と遺跡の保護』
高橋春栄・沢田　敦・立木宏明・菅沼　亘・吉井雅勇 1993「中部北半・北陸地方の細石刃文化」『シンポジウム細石刃文化研究の新たなる展開』Ⅰ
高橋春栄・沢田　敦 1999「阿賀野川以北の旧石器時代の様相」『第12回東北日本の旧石器文化を語る会　予稿集』
高橋保雄 1995「新潟県北蒲原郡安田町円山遺跡の調査」『第9回東北日本の旧石器文化を語る会　予稿集』
田中耕作・斎田美穂子 1998「新潟県新発田市坂ノ沢C遺跡の調査概要」『旧石器考古学』56
谷　和隆・大竹憲昭 2003「野尻湖遺跡群における石器文化の変遷」『第15回長野県旧石器文化研究交流会　シンポジウム「野尻湖遺跡群の旧石器時代編年」―発表資料―』
立木宏明 1996「中部地方北部における後期旧石器時代後半から縄文時代草創期前半の石器群の再検討」『考古学と遺跡の保護』
中村由克 1997「信濃町上ノ原遺跡（県道地点）の調査―その2―」『第9回長野県旧石器文化研究交流会―発表資料―』
中村由克 2003「野尻湖周辺の最終氷期の古環境と旧石器遺跡」『第15回長野県旧石器文化研究交流会　シンポジウム「野尻湖遺跡群の旧石器時代編年」―発表資料―』
西井龍儀 1974「富山県下の尖頭器の紹介」『大境』第5号
西井龍儀 1983「富山県の先土器時代研究の現状と諸問題」『北陸の考古学（石川考古学研究会々誌第26号）』
橋本　正 1975「富山県における先土器時代石器群の概要と問題」『物質文化』No.24

橋本　正　1976「Ⅴ先土器時代、縄文草創期の石器について」『富山県大沢野町直坂Ⅱ遺跡発掘調査概要』富山県教育委員会

平口哲夫　1983「北陸におけるナイフ形石器文化の変遷についての予察」『北陸の考古学（石川考古学研究会々誌第26号）』

古川知明　1989「北陸における尖頭器の様相」『長野県考古学会誌』59・60号

北陸旧石器文化研究会・近畿旧石器交流会1986『北陸旧石器シンポジウム　日本海地域における旧石器時代の東西交流―国府系・立野ヶ原系石器群をめぐる諸問題―発表要旨』

北陸旧石器文化研究会　1989『旧石器時代の石斧（斧形石器）をめぐって』

麻柄一志　1986「立野ヶ原型ナイフ形石器及び立野ヶ原系石器群」『北陸旧石器シンポジウム　日本海地域における旧石器時代の東西交流―国府系・立野ヶ原系石器群をめぐる諸問題―発表要旨』

麻柄一志　1997「大渡Ⅱと樽口」『旧石器考古学』54

麻柄一志・古森政次　1992「御淵上遺跡の瀬戸内技法(1)」『旧石器考古学』45

麻柄一志・古森政次　1993「御淵上遺跡の瀬戸内技法(2)」『旧石器考古学』46

麻柄一志・堤　隆　1999「地域研究50年の成果と展望　中部地方」『旧石器考古学』58

山本　克　2003「中魚沼郡津南町内旧石器時代遺跡の編年と対比」『第15回長野県旧石器文化研究交流会　シンポジウム「野尻湖遺跡群の旧石器時代編年」―発表資料―』

吉井雅勇　1993「中部日本の細石刃文化」『新潟考古学談話会会報』第12号

吉井雅勇　1998「新潟県における北方系細石刃石器群について」『新潟考古学談話会会報』第19号

渡辺哲也　2003「信濃町教育委員会および野尻湖発掘調査団との対比」『第15回長野県旧石器文化研究交流会　シンポジウム「野尻湖遺跡群の旧石器時代編年」―発表資料―』

第Ⅱ章　石材と石器群

第1節　石器文化と石材選択

1　石器石材

　先史社会の研究は、残された遺物・遺構の分析が主な研究方法である。石器時代の名が示すとおり、先史時代においては、遺物の中でも主要な生産用具は石を加工して作った石器である。日本列島においても低湿地の遺跡では木器が、また貝塚では骨角器等も出土しているが、遺跡の立地環境を問わず、普遍的に得られる遺物は石器である。特に旧石器時代の遺跡では2、3の特殊な遺跡を除き石器が唯一の遺物であり、また遺構も少なく、日本の旧石器文化は、現在の我々にとって、残された石器を通してその片鱗がうかがえるにすぎないといえよう。石器から読み取ることのできる情報は極端に少なく、石器そのものが有するすべての属性が我々の研究の対象となりうる。

　石器の属性の一つに、その素材として提供された石材がある。良質な石材は遠くまで運ばれるが、石材はその産出地が限定されているため、地域によって使用可能な石材は限られている。たとえばサヌカイトの原産地を抱える近畿・瀬戸内地方では、旧石器時代から弥生時代まで、石器の材料として用いられている石材の大半がサヌカイトである。しかしこうしたサヌカイト地帯においても、有舌尖頭器のようにしばしばチャートを素材として使用している器種もあり、石材が単に原産地との距離のみで選択されていたわけでないことを物語っている。

2　立野ヶ原遺跡群の石器系統と石材

　北陸地方では、富山平野を中心に160あまりの旧石器時代の遺跡が確認されているが、その大半がナイフ形石器を指標とする文化期に属する。このナイフ形石器は、さまざまな系統のものが見られ、東山系、瀬戸内系、茂呂系、立野ヶ原系などが知られている。富山平野でこのようにバラエティに富む石器群が検出される要因として、地理的なものが考えられる。富山平野は列島日本海

側のほぼ中央部に位置し、日本海沿岸をルートとする東西の文化の波に常にさらされており、また神通川沿いに太平洋側との交流も伝統的に活発である。

富山平野で見られるこれらの石器群は、ナイフ形石器の形態、剥片生産技術、石器組成、石材において特徴が著しく、それぞれ一まとまりのグループとして識別できる。ここでは立野ヶ原遺跡群における各系統の石器群と石材について検討をおこなう。

立野ヶ原遺跡群は、約3km四方の狭い範囲に遺跡群が形成されており、旧石器時代だけでも43遺跡にのぼる（富山県教育委員会 1973・1974～1978）。立野ヶ原遺跡群は立野ヶ原台地とその西側に広がる遺跡群で、その中心となる立野ヶ原台地は、隆起扇状地が小河川によって開析され、数面の段丘面が形成されている。立野ヶ原には石器の素材として用いられている鉄石英・メノウが豊富に産出し、台地を流れる小河川の川底には、拳大から人頭大の原石が転石として存在している。

さて、43の旧石器時代の遺跡から出土した石器群は、立野ヶ原系石器群、瀬戸内系石器群、茂呂系石器群、東山系石器群、尖頭器を中心とする石器群などに分類できる。

立野ヶ原系石器群（麻柄 1986b）は遺跡の周辺で簡単に入手できる鉄石英を中心に、やはり遺跡周辺で産出するメノウを用いており、若干の頁岩[1]・流紋岩が含まれる。立野ヶ原系石器群を代表するウワダイラⅠ、ウワダイラL遺跡、西原C遺跡では石器の大半が鉄石英で、これにメノウが加わる。さらに西原C遺跡、ウワダイラL遺跡では搬入品として頁岩の石刃素材のナイフ形石器も存在する。

瀬戸内系石器群（麻柄 1984〈本書第Ⅳ章第1節〉）としては南原C遺跡、中台B遺跡がある。南原C遺跡では、輝石安山岩とハリ質安山岩が使用されている。ハリ質安山岩は通称「下呂石」とも呼ばれ、岐阜県からの搬入品である。あるいは、富山平野における瀬戸内系石器群のルーツを解く手がかりになるかもしれない[2]。

茂呂系石器群（奥村 1986b）としては万年台A、万年台B、中尾台Kの3遺跡が知られている。いずれも数点のいわゆる斜め整形で素材の石刃または縦長剥片を大きく整形したナイフ形石器のみである。石材は万年台Aが頁岩、万年台Bが頁岩と鉄石英、中尾台Kでは鉄石英と流紋岩が用いられている。茂

呂系石器群は他の系統の石器群に比べて、石材のバラエティがみられる。

東山石器群（奥村 1985a・1985b）としては、飯山遺跡、才川七的場遺跡、嫁兼平林遺跡が著名である。この3遺跡では頁岩のみを用い、いずれも石刃製のナイフ形石器と掻器が石器群の中心となっている。このほかに広義の東山系石器群に含まれるものに鉄砲谷遺跡がある。鉄砲谷遺跡の石器群も頁岩を用いているが、掻器を欠き局部磨製石斧が組成される点が狭義の東山系石器群と異なる。

尖頭器は立美遺跡、西原A遺跡より出土している。立美遺跡は出土した1525点のうち85％以上が黒曜石で、頁岩・流紋岩・鉄石英が少量ずつ使用されている。石器群の主体となっている尖頭器、片面または両面加工の掻器・削器はいずれも黒曜石である。この黒曜石の原産地は青森県深浦と推定されているが（藁科・東村 1985）、石材の原産地に立地しながら、主要な道具がすべて遠隔地より搬入された石材を用いていることは、立美遺跡を残した集団にとって、石の種類が特別な意味を持っていたことを示している。また西原A遺跡出土の尖頭器は輝石安山岩を素材としている。

以上、立野ヶ原遺跡群で各系統の石器群と使用されている石材の関係を概観したが、遺跡群の立地する立野ヶ原台地で産出する鉄石英・メノウを主体とする石器群は立野ヶ原系石器群に限られており、瀬戸内系石器群は安山岩、東山系石器群は頁岩、尖頭器は黒曜石と安山岩を用いている。また茂呂系石器群は鉄石英のほかに、頁岩・流紋岩を素材としている。立野ヶ原遺跡群の縄文時代の遺跡では、小型剥片石器の多くは遺跡の周辺で入手できる鉄石英・メノウを用いており、石鏃等に若干の黒曜石製のものが見られるにすぎない。

立野ヶ原遺跡群における旧石器時代の石器群は、それぞれの系統により異なった石材が選択されていることがわかる。立野ヶ原台地のような石材の原産地においても一つの石器群がそこに産出しないある特定の石材を利用していることは、石器群と石材の結びつきの強さを示している。

3 石器系統と石材の選択

次に立野ヶ原遺跡群でみられた石器群と石材の関係を日本海沿岸地域に広げて検討を加える。

第 1 節　石器文化と石材選択　51

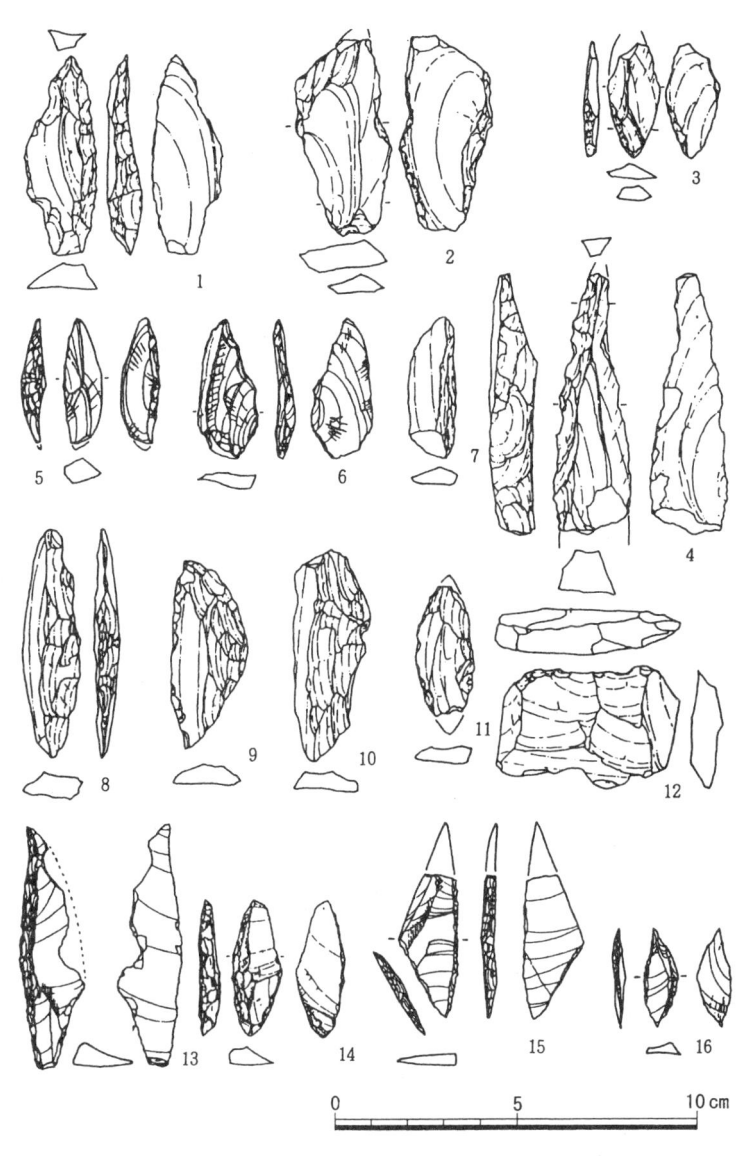

第 6 図　瀬戸内系石器群 (1～12)　茂呂系石器群 (13～16)
　　　　1～3：安養寺　4：七曲　5～12：直坂Ⅱ　13：杉谷 H
　　　　14：杉谷 G　15：万年台 A　16：万年台 B

① 瀬戸内系石器群

　瀬戸内系石器群は福井県より山形県までの日本海側で19遺跡検出されている。前稿で詳述したようにこの地域の瀬戸内系石器群は、ナイフ形石器の形態・剥片生産技術の点で3群に分けられるが、基本的には剥片素材石核から横長剥片を剥離しており、さらに安山岩の使用の点で共通する。三国技法の福井県西下向(にししもむかい)遺跡ではすべてが輝石安山岩を用いており、13遺跡を確認している富山平野でも直坂Ⅱ遺跡(すぐさか)で2点の流紋岩製のナイフ形石器が出土している他はすべて安山岩（南原C遺跡で数点のハリ質安山岩が認められるが、その他はすべて輝石安山岩）を使用している。瀬戸内技法が確認できる新潟県御淵上(みふちがみ)遺跡では瀬戸内技法による剥片・石核類の約半数が輝石安山岩製であるが、他の石器は輝緑凝灰岩が主体でチャートが含まれ、輝石安山岩は利用されていない。やはり瀬戸内技法の見られる山形県越中山遺跡K地点の石器群は安山岩ではないが、新しい割れ口が黒く安山岩に類似する凝灰質泥岩や凝灰質砂岩と呼ばれる石材が、瀬戸内技法によるものと角錐状石器に限って使われている。

　富山平野では安山岩製のナイフ形石器は瀬戸内系石器群に限られており、他の石器群には利用されていない。越中山遺跡K地点での凝灰質泥岩や凝灰質砂岩の用いられ方も東北地方では特異であり、日本海沿岸地方に広がる瀬戸内系石器群が、単に技術的な面だけでなく、石材の選択においても近畿・瀬戸内地方の影響を受けていることがわかる。

② 東山系石器群

　石刃技法と石刃製の掻器に特徴を持つ東山系石器群は、頁岩地帯の東北地方が分布の中心となっている。日本海側では石川県灯台笹(とだしの)遺跡まで分布圏に含めることができる。北陸地方では富山平野で数多く出土しており、灯台笹遺跡の石器群を含めて石刃製のものはほとんど頁岩を使用している。この石器群も中心地で使用された石材を周辺地域においても使用したいという旧石器人の強い意識を感じる。なお、狭義の東山系石器群に含まれない石刃石器群においても頁岩が主体であり、北陸地方の石刃石器群が東北地方日本海側の石刃石器群の影響のもとに成立したことを示している。

③ 茂呂系石器群

　関東地方を中心に分布する茂呂系石器群は二側辺加工のナイフ形石器に特徴を求めることができる。北陸地方では、立野ヶ原遺跡群のほかに、富山平野の

第1節 石器文化と石材選択 53

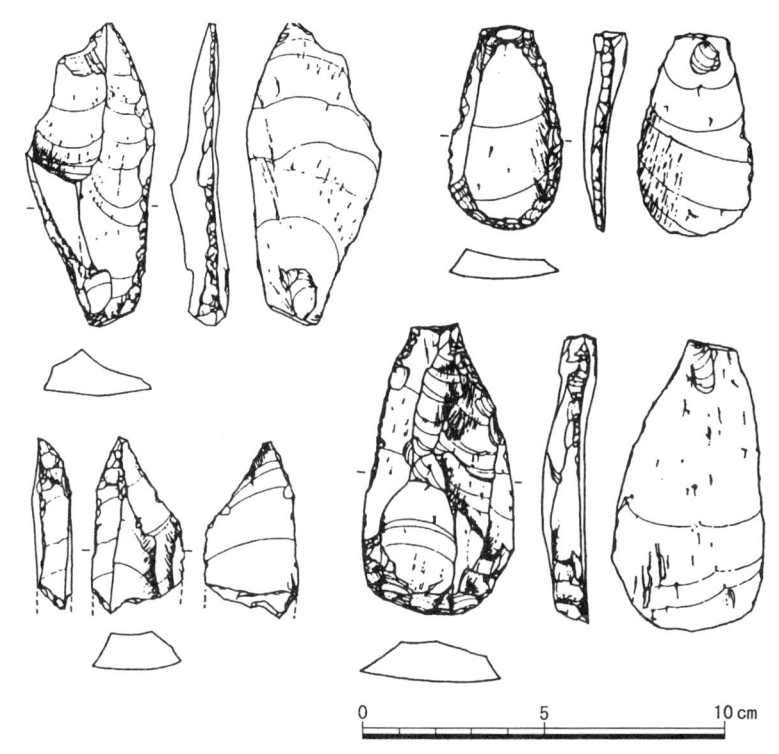

第7図 東山系石器群 嫁兼平林遺跡（頁岩）

呉羽丘陵などで断片的に検出されているのみで、まとまった資料は得られていない。石材は頁岩や流紋岩、鉄石英を使用しているが、中心地の関東地方での石材選択（稲田1984）とはあまり類似しない。

④ **尖頭器を中心とする石器群**（西井1974、奥村1986）

北陸地方で明らかに旧石器時代に属すると見られる尖頭器は少なく、立美遺跡のほか直坂I・II遺跡などから少量ずつ出土している。石材は黒曜石、安山岩、頁岩が使用されているが、黒曜石は先行するナイフ形石器文化期においてほとんど用いられておらず、また安山岩も瀬戸内系石器群にのみ多用される石材であるから、黒曜石、安山岩の石材選択は外来的な要素といえる。

⑤ **立野ヶ原系石器群**

立野ヶ原系石器群の石材は、富山平野では遺跡の周辺で入手可能な石材が選択されており、鉄石英、メノウ、玉髄を中心に、少量の頁岩を使用している。

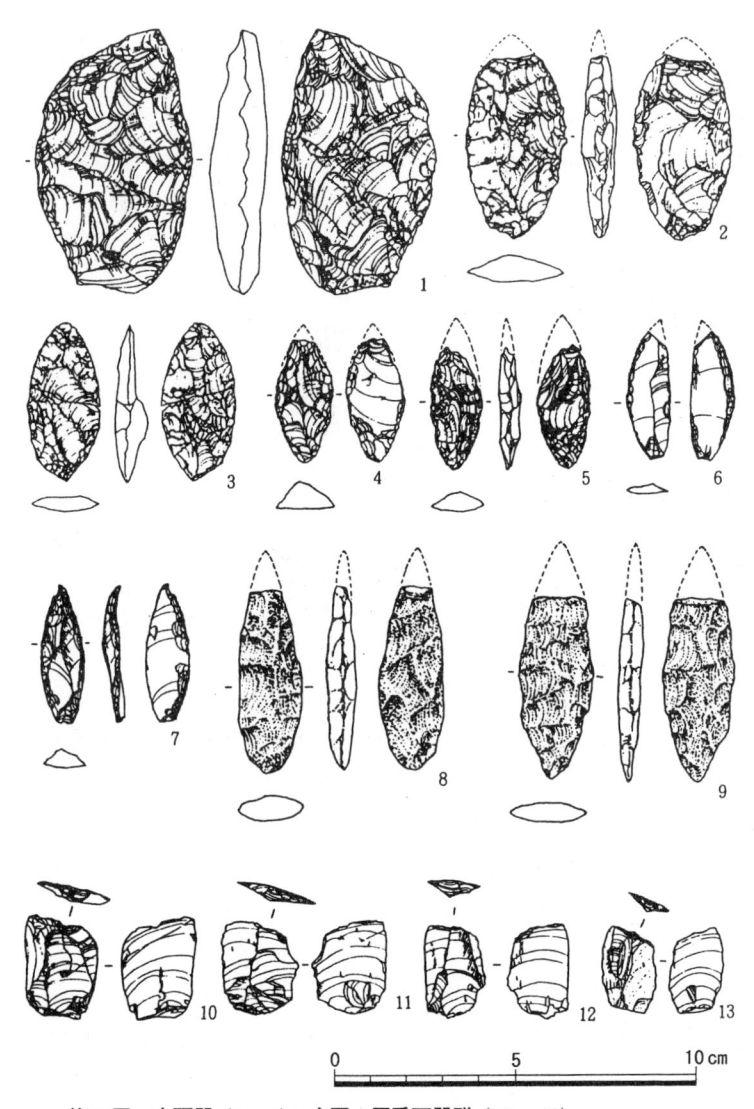

第8図　尖頭器（1〜9）　立野ヶ原系石器群（10〜13）
　　　1〜3：立美　4〜9：直坂第3地区　10〜13：ウワダイラL
　　　（1〜5：黒曜石　6・7：頁岩　8・9：安山岩　10〜13：鉄石英）

立野ヶ原系として類縁関係の指摘されている各地の石器群においても、その地域の他の石器群より、石英質やメノウ質のよりガラス質のものが好まれる傾向があり、また立野ヶ原石器群が各地の最古の石器群と考えられ、前期旧石器文化との関連を想起するとき、前期旧石器の小型の石器がよりガラス質の石材に偏っている点は注意すべきであろう。富山平野では立野ヶ原系石器群に石材選択の強い意識は見られないように思えるが、鉄石英・メノウ・玉髄の使用自体が、この石器群の系統的特徴なのかもしれない。

4 まとめ

　北陸地方では石器群の系統が、ナイフ形石器の形態、剥片生産技術、石器組成のほかに石材によって認識できる。安山岩を使用するナイフ形石器が瀬戸内系に限られていることから、安山岩の使用は瀬戸内系石器群の重要な特徴の一つといえる。また東北地方の頁岩地帯に盛行する東山系石器群が、北陸地方においても頁岩を多用する点など、その石器群の出自が石材選択に色濃く反映しているといえよう。さらに尖頭器における石材の選択にもその系統が探れる可能性がある。そのほか立野ヶ原石器群のように後期旧石器時代初頭の汎日本的広がりが考えられ、また前期旧石器との関連を追究する場合、石材選択に対する旧石器人の意識も対比の一要素になる。

　我々が具体的に認識できるある器種のある型式やそれらの組み合せ、および技術基盤で代表される石器文化が、石材の選択を決定しているといえる。少なくとも、ある特徴的な形態の石器を保有する旧石器人にとってその石器の製作にあたり、特定の石材の使用が文化的伝統として不可欠であったといえよう。

　石材の選択が、石材の性質と剥離技術との密接な関係によるものではないことは、山形県越中山遺跡K地点や新潟県御淵上遺跡において安山岩またはそれに類似する石材以外の石材（頁岩や輝緑凝灰岩など）でも瀬戸内技法により国府型ナイフ形石器が製作されていることでも明らかである。日本海沿岸地域の瀬戸内系石器群は近畿地方からの距離が遠くなれば、安山岩への依存率が低くなっている。安山岩といってもサヌカイトではなく、在地のものを利用しており、近畿地方から離れれば安山岩の比率が低くなるということは、その文化的伝統が薄れたものといえよう。このように石材の選択が技術的な問題ではなく、

石器製作にたずさわった旧石器人が属していた集団の文化的伝統によって決定されていたものと考えることができる。

こうした石材の選択に対する強い意識は旧石器時代をとおして各地でみられ、縄文時代の草創期まで顕著であるが、以後はすたれる。北陸地方では縄文時代の前期から中期にかけて黒曜石の石鏃が好まれる傾向があるが、一般に石材と文化との結びつきは弱い。

石材に対する一種のこだわりは、旧石器的石器製作の終篤とともに薄れるといってよく、旧石器的石器製作は、石器の素材となる剥片の生産技術の発達と、石材選択に対する文化的規制によって特徴づけられているといえよう。

こうした背景には、ナイフ形石器や尖頭器などの主要な石器による生産活動への依存度の高さが考えられる。つまり旧石器時代の石器による生産活動の重要性が、石材の選択から始まる石器製作へのさまざまな規制となって表れていると思われる。

第2節　剥片剥離技術と石材

1　石材と剥離技術への視点

石器石材と剥離技術に密接な関係が存在することを初めて指摘したのは、鎌木義昌であった。岩宿遺跡発掘の約15年後の旧石器研究の総括となった古典的名著河出書房新社の『日本の考古学』で、「石質の差異が石器の差異をうむにいたった」可能性と「石材の種類に応じて、つくりだされる石器の形態と製作技法が変化していく」ことを指摘し、具体的には「国府型ナイフ形石器の出現とサヌカイトとの相関関係を推定」し、「瀬戸内沿岸を中心としたサヌカイト地帯で、横剥ぎの容易な石材は、それに応じた技術によって横剥ぎの剥片をつくり、その伝統が以後の諸文化にものこされていった」（鎌木1965）と考えている。つまり瀬戸内技法の発生がサヌカイトの岩石上の性質と関わっていることと、瀬戸内技法に続く横剥ぎの瀬戸内系石器群の剥離技術もサヌカイトの性質によっているとの想定である。石材の性質と剥離技術の細かな検討がおこなわれたわけではないが、国府型ナイフ形石器とサヌカイトの分布が一致する

ことからの推論である。

　また鎌木は同書で、縦長剥片の剥離技術や石刃技法について、「安山岩質の石は縦剥ぎ剥離のかなり困難なものである。珪質頁岩にしろ、黒曜石にしろ、縦剥ぎ剥離は比較的容易で、そのような石材を主とする地方に、ながく縦剥ぎの伝統がのこされた」と縦長剥片剥離技術や石刃技法の盛行も石材との関係が大きいことを指摘している。

　石材と剥離技術の関係については鎌木以後ほとんど問題にされることはなかったが、安山岩が縦剥ぎに不向きだとの指摘は、新潟県津南町神山遺跡における安山岩製石刃石器群の存在や、瀬戸内においてもサヌカイト製の縦長剥片が存在することから松藤和人によって否定されている（松藤 1974）。その後の北信越での発掘資料も安山岩で石刃が無理なく剥離されていることを示している。

2 安山岩と横剥ぎ技法

　鎌木の指摘のうち、瀬戸内技法などの横剥ぎ技術とサヌカイトとの結びつきはその後の発掘資料でも認めることができ、瀬戸内系石器群で石材によって石器の製作技術が異なっている例が存在する。国府石器群の代表的遺跡である大阪府高槻市郡家今城遺跡では、搬入品とみられる石刃素材の掻器が頁岩製で、国府型ナイフ形石器など瀬戸内技法に関連する資料はすべてサヌカイトが用いられている。このほかにチャート製の彫器も組成されているが、瀬戸内技法関係の資料はサヌカイトに限られている。

　福井県勝山市猪野口南幅遺跡では、旧石器はわずか5点の出土にすぎないが、輝石安山岩製のナイフ形石器と削器は剥片素材の石核から剥離された横長剥片を素材としており（おそらく三国技法によると考えられる）、石刃製の彫器と掻器、使用痕がみられる石刃核の打面再生剥片は珪質頁岩を素材としている。縦長剥片剥離技術と横長剥片剥離技術では石材の選択が明確に異なっていることを示している（勝山市教委 1998）。

　さらに北の新潟県三条市（旧下田村）御淵上遺跡では、石器の製作に輝石安山岩、凝灰岩、鉄石英、玉髄、チャートなどの多様な石材を用いているが、輝石安山岩はほとんど瀬戸内技法による石器製作に限られている。輝石安山岩は遺跡周辺では産出しないと考えられ、信越国境周辺より持ち込んだものと推定

されている。遺跡周辺で産出すると考えられている凝灰岩などの輝石安山岩以外の石材でも瀬戸内技法によって翼状剥片の製作がおこなわれているが、剥片の末端が蝶番剥離となり、鋭い刃部が得られていない翼状剥片や翼状剥片石核も目立つ。どうやら多種多様な石材で瀬戸内技法による国府型ナイフ形石器の製作を試みているが、輝石安山岩以外はうまく剥離されていないようである（麻柄・古森 1992・1993〈本書第Ⅳ章第3節〉）。

　御淵上遺跡から出土した石器群については、当初輝石安山岩の使用を文化的なものと考え、御淵上遺跡を残した集団の文化的な出自を表すと考えていた。しかし、輝石安山岩以外の石材を用いた翼状剥片石核が、石核底面（石核素材の盤状剥片の腹面）に対しほぼ直角に近い角度で翼状剥片を剥離した例がかなり認められ、剥離された翼状剥片の末端（ナイフ形石器に加工した場合の刃部）が鈍角となっており、ナイフ形石器として二次加工できないような剥片も得られている。輝石安山岩以外の石材では、ナイフ形石器の素材を効率よく生産するはずの瀬戸内技法が機能していない。つまり、石材の選択が文化的な要因だけではなく、瀬戸内技法の技術的な問題とも関係していることが予想される。

　松藤和人の瀬戸内技法の技術的研究によれば、翼状剥片の剥離が、サヌカイトの岩石自体の物理的性質である流状構造（石理）をうまく利用した可能性が高い。奈良県二上山北麓遺跡群の鶴峯荘第1地点の翼状剥片石核における翼状剥片の剥離角は約120°で、剥離された翼状剥片の刃角は40°代にピークを持っており、翼状剥片石核の多くが石理の方向に順目に翼状剥片を剥離していることが明らかにされている（松藤 1979）。つまり、サヌカイトの石理を効果的に利用することによって刃部が鋭角の国府型ナイフ形石器を安定的に生産していたといえよう。このことは、瀬戸内技法の第1工程の段階から意識されており、盤状剥片石核からの盤状剥片の剥離作業も石理の方向を見きわめ、剥離された盤状剥片からさらに翼状剥片を剥離する際、石理に対し順目となるように盤状剥片を剥離している。この研究からは、瀬戸内技法が岩石の物理的性質に適応した剥離技術であることがわかる。

　織笠昭は松藤によって注目された瀬戸内技法による翼状剥片の刃角について近畿・瀬戸内地方の国府型ナイフ形石器と東日本の国府型ナイフ形石器との比較検討をおこなっている（織笠 1987）。その研究によれば、東日本の国府型ナイフ形石器は安山岩以外の頁岩やチャートなどの石材を使用しており、刃角は

近畿・瀬戸内のサヌカイト製が40°台で鋭角であるのに対し、東日本の非安山岩製の国府型ナイフ形石器が65°以上と鈍く、ナイフ形石器としての鋭い刃部が得られていない。東日本への国府型ナイフ形石器、瀬戸内技法の波及は、太平洋側では東海地方まではまとまって原型に近い状態で入っているが、関東地方には近年遺跡数は増えているとはいえ、断片的な痕跡しか認められない。関東地方に瀬戸内技法が定着しなかった大きな原因は、石理構造を持つ岩石の欠如ではなかろうか。

同様のことは、国府型類似のナイフ形石器の発見が相次いでいる新潟県北部でも認めることができ、頁岩製の横剥ぎナイフ形石器の刃角はいずれも大きい。またこの頁岩製のナイフ形石器の腹面にはウェーブがみられ、末端が若干蝶番剥離ぎみなものも認められる。サヌカイト製の国府型ナイフ形石器やその素材となる翼状剥片のようななめらかな剥離ではないようである。使用石材に石理の存在しない欠点がこれらのナイフ形石器に表れている。

3 北陸地方の石器群と石材

今のところ石材と剥離技術の関係は、サヌカイトと瀬戸内技法などの横剥ぎ技法に認められるだけである。ところで、列島の日本海側のほぼ中央に位置する富山平野の旧石器はさまざまな系統の石器群が錯綜して出土しているが、各系統の石器群と特定石材の結びつきは強い。すでに前節で詳述したとおり（麻柄 1987）、たとえば、瀬戸内系石器群は輝石安山岩、東山系は頁岩に限られており、尖頭器は黒曜石、安山岩、立野ヶ原系は鉄石英、メノウ、玉髄を主な石材としている。

このなかでもいわゆる東山系の石刃石器群はかたくなに頁岩にこだわっており、大型の石刃剥離に、頁岩の持つ物理学的な要因が関わっている可能性も捨てきれない。富山平野の立野ヶ原系石器群に少量組成される石刃の基部整形ナイフ形石器も頁岩を素材としており、同じ遺跡の立野ヶ原型ナイフ形石器が遺跡付近の鉄石英、メノウ、玉髄などを利用しているのとは好対照をなしている。

また、新潟県南部の杉久保系石器群が頁岩地帯から遠ざかるに従い、石材として頁岩から安山岩や凝灰岩への依存を高めていることに対し、東山系石器群はあくまで頁岩に頼っている。特定の石材の利用は原産地への回帰性の高さか

もしれないが、頁岩でなければならない理由の一つに製作技術や機能面で頁岩を使用しなければならない頁岩の物理的要因を考えざるをえない。この点については製作実験も含めてさらに検討が必要である。

第3節　瀬戸内系石器群の安山岩使用

　石材と特定の集団の結びつきが最も顕著に認められるのが安山岩と瀬戸内系の石器製作技術を有する集団である。東日本へ拡散した瀬戸内系石器群の石材選択を日本海側と太平洋側で検討したい。

1　北陸地方での追加資料

　これまで北陸地方の瀬戸内系石器群が輝石安山岩（無斑晶質安山岩）と強く結びついていることを指摘したが（麻柄1987・1999）、その後報告された瀬戸内系石器群の資料も同様の傾向を示している。富山市向野池遺跡（むかいのいけ）（寺林ほか1992）で採集された石器は横長剥片を素材とする石器に限り輝石安山岩が使用されており、富山市御坊山遺跡（ごぼうやま）（麻柄2003〈本書第Ⅳ章第5節〉）、石川県小松市八里向山遺跡（やさとむかいやま）（小松市教委2004）、福井県勝山市猪野口南幅遺跡（勝山市教委2000）出土の国府型類似のナイフ形石器は輝石安山岩である。御坊山遺跡では安山岩と頁岩の石器が採集されているが安山岩製の瀬戸内系石器のほかに、珪質頁岩でも剥片を素材とする石核から剥がされた横長剥片が存在しているが、剥片の末端が蝶番剥離状でナイフ形石器の素材には適していない。

　猪野口南幅遺跡では石器の出土量は少ないが石器型式と石材の対応は北陸地方の瀬戸内系石器群と石刃石器群の石材選択のあり方を端的に示している。石器は13点出土しており、その内の7点がナイフ形石器や掻器などの道具としての石器である（第9図）。石核や砕片は出土しておらず、輝石安山岩製の剥片とチャートの剥片がそれぞれ3点ずつ存在するにすぎない。輝石安山岩製のナイフ形石器はポジティブな底面を有する横長剥片を素材としており、国府型に類似する。また輝石安山岩製の翼状剥片の末端（底面側）に二次加工を施した抉入石器も存在する。この抉入石器とナイフ形石器を見るかぎり、瀬戸内

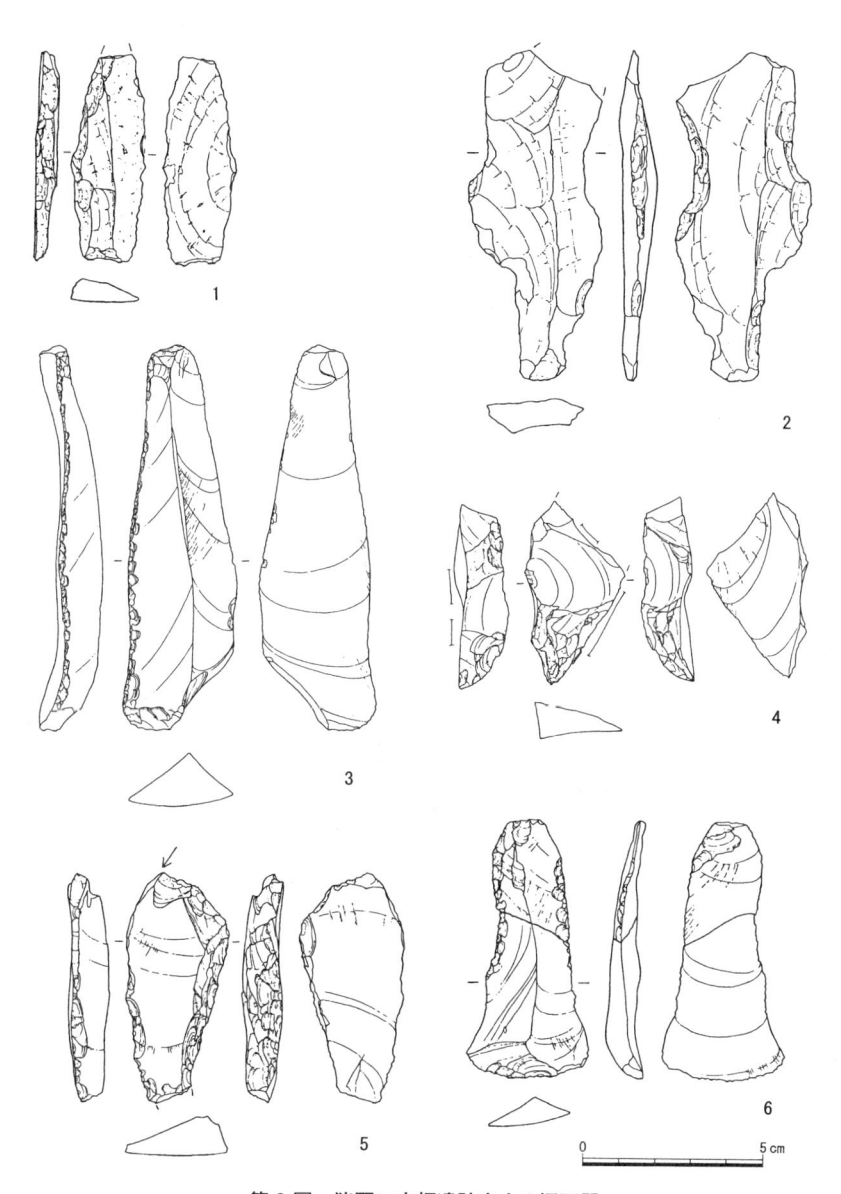

第3節　瀬戸内系石器群の安山岩使用　61

第9図　猪野口南幅遺跡出土の旧石器
1：ナイフ形石器　2：抉入石器　3：削器　4：打面再生剝片（使用痕有）
5：彫器　6：搔器　〔1・2：安山岩　3〜6：珪質頁岩〕

技法に類似する剥離技術によって石器製作がおこなわれていると推定できる。1点ずつ出土した彫器、掻器、削器は珪質頁岩製の石刃を素材としており、打面再生剥片を使った使用痕ある剥片も珪質頁岩製である。横剥ぎの瀬戸内系は輝石安山岩、東日本の日本海側的な石刃を素材とする石器は珪質頁岩といった石材の使い分けがおこなわれている。道具としての石器7点の内、珪質頁岩製の削器を除き、6点は散漫ではあるが径30ｍの範囲から出土しており、出土層位も攪乱層出土の2点を除き、Ⅳ層の黄褐色ローム層中であり、同時期のものと見なしてよい。ただし、輝石安山岩製の3点は西側に、珪質頁岩製の3点は東側に分布しており、平面的には分離が可能である。

　輝石安山岩は遺跡から約5㎞離れた勝山市内の法恩寺山周辺にも原産地が存在しており、福井平野ではさほどめずらしい存在でもないが、珪質頁岩は類例を知らない。石刃を素材とする石器は富山平野以東からの搬入品の可能性が高いと考えられる。猪野口南幅遺跡の石器群の出土によって、大阪府郡家今城遺跡出土の国府石器群に共伴する珪質頁岩製の石刃素材の掻器が北陸地方を経由してもたらされたとの推定（麻柄 1985〈本書第Ⅳ章第2節〉）がより蓋然性の高いものとなった。

　国府型ナイフ形石器の東北地方での出土と珪質頁岩製の石刃素材の石器が郡家今城遺跡や猪野口南幅遺跡で国府石器群、瀬戸内系石器群に含まれていることは、国府型ナイフ形石器が近畿地方で発達した時期に日本海沿岸ルートで、東北・北陸地方と近畿地方で集団の相互の移動があったことを示している。猪野口南幅遺跡の石器群は、従来近畿・瀬戸内の集団の日本海沿岸ルートでの北上に目が奪われがちだったが、同時期に東北・北陸地方から日本海沿岸地域をとおり、近畿地方へやってきたグループの存在も明確にした。

　福井平野では、かねてから西下向遺跡や木橋遺跡で輝石安山岩製の瀬戸内系石器群の存在が知られており、この時期に他の石器群が見つかっていない現状では瀬戸内系石器群は地域の主体的な存在といえる。三浦知徳は瀬戸内系の日本海沿岸ルートで北上する集団を「往路集団」、そして越中山遺跡K地点を折返し点とし同じルートを南下する集団を「復路集団」と呼び、猪野口南幅遺跡は「復路集団」によって残されたものと想定している（三浦 2005）。数千年の時間幅を有する日本海沿岸の瀬戸内系石器群を三浦が考えるように単純に「往路と復路の集団」に当てはめることには躊躇せざるを得ないが、日本海側を舞

台とした集団の移動の軌跡を瀬戸内系石器群と珪質頁岩製石刃石器群に読み取ることができる。ただし、郡家今城遺跡と猪野口南幅遺跡の石刃素材の掻器が東北地方からもたらされたものなのかそれとも北陸東部で生産されたものなのかの検討の余地があり、珪質頁岩の原産地次第でその移動規模も異なってくる。

2 新潟県の瀬戸内系石器群

　新潟県内では6遺跡で瀬戸内系石器群が出土しており、輝石安山岩の原産地からの距離によって輝石安山岩の使用頻度が異なっている。信越県境近くの輝石安山岩産出地の津南町正面ヶ原B遺跡では1点の国府型ナイフ形石器の出土であるが、輝石安山岩が使用されている。三条市（旧下田村）御淵上遺跡では瀬戸内系石器群に輝石安山岩のほか、凝灰岩、玉髄、鉄石英などの石材も使用され、新発田市坂ノ沢C遺跡では国府型ナイフ形石器に輝石安山岩と珪質頁岩が使用されており、これより北に位置する新発田市二子沢B遺跡、神林村大聖寺遺跡、朝日村樽口遺跡A-KSE文化層出土の瀬戸内系のナイフ形石器はすべて珪質頁岩製である。正面ヶ原B遺跡の国府型ナイフ形石器が1点に過ぎないので、あまり強調はできないが、輝石安山岩の産地からの距離によって輝石安山岩の占める割合が低下する傾向が読み取れる。このように原産地から離れるにしたがい、輝石安山岩の入手が困難になり、在地の代表的石材である珪質頁岩を石器の原材料に使用せざるを得なかった。

　山形県内の越中山遺跡K地点や八森遺跡でも珪質頁岩の国府型ナイフ形石器が出土している。しかし前稿でもふれたように、輝石安山岩に対する欲求は捨てることができず、越中山Kでは、見た目が安山岩に似るが、現代の我々からはとても利器の材料となり得ないと思われる凝灰質砂岩・凝灰質泥岩を用いて国府型ナイフ形石器の製作に挑戦している。御淵上遺跡の出土遺物の中に極度に風化した凝灰岩の石器が含まれているが、この石材を利用した瀬戸内技法関係の石器が存在する。越中山Kの凝灰質砂岩・凝灰質泥岩製の瀬戸内技法関係の資料と同じ意味合いを持つと考えられる[3]。御淵上遺跡を残した集団も越中山Kと同様に、サヌカイトに慣れ親しんでいたと思われる。そのことが、技術的問題だけでなく、安山岩の供給が乏しくなった場合、遺跡周辺で少しでもサヌカイトに似た石材を求めた結果、石器の材料としてはあまり向いていな

いと思われるやわらかな凝灰岩をあえて使ったものと考えられよう。

　新潟県下の瀬戸内系石器群については吉井雅勇の詳細な分析がある（吉井 2000）。吉井によれば、新潟県北部から出土している瀬戸内系のナイフ形石器の刃角は、坂ノ沢C遺跡の輝石安山岩製のものがその他の珪質頁岩製のナイフ形石器に比べて約10°小さく鋭利である。このことはすでに指摘したとおり、他の地域でも同様で非安山岩の横長剥片の刃角が厚くなる傾向は否定できず、有底横長剥片剥離技術が安山岩質のものに好都合であり、珪質頁岩などには適していないことを裏づけている。

　新潟県北部から山形県で発見されている瀬戸内系の石器群は、サヌカイトに似た安山岩質の石材を求めながらも安山岩原産地から離れた場合、他の石材での石器作りを試みている。安山岩にこだわりながらも石材原産地に規定された回遊行動等は認められず、北上の目的を優先させている。その結果が珪質頁岩製の刃角の大きな樽口遺跡A-KSE文化層のような国府型ナイフ形石器が作られたのであろう。ただし、使われている石材がこの地域で伝統的に最も石器の材料として適していると考えられている珪質頁岩が主体となっている点は、安山岩を好む瀬戸内系の集団が東北地方日本海側の地で、孤立していたわけではなく、在地集団からこの地域での石材環境などについての情報を入手していたことをうかがわせる。

3 下呂石と瀬戸内系石器群

　下呂石（ガラス質黒雲母流紋岩）の原産地近傍でも瀬戸内系石器群が出土している。下呂市（旧下呂町）大林遺跡では試掘調査や表面採集で下呂石製の国府型ナイフ形石器、翼状剥片、翼状剥片石核、盤状剥片が出土しており、下呂石原産地で瀬戸内技法による国府型ナイフ形石器の製作がおこなわれていたことが明らかになっている（飛騨考古学会旧石器部会1995、下呂町教委2002など）。さらに採集資料には原産地特有の大型の下呂石製角錐状石器も含まれる。

　下呂市初矢遺跡では下呂石製の有底横長剥片を素材とすると見られるナイフ形石器が4点報告されている（鈴木・片田1979、沢田・橋詰1994、吉朝2005）。そのほかにも国府型類似のナイフ形石器が採集されている。第10図1、2は初矢遺跡採集のナイフ形石器である。いずれも下呂石製である。両者とも底面

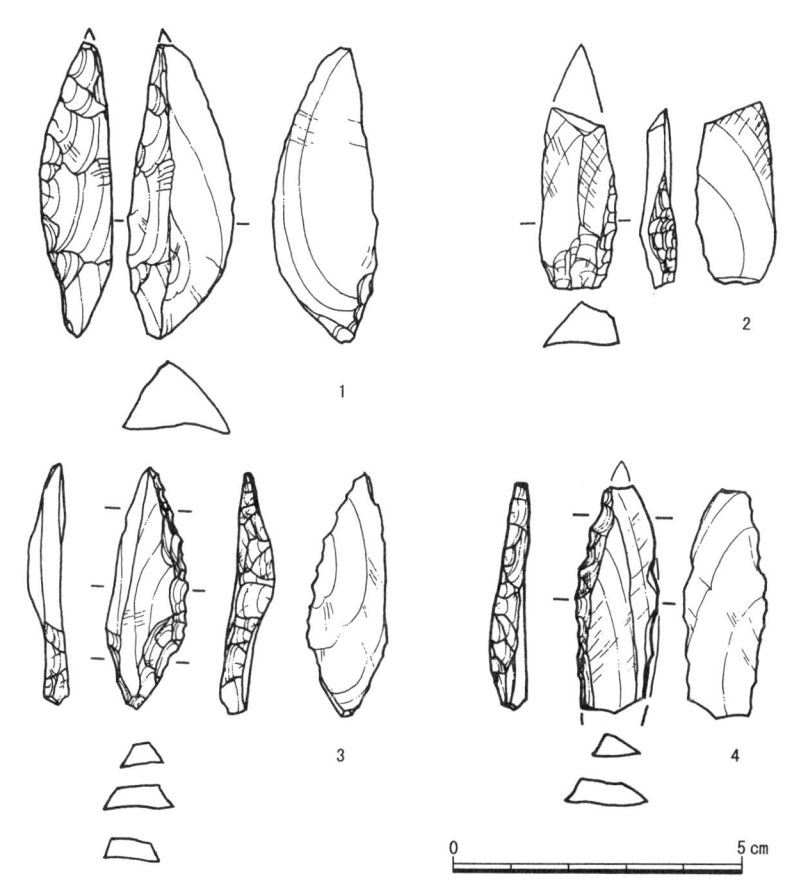

第 10 図　下呂石製のナイフ形石器　1・2：初矢遺跡　3・4：植野遺跡（宮崎憲二氏所蔵）

がポジティブ面で、ナイフ形石器の素材剥片が大型剥片を素材とする石核から剥離されたことがわかる。これまでに報告された例はいずれもポジティブな底面を有しているが、典型的な国府型とは若干異なっている。表面採集資料であるが、国府石器群とはやや時期が異なっていると考えられる。

原産地からやや離れた遺跡からも下呂石製の瀬戸内系石器群の出土が報じられている。木曽川下流の各務ヶ原市内では、内野前遺跡、桐野遺跡から下呂石製の瀬戸内系石器群が採集されている（各務ヶ原市教委 1983）[4]。このほかにも、下呂石素材に横剥ぎのナイフ形石器が数多く採集されている。同市内の植野遺跡からも下呂石製のナイフ形石器が採集されており、底面がポジティブ面で、

石器の形態からは国府型の範疇に含まれる（第10図3、4）。

また岐阜市椿洞（つばきぼら）遺跡のKⅡ期の石器群では有底横長剥片を素材とするナイフ形石器は下呂石製で、角錐状石器はチャート製と器種によって石材の使い分けがおこなわれており、同様の石材選択は岐阜市や各務ヶ原市周辺の瀬戸内系石器群においても認められる（麻柄 1990）。椿洞遺跡では、縄文時代草創期の石器、小型のナイフ形石器の一群がⅠ・Ⅱ層から、瀬戸内系の石器群がⅢ・Ⅳ層から、縦長剥片を素材とした二側辺が整形されたナイフ形石器がⅤ層から出土しているが、下呂石の利用は縄文草創期や小型のナイフ形石器ではほとんど見られず、Ⅲ・Ⅳ層のナイフ形石器の20％以上が下呂石製で、Ⅴ層のナイフ形石器に占める下呂石の割合（13％）を上回っており、瀬戸内系石器群と下呂石との結びつきの強さを示している。濃尾平野からはこのほかにも有底横長剥片を素材とするナイフ形石器が報告されているが、多くが下呂石を利用しており、下呂石の産出地や下呂石が転石として採集できる河川の周辺に瀬戸内系石器群の集中が認められる。

有底横長剥片を素材とするナイフ形石器も角錐状石器もいずれも東海地方においては瀬戸内系の石器と見なすことができる。しかし、有底横長剥片を素材とするナイフ形石器はほとんど下呂石に限られ、角錐状石器は在地石材であるチャートを多用しているという現象は、単に瀬戸内系の集団が慣れ親しんでいたサヌカイトにやや似た所がある下呂石を好んでいたというだけでなく、石材選択にナイフ形石器（特に横長剥片を素材とする）の製作にはチャートより下呂石の方が適しているといった岩石の性質も大きな要因となったと考えられる。

国府型などのナイフ形石器は鋭い刃部が求められ、素材の横長剥片の末端が鋭角になるよう剥離される。そのため横長剥片の連続剥離には石核の底面と剥離作業面とがなす角度が大きな鈍角になる必要がある。こうした条件を満たすために、瀬戸内技法などの横長剥片剥離技術とサヌカイトなどの安山岩質の石材が選択されていると考えられる。これに対し、角錐状石器は基本的に剥片の両側縁から二次加工を施し、器体断面が三角形を呈する形状に加工するため、鋭い側縁より得られる剥片にある程度の厚みが必要である。そのため、サヌカイトのような安山岩質の石材が必ずしも求められていたわけではないと思われ、東海地方の瀬戸内系石器群では角錐状石器にはナイフ形石器に用いた下呂石に執着せず、比較的容易に入手できるチャートが使われているのではないだろうか。

第3節　瀬戸内系石器群の安山岩使用　67

　日本海沿岸地域においては、入手が可能であれば瀬戸内系石器群の製作にサヌカイトに特徴が類似する輝石安山岩をサヌカイトの代わりに求めているのに対し、岐阜県ではナイフ形石器の製作に下呂石がその選択対象となっている。下呂石もサヌカイトの代用品と見なされていたのであろう。信越地方の瀬戸内系石器群が信越県境の輝石安山岩原産地からやや離れると安山岩への依存度合いが低くなり、一定の距離を越えるとまったく使用されなくなるのと同じく、東海地方の瀬戸内系の集団も下呂石原産地の周辺部では、下呂石原産地を核とした回帰行動が認められるが、原産地からやや離れると下呂石にこだわらず、在地石材で石器製作をおこなっている。

　下呂石製の瀬戸内系石器群として注目されるのは、富山県南砺市（旧福光町）南原C遺跡出土の石器群である。南原C遺跡は立野ヶ原遺跡群の一連の発掘調査で発見され、1976年に発掘調査がおこなわれている。出土遺物は少量にすぎず、ナイフ形石器などの定型的な石器は出土していない。出土した石器は剥片と石核のみであるが、剥片のほとんどが横長剥片で、石核も横長剥片石核である。ただし、石材は輝石安山岩と下呂石の2種類が使用されており、北陸の瀬戸内系では唯一の下呂石の利用となっている。富山平野での輝石安山岩の産地は特定されていないが、旧石器時代を通して石器の材料に使用されており、県内のどこかに原産地が存在しているものと推定されている。

　下呂石の原産地もしくは下呂石の転石が採集できる木曽川で入手した下呂石を携えて富山平野にやってきた南原Cの集団は下呂石をかなり消費し、地元の石材である輝石安山岩をこの地で求め、有底剥片の剥離をおこなったと考えられる。南原Cの石材利用のあり方は、この段階に中部地方の太平洋側と日本海側を移動した瀬戸内系の集団の存在と、この遺跡を残した集団にとって下呂石も輝石安山岩もサヌカイトの代わりに利用可能な石材として認識されていたことを示している。また岐阜県宮川村宮ノ前遺跡出土の国府型ナイフ形石器のようにサヌカイトと考えられる良質の安山岩で作られた石器も出土しており、庄川流域の瀬戸内系の集団は本拠地から持参したサヌカイトの石器、美濃で入手した下呂石、流域で産出する輝石安山岩を取り混ぜ、自分達のイメージに合致した好ましい石材を使っての生産活動に従事していたと推定できる。

　下呂石は見た目からも石器製作と密接に関わる石質においても充分サヌカイトの代わりを務めることができる石材であった。そのため、下呂石原産地周辺

には瀬戸内系石器群の原産地遺跡が形成され、この原産地を核に瀬戸内系石器群が美濃地方に展開している。下呂石を用いた瀬戸内系石器群は最も原産地から離れた遺跡として富山県南原C遺跡の石器群が知られているにすぎず、基本的には美濃平野を中心とした限られた範囲に分布している。

静岡以東の太平洋側の瀬戸内系石器群に下呂石が搬入されることはなく、使用されている石材もあまりサヌカイトを意識しているとは思えず、黒い石へのこだわりは薄れていっている。太平洋側で確実に瀬戸内技法もしくはそれに近い剥離技術で石器製作をおこなっている最も東に位置する遺跡は静岡県豊田町広野北遺跡であるが、この遺跡では瀬戸内系の石器はすべて頁岩を用い安山岩は使用されていない（山下編 1985）。さらに関東地方の国府型ナイフ形石器の素材として安山岩がそれほど意識されているとは思えない。遺跡の近辺で適当な安山岩質の石材が存在していなかったことも考えられるが、無理に安山岩に類似する石材を探しているわけでもない。

4 まとめ

以上のように石器製作において石材の選択は、技術と石材の持つ性質との関係、さらに石器製作者が無意識に培われた所属する集団の伝統的、文化的背景が大きな要素となっていると思われる。日本海側では東北においてでも瀬戸内系の石器製作に安山岩を求めているが、太平洋側では下呂石の原産地を最後にそれより東では瀬戸内系石器群の製作に安山岩へのこだわりが見出せなくなるようだ。東海以東の石材環境を詳しく分析する必要があるが、この点は日本海側を北上した瀬戸内系石器群と異なる点といえよう。

日本海沿岸地域では、北陸や信越県境の安山岩産出地周辺に遺跡が集中しており、安山岩の供給が集団の行動を規定する大きな要因であることが認められる。山形県越中山Kや八森、新潟県樽口のように頁岩地帯にまでも国府石器群が進出しているが、あくまでも単発的な出現の仕方で、後に続いていない。これに対し、野尻湖周辺や富山平野、福井平野では国府石器群の北上以降も周辺の安山岩を利用して瀬戸内系石器群が一定期間定着している様子が読み取れる。「三国技法」による西下向遺跡の石器群や、「直坂II型」ナイフ形石器を特徴とする石器群が安山岩地帯に多数分布している。また、濃尾平野でも下呂石

の産出地周辺に瀬戸内系石器群が集中する傾向が認められ、あたかも下呂石の供給が瀬戸内系石器群を残した集団の行動を規定しているかのようである。こうした遺跡と石材原産地の関係は近畿・瀬戸内地方の国府石器群やそれ以降の有底横長剥片製ナイフ形石器を特徴とする石器群でも顕著であり、東日本へ移動した瀬戸内系石器群は故郷での石材供給システムを移住地においても踏襲しているといえる。

　なお、日本海沿岸地域では瀬戸内系と安山岩の密接な関係と類似した現象が削片系細石刃石器群と珪質頁岩にも認められる。削片系やホロカ技法による細石刃石器群は東北・中部の日本海側では珪質頁岩が使用されることが多い。富山平野では小矢部市日ノ宮遺跡出土の削片系細石刃核（山本 1992）が珪質頁岩を用いていることが知られていたが、富山市（旧八尾町）小長谷遺跡採集の旧石器に珪質頁岩製の細石刃核母型が含まれている[5]。富山市向野池遺跡からは黒曜石製の稜柱形細石刃核が出土しており（高橋 2000）、削片系に限って珪質頁岩との強い結びつきが認められる。向野池遺跡の黒曜石製の稜柱形細石刃核の存在を考慮すれば、削片系細石刃核と珪質頁岩との結びつきは細石刃の剥離技術と石質との関係だけではなく、その集団の文化的背景が石材選択に大きな影響を与えていることが考えられよう。

　大阪府羽曳野市誉田白鳥（こんだはくちょう）遺跡や岡山県恩原（おんばら）1・2遺跡出土の珪質頁岩製の削片系細石刃核も以前から想定されているように、北陸地方を通った一団によって残されたものと考えてよい。削片系細石刃石器群が東北地方から南下しても珪質頁岩にこだわっている状況は、時期と石材が異なり、移動の方向もまったく逆であるが、瀬戸内系石器群の輝石安山岩選択と根は同じであろう。

註

(1) ここで頁岩と表現したものは、本来は濃飛流紋岩、または珪化凝灰岩と称すべきものであるが、頁岩と類似するものである。

(2)「下呂石」の原産地およびその周辺では初矢遺跡など、瀬戸内系石器群の出土が知られている。

(3) 御淵上遺跡の報告書には風化が著しい白色凝灰岩製の石器のことが明記されている（中村 1971）。しかし、長岡市立科学博物館での実測の際、極度に風化したこの石器を人工品か否かの判断もできず、検討の対象から外していた。当時はまだ

越中山Kの凝灰質砂岩・凝灰質泥岩製の瀬戸内技法関係資料の存在を知らず、この石器の持つ意味を理解していなかった（麻柄・古森 1992・1993）。数年前長岡市立科学博物館で御淵上の再整理をおこなっている小熊博史氏をはじめとする新潟県の旧石器研究グループの方々から白色凝灰岩製の石器についてご教示をいただき、実見させていただいた。また報告書にも実測図は掲載されている国府型ナイフ形石器の一部は黄緑凝灰岩製であるが、三浦知徳氏はこの石材（三浦氏によれば珪質凝灰岩）も安山岩の代用である可能性を指摘している（三浦 2003）。確かにこの凝灰岩は新しい割れ面が黒く安山岩に似る。神奈川県柏ヶ谷長ヲサ遺跡の国府型ナイフ形石器についても同様の印象をもっている。

(4) 木曽川の河床には下呂石の転石が存在しており、石材採取地からの距離は意外と近いかもしれない。

(5) 亀田正夫氏採集。富山市埋蔵文化財センター所蔵。

引用・参考文献

稲田孝司　1984「旧石器時代武蔵野台地における石器石材の選択と入手過程」『考古学研究』第30巻第4号

奥村吉信　1985a「北陸の東山系石器群」『大境』第9号

奥村吉信　1985b「中部地方日本海側の石刃石器群」『旧石器考古学』31

奥村吉信　1986a「新町Ⅱ遺跡出土の尖頭器」『新町Ⅱ遺跡の調査』婦中町教育委員会

奥村吉信　1986b「北陸にみる茂呂系石器群の性格」『旧石器考古学』33

織笠　昭　1987「国府型ナイフ形石器の形態と技術（上）、（下）」『古代文化』第39巻第10、12号

各務ヶ原市教育委員会 1983『各務ヶ原市史　考古・民俗編　考古』

勝山市教育委員会 1998『猪野口南幅遺跡現地説明会資料』

勝山市教育委員会 2000『猪野口南幅遺跡』

鎌木義昌　1965「刃器文化」『日本の考古学Ⅰ先土器時代』

下呂町教育委員会 2002『大林遺跡試掘調査報告書』

小林達雄　1986「日本列島旧石器時代文化の三時期について」『国立歴史民俗博物館研究報告』第11集

小松市教育委員会 2004『八里向山遺跡群』

沢田伊一朗・橋詰佳治「岐阜県・下呂石原産地の旧石器資料」『旧石器考古学』49

鈴木忠司・片田良一 1979「初矢遺跡採集のナイフ形石器」『岐阜県考古』第7号

高橋真実　2000「向野池遺跡採集の細石刃石核」『境野新遺跡・向野池遺跡』富山市教育委員会

寺林巌州・麻柄一志・西井龍儀 1992「向野池遺跡と金屋遺跡の旧石器」『大境』第14号

富山県教育委員会 1973『富山県福光町鉄砲谷・向山島・是ヶ谷遺跡発掘調査報告書』

富山県教育委員会 1974『富山県福光町・城端町立野ヶ原遺跡群第二次緊急発掘調査概要』

富山県教育委員会 1975『富山県福光町・城端町立野ヶ原遺跡群第三次緊急発掘調査概要』
富山県教育委員会 1976『富山県福光町・城端町立野ヶ原遺跡群第四次緊急発掘調査概要』
富山県教育委員会 1977『富山県福光町・城端町立野ヶ原遺跡群第五次緊急発掘調査概要』
富山県教育委員会 1978『富山県福光町・城端町立野ヶ原遺跡群第六次緊急発掘調査概要』
中村孝三郎 1971『御淵上遺跡』
西井龍儀 1974「富山県下の尖頭器の紹介」『大境』第5号
飛騨考古学会旧石器部会1995「飛騨・湯ヶ峰山麓の旧石器資料」『飛騨と考古学』
麻柄一志 1984「日本海沿岸地域における瀬戸内系石器群」『旧石器考古学』28
麻柄一志 1985「国府型ナイフ形石器と掻器」『考古学と移住・移動』同志社大学考古学シリーズⅡ
麻柄一志 1986a「いわゆる立野ヶ原型ナイフ形石器の基礎的整理」『旧石器考古学』33
麻柄一志 1986b「立野ヶ原型ナイフ形石器及び立野ヶ原系石器群について」『北陸旧石器シンポジウム　日本海地域における旧石器時代の東西交流―国府系・立野ヶ原系石器群をめぐる諸問題―発表要旨』
麻柄一志 1987「石器文化と石材選択」『考古学と地域文化』同志社大学考古学シリーズⅢ
麻柄一志 1990「[書評]『椿洞遺跡』」『旧石器考古学』40
麻柄一志 1999「剥片剥離技術と石材」『旧石器考古学』58
麻柄一志 2003「富山市御坊山遺跡出土の瀬戸内系石器群」『富山市考古資料館報』No.40
麻柄一志・古森政次 1992「御淵上遺跡の瀬戸内技法(1)」『旧石器考古学』45
麻柄一志・古森政次 1993「御淵上遺跡の瀬戸内技法(2)」『旧石器考古学』46
松藤和人 1974「国府型ナイフ形石器をめぐる諸問題」『プレリュード』19
松藤和人 1979「再び"瀬戸内技法"について」『二上山・桜ヶ丘遺跡』奈良県史跡名勝天然記念物調査報告第38冊
三浦知徳 2003「石材の「選択」」『認知考古学とは何か』
三浦知徳 2005「瀬戸内系石器群拡散の荷担者像に関する一私案」『県指定文化財上尾市殿山遺跡シンポジウム―石器が語る2万年―』埼玉考古別冊8
山下秀樹編 1985『静岡県豊田町広野北遺跡発掘調査報告書』平安博物館
山本正敏 1992「小矢部市日ノ宮遺跡出土船底形細石核」『埋文とやま』40
吉朝則富 2005「岐阜県湯ヶ峰下呂石原産地」『旧石器考古学』67
吉井雅勇 2000「新潟県北部地域における国府系石器群の変容について」『MICRO BLADE』創刊号
藁科哲男・東村武信 1985「富山県下遺跡出土の黒曜石遺物の石材産地分析」『大境』第9号

第Ⅲ章　後期旧石器時代前葉の石器群

第1節　局部磨製石斧を伴う石器群について

1　はじめに

　日本列島の後期旧石器時代には磨製の斧形石器が存在する。しかもその最古の段階において多く発見されており、日本列島の後期旧石器文化初頭を特徴づける石器の一つとなっている。
　このような石器は一般に刃部を中心に研磨されており、局部磨製石斧と呼ばれているが、研磨が全体に及んでいるものもある。小論ではこうしたものも含めて局部磨製石斧の名称を使用する。ここで対象とする局部磨製石斧はナイフ形石器に伴うもので、神子柴・長者久保文化に属するもの、細石器文化に属するものは含めない。また、本来局部磨製石斧と密接な関係が予想される刃部に研磨痕のない斧形石器（打製石斧）については、器種の定義によってかなり幅の広い内容まで含むことになり、時代性も薄れるので割愛した。
　ナイフ形石器[1]に伴出する局部磨製石斧は、近年東北地方から九州地方にまで分布することが明らかになっているが、特に関東地方と中部地方日本海側に集中する（第11図）。関東地方の局部磨製石斧を含めた打製石斧については、砂田佳弘により集成と分析がおこなわれている（砂田 1983）。小論は現在関東地方に次いで資料が集積している中部地方日本海側の局部磨製石斧を中心に、その伴出する石器群を明らかにし、年代的位置づけを試みることを目的としている。

2　中部地方日本海側の局部磨製石斧と石器群

(1) 各遺跡の概要

　中部地方の日本海側では、富山平野を中心に13遺跡から破片をも含めると23点の局部磨製石斧が出土している。伴出する石器群と出土層位について検討をおこなう。

① 鉄砲谷遺跡（富山県教育委員会 1973a）〔第12図上〕

　富山県南西部の立野ヶ原台地に位置する。立野ヶ原台地では31ヶ所の旧石器時代の遺跡が確認されており（西井 1983）、立野ヶ原遺跡群を形成する。立野ヶ原台地での基本層序は、1層（表土）10〜20cm、2層（漸移層）部分的に存在、3層（褐色粘土層）、4層（白みを帯びた粘土層）と続く。

　鉄砲谷遺跡では3層が約60cmと立野ヶ原台地では厚く、石器群は3層の上半部から2ヶ所のまとまりをもって検出されている。局部磨製石斧は、B地点と呼ばれるユニットから2点出土している。B地点の石器群は局部磨製石斧を除きすべて頁岩[(2)]を素材としており、破損したナイフ形石器、石刃が出土しているが、完形の石器（tool）と石核は存在しない。石刃等の観察によれば、約半数に打面調整がみられ、背面に主要剥離面の剥離方向とは逆方向からの剥離痕が存在するものもある。剥片生産技術は打面調整が一定の割合でおこなわれ、両設打面の石核が存在したことが推定できる。

第11図　局部磨製石斧の分布

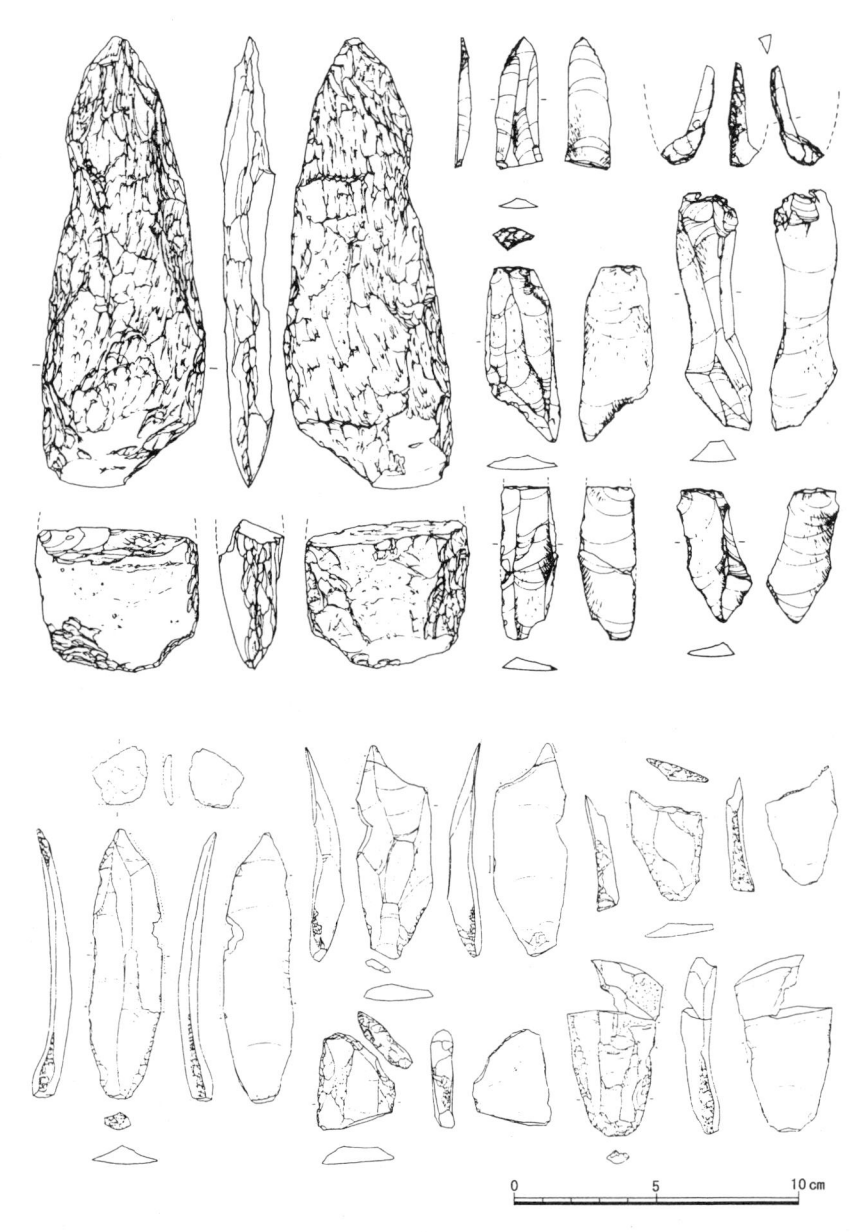

76　第Ⅲ章　後期旧石器時代前葉の石器群

第12図　鉄砲谷遺跡（上）野沢遺跡A地点（下）

ナイフ形石器は破損品であるが、石刃の先端部の片側、基部の周辺に整形加工を施したものがある。

② **ウワダイラⅠ遺跡**（富山県教育委員会 1974）〔第13図下〕

立野ヶ原遺跡群に属する。遺物は1層から4層の上部まで出土している。石材はメノウ、鉄石英を主として用い、いわゆる「立野ヶ原型ナイフ形石器」[3]を中心とする石器群である。石核は打面調整を施さず、打面を頻繁に転位し、1面に自然面を残すサイコロ状のものである。石器としてはナイフ形石器、局部磨製石斧のほかに、ピエス・エスキーユ、スクレイパー等がわずかに存在するにすぎない。

③ **西原Ｃ遺跡**（富山県教育委員会 1977）〔第13図上〕

立野ヶ原遺跡群に属する。遺物は3層と4層の中程までに包含されている。

石材は鉄石英が主体で、メノウ、頁岩も用いられ、「立野ヶ原型ナイフ形石器」を主体に局部磨製石斧、彫器が出土している。石核は打面調整を施さず、打面を転位したサイコロ状のものである。剥片は長幅比が約1：1のものと縦長で不整形なものがある。ナイフ形石器は、長幅比が約1：1で長さ2cm前後の剥片の先端部に整形を施したものと、長さ4cm前後の縦長剥片の基部周辺、または先端部に整形加工を施したものがある。

④ **野沢遺跡Ａ地点**（大沢野町教育委員会 1982）〔第12図下〕

神通川右岸の上位段丘である舟峅野段丘上に位置する。遺跡の層位は第Ⅰ層耕作土、第Ⅱ層褐色土層、第Ⅲ層淡い黄色土層の順で堆積しており、火山灰分析の結果第Ⅱ層下部がAT、第Ⅲa層中部がDKPに相当するとされている。石器群は第Ⅱ層上半部に包含されており、AT堆積以後に残されたものである。

石器群は頁岩を用いた石刃石器群が主体で、接合資料等により剥片生産技術が復元されている。剥片生産において打面調整が41％に施され、石核の体部調整もみられる。打面は上下両端に設けられた両設打面のものが7割以上を占めている。ナイフ形石器は北陸地方で「東山系」とされているもので、石刃の基部の両側辺と先端に整形加工が施されたものである。石器としては、ナイフ形石器、局部磨製石斧の破片のほか石錐が1点あるのみで、他は二次加工ある剥片と分類されたもので定形的なものはない。

⑤ **野沢遺跡Ｃ地点**（斎藤 1980）

野沢遺跡Ａ地点の約100ｍ南側に位置しており、4点の蛇紋岩製の局部磨製

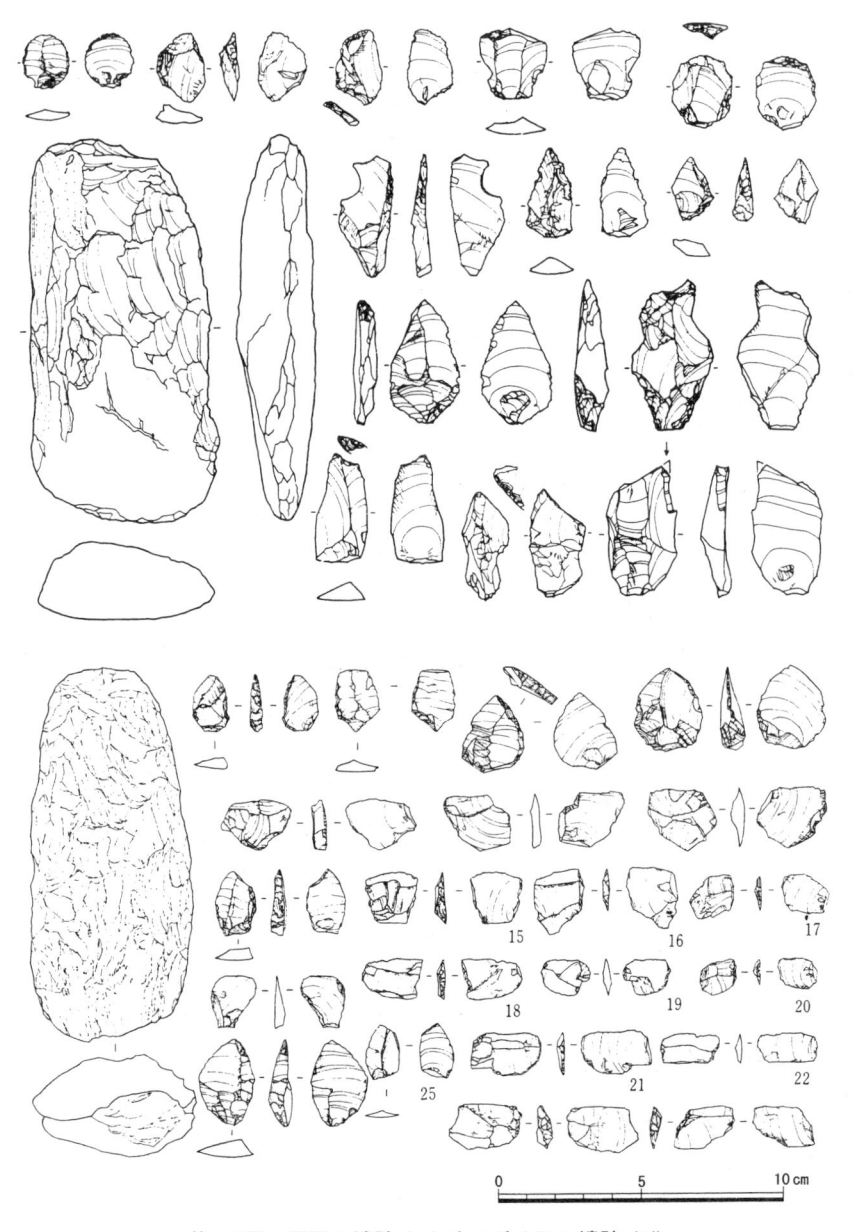

第13図 西原C遺跡（上）ウワダイラⅠ遺跡（下）

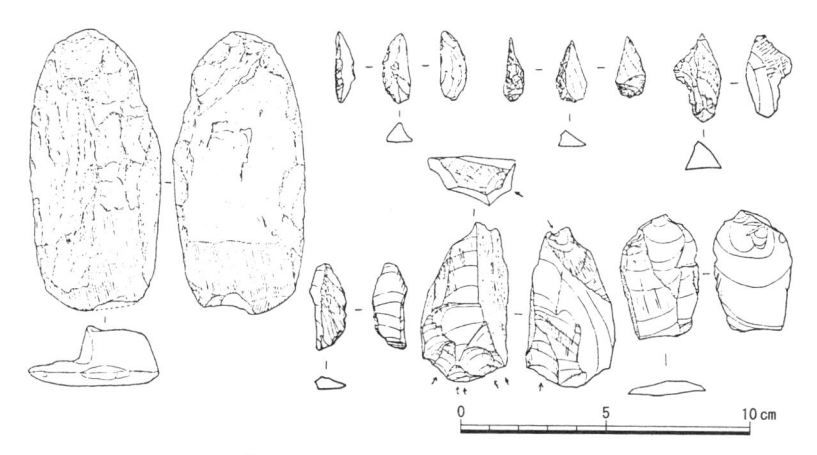

第14図　直坂Ⅰ遺跡第2地点PR2

石斧が出土している。伴出している石器群は小型の石器群である。

⑥ **直坂Ⅰ遺跡第2地点PR2**（富山県教育委員会1973b、橋本1972・1974）
〔第14図〕

神通川右岸の上位段丘上（舟峅野面）に位置する。この段丘面上には直坂Ⅱ遺跡、野沢遺跡などが所在する。直坂Ⅰ遺跡では3ヶ所から石器群が検出されており、このうち第2地点PR2と呼ばれている石器群が、局部磨製石斧を含む。

出土層準は第4層の黄色の強い粘土層と、第5層の白味を帯びた粘土層である。これは第1地点と同様である。同一段丘上に位置する野沢遺跡A地点の層位に対比すれば、直坂の第4層は野沢のⅡ層に、直坂の第5層は野沢のⅢa層に比定できるものと思われる。

石器は局部磨製石斧のほかにナイフ形石器、彫器、スクレイパー等がある。剥片生産技術は「石刃技法を持たない」石器群とされているが内容は不明である。石材は流紋岩、黒曜石、チャートを用い、ナイフ形石器は2～3cmの小型のものが多く、素材の剥片は縦長のもの、横長のもの、長幅比が約1：1のものとバラエティに富んでいる。

同一層準で約40m離れた第1地点の石器群は石刃技法が顕著であるが、出土層準から第2地点PR2の石器群と年代的に近いものと思われる。また剥片生産技術やナイフ形石器の形状からは、富山県で一般に見られる小型の石器群（西原C遺跡など）に類似する。

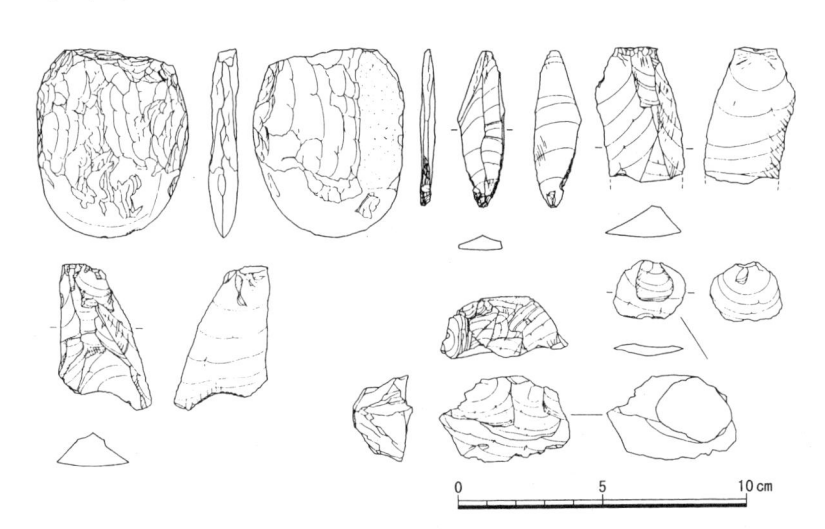

第15図　長山遺跡出土の石器

⑦ **長山遺跡**（八尾町教育委員会 1985）〔第15図〕

　神通川左岸の丘陵上に位置する。遺跡における土層は5a層以下がいわゆるローム層で、石器は5～20cmの厚さを測る5a層全体から出土している。ここでは火山灰の分析がおこなわれており、5a層上半部がATに、5b層下部から5c層上半部がDKPに相当するとされている。

　石器は2ヶ所のユニットで検出されており、第2ユニットが局部磨製石斧を含む。第2ユニットからは30点あまりの石器が出土しており頁岩、流紋岩、鉄石英、凝灰岩が石材として用いられている。頁岩はわずかに5点ではあるが、ナイフ形石器1点と使用痕ある剥片（石刃）2点が含まれており、このユニットの道具としての石器のすべてが頁岩製である。ナイフ形石器と石刃2点から剥片生産技術を復元すれば、3点とも打面調整が施されておらず、1点は両設打面の石核から剥離された可能性がある。

　鉄石英は、石核と剥片の観察から打面を90°転位させながら剥片を剥離している。ナイフ形石器は存在していないが、剥片生産技術と石材の特徴から「立野ヶ原型ナイフ形石器」を有する石器群との関係が想起される。長山遺跡の石器群の年代は、石器群の出土層準とATとの関係から、AT下降時と同時期くらいかそれより古いといえる。

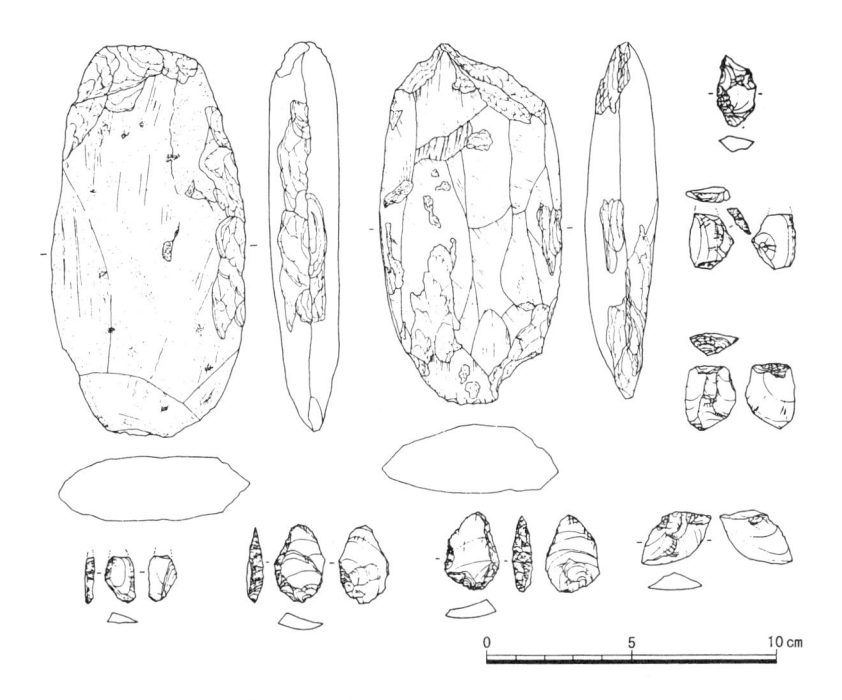

第1節 局部磨製石斧を伴う石器群について 81

第16図 白岩藪ノ上遺跡出土の石器

⑧ **白岩藪ノ上遺跡**（立山町教委 1982）〔第16図〕
　常願寺川右岸の上段段丘上に位置している。4ヶ所のユニットが一列に並んで分布しており、同一母岩の分布、接合により4ヶ所のユニットは同一時期のものと判明している。石器は赤褐色粘土の「4a層の中位を中心として包含されていた」とされ、第2ユニットでは4a層中位から下位に、第3・第4ユニットでは4a層中位から4b層上位に、4b層が欠落している第1ユニットでは4a層から5層上部にかけて出土している。火山灰の分析では、4a層中位の上半にATが、4b層にDKPが検出されている。
　局部磨製石斧は第1ユニットで2点と破片1点の計3点、第2ユニットで破片1点、第3ユニットで破片1点の合計5点出土している。ナイフ形石器は「立野ヶ原型ナイフ形石器」の範疇で考えられるもので、剥片生産技術は複数存在し、打面と作業面を次々と転位させるもの、打面を1面に固定し、打面の周辺を打点がまわるもの、打面が1面もしくは相対する2面に設けられ作業

面がほぼ限定されるもの、剥片の腹面に対して剥離をおこなうものがある。いずれも石核調整は認められない。石器はナイフ形石器と局部磨製石斧のほかに定形的なものはない。

白岩藪ノ上遺跡の年代は、松島吉信によって西原C遺跡、栃木県磯山遺跡に対比され、火山灰の分析から2.2万年前後の実年代が与えられている。つまり、石器群はAT降下時前後に残されたものと解釈している。火山灰分析がおこなわれた第2ユニットでは石器は4a層の中位から下部にかけて出土しており、これに対してATは4a層の上半部の中〜下部に求められている。また第4ユニットでは、石器は4a層全体と一部は4b層最上部にもわたっており、特に4a層のほぼ中央部に集中する。ここでのATは50数cmの厚さを測る4a層中の上から10〜18cmに検出されている。石器群とATの関係は両ユニットとも石器群がATより古いことを物語る。出土状況からは、石器群の実年代はATとDKPの間に求めるべきで、ATより後出するとは考えられない。つまり、2.2万年〜4.5万年前の中に実年代を求めるべきであろう。

⑨ 細谷No.3遺跡（西井1981）

神通川支流の山田川の上位段丘上に位置する。遺跡の層序は、1層耕作土（15〜20cm）の直下が褐色粘土層（20〜30cm）で、以下黄褐色粘土層が続くが、1層が薄く地表面に露出している遺物も多い。遺物は約50m離れて2ヶ所のまとまりがみられ、そのうちA地点は発掘調査がおこなわれた（富山県教委1978）が、局部磨製石斧を出土しているB地点は表面採集によるものである。表面採集資料ではあるが、比較的狭い範囲から集中して採集されていることと、剥片生産技術、ナイフ形石器の形態から報告者は同一時期のものと考えている。

石材は鉄石英、メノウが中心で、その他に頁岩が用いられている。剥片生産技術は鉄石英、メノウでは打面調整等は見られず、打面と作業面を転位して残核は1面に自然面を残すサイコロ状のもので、得られる剥片は長幅比が1：1に近い。頁岩製のものは、平坦打面から一つの作業面に連続的に剥離をおこない、ナイフ形石器の素材は打面調整の見られない縦長剥片を用いている。

ナイフ形石器は、鉄石英、メノウでは「立野ヶ原型ナイフ形石器」で、頁岩は縦長剥片の打面の周辺と先端に整形加工を施したものである。石器組成はナイフ形石器、局部磨製石斧のほかに彫器、スクレイパー、ピエス・エスキーユがある。

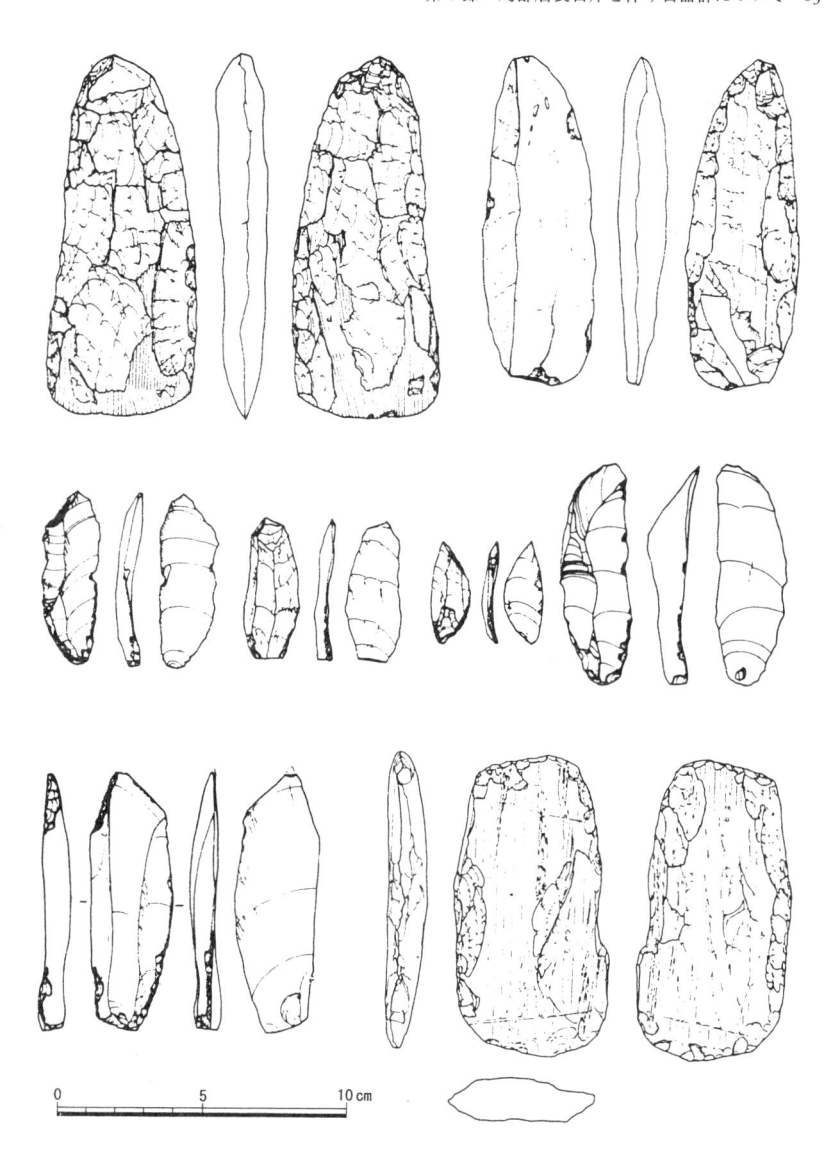

第1節 局部磨製石斧を伴う石器群について 83

第17図 太子林遺跡出土、右下は北代遺跡出土の石器

報告者はB地点の石器群を同一時期に属するものとして西原C遺跡、ウワダイラⅠ遺跡に類似点を求め、ナイフ形石器の形態、製作技術から両者の中間に位置づけ、岩手県大台野遺跡Ⅱb文化層Ⅱ群に共通性を認めている。

⑩ **北代遺跡**（富山市教育委員会 1979）〔第17図右下〕

⑪ **古沢遺跡**[(4)]

北代遺跡、古沢遺跡はいずれも呉羽丘陵に位置しており、両遺跡とも局部磨製石斧が単独で出土し、どのような石器群に伴うか明らかではない。

⑫ **太子林遺跡**（飯田市教育委員会 1981）〔第17図〕

長野県飯田市に所在し、千曲川右岸の上位段丘上に位置する。調査終了後に火山灰分析がおこなわれ、遺物の包含層がちょうどATガラスを比較的多く含む層であることが判明したが、調査者らはAT堆積後に二次的に移動したものと考えており（早津ほか 1983）、AT降下時期と石器群との関係は不明である。

石材は頁岩、黒曜石、安山岩を用い、剥片生産技術は打面調整が大半の石刃と石核に見られ、打面再生、稜形成の作業面調整が認められる。石核は両設打面のものが多いが、石刃の中に両設打面の石核から剥離された痕跡を示すものは少ない。

石器群は3群に分かれており、頁岩と黒曜石は分布が若干異なっている。群ごとの接合がおこなわれていないため、各群がすべて同時に存在したとは断言できない。局部磨製石斧は2点存在する[(5)]。ナイフ形石器は基部周辺と先端に整形加工が施されたものが主体を占めるが、黒曜石製の「茂呂型」に類似するものもある。黒曜石製のものには円形掻器も含まれており、頁岩製の東山的なものとは様相を異にしている。

第2表　局部磨製石斧計測表

遺　跡　名	長さ (cm)	幅 (cm)	厚さ (cm)	石　　質	時期
ウラダイラⅠ	12.4	5.6	3.2	蛇　紋　岩	Ⅰ
西　原　C	13.1	6.7	2.5	〃	Ⅰ
直　坂　Ⅰ	10.0	4.8	2.1	〃	Ⅰ
長　　　山	6.6	5.5	1.1	流　紋　岩	Ⅰ
白岩藪ノ上	12.6	6.7	2.5	蛇　紋　岩	Ⅰ
〃	13.7	7.2	2.5	〃	Ⅰ
鉄　砲　谷	14.2	5.3	1.6	流　紋　岩	Ⅱ
太　子　林	12.9	5.3	1.9	蛇　紋　岩	Ⅱ
〃	11.6	4.1	1.8	〃	Ⅱ

このほかに、長野県信濃町杉久保遺跡で杉久保型ナイフ形石器に伴い局部磨製石斧が出土している（森島 1975）。石刃石器群は東山系と異なるが、打面調整がみられ、石刃技法の配列の中では、太子林遺跡に近い時期が考えられる。

(2) ナイフ形石器と剥片生産技術

中部地方日本海側の13遺跡のうち富山県内に集中している11遺跡について、ナイフ形石器の形態と剥片生産技術によって石器群の分類をおこなう。富山県内の11遺跡のうち局部磨製石斧に伴う石器群が明らかな9遺跡は、ナイフ形石器と剥片生産技術によって大きく二つに分けることができる。「立野ヶ原型ナイフ形石器」を中心とする石器群と北陸地方で東山系と呼ばれている石器群である。

「立野ヶ原型ナイフ形石器」として包括される石器群は、ウワダイラⅠ遺跡、西原Ｃ遺跡、白岩藪ノ上遺跡、直坂Ⅰ遺跡第２地点PR２、細谷No.3遺跡、野沢Ｃ遺跡の６遺跡がある。このうち剥片生産技術の分析がおこなわれているものは白岩藪ノ上遺跡のみで、他の遺跡では断片的記載と石器観察から判断すれば、剥片生産における石核に各種調整がほとんど施されず、打面を頻繁に転位させ、得られる剥片の長幅比は約１：１になる剥片生産技術が、いずれの遺跡においても主体になっている。また、ナイフ形石器も剥片生産技術に対応して全体に小型で、剥片の先端に整形を施して台形に仕上げたものと、剥片の１側辺に重点的に整形加工を施した三角形または菱形のナイフ形石器が多く見られる。

しかし細かく検討を加えれば、ナイフ形石器の形態、剥片生産技術、石器組成に差が認められる。白岩藪ノ上遺跡、ウワダイラⅠ遺跡では、ナイフ形石器は２種類の小型のナイフが基本で、剥片生産技術も長幅比約１：１の２〜３cmの剥片を生産し、残核はサイコロ状を呈するものが多い。石器組成に彫器を含まない。

これに対して、西原Ｃ遺跡、直坂Ⅰ遺跡、細谷No.3遺跡では、縦長剥片あるいは石刃の生産が技術基盤の中に存在しており、西原Ｃ遺跡、細谷No.3遺跡では縦長剥片あるいは石刃を素材とし、打面の両側辺または先端にわずかに整形加工を施したナイフ形石器が存在する。また、この３遺跡では彫器が石器組成に含まれている。

このほかに橋本正（橋本 1974・1975）、西井龍儀（西井 1983）は、分断手法の割合によって「立野ヶ原型ナイフ形石器」を中心とする石器群の細分を試みているが、分断手法の割合等の具体的な様相が明らかにされていないため、分断手法が石器群の細分の目安としてどの程度有効か明らかではない。

「立野ヶ原型ナイフ形石器」を特徴とする石器群を2分することを試みたが、松島吉信が白岩藪ノ上遺跡でおこなったような細かな分析（奥村 1985）を他の遺跡でも実施すべきで、それがなされてはじめて複数の遺跡を包括する技術的特徴が抽出できる。現状では、遺跡ごとの各種バラエティは、ある程度の時期差を考えざるを得ない状況であるが、それがどのように配列できるかは不明である。

いわゆる東山系の石器群で局部磨製石斧を伴う例として、長山遺跡、野沢遺跡A地点、鉄砲谷遺跡をあげることができる。北陸地方で東山系と呼んでいる石器群は頁岩を用い石刃技法を有し、ナイフ形石器は石刃の基部周辺または先端に整形加工を施したものである。

この3遺跡は石材、剥片生産技術、ナイフ形石器の形態においてこれらの条件を満たしており、東北地方の石刃石器群の系統と見なすことができる。

東北地方の後期旧石器の編年は層位的出土例が乏しい中で、ナイフ形石器の形態や石器組成等からさまざまな編年案が提出されてきたが、今日まで研究者の一致を見ていない。そうした中で、石刃技法を中心とする技術基盤の分析から石器群を配列しようとした藤原妃敏の仮説がある（藤原 1982）。藤原によれば、東北地方の後期旧石器時代石器群は石刃技法における調整技術の未発達なⅠ群と打面調整、打面再生、作業面調整などの調整技術のいちおう出そろっているⅡ群とに大別できる。Ⅱ群はさらにⅡa群（金谷原遺跡）、Ⅱb群（米ヶ森遺跡、塩坪遺跡）、Ⅱc群（南野遺跡）に細別される。

北陸地方の東山系石器群を藤原の示した編年案に対比すれば、長山遺跡はナイフ形石器、石刃がわずか3点にすぎないが、いずれも打面調整がおこなわれておらず、Ⅰ群に対比できる。資料点数が少なすぎるが、石器群とATとの関係からもⅠ群への対比に矛盾はない。

野沢遺跡A地点では41％の石刃に打面調整が認められ、打面の転位が著しい。さらに石器組成に典型的な石刃を素材とする掻器や彫器がまったく存在していない。鉄砲谷遺跡の石刃技法も打面調整が約半数に認められ、打面を180°

転位させたことが想定できる資料がある。ここでも石刃を素材とする掻器は存在していない。

長野県太子林遺跡の石刃石器群は、剥片生産技術、ナイフ形石器の形態ともに野沢遺跡A地点、鉄砲谷遺跡に類似するが、ここでも石刃を素材とする掻器は見られない。局部磨製石斧を伴う東山系の石器群には石刃を素材とする掻器は伴出しないのが一般的と考えてよいであろう。石刃技法の技術的特徴は、打面調整が一定の割合で認められることから東北地方のⅡ群に含めることができる。Ⅱ群の中でも打面の転位が顕著な点からはⅡb、Ⅱc群に対比できるかもしれないが、石刃を素材とする掻器がまったく存在しないことから金谷原遺跡に近いものと考えたい。つまりⅡa群に対比できる。北陸地方の東山系石器群で石刃素材の掻器を有するものは層位的にナイフ形石器の終末期に位置づけられており、掻器を持たない石器群より新しい。このことからも金谷原遺跡に野沢遺跡などを対比することが可能である。

(3) 出土層位と石器群の年代

北陸地方の旧石器文化の編年は橋本正によって精力的に進められてきた（橋本1975・1976）。橋本の研究の基礎の一つとなったものは石器群の出土層位であり、それに剥片生産技術、ナイフ形石器の型式を総合して編年を組み立てている。研究の基礎となった旧石器を包含する土層は、富山県では一般に褐色を呈したローム状の粘土層であり、その下位にやや白味または黄味を帯びた粘土層が堆積している。この２枚の粘土層が県内各地同様な堆積過程を経ているとの前提で、石器群の新旧が論じられている。

その後富山県内の旧石器時代遺跡の調査でも火山灰分析がおこなわれるようになり、ATの検出によって石器群の年代の目安が与えられている。現在まで７遺跡でいずれも褐色ローム層中にATが確認されているが、ATの褐色ローム層中での位置が各遺跡でかなりの差があり、褐色ローム層の最上部からATが検出される場合、下部にATが存在する場合などさまざまである。つまり遺跡または小地域単位で火山灰の分析をおこない、ATの位置を確認する必要があり、単純に石器群の深度を編年の手段に用いることはできない。

富山平野でのATは、残念ながら純粋な層として存在するのではなく、ローム状の粘土層の中に拡散しており、AT火山ガラスの量的なピークをもって本

来のAT層と想定している。石器群は一般にあまり厚くないローム状の粘土層中にかなりの幅をもって検出されるのが通常であり、石器群の本来の包含層準をどのレベルに求めるかによって石器群の位置づけにも違いが出てくることになる。筆者は石器群の垂直分布幅の中で、より下位のレベルを石器群の本来の位置と見なしたい。それは、富山平野での調査では明らかにATより上位の石器群では石器群の深度の幅が小さく（立美、新造池A、野沢Aなど）、さまざまな要素から比較的古い段階と考えられている石器群は、深度の幅が大きい（「立野ヶ原型ナイフ形石器」を中心とする遺跡、直坂Ⅰなど）ことを根拠としている。

　石器群とATに関しては松島吉信によって整理されており（奥村 1984）、それを基にその後調査された長山遺跡を加えて、富山平野の局部磨製石斧を伴う石器群を分類すれば、ATより上位の野沢遺跡A地点と、ATと同時期か、それより古いと見られる長山遺跡、白岩藪ノ上遺跡に分けることができる。火山灰分析のおこなわれていない他の遺跡を石器群の特徴からこれに対比すれば、直坂Ⅰ-2-PR2、ウワダイラⅠ、西原C、細谷No.3の各遺跡は、白岩藪ノ上遺跡に対比できることからATと同時期かより古いものと見なすことができ、鉄砲谷遺跡はATより新しいものと考えられよう。

　直坂Ⅰ-2-PR2は、野沢遺跡A地点と同一段丘上に位置することを考慮すれば、野沢遺跡A地点でのATの位置が褐色粘土層の下部に存在し、直坂Ⅰ-2-PR2の石器群が、その下のやや白味を帯びた粘土層にまで包含されていることが、直坂Ⅰ-2-PR2をATより古く位置づけることに援用できるかもしれない。また、具体的な資料は公表されていないが、立野ヶ原台地と隣接する蟹谷丘陵での3ヶ所の火山灰分析でいずれも褐色粘土層の上部にAT相当層が求められることは、褐色粘土層のさらに下の層からも石器群を出土している立野ヶ原台地上のウワダイラⅠ遺跡、西原C遺跡の位置づけの参考となる。こうしてみると、いわゆる立野ヶ原型ナイフ形石

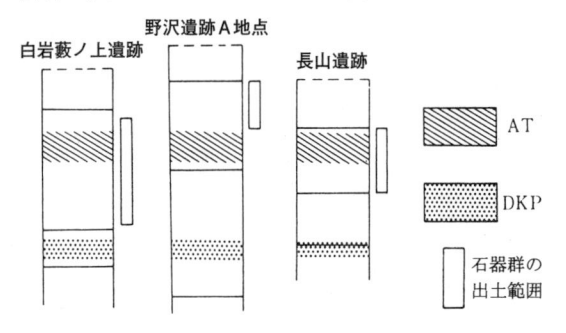

第18図　石器群と火山灰の模式図

器を中心とする石器群の多くは、年代の上限をATに求めることができる。また東山系の石刃石器群の中にも長山遺跡のようにATより古く位置づけられる石器群がある。

これに対して、野沢遺跡A地点、鉄砲谷遺跡はATより新しいものとすることができ、長野県太子林遺跡もほぼ同期と見なせる。これらの石器は年代の下限をATに置くことができるが、下限を示すものはない。東山系でも掻器を持たない点からより古い石器群といえる。

3 日本列島の局部磨製石斧

日本列島では九州地方から東北地方まで、ナイフ形石器に伴って局部磨製石斧が出土している。各地の局部磨製石斧を伴う石器群の特徴と年代的位置づけについて検討を加える。

(1) 西日本の石器群

西日本では九州地方で2遺跡、中国地方で2遺跡、近畿地方で2遺跡から局部磨製石斧が出土している。

九州地方では熊本県曲野遺跡(古森1985)、大分県早水台遺跡(芹沢1967)がある。出土層位と伴出する石器群の内容の明らかな曲野遺跡では、石器群はATより下位の火山灰層から出土しており、小型のナイフ形石器、台形石器が伴出している(熊本県教委1984)。ナイフ形石器は切出形、台形様を呈し、整形加工は粗雑なものが多い。剥片生産技術は多様で、打面を転位させるものが主体を占め、チョッピング・トゥール状、サイコロ状の石核がある。石核には各種の調整があまり見られず、剥片も不定形で長幅比が約1：1のものが多い。

曲野遺跡では石刃あるいは縦長剥片を目的とする生産技術が存在せず、九州地方におけるATより下位の石器群の中で特異な存在である。

中国・近畿地方ではいずれも中国山地から局部磨製石斧が出土しており、各遺跡でATが検出され、すべてATより下位に位置づけられる。岡山県野原遺跡群早風A地点(岡山県教委1979)、岡山県戸谷遺跡第5地点(鎌木ほか1984)、兵庫県板井・寺ヶ谷遺跡(兵庫県教委1984a)、兵庫県七日市遺跡から局部磨製石斧の出土が報じられているが、全容がほぼ明らかにされているのは野原遺跡

群早風A地点のみで、他は整理中である（板井・寺ヶ谷遺跡と七日市遺跡の調査報告書は1991年と1990年に刊行されている）。

早風A地点では7ヶ所のユニットが検出され、ナイフ形石器で2期に、それに細石器を含めて3期に時期区分できると報告されている。局部磨製石斧の伴うナイフ形石器のⅠ期は国府期以後の所産とされ、Ⅱ期はナイフ形石器の終末期に位置づけられた。これに対して筆者は、剥片生産技術、石器組成、出土層位から早風A地点のⅠ・Ⅱ期を一つのものと見なし、橋本編年の富山県Ⅱb期に対比した（麻柄1982）。

こうした見解に対し、調査担当者より反論が寄せられ、調査の所見からナイフ形石器は2期に分けることができ、Ⅱ期は再び井島Ⅰに併行すると主張された（平井1982）。石器群を2期に分離できるか否かについては、筆者には前稿以上に積極的な根拠はない。しかしたとえ2期に分離できるとしても両者は時期的に近いものといえよう。早風A地点の年代に関しては、石器を包含している火山灰層の年代から武蔵野台地のⅣ層下部の石器群に対比した。その後早風A地点の火山灰の再分析がおこなわれ、Ⅳ層中からATが検出されているという[6]。すべてのユニットで、石器がⅤ層中からも出土している点に注目すれば、A～Gユニットの石器はATより下位に位置づけられよう[7]。こうした年代観は広島県地宗寺遺跡から早風A地点と共通性が認められる石器群がATより下位から出土した（広島県教委1982）こと、「立野ヶ原型ナイフ形石器」が近年の火山灰分析によりATより下位に位置づけられることで補強できよう。

このほかに、岡山県戸谷遺跡第5地点では縦長剥片を素材とするナイフ形石器が、兵庫県板井・寺ヶ谷遺跡では縦長剥片を素材とするチャート製と横長剥片を素材とするサヌカイト製のナイフ形石器が出土しているが、公表資料からは早風A地点に類似点は認められない。兵庫県七日市遺跡の小型のナイフ形石器の一群（兵庫県教委1984b）が早風A地点と関係するかもしれない。

(2) 関東地方の石器群

関東地方では砂田佳弘による考察があり、立川ロームのⅩ・Ⅸ層が中心だが、Ⅳ・Ⅴ層にも類似品があり、「Ⅶ層、Ⅵ層と埋める日も近いと思われる」（砂田1983）とされている。その後神奈川県橋本遺跡で、武蔵野台地のⅣ層に相当する第Ⅲ文化層から斧形石器が2点出土しており、砂田の推定を裏づけたかの

ようであるが、局部磨製石斧となると、明らかに武蔵野台地のⅣ・Ⅴに相当する層から出土したものはない。砂田論文では、群馬県岩宿遺跡第1文化層、栃木県磯山遺跡がⅣ・Ⅴ層に相当するとされているが、剥片生産技術や出土層位からⅣ・Ⅴ層に対比することはできない。

磯山遺跡は芹沢長介によって2万年を超える年代が与えられており（芹沢1977）、磯山遺跡の石器出土層である宝木ロームの年代を地質学的に2万4000年を超えるとする見解もある（阿久津 1981）。

砂田の集成時において、武蔵野台地・下総台地出土の局部磨製石斧がいずれもⅩ・Ⅸ層の出土であり、その後報告された資料でも下総台地、相模野台地でⅩ・Ⅸ層に相当する資料ばかりである。現状ではやはり、関東地方の局部磨製石斧に関しては「Ⅹ層かⅨ層にかけて出現し、すぐ消滅するきわめて存続期間の短かい石器」（加藤ほか 1981）という指摘は有効である。局部磨製石斧出土の遺跡は20ヶ所近く存在するが、それらがどのような石器群を伴うかが明らかな例は少ない。ナイフ形石器がまったく伴出していない例が多く、またナイフ形石器が伴ったとしてもわずかに1、2点の場合が多い。

ナイフ形石器がある程度出土している遺跡としては、高井戸東遺跡（高井戸東遺跡調査会 1977）と磯山遺跡（芹沢 1977）がある。高井戸東遺跡ではⅩ層とⅨ中層から局部磨製石斧が出土しており、Ⅹ層では縦長剥片の基部または先端にわずかに二次加工を施したナイフ形石器と長幅比が1：1前後の剥片の側辺や先端部を整形したナイフ形石器が伴う。磯山遺跡では縦長剥片を素材とするものと不定形の剥片を素材とするナイフ形石器がある。剥片生産技術は石刃技法と打面を固定せず、打面と作業面を入れ換えながら石核の周辺をめぐるものがある（藤原 1982）。

注目すべき石器群として、千葉県権現後（ごんげんうしろ）遺跡がある。ここでは、第Ⅶc層（武蔵野台地のⅨ層に相当）上面から2点の局部磨製石斧と長幅比が約1：1の小型剥片に二次加工を施したものがある（㈶千葉県文化財センター 1984）。これらの石器は掻器、削器、二次加工ある剥片と分類されているが、「立野ヶ原型ナイフ形石器」に類似する。二次加工にインバースリタッチが多用されている点も共通する。「剥片生産技術はいずれもぶ厚い剥片を素材として加撃面転移が頻繁で平坦打面より幅広な剥片を生産している」（橋本 1984）ことも類似する。このような石器は、南関東では中山谷（なかざんや）遺跡の第Ⅹ層文化の石器以外知られてい

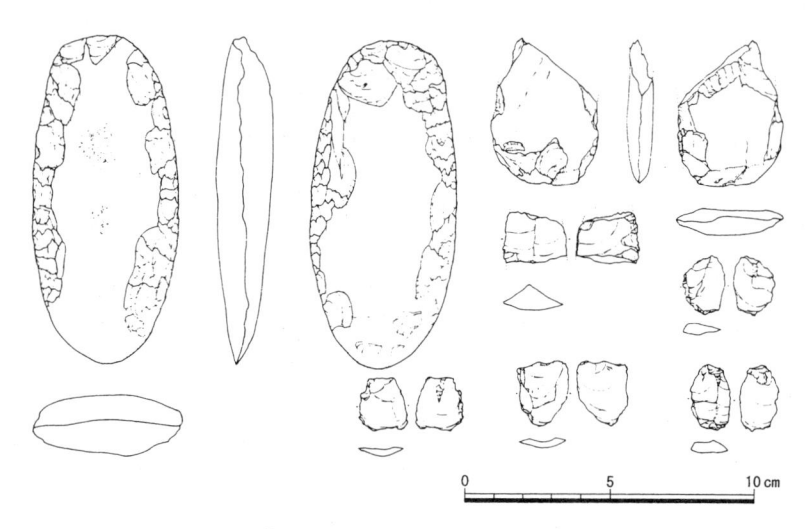

第19図　権現後遺跡出土の石器

ない。

(3) 東北地方の石器群

東北地方では秋田県で2ヶ所、岩手県1ヶ所の計3ヶ所から局部磨製石斧が出土している。秋田県此掛沢II遺跡（秋田県教委 1984）では石刃を素材とするナイフ形石器と「米ヶ森型台形石器」に伴い局部磨製石斧が出土している。石刃の剥離にあたり打面調整がどの程度おこなわれているのか明らかではないが、「ナイフ形石器は全て単設打面の石核から得られた石刃、縦長剥片を素材としており、石刃をも含めて両設打面のものはない」（大野 1984）とされており、石刃技法に比較的古い様相を認めることができる。ナイフ形石器は基部両側辺にのみ整形加工が施されるもので、「石刃も含めて東山的な要素が全く見られない」（大野 1984）ことが指摘されている。また、石刃を素材とする掻器も存在しない。

秋田県風無台I遺跡でも石刃を素材とするナイフ形石器と台形様石器とともに、局部磨製石斧が出土している。石刃技法は単設打面と両設打面があり、打面調整、稜形成の作業面調整は見られない。ナイフ形石器は、基部の両側辺と先端を整形したものである。台形様石器は、「打面を固定せず打面と作業面を

次々に移動させながら剥離作業を進行させる」ものである。いずれも此掛沢Ⅱ遺跡に類似する。また、石刃を素材とする掻器はやはり存在しない。報告者は石刃技法の特徴から藤原の石刃技法Ⅰ群の中に含めている。

岩手県大台野遺跡からはⅡｂ文化層Ⅱ群が局部磨製石斧を有する石器群で、伴出するナイフ形石器は小型の台形様を呈している（菊池 1975）。石器群の全容は明らかにされておらず、剥片生産技術、ナイフ形石器の形態、石器組成等で他の石器群との比較はできない。

大台野遺跡の8次調査ではⅡｂ文化層から台形様石器を含むユニットが検出され（湯田町教委 1982）、「大台野遺跡Ⅱｂ文化Ⅱ群、上萩森遺跡Ⅱｂ文化、磯山の石器文化に共通する石器製作技術がある」（湯田町教委 1983）とされており、大台野Ⅱｂ文化Ⅱ群は技術的には磯山遺跡に対比できるかもしれない。

こうしてみると、東北地方で局部磨製石斧を有する石器群は、此掛沢Ⅱ遺跡、風無台Ⅰ遺跡では石刃技法が磯山遺跡に対比できるⅠ群に含まれ、大台野Ⅱｂ文化層Ⅱ群もその可能性があろう。また、いずれも「台形石器」を有している点が注目される。石器組成では大台野Ⅱｂ文化層Ⅱ群が不明であるが、此掛沢Ⅱ遺跡、風無台Ⅰ遺跡はいずれも石刃を素材とする掻器が伴っていない。

4 まとめ

各地の局部磨製石斧に伴う石器群について概観したが、中部地方日本海側を除けば、その年代が明らかなものはすべてATより下位に位置している。九州地方、中国地方、近畿地方で近年調査された5遺跡はすべてATより下位に位置しており、関東地方でもすべてATより下位でしかも後期旧石器時代の初頭に限られている。

富山平野の局部磨製石斧を伴う「立野ヶ原型ナイフ形石器」を中心とする石器群もAT以下と想定でき、南関東でのあり方を参考にすれば、「立野ヶ原型ナイフ形石器」の一部は後期旧石器時代の初頭までさかのぼることも考えられ、こうした石器群が汎日本的に広がっていた可能性もある。「立野ヶ原型ナイフ形石器」を中心とする石器群は、従来いわれていたように北陸の在地色の強い石器群ではなく、後期旧石器時代の初期において汎日本的な石器と位置づけることが可能かもしれない。

ATより明らかに上位で局部磨製石斧を有する石器群は、今のところ中部地方日本海側の石刃石器群に限られている。時期的にも掻器を持たないことより、ある程度限定することができる。この地域では伴出する石器群からも連続性が認められ、AT下位の局部磨製石斧とATの上位のものは、それぞれ独立して存在するのではなく、連続していると考えられる。

　年代が明らかでない東北地方、北関東の局部磨製石斧を有する石器群は、石刃技法が最古の段階であることからATより下位に位置づけられる可能性は充分考えられる。磯山遺跡の年代的位置づけによっては年代が移動する可能性もあるが、磯山遺跡と技術的に近いと思われる長山遺跡がATより下位である点からも、磯山遺跡がATより下位に位置づけられる可能性は高い。

　AT下位の局部磨製石斧に伴う石器群の剥片生産技術は、石核の調整がほとんど見られず、打面を頻繁に転位させ、寸づまりな小型の剥片を生産するものが多い。このような剥片生産技術は、各地域の各時代において見られるもので、地域性・時代性を帯びたものではないが、石刃技法が顕著な石器群においてもこうした剥片生産技術による台形様のナイフ形石器が伴うことから、局部磨製石斧を伴うAT下位の石器群に共通する技術基盤として存在しており、それが主体となるか客体となるかは地域性によるものと思われる。

　ATより上位の局部磨製石斧に伴う石刃石器群は、石刃技法の技術的特徴、石器組成、局部磨製石斧の連続性から、ATにより近い年代が考えられよう。南関東に対比すれば、年代的にはⅡa期に相当するものと思われる。

　なお、中部地方日本海側の局部磨製石斧は、ATより上位のものと下位のものとで石質、製作技術の差は認められない。しかし、形態ではATより上位の3点は長幅比が2：1から3：1の間におさまり、AT下位の局部磨製石斧より細身である。また、厚さはいずれも2cm未満で、長さに対してきわめて薄いことが指摘できる。

　局部磨製石斧の機能は、一般に木材の加工・伐採等が考えられているが、機能を推定する分析がおこなわれていない。局部磨製石斧がどのような機能を持つにせよ、いずれの遺跡においても1、2点の場合が多く、石器組成に占める割合は小さい。生業において主体的な役割を演じていた石器ではないことは確かである。ATより上位においては地域的に限定されるので、その地域の植生などの自然環境の検討も必要な作業となろう。

小論を草すにあたり富山県埋蔵文化財センター、富山市考古資料館、飯山市教育委員会に資料観察の便宜をはかっていただいた。また松島吉信、西井龍儀、平口哲夫、松井政信、樫田誠、松藤和人の各氏からは、内容に関して数々の御教示を受けている。

第2節　いわゆる立野ヶ原型ナイフ形石器の基礎的整理

1　はじめに

　富山平野には現在までに約150ヶ所の旧石器時代の遺跡が存在することが確認されている。このうち大半が、ナイフ形石器を指標とする文化期に属しているが、ナイフ形石器の様相は一様ではなく、さまざまな系統のものが存在することが明らかになっている（橋本1975・1976、西井1983など）。このうちの一つに「立野ヶ原型ナイフ形石器」と呼ばれる小型のナイフ形石器を中心とする石器群がある。

　「立野ヶ原型ナイフ形石器」または「立野ヶ原型ナイフ形石器」を中心とする石器群は、富山平野で初めて一つのまとまりのある石器群として認識され、それ以後、北陸地方の特徴的な石器型式と考えられていた。しかし、近年「立野ヶ原型ナイフ形石器」に類似する石器群や関連すると考えられる石器群が日本列島の各地で検出され、「立野ヶ原系石器群」といった用語も登場している（平口1986）。「立野ヶ原型ナイフ形石器」は富山平野で普遍的に存在し、北陸地方でこの名称は定着している。しかしながら「立野ヶ原型ナイフ形石器」の実体は明らかにされているとはいいがたく、その概念の整理が充分におこなわれていない。型式名だけが独り歩きしている感もある。

　ここでは、富山平野で検出されている立野ヶ原型ナイフ形石器を中心とする石器群をナイフ形石器の形態、剥離技術、石器組成について検討をおこない、立野ヶ原型ナイフ形石器とその石器群の実体を明らかにすることを目的とする。

　ナイフ形石器は第1次剥離によって生じた鋭い縁辺をを刃部とし、反対側の側辺は刃潰し加工が施され、ナイフの身に近い形に仕上げた石器と定義されるが、ここではナイフ形石器を広義にとらえ、第1次剥離で生じた鋭い縁辺

を刃部とし、一部に二次加工が施された石器をいちおうナイフ形石器に含めることにする。

2 研究史と定義

　1973年、富山県教育委員会は立野ヶ原遺跡群の第2次緊急調査を実施し、従来、富山平野で知られていなかった小型の石器群をウワダイラⅠ遺跡とウワダイラL遺跡より検出した。調査者の橋本正は、この石器群が小型ナイフ形石器を含む数種に区分されるが、ナイフ形石器の概念にあてはめにくい個体が多数見られることから、植刃を目的とした石器であると機能の推定をおこない、「立野ヶ原型細石器」と仮称した（富山県教委 1974）。この頃、富山平野のナイフ形石器にはさまざまなグループが存在することが明らかになっており、西井龍儀によってナイフ形石器は5群に分類されていた（西井 1972）が、ウワダイラⅠ、ウワダイラL遺跡で検出された石器群はいずれの類型にも含まれないものであった。

　機能の推定から「立野ヶ原型細石器」と仮称されたこの石器群を、翌年その名称が不適切であるとして小型Backed Bladeとして扱い（橋本 1975）、小林達雄は茂呂型や国府型などと同列に立野ヶ原型をナイフ形石器の一型式として位置づけた（小林 1975）。立野ヶ原型ナイフ形石器の名称はここに誕生したが、内容については明らかにされておらず、ウワダイラⅠ、ウワダイラL遺跡出土のナイフ形石器総体を指すのか、それとも両遺跡出土の特定の形態のナイフ形石器を指すのかは不明のまま残った。これ以後、北陸地方では立野ヶ原型ナイフ形石器の名称が使われている。

　一方、九州地方のナイフ形石器の概観の中で、白石浩之はC型ナイフ形器の一形態としてウワダイラ型を百花台型、日ノ岳型、枝去木型とともに設定した。ここでも明確に定義づけられていないが、模式図に示されたウワダイラ型は剥片の末端と打面部に簡単な二次加工を施し、剥片の形状をあまり大きく変形させない台形のナイフ形石器のようである（白石 1978）。ウワダイラ型の名称は、白石論文以後、一部で使用されている。

　筆者も立野ヶ原型ナイフ形石器の名称を使用しているが、その定義を明らかにしないまま、バラエティに富む小型ナイフ形石器を一括してきた。ここにナ

イフ形石器の分類を提示し、各遺跡の石器群の検討をおこなう。

　まずナイフ形石器を3cmを目安に大型と小型に分ける。ここで扱うナイフ形石器の大半は小型なので、小型はさらに形状、二次加工部位によって細分する。

　Ⅰ類　剥片の末端部を中心に二次加工を施したもので、台形の形状をとる。Ⅰ類はさらに、二次加工が打面とほぼ平行に施されるⅠA類、打面に対して斜めに施されるⅠB類、末端のごく一部のみに施されるⅠC類に細分できる。

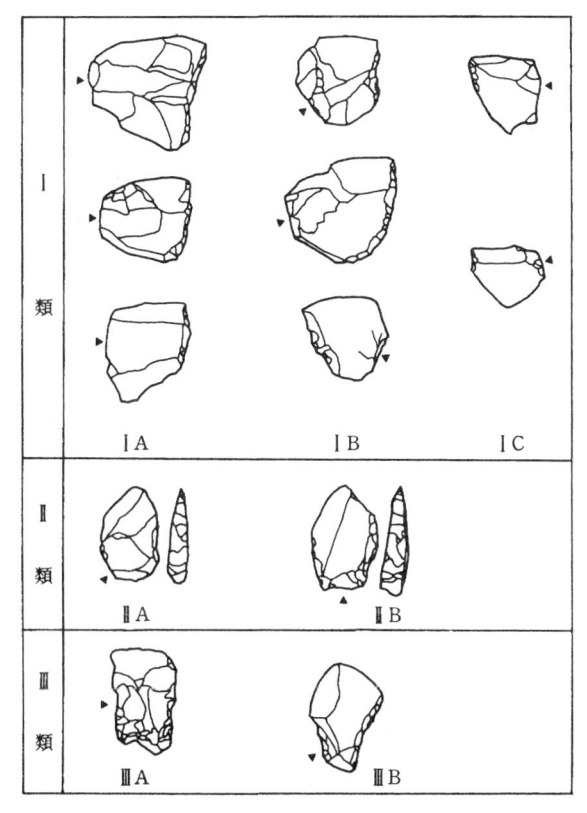

第20図　小型ナイフ形石器の分類（▲は主要剥離面の打撃方向）

　Ⅱ類　刃部の反対の側辺を整形したもので、狭義のナイフ形石器の範疇に含まれるもの。一側辺加工ⅡA類、二側辺加工ⅡB類に細分できる。

　Ⅲ類　相対する二側辺に整形が施されたもので、台形を呈するⅢA類と、整形加工が基部周辺に限られたペン先状のⅢB類に細分できる。

　Ⅳ類　その他のナイフ形石器で剥片の一部（特に打面周辺）に整形加工が施されたものでⅠ類に含まれないものを一括する。

　ⅠC類と分類したものは、従来、二次加工ある剥片に所属する場合が多い石器であるが、石器の出土量の多い遺跡でまとまって出土しており、一つの石器型式と認められ、大きさがⅠA類、ⅠB類とほぼ同じで片側辺または両側辺に

鋭い刃部をもち、その側辺に使用痕がみられることなどからⅠ類のナイフ形石器の範疇に含まれると考えた。

3 各遺跡の検討

(1) ウワダイラL遺跡（富山県教育委員会 1974）

　立野ヶ原遺跡群に含まれる。遺物は径10mあまりの範囲にまとまりをもって検出されている。出土層位は第3層から第4層の上部にかけてで、3層の上半部に遺物が最も集中する。台地の頂部に遺跡が立地しているため、上部の土層はすでに流されている可能性もある。

　遺物は約2000点出土しているが、大半が鉄石英を素材としており、頁岩（濃飛流紋岩）やメノウも若干使用されている。ナイフ形石器は100点以上出土しているが大半は3cm未満の小型のもので、大型のものは10点あまりにすぎない。大型のもの（第21図上1〜5）は縦長剥片を素材とするもの（2・4・5）と、横長剥片を素材とするもの（1・3）があり、縦長剥片を素材とするものは基部または先端部にのみ整形加工が施されている。第21図上2は、頁岩（濃飛流紋岩）の石刃を用いたナイフ形石器である。

　小型のものは100点あまりあり、Ⅱ類1点を除き他はすべてⅠ類である。ⅠA類が最も多く（第21図上6〜9、12〜14、16〜19）、ⅠB類（第21図上10・11・15・20）とⅠC類（第21図上21〜25）はほぼ同数である。Ⅰ類の中には整形加工が、背面側から主要剥離面側に向けておこなわれるものがある。背面側から整形加工が施されたものは、整形箇所が鋭い縁辺を形成しているが、この種のものは素材の剥片の末端がヒンジフラクチャーとなったようで、ヒンジフラクチャーの部分を除去するためにインバースリタッチが用いられたものと考えられる。

　ウワダイラL遺跡の小型ナイフ形石器は分断手法が特徴とされているが、実際に分断されたと考えられるナイフ形石器は2、3点存在するものの、大半は素材となった剥片の形状を著しく変形させたものではない。剥片の中に2〜3cm程度のナイフ形石器と大きさがさほど違わないものが多数存在するが、目的とする剥片の大きさがナイフ形石器の大きさとほぼ一致するように剥片の剥離がおこなわれたものと思われる。

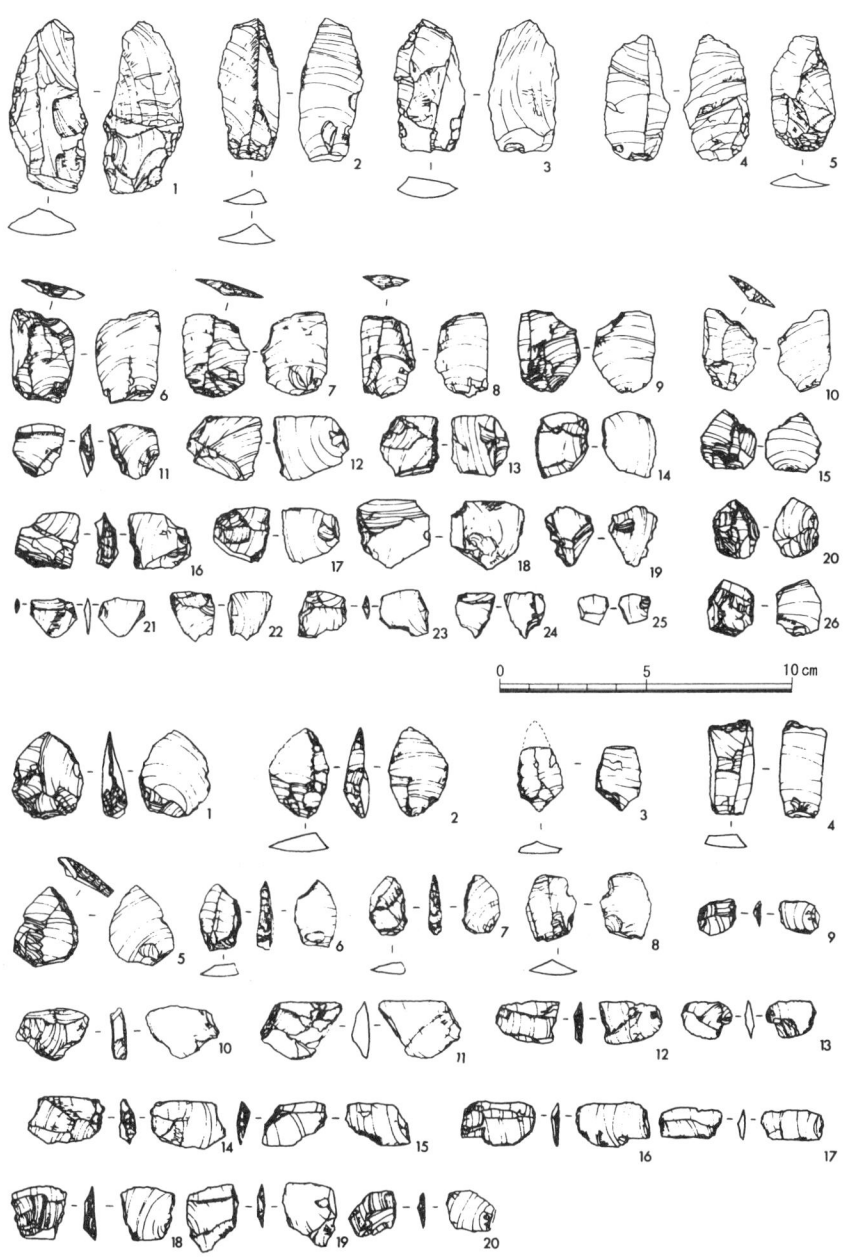

第2節 いわゆる立野ヶ原型ナイフ形石器の基礎的整理 99

第21図 ウワダイラL遺跡（上）、ウワダイラI遺跡（下）

石核はサイコロ状を呈するものが多いが、打面を頻繁に転位するものと、石核が放棄される直前に1枚の平坦打面が用意され、打面の周囲に剥片を剥離するものがある。剥片の大きさはほぼ一定で、長さ・幅ともに2～3cmの間に集中する。また交互剥離の石核もある。石器組成は、ナイフ形石器のほかに粗雑な彫器を数点伴うにすぎない。

(2) ウワダイラⅠ遺跡 （富山県教育委員会 1974）

立野ヶ原遺跡群に含まれる。台地の縁辺部の緩斜面上に遺跡は所在する。遺物は3地点から出土しているが、第2地点から小型ナイフ形石器を中心とする石器群が検出されている。石器群は3層から4層上部まで包含されており、このうち3層中部から下部に集中が見られる。

石器は約1500点出土しており、石材は鉄石英とメノウが中心である。ナイフ形石器は約40点出土しており、3cmを若干超えるものが2点あるが、他はいずれも小型である。ウワダイラL遺跡で見られるように石刃を素材としたものはない。3cmを超えるものは剥片の末端を打面と平行に整形しており（第21図下4）、小型ⅠA類の特徴と同じであり、小型Ⅰ類のバラエティの一つと見なされる。小型ナイフ形石器はⅠ類（第21図下5、8～20）とⅡ類（同1～3、6、7）に分離され、ウワダイラL遺跡に比べ、Ⅱ類が多い。Ⅰ類はⅠA類（9、12、13、16、18～20）が主体を占める。

整形加工はⅠ、Ⅱ類ともインバースリタッチによるものが見られる。整形においては素材はあまり変形されていない。

石核はサイコロ状を呈し、自然面を1面に残している。打面は調整が施されず、転位されているが、ナイフ形石器、剥片の観察からは、同一打面で打点を横に移動させたものが多い（たとえば19の主要剥離面にはツインバルブが見られる）。また背面の一部に平坦面かポジティブ面を残すものがあり、石核が大きな剥片または分割礫を用いていることを示している。

ナイフ形石器の他に局部磨製石斧とピエス・エスキーユが存在する。

ウワダイラⅠ遺跡のナイフ形石器は、ウワダイラL遺跡でみられた大型のナイフ形石器は存在せず、またウワダイラLで1点しか見られなかった小型Ⅱ類がまとまって存在するという相違点がある。石器組成についても局部磨製石斧と彫器の差がある。

(3) 西原C遺跡（富山県教育委員会 1977）

　立野ヶ原遺跡群に含まれる。遺跡は細長い丘陵の緩斜面に立地し、遺物は径4m程度の二つのまとまりで検出されており、3層から4層の中位までに包含される。出土レベルのピークは3層下部にある。石器は1000点以上出土しているが、石材は鉄石英が83％を占め、頁岩（濃飛流紋岩）、メノウは10％に満たない。

　ナイフ形石器は40点あまりあり、(第22図上)、大型（同1〜6）と小型（同7〜13）に分かれる。大型のものは8点あり、縦長剥片の基部の片側または両側を整形したもの（1、3、5）と、先端部にのみ整形を施したもの（4、6）、さらに基部と先端部の両方に整形をおこなったもの（2）がある。2と4は頁岩（濃飛流紋岩）を用いている。小型のナイフ形石器はⅡ類に属するもの（13）1点を除き、他はすべてⅠ類に含まれる。ただし、剥片の末端のほかに打面側の一部にも整形加工が施されたものがあり（10〜12）、二側辺加工の台形を呈したナイフ形石器に近い。ⅠC類のナイフの中には、素材となった剥片の末端がヒンジフラクチャーとなっており、その部分をそのまま残し、末端の一部のみに整形加工を施したもの（8など）がある。

　石器組成は、ナイフ形石器のほかに2点の彫器と揉錐器と局部磨製石斧が1点ずつある。

　石核は20数点あり、サイコロ状を呈し打面を著しく転位するものと、厚手の剥片を素材とし、剥片の主要剥離面側に打面を横に移動させながら剥離するものが多い。サイコロ状のものは分割礫を用い、初期の段階で放棄された石核は、打面を1面に固定し打面の周辺3方に剥離をおこない、作業面が大きいため剥離痕の中には縦長のものもある。剥片を取り尽くした残核では打面は著しく転位し、剥離痕は小型である。

　剥片は長幅比が1：1前後で長さ2〜3cm程度の小型のものが大半を占めるが、石刃に近い縦長剥片も数点存在し、石核に対応する。小型のものは末端がヒンジフラクチャーとなっているものがある。

　ナイフ形石器は大型のものも小型のものも、整形によって形状はさほど変えられていない。小型のナイフ形石器は鉄石英に限られている。

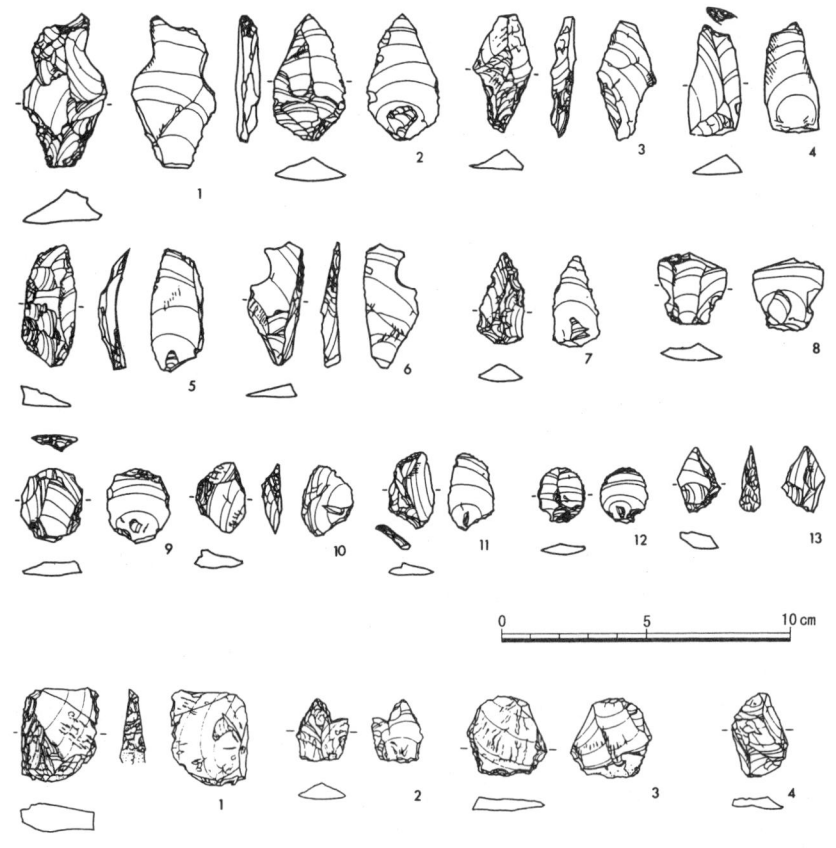

102　第Ⅲ章　後期旧石器時代前葉の石器群

第22図　西原C遺跡（上）、細谷No.3遺跡（下）

⑷ 細谷No.3遺跡A地点（富山県教育委員会 1978）

　発掘調査で13×8mの範囲から88点の石器が出土している。出土層位は3層上半部に限られている。礫を除いた石材はメノウが51点（64％）で主体を占め、鉄石英8点（10％）、流紋岩6点（7％）、その他チャートなど15点（19％）とバラエティに富む。
　ナイフ形石器は4点出土しており（第22図下）、いずれも小型Ⅰ類に属する。ⅠA類が2点（同1、3）、ⅠB類（2）、ⅠC類（4）がそれぞれ1点ずつあり、石材はメノウが3点と流紋岩が1点である。整形加工にはインバースリタッ

チが用いられたものが含まれる。ナイフ形石器の他に、スクレイパー、揉錐器がそれぞれ1点ずつある。

　石核は礫の一端から打点を横に移動させながらチョッピング・トゥール状に交互剝離で、長幅比1：1前後の寸づまりの不定形の剝片を剝離するものと、打面を著しく転位させ、残核が1面に自然面を残すサイコロ状になるものの2者がある。

　剝片はいずれも寸づまりの長幅比が1：1に近いもので、長さ3cmを超えるものはほとんどない。石核に残された剝離痕は、剝片とほぼ同じで、剝片の剝離は最初の段階からほぼ同じような大きさのものを目的としていたと思われる。ナイフ形石器の大きさは剝片と大差なく、整形加工は剝片の形状をほとんど変えない程度のものである。

(5) 白岩藪ノ上遺跡（立山町教育委員会 1982）

　発掘調査で径5〜6mの四つの石器群のまとまりが検出されている。このうち第1〜3ユニットでは同一母岩が認められ、同一時期に存在していたと見なすことができるが、第4ユニットは石材が他のユニットとは異なる。石器の出土層位は、第1ユニットが4a層中から5層の上半部にかけて、第2ユニットが4a層中位から下位に、第3ユニットが4a層下部から4b層上半部に、第4ユニットが4a層中位にもとめられる。各ユニットで出土層準が若干異なるが、第1〜3ユニットで同一母岩を持つことから同一時期と見なしてよく、第4ユニットも他のユニットでみられる石器の垂直分布の幅の中におさまり、すべてのユニットが同時期かほぼ年代的に近いものと考えられる。火山

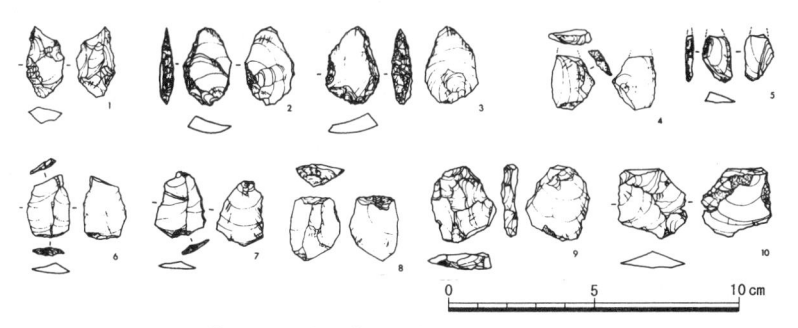

第23図　白岩藪ノ上遺跡のナイフ形石器

灰分析は第4ユニットでおこなわれており、4a層上部でATが検出されたことにより、各ユニットの石器群はATより古いものと判断できる。

出土した石器は合計で270点あまりで、第1～3ユニットではメノウ、玉髄、鉄石英が用いられ、第4ユニットでは頁岩（濃飛流紋岩）、安山岩が使用されている。

ナイフ形石器は、第1～3ユニットから5点、第4ユニットから5点出土している。いずれも小型のナイフ形石器で、Ⅰ類が4点、Ⅱ類が5点、Ⅳ類が1点となっている。

白岩藪ノ上遺跡の剥離技術については、奥村吉信の分析がある（奥村 1985）。奥村によれば、原礫は適当な大きさに分割され、表皮の剥ぎとりとしての石核調整がおこなわれ、しばしば打面と作業面が90°に転位する。一つの打面から5枚程度の剥片が剥離され、生産される剥片は寸づまりの長幅比がほぼ1：1に近いものになるという。こうした剥離技術はウワダイラⅠ遺跡の剥離技術と類似し、ウワダイラL遺跡、西原C遺跡にも共通する。こうした打面を頻繁に転位するもののほかに、量的には少ないが、大きめの剥片の主要剥離面側に打点を横に移動させながら連続的に剥片を剥離するものもある。

剥片は、各石材とも長幅比が1：1に近く、長さが2～3cmほどのものが大半で、石核に見られる剥離痕と対応し、ナイフ形石器の大きさとも共通する。

(6) 直坂Ⅱ遺跡第1、9ユニット（富山県教育委員会 1976）

第1ユニットと第9ユニットは隣接し、径5m程度の石器群のまとまりを持つ。両ユニットには接合資料が存在しており、同一時期であることが明らかである。石材は大半が玉髄を用い、第1ユニットから約10点、第9ユニットから約100点の石器が出土している。

ナイフ形石器は2点しか出土しておらず、いずれも小型でⅠC類に属する。

石核はやや大型の剥片の主要剥離面側に、側辺から打点を横に移動させながら剥片を剥離するものと、打面を頻繁に転位させながら剥片を剥離するものがある。後者の場合でも打面はかなり転位されているが、一度打面を設けると、その打面から連続して数枚の剥片が剥離され、それから打面を90°転位している可能性が高い。これらの石核から剥離される剥片はいずれも寸づまりの長さ2～3cm程度のものであるが、剥片は、長幅比が1：1に近い2～3cmのもの

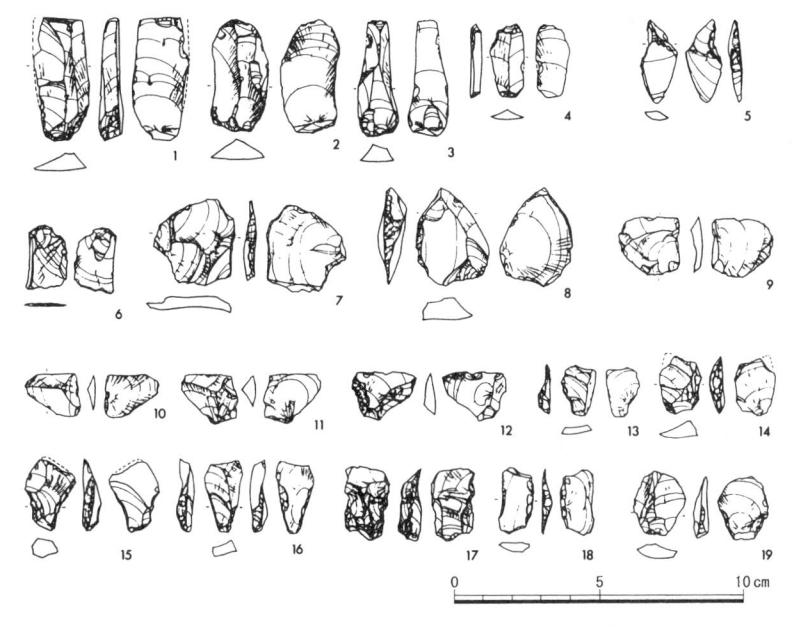

第24図　細谷No.3遺跡B地点のナイフ形石器

と、長さ5cmあまりの大型のものがある。大型のものは石核の素材となる剥片の剥離の際に生じたものであろうか。

(7) 細谷No.3遺跡B地点（西井1981）

　発掘調査の実施されたA地点から約70m離れて、石器の集中する箇所がありB地点と称している。すべて採集資料だが径約20mの範囲から集中して採集されており資料的価値は高い。石器は800点以上採集されており、石材は頁岩（濃飛流紋岩）、鉄石英、メノウなどが使用されているが、半数以上が鉄石英で、メノウが3分の1以上を占める。

　ナイフ形石器は55点あり、バラエティに富む（第24図）。大型のナイフ形石器はほぼ頁岩のものに限られ（1〜4）、いずれも石刃を素材とし、打面または先端部に整形が限られている。小型のものはI類（6〜12）、II類（13、14）、III類（15〜19）のほかに多数のIV類がある。I類はウワダイラI、ウワダイラL遺跡で見られた整った台形を呈するものは少なく、IC類（9〜12）が多い。なおIII類が比較的まとまって存在している点が特徴である。

石核は打面を著しく転位するものと、交互剥離によるものが見られる。剥片の長幅比は1:1に近く、2〜4cmの大きさの分布を示す。頁岩を除くナイフ形石器の分布に対応する。

石器としてはナイフ形石器のほか、局部磨製石斧、彫器などがある。

(8) 直坂Ⅰ遺跡2-PR2地点（富山県教育委員会1973）

直坂Ⅰ遺跡2-PR2地点の石器出土層位は同遺跡1地点の石刃石器群とほぼ同じである。ナイフ形石器は、小型で3cm以下のものばかりである[8]。4点出土しているナイフ形石器はそれぞれ形態が異なり、整形加工は素材を大きく変形させるものと、ほとんど変形させないものがある。Ⅱ類が1点とⅣ類が1点あるが、他の2点はどこにも分類できない。剥片の末端に簡単に整形加工が施されているのでⅠ類に近いが、素材となる剥片の形状が大きく異なっている。

従来、茂呂系や関東的と考えられていた石器群であるが、剥離技術に石刃技法が認められないこと、整形にインバースリタッチが用いられるナイフ形石器が存在すること、石材が黒曜石、チャート、頁岩（濃飛流紋岩）、鉄石英とバラエティに富むこと、局部磨製石斧を伴うことなどから、「立野ヶ原型ナイフ」を中心とする石器群に関連するものといえる。

4 石器群の特徴

(1) ナイフ形石器

ナイフ形石器は大型と小型で組成されるものと、小型のみのものとがある。前者には、ウワダイラL、西原C、細谷No.3B地点があり、後者には、ウワダイラⅠ、白岩藪ノ上がある。大型のナイフ形石器には、頁岩製の石刃を用いたものが含まれている。頁岩製の石刃石器群は、富山平野では東北系の石器群とされているもので、上記の3遺跡で出土した頁岩製のナイフ形石器は、いずれも平坦打面を有し、整形が基部と先端部に限られており、共通する特徴を持つ。

こうしたナイフ形石器は富山平野では長山遺跡（八尾町教委1985）で検出され、火山灰分析がおこなわれた結果、石器群はATとほぼ同時期かむしろ古いことが判明している。長山遺跡では、局部磨製石斧を出土しており、小型のナイフ

形石器は残されていないが、鉄石英製の寸づまりの剥片が剥離されており、小型のナイフが存在した可能性を指摘できる。今のところ富山平野の石刃石器群の中で最古に位置づけられ、ウワダイラL、西原C、細谷No.3 B地点の頁岩製ナイフ形石器も同様な位置づけが可能であろう。

　小型のナイフ形石器では、ウワダイラⅠと白岩藪ノ上に多くの共通点が認められる。小型のナイフ形石器の中でⅡ類は量的には少ないが、ウワダイラⅠ、白岩藪ノ上ではまとまった数量に達している。これに対してウワダイラLではほとんどがⅠ類で占められており、出土点数は少ないが、直坂ⅡU-1・9、細谷No.3 A地点でもナイフ形石器はⅠ類のみである。

　西原Cはここで扱った石器群の中で最も大型のナイフ形石器の割合が大きい。大型の中に二側辺加工のペン先状のナイフ形石器が1点含まれている。小型のナイフ形石器はⅠ類が主体を占めるが、剥片の末端部のほかに打面部の一部にも整形が施されたものが存在する。

　ナイフ形石器の組成については、以上のように各遺跡のバラツキが大きいが、すべての遺跡で共通するのは小型Ⅰ類であり、しかもⅠ類はある程度の量を出土しており、大半の遺跡でナイフ形石器の主体となっている。つまり、立野ヶ原型と認識されているナイフ形石器の主流はⅠ類であるといえよう。Ⅰ類のナイフ形石器は、各地の各段階の石器群に少量伴う場合があるが、Ⅰ類のナイフがまとまって出土している石器群は、従来より立野ヶ原型ナイフ形石器との関係が指摘されている中国山地や秋田県の石器群に限られており、また富山平野でも、Ⅰ類のナイフ形石器は東山系石器群や尖頭器を主体とする石器群に1、2点含まれる場合があるが、Ⅰ類のナイフ形石器の卓越する時期は限定できる。今のところ地域的に限定でき、時期的にも限られる見通しのあるⅠ類のナイフ形石器を立野ヶ原型と呼ぶべきであろう。

　整形加工には、各類のナイフ形石器にしばしばインバースリタッチが用いられる。これもこの石器群の特徴の一つに数えることができる。

(2) 剥離技術

　剥離技術について詳細な分析がおこなわれているのは、白岩藪ノ上遺跡のみである（奥村 1985）。奥村吉信によって白岩藪ノ上遺跡の主体となる剥離技術が模式図化されているが、他の遺跡の石核の属性から読みとれる剥離技術も奥

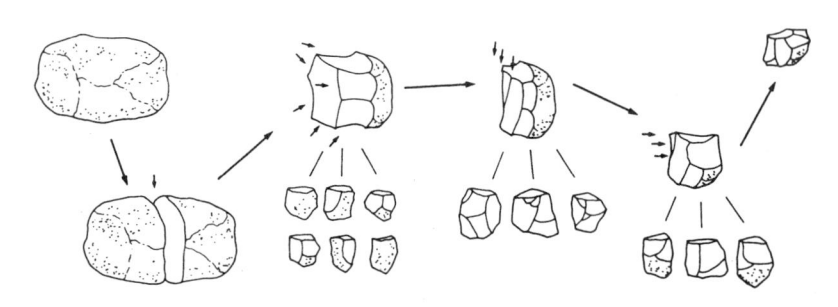

第25図　白岩藪ノ上遺跡の剥離工程の復元（奥村1985）

村による模式図（第25図）に合致するものが多い。つまり、残核は1面に自然面を残すサイコロ状で、打面は何度も転位されているが、一つの打面からは連続的に数枚の剥片が剥離される。剥離される剥片は寸づまりで長さが2〜3cmのものである。

こうした剥離技術のほかに、大型の剥片の主要剥離面を作業面とし、打点を横に移動させながら連続的に剥片を剥離する、いわゆる米ヶ森技法に近いものも主体となっている。また打点をジグザグに入れ替える交互剥離のものも存在する。このような剥離技術においても、得られる剥片の形状、大きさ等に大差はなく、いずれも小型のナイフ形石器の素材を目的としたものと考えられる。

大型ナイフ形石器の素材となる縦長剥片については、これを目的とした石核が出土しておらず、おそらく打面を頻繁に転位させる石核の初期の段階で、作業面の長さがある程度確保されている場合に得られる縦長の剥片を用いているものと考えられる。頁岩製の石刃を素材とするナイフ形石器が存在することより、いわゆる石刃技法の存在もうかがえるが、遺跡へは搬入品として持ち込まれており、その技術は明瞭ではない。打面がいずれも平坦面で、調整されたものが皆無であることより、石刃技法の古い段階に対比できると思われる。

(3) 石器組成

石器組成は大半がナイフ形石器で占められており、若干の彫器、スクレイパー類が伴うことがあるが、定形的なものはない。石器組成の特徴としては、局部磨製石斧がある。ウワダイラⅠ、白岩藪ノ上、細谷No.3遺跡B地点、西原Cで出土しており、またⅠ類の立野ヶ原型ナイフ形石器は存在しないが、関連が深いと考えられる直坂Ⅰ遺跡2-PR2地点の石器群にも局部磨製石斧が

伴う。

本来、立野ヶ原型ナイフ形石器は、少量の局部磨製石斧を有していたものと考えられる。

(4) 年代的位置づけ

これまでの発掘調査で石器群に年代の目安が与えられているのは、白岩藪ノ上遺跡のみであり、ATより石器群が古いことが明らかにされている。白岩藪ノ上遺跡の石器群とナイフ形石器の組成が最も類似するウワダイラⅠ遺跡もほぼ同時期と見なすことができる。

局部磨製石斧を有する石器群は、全国の局部磨製石斧を伴う石器群（調整技術の完成された石刃石器群を除く）の出土層位で、明らかにATより上位のものは今のところ例がないことから、ATより古いものと見なすことができよう。

また、一部の遺跡で伴う頁岩製のナイフ形石器は、その素材となった石刃の打面が非調整で、石刃技法の古い段階のものと考えられる。さらに立野ヶ原遺跡群の西原C、ウワダイラⅠ、ウワダイラLの各遺跡では第4層まで石器の出土が見られるが、同遺跡群で他に検出されている茂呂系、瀬戸内系、東山系の石器群がいずれも3層上部から2層までの間に包含層を持ち、したがって立野ヶ原型ナイフ形石器を有する石器群が他の石器より古いといえる。

以上のように、立野ヶ原型ナイフ形石器は、白岩藪ノ上遺跡を除き、直接、年代を知ることができないが、多方面の検討からはATより新しい石器群と見なす根拠がなく、いちおうすべてATより古い石器群と考えたい。

5 おわりに

以上、立野ヶ原型ナイフ形石器について、ナイフ形石器の形態、剥離技術、石器組成の検討をおこない、その特質を抽出した。

現在各地でAT下位より出土している石器群の中に立野ヶ原型ナイフ形石器との関係が注目されている石器群があるが、これについては別稿を予定している。

立野ヶ原型ナイフ形石器が一つの石器型式と認識された当初から、祝梅三角山遺跡や大台野遺跡の石器群との類似が指摘されており（橋本 1975）、日本列島の後期旧石器時代前期の様相を解明する手がかりに、立野ヶ原型ナイフ形石

器または立野ヶ原型ナイフ形石器を中心とする石器群（立野ヶ原石器群）がなりうると考えられる。こうした系統の問題については、ナイフ形石器の形態、剥離技術、石器組成などの石器群のさまざまな項目について比較検討を加える必要がある。

　私たちは、今秋（1986年11月）、北陸旧石器シンポジウムと題し、立野ヶ原系石器群についての研究会をおこなう予定である。立野ヶ原系石器群について論ずるには、立野ヶ原型ナイフ形石器および立野ヶ原石器群の実体を明示する必要がある。小論はこの研究会に向けて用意した立野ヶ原型ナイフ形石器および立野ヶ原石器群についての基礎的な整理である。

　このレポートの作成にあたり、富山県埋蔵文化財センター、西井龍儀氏より資料実見の便宜をはかっていただいた。また、西井氏、山本正敏氏より資料の検討に多くの助言をいただいている。

第3節　立野ヶ原遺跡群ウワダイラL遺跡の再検討

1　はじめに

　立野ヶ原台地は富山県南西部の南砺市旧城端町と旧福光町にまたがる標高約120～260m、東西約2.5km、南北約3kmの広大な隆起扇状地で、台地は小河川によって開析された小さな谷が形成され、起伏に富んでいる。この台地は砺波平野に接していながら水源に乏しかったことから、農地としての開発は遅れ、旧陸軍が演習場として使用されていた以外に大きな開発はおこなわれていなかった。

　なお、立野ヶ原台地を含めた旧福光町・城端町一帯は鉄石英やメノウ、玉髄といった石器の材料に適した石材の産地であり、立野ヶ原台地の小さな谷底でも鉄石英の拳大ほどの原石が採集可能であった。

　この立野ヶ原台地に1970年から総合開拓パイロット事業が実施され、1971年から1977年まで造成事業に追われながらの発掘調査が続けられた。その結果、1965年に台地内で2ヶ所しか知られていなかった遺跡が、西井龍儀らの精力的な分布調査などによって、1972年には38ヶ所に、調査の終了時には

114ヶ所の旧石器〜縄文時代の遺跡が確認された。このうち104遺跡で発掘調査が実施されている。これらの遺跡は立野ヶ原遺跡群と呼ばれ、このなかで29ヶ所が旧石器時代に属する遺跡で、いずれも発掘調査がおこなわれている。

　この一連の調査で、立野ヶ原台地は富山平野で最も旧石器時代の遺跡の密集する地域として知られるようになり、いまだにこれを凌駕する遺跡群が見つかっていないこともあって、その重要性は失われていない。また、一般に1遺跡からの石器の出土数が少ない富山平野の旧石器時代の遺跡の中では、石器の出土数が比較的多い遺跡が含まれており、資料的価値は高い。しかし残念なことに、初年度の鉄砲谷遺跡などを除く遺跡の発掘調査の報告書がいまだに刊行されておらず、約100遺跡が5冊の概要報告に1遺跡につき数行から数頁の範囲で記載されているにすぎない。

2　ウワダイラL遺跡

　ウワダイラL遺跡は旧石器時代の立野ヶ原遺跡群の中で最もよく知られた遺跡の一つである（第26図）。遺跡は南砺市旧城端町南原に所在し、立野ヶ原台地の東南の縁近くの東に張り出した東西約100ｍ、南北約80ｍの小さな舌状台地に立地している。標高は約230〜232ｍを測る。遺跡周辺には立野ヶ

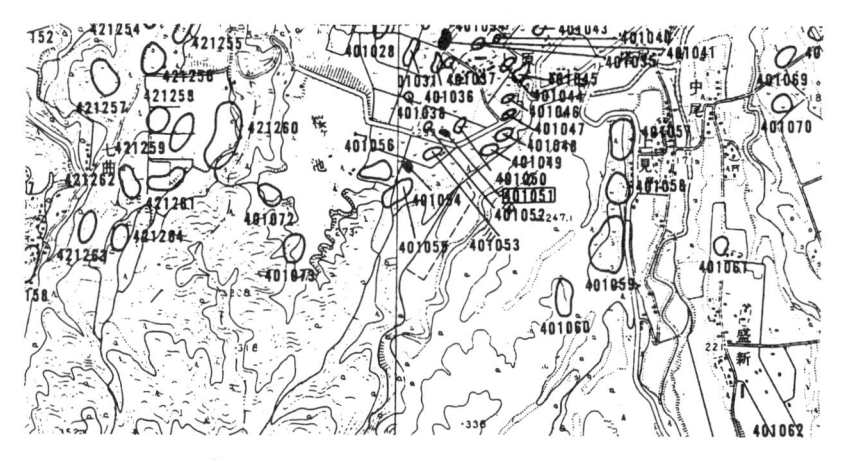

第26図　ウワダイラL遺跡（401051）の位置
401035：ウワダイラⅠ遺跡　401054：西原Ｃ遺跡　401047：ウワダイラＤⅠ遺跡
401048：ウワダイラＤⅡ遺跡　401050：ウワダイラＣ遺跡

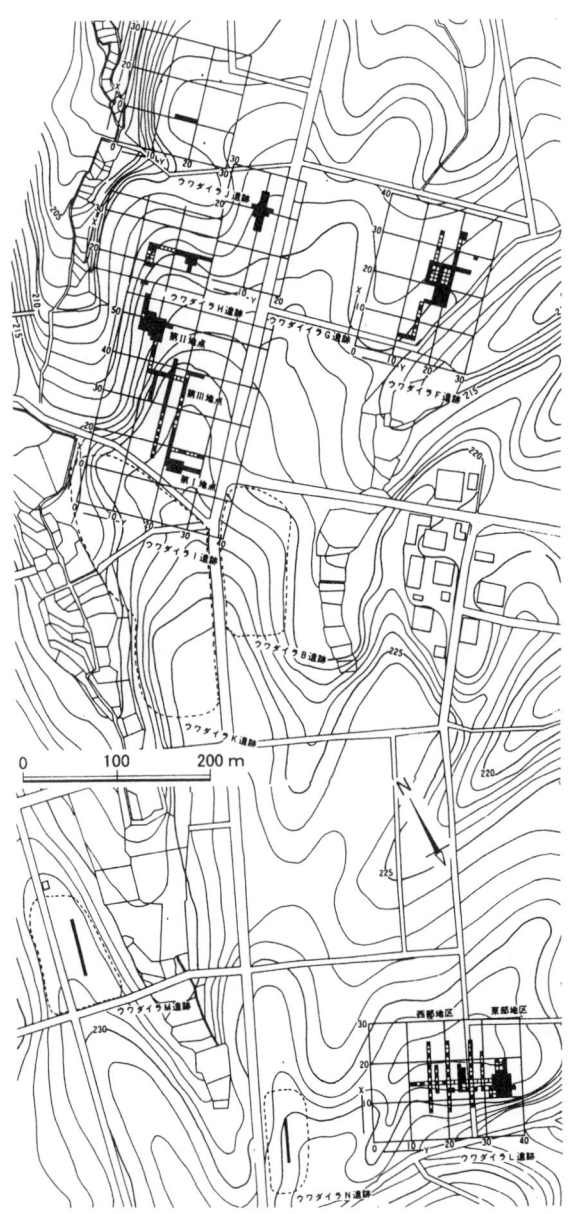

原遺跡群の中でも著名な旧石器遺跡が多く所在しており、約600m北にウワダイラⅠ遺跡、約400m南西に西原C遺跡が位置する。また、ウラダイラC、DⅠ、DⅡなどの旧石器遺跡もL遺跡の近くにある（第27図）。

発掘調査は1973年に実施され、約2000点の石器が出土している（橋本ほか 1974）。この遺跡も総合開拓パイロット事業に伴い発見されたもので、緊急調査という性格上1ヶ月に満たぬ調査期間で終了している。報告も概要が3頁にわたって記載されているのみで、ナイフ形石器を中心に代表的な石器が42点図示されているにすぎない。特に、石核や剥片類の説明や図がほとんどなく、剥片剥離技術が不明である。

石器は、表土層である1層（約15cm）から表

第27図　ウワダイラ遺跡群（B・F〜N遺跡）

土直下のローム状の黄褐色土の3層（約25cm）、さらにその下の4層の上面から約10cmの深さまで出土している。石器が最も多く含まれていたのは3層の上部である。また、石器は10m×14mの楕円形の限られた範囲から出土している。

調査前に西井龍儀らの分布調査で石器が237点採集されている。採集地点は発掘調査で検出された石器の集中区周辺であり、発掘で得られた資料と一体をなすものと考えてよい。つまりウワダイラL遺跡で発掘された石器群の一端は、この採集資料からもうかがうことができる。

3 採集された石器

採集された石器は大半が鉄石英製で、そのほかには頁岩（珪化凝灰岩）2点、チャート1点が含まれているにすぎない。

(1) ナイフ形石器（第28図1～11）

剥片の鋭い側線を残し、末端を調整加工した石器もナイフ形石器に含める。

1は黄色鉄石英で幅1.7cm、長さ1.8cm、調整剥離は90°に近い急角度である。

2は赤色鉄石英。幅1.9cm、長さ1.9cm、調整剥離は末端の一部に急角度で施されているが、調整剥離で剥片の形状はほとんど変化していない。

3は赤色鉄石英。幅1.5cm、長さ1.5cm、調整剥離は刃部側が腹面から、下部は背面から緩い角度で施されている。

4は赤色鉄石英。幅1.9cm、長さ2.1cm、調整剥離は背面から腹面側へいわゆるインバースリタッチが施されている。調整角は約45°で末端の一部は蝶番状のまま残されている。なお使用痕は両側縁に認められる。

5は赤色鉄石英。幅1.5cm、長さ2.1cm、調整剥離は「く」の字状に70°前後で施され、刃部は短い。

6は黄色鉄石英。幅1.3cm、長さ1.6cmの薄手の剥片の末端の一部に緩い調整剥離が施されている。剥片の末端は蝶番状のままである。背面はポジティブな平坦面で、この剥片を剥離した石核が剥片を素材としていることがわかる。

7は黄色鉄石英。幅1.6cm、長さ1.8cmで、一部欠損しているが、本来の形状は平行四辺形である。調整剥離は70～80°で狭義のナイフ形石器の整形と

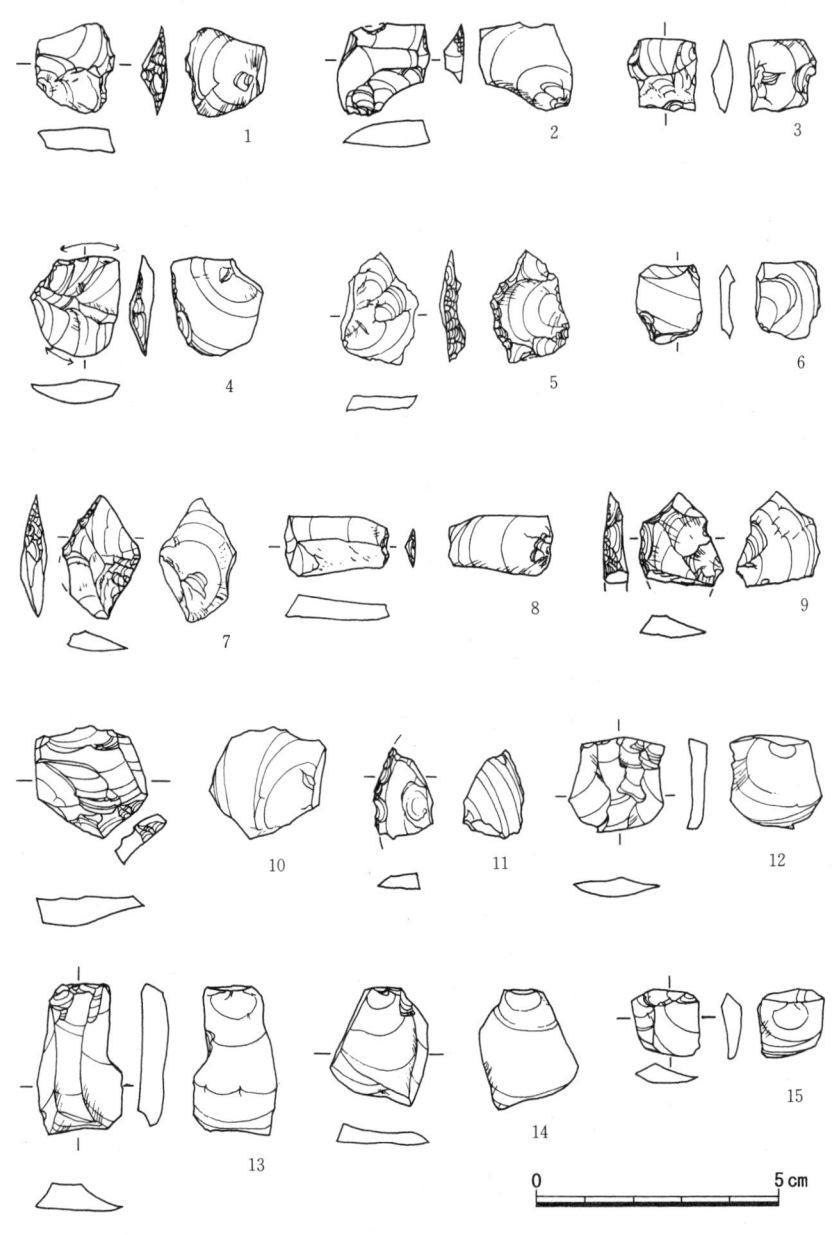

114 第Ⅲ章 後期旧石器時代前葉の石器群

第28図 ウワダイラL遺跡採集の石器(1)

ほぼ同じである。

　8は細石刃状の黄色鉄石英で、幅1.3cm、長さ2.2cm、幅の狭い剥片の末端に急角度で調整剥離が施されている。背面の片側は節理面で、素材剥片を剥離した石核は大型剥片か分割礫を用いている。

　9は赤色鉄石英。幅1.9cmで、下半部は欠損している。刃部は狭い。素材の剥片は点状打面である。調整角は刃部側が60°前後、下半部は90°近い。

　10は赤色鉄石英。幅2.2cm、長さ2.3cmで、末端が尖状の剥片を素材としており、刃部に接してわずかに調整剥離が施されている。これまでの例と異なり、刃部は剥片の側部ではなく、端部である。刃部には使用痕と見られる微細な剥離痕が認められる。

　11は赤色鉄石英で、剥片の末端部に調整剥離が認められるが、2ヶ所で切断しており、原形は不明である。

　これらのナイフ形石器の調整剥離は剥片の末端辺全体に急角度で施すもの、部分的なもの、背面側から施すもの（インバースリタッチ）などバラエティに富んでいるが、刃部の位置と調整部位がほぼ同じであるため、同じ器種として分類した。これらはすべて立野ヶ原型ナイフ形石器の範疇に含まれる。

(2) 二次加工ある剥片 （第29図16～22）

　16は大型剥片の打面側の1側縁に二次加工を施しており、加工部位などからみると祖型的なナイフ形石器に近い。赤色鉄石英。

　17は黄色鉄石英の縦長剥片に、一撃の剥離でノッチ状に加工したもの。18は赤色鉄石英製剥片の直線的で急角度の末端部に微細な連続剥離で掻器状に加工を施したもの。19・20は縦長状の剥片の鋭い側縁に使用痕に近い微細な連続剥離痕が付着したもの。19は赤色鉄石英で、20は黄色鉄石英。21は頁岩製の石刃の側辺に二次加工が施されている。ナイフ形石器の連続する整形加工とは異なる。22は黄色鉄石英の切断剥片の一角に彫器状の剥離が施されている。

(3) 錐 （第29図23）

　23はいちおう錐に分類したが、周辺の微細剥離痕は楔形石器の剥離痕と共通する。赤色鉄石英。

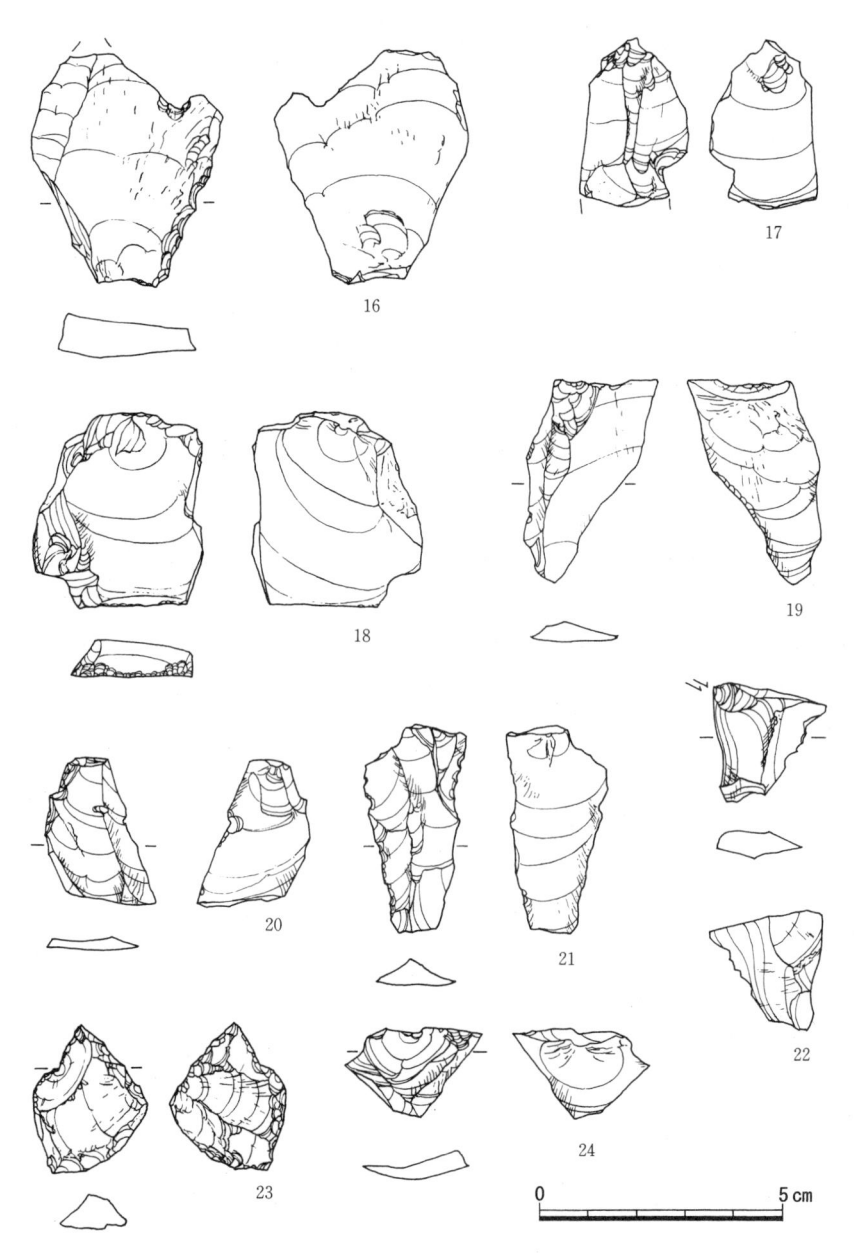

116　第Ⅲ章　後期旧石器時代前葉の石器群

第29図　ウワダイラL遺跡採集の石器(2)

(4) 剥片（第28図12～15、第29図24）

　剥片はさまざまな大きさと形態が見られるが、礫面が付着しているものや、剥離の際に弾けたものなどを除くと、多くは幅1.3～2.5cm、長さ1.5～3cmで、長幅比が1：1からやや縦長になるものが多い。これらの剥片は、ウワダイラL遺跡のナイフ形石器の大きさに近い。剥片の末端は蝶番状のもの（12・13・15など）が存在している。また、打面は平坦な1面で、これらもナイフ形石器の特徴と一致する。さらに、剥片背面にポジティブ面が残るものも認められる。24は頁岩で、ほかは鉄石英。

(5) 石核（第30図）

　石核は4点採集されているが、いずれも鉄石英である。25は大型剥片、または分割礫の剥離面側を剥離作業面としている。剥離が進行しており、素材の確認はできない。剥片剥離はほぼ相対する2辺からおこなわれているが、打点の移動は米ヶ森技法のような直線的一方向ではなく、不規則である。石核に残された剥離痕の末端は階段状が目立つ。

　26は石核の両面で剥片剥離作業がおこなわれている。打面の転位は認められるが、サイコロ状石核のような著しいものではない。この石核も、大型剥片または分割礫を素材としている。また、この石核も階段状剥離が認められる。

　これらの石核の作業面に見られる剥離痕の長幅比は1：1に近く、階段状剥

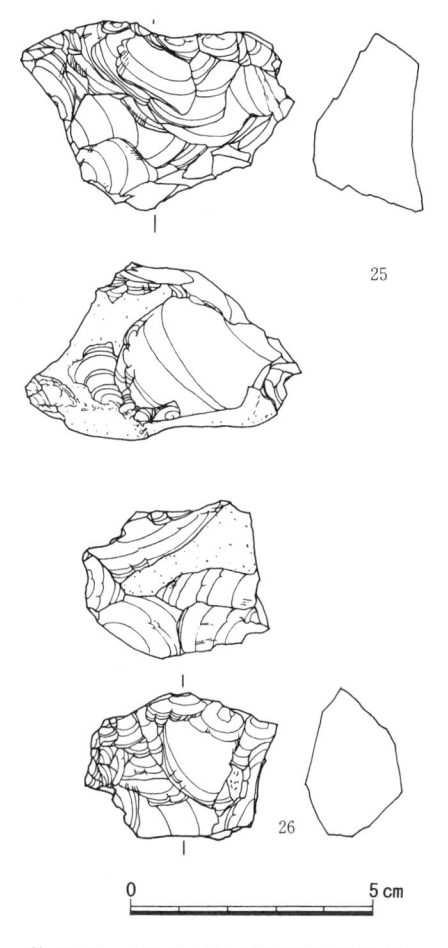

第30図　ウワダイラL遺跡採集の石器(3)

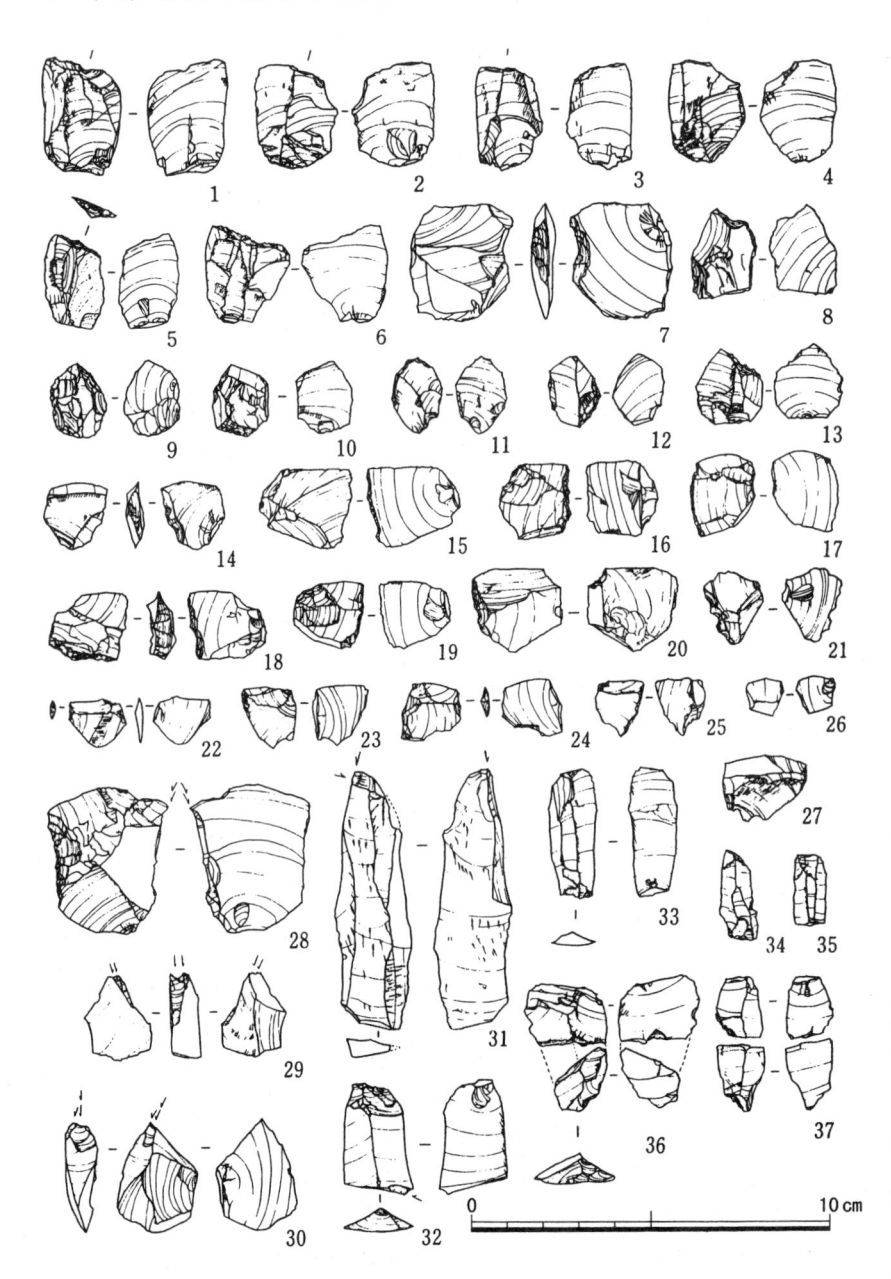

118　第Ⅲ章　後期旧石器時代前葉の石器群

第31図　ウワダイラL遺跡出土の石器(1)（富山県教育委員会 1974）

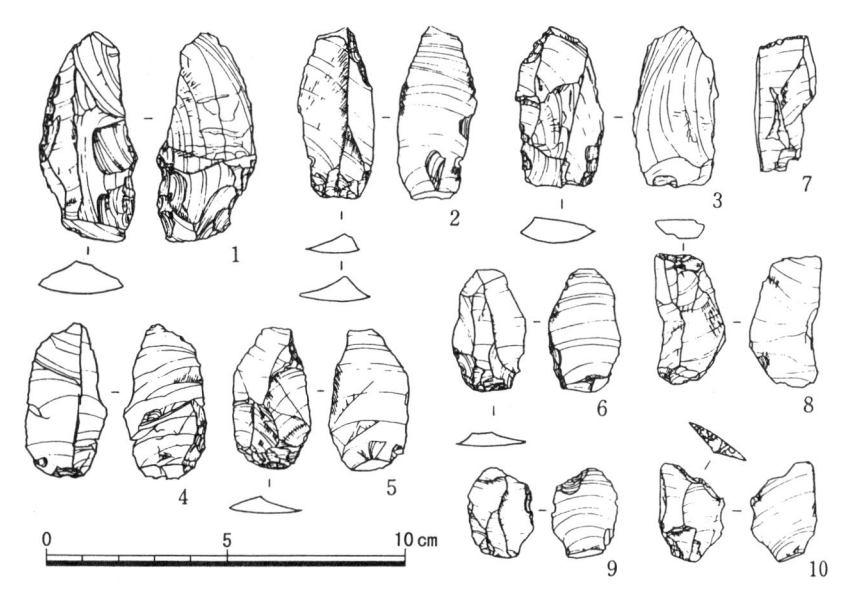

第32図　ウワダイラL遺跡出土の石器(2)（富山県教育委員会 1974）

離、剥片背面にポジティブな剥離面が残ることなど、石核と剥片から復元できる剥離工程は一致する。

(6) 1973年発掘資料（第31・32図）

　第31図は1〜27・34・36・37、第32図9・10は小型のナイフ形石器に含まれ、調整が剥片の末端部に限られていることから、大半が立野ヶ原型である。製作に剥片の分断手法も認められるが、多くは調整剥離によっても剥片の形状を大きく変えていない。

　大型ナイフ形石器（第32図1〜8）のうち、2は頁岩の石刃を素材としている。

　第31図28〜32の剥片は、一部に彫器にみられる二次加工に類似する剥離が施されており、第29図22の石器に共通する。

　1973年の発掘資料も基本的には今回紹介した表面採集資料とその内容は矛盾しない。

4 立野ヶ原型ナイフ形石器について

　ウワダイラL遺跡から採集されたナイフ形石器は、いずれも立野ヶ原型ナイフ形石器と呼ばれるものである。立野ヶ原型の名称は橋本の提唱による（橋本ほか 1974）もので、小林達雄によってナイフ形石器の1型式として広められた（小林 1975）。筆者は先に立野ヶ原型ナイフ形石器についての整理をおこなった際、明らかにしたように、橋本、小林両氏の研究の先取権を尊重し、ウワダイラL遺跡採集の小型のナイフ形石器を立野ヶ原型と呼んでいる（麻柄 1986a）。

　しかし、前稿での立野ヶ原型ナイフ形石器の整理の仕方については、その後批判も寄せられている。批判は大きく分けて、名称と定義の2点に集中している。

(1) 名称

　筆者が旧石器考古学を学び始めたころには、剥片の末端にのみ調整剥離を施した小型の石器に対し、広義のナイフ形石器としてとらえるか、また台形石器に分類するかの別はあったが、すでに「立野ヶ原型」、「ウワダイラ型」、「米ヶ森型」などの名称が与えられていた。「米ヶ森型台形石器」については後でふれるとして、まず「立野ヶ原型」と「ウワダイラ型」について、前稿と一部重複するが、型式名の由来の検討をおこないたい。

　筆者は以前、型式名についてあまり検討することなく、北陸地方で一般に呼称されていた「立野ヶ原型」名をそのまま採用していた（麻柄 1982・1985）。しかし、1986年に福井県で開催された国府系・立野ヶ原系石器群をめぐる「北陸旧石器シンポジウム1986」に臨むにあたり、これまで無批判に使用していた立野ヶ原型ナイフ形石器の定義づけと実態を明らかにすることを意図し、これまで富山平野で蓄積された資料の分析を試みた。この作業を通して、型式名をめぐる研究史についても若干の整理をおこなった（麻柄 1986a）。

　その結果、ウワダイラⅠ遺跡、ウワダイラL遺跡、西原C遺跡、直坂Ⅱ遺跡U-9などで出土している特殊な小型のナイフ形石器は、橋本正が「立野ヶ原型」と名づけ（富山県教委 1974）、実態が明確にされているとはいいがたいが、小林達雄によってナイフ形石器の1型式として位置づけられ（小林 1975）、橋

第3節　立野ヶ原遺跡群ウワダイラL遺跡の再検討　121

本によって追認された（橋本 1976・1978）ことが明らかになった。

　さらにその後、白石浩之が西北九州地域の同様の形態の石器に「ウワダイラ型」の型式名を与えている（白石 1978）が、型式名はまず「立野ヶ原型」が先に提唱されたことは明らかである。この点については前稿でも明示している。それでも『『ウワダイラ型』（白石 1978）の提唱を学史的に無視した『立野ヶ原型ナイフ形石器』（麻柄 1982）と言い切る強引さは西日本の土着性か」「非研究史的名称の富山県『立野ヶ原型』ナイフ形石器」（砂田 1993）とまだ主張されており、ここで再度事実関係を強調したい。

　ところで、「立野ヶ原」は地域名であり、ウワダイラⅠやウワダイラLは遺跡名である。日本考古学では伝統的に石器の型式名は遺跡名を冠するのが一般的である。例外はナイフ形石器の九州型、ペン先形などがあるにすぎない。その意味では白石浩之の「立野ヶ原型は実在遺跡をもとに型式名を冠していない」という指摘（白石 1991）は正論である。また同様の見解は北陸シンポジウムでの春成秀爾の発言などにも見られる。この指摘については先の整理作業の中でも最も悩まされた問題である。しかし、それでも「ウワダイラ型」の採用を躊躇させたのは、先に述べたとおり、研究史に照らして橋本・小林の先取権を尊重したほか、次の理由があった。

　まず、「ウワダイラ型」を提唱した白石論文が、西南日本のナイフ形石器終末期の研究であったからである（白石 1978）。白石論文のなかで具体的にウワダイラ型の存在が指摘されたのは長崎県日ノ岳遺跡と同中山遺跡の2ヶ所であり、いずれも終末期のナイフ形石器として取り上げられており、さらに「縦長剥片の一辺を切断して長方形に剥片調整を加えた台形様石器がある。筆者はこれをウワダイラ型と仮称しておきたい」とウワダイラ型が縦長剥片を素材としていることを指摘している。また、小畑弘己も「ウワダイラ型」に対し、白石とほぼ同じ定義づけをおこなっている。（小畑 1983）。

　ウワダイラⅠ・L遺跡でも調査当初ナイフ形石器の製作に分断手法が用いられていることが強調されていたが、実際、一部に剥片を分断し立野ヶ原型ナイフ形石器に仕上げたものも存在するが、調整に分断を用いるナイフ形石器は一般的ではない。そのため、「ウワダイラ型」は、後期旧石器時代前半に北陸地方を西限とする東日本を分布域とするとその当時考えられ、米ヶ森技法と打面を頻繁に転位させて寸づまりの剥片を剥離する剥片生産技術をもつ立野ヶ原型

とは、ナイフ形石器の形態的特徴のみが類似し、時空的、技術的にも関連が認められないことになる。「ウワダイラ型」の使用に抵抗を感じた理由がここにもある。

また、富山県の遺跡名を九州地方の石器型式に冠することへの疑問と西北九州地域の「ウワダイラ型」はほかの台形石器の代用品や未成品ではないかとの見解が中川和哉によって表明されている（中川 1987）。

なお、前者については白石の回答がある（白石 1991）が、「ウワダイラ型」を西南日本のナイフ形石器の終末期に1型式として設定することの意義については、今のところそれ以上の議論がなされていない。

筆者は前稿でも、寸づまり剥片の末端のみに調整剥離を施した石器は各地の各時期に存在することを認め、それが大量かつ組織的に製作される石器群に注目した。「立野ヶ原型ナイフ形石器」が形態的にかなりのバラエティに富み、調整技術もナイフ形石器特有の急角度のものから平坦剥離に近いものまで含み、一点一点を問題にすると、粗雑なものは二次加工ある剥片やほかの器種の未成品との区別が明瞭でないものも存在する。剥片生産技術や石器組成をも含めて石器群全体を通して理解する必要がある。

さらに、立野ヶ原遺跡群の中に「ウワダイラ」を冠した遺跡が18ヶ所も存在する。これらはいずれも旧城端町南原のウワダイラ地区に所在しており、発見順にウワダイラAからウワダイラQまで（DはDⅠとDⅡに分かれている）名づけられた18遺跡がウワダイラの小台地に集中している。地理的には立野ヶ原台地内の小河川によって形成された小台地がウワダイラ地区で、立野ヶ原遺跡群のなかにウワダイラ遺跡群が含まれているような状況である。「ウワダイラ」自体もそのままでは遺跡群の名称となってしまう。1972年にはウワダイラAからDまで4遺跡が知られており、いずれも縄文時代に属する（富山県教委 1972）。そのため、ウワダイラといえば地元では縄文時代の遺跡群のイメージが強い。その後調査終了時には18ヶ所までに増え、旧石器はこのうち7遺跡で出土しているが、縄文土器は17遺跡で出土している。また、遺跡調査の事業名は1973年から1977年まで「立野ヶ原遺跡群緊急発掘調査」であった。提唱者の橋本が故人となった今、確認のしようがないが、こうした点も勘案されて「立野ヶ原」の名が成立したと想像している。

(2) 石器群の定義

　前稿では立野ヶ原遺跡群のウワダイラⅠ遺跡、ウワダイラL遺跡、西原C遺跡出土の石器群とそれに類似する富山平野の小型のナイフ形石器を出土する石器群の検討をおこなった。ナイフ形石器が少数の大型と多数の小型の2種類から構成されるものと小型のナイフ形石器のみのものが存在し、小型はさらに型式分類をおこない（第20図）、その中で各遺跡に共通し、大半の遺跡で大多数を占めるⅠ類が時空的に限定できるとの見通しを持ち、このⅠ類を立野ヶ原型ナイフ形石器と定義した（麻柄 1986a）。標題は論文の主旨を鮮明にするために「いわゆる立野ヶ原型ナイフ形石器の基礎的整理」とした。つまり、世間でいわれている（＝いわゆる［連体詞］）立野ヶ原型ナイフ形石器の実体を出土資料を使い描きだそうとしたものであり、「石器として実態のない『立野ヶ原型』ナイフ形石器に『いわゆる』の接頭詞を付して既成事実化する所論（麻柄 1986）は資料の取り扱い上、戒めなければなるまい」（砂田 1993）という批判は、筆者の論文を読んでいないか論文の主旨を曲解しているとしかいいようがない。

　また、定義については「『立野ヶ原（系）石器群』の主たる構成要素としての位置づけを重視すれば特定の形態の小形ナイフに限定するのではなく、むしろ時空的に関連性のあるすべての形態をまとめて立野ヶ原型ナイフⅠ～Ⅳ類とすべきであろう」（橋本・須田 1987）という意見が出されている。さらに「麻柄がⅠ類のみを立野ヶ原型ナイフ形石器として規定したことは、ウワダイラ型台形石器を設定したものとしては納得がいかない」（白石 1991）という批判も立野ヶ原型ナイフ形石器に複数の類型を包括させるという立場と思われる。

　たしかに、橋本は「立野ヶ原型」の提唱の際、「第二次加工の加え方は二種類に整理できる。第一種は…略…広範囲に第二次加工をおこなったもので、…略…これは小型ナイフと呼んでもさしつかえない…略…第二種は…略…石器側辺に設けられる刃部を中心に第二次加工をおこない」（橋本 1974）と2類型を認めている。しかし、筆者の富山平野の小型ナイフ形石器の分類では、Ⅱ類は従来知られている狭義の小型ナイフ形石器であり、ⅢA類は台形石器（枝去木型）、ⅢB類は古くはペン先形ナイフ形石器やそのほか多数の型式名が与えられているものである。型式設定は形態の特徴が明確で時空的に限定されるもの

でなくてはならない。つまりⅠ類とⅢ類が型式として成立する可能性があるが、Ⅲ類はA・Bともにすでに型式名が与えられており、ほかと明らかに区別できる独自の形態はⅠ類であり、これを「立野ヶ原型」とした。

そして、少数の大型ナイフ形石器と先の分類のⅠ～Ⅳ類のナイフ形石器を含み、立野ヶ原型ナイフ形石器を主体とする石器群を「立野ヶ原石器群」とし、これらと類縁関係が認められる石器群を「立野ヶ原系石器群」とした。さらに、このころ汎日本的に広がっていることが判明した小型ナイフ形石器を手がかりに地域間の関係を整理することをめざし、この立野ヶ原系石器群が日本の後期旧石器時代の石器群と前期旧石器時代の石器群とを繋ぐ資料であるとの見通しを持った（麻柄 1986b）。この立野ヶ原石器群および立野ヶ原系石器群が橋本、須田両氏の指摘に答えるもののはずであったが、未だ公約を果たしていない。

なお、「公表資料はごく一部に留まり、全容のわかる資料はきわめて少ない」（佐藤 1991）といわれているように、まともに立野ヶ原型ナイフ形石器の検討をおこなえる資料がなく、早期の公表が望まれる。特に資料点数の多い立野ヶ原遺跡群のウワダイラⅠ、ウワダイラL、西原Cの各遺跡は立野ヶ原石器群の理解に不可欠である。現状では「実態のない『立野ヶ原型』ナイフ形石器」という砂田の批判は、資料の公表度合いからは受け入れざるを得ない。

(3) 米ヶ森型台形石器と立野ヶ原型ナイフ形石器

米ヶ森型台形石器は秋田県米ヶ森遺跡の発掘調査で富樫泰時の提唱した小型の石器で、米ヶ森技法で得られる剥片と定義されている（協和町教委 1977）。当初、米ヶ森遺跡の編年的位置が後期旧石器時代の後半と見られており、秋田県および富山県の研究者は米ヶ森型台形石器と立野ヶ原型ナイフ形石器の関係に懐疑的であったが、松井政信は、いちはやく「山陰地方では早風A遺跡を標準とする野原型台形石器があり、富山県では立野ヶ原型台形石器、秋田県では米ヶ森型台形石器があり、ともに共通する要素を持つものである」（松井 1980）と現在では大方の一致する見解を表明している。

また、西井龍儀も細谷No.3遺跡の報告で、年代の違いを認めながら米ヶ森と立野ヶ原の小型ナイフ形石器との製作工程の共通性を認めている（西井 1981）。さらに春成秀爾も早風A遺跡とウワダイラⅠ・L、細谷の3遺跡との類似を指摘したうえで、米ヶ森型と立野ヶ原型の類似も指摘している（春成 1981）。

春成のこの論文に対し、筆者は「米ヶ森型がその地域内で新しく位置付けられている点から立野ヶ原型との対比には躊躇せざるをえない」(麻柄1982)と、早風A遺跡とウワダイラI・L遺跡の対比は認めたうえで、米ヶ森型と立野ヶ原型の関係

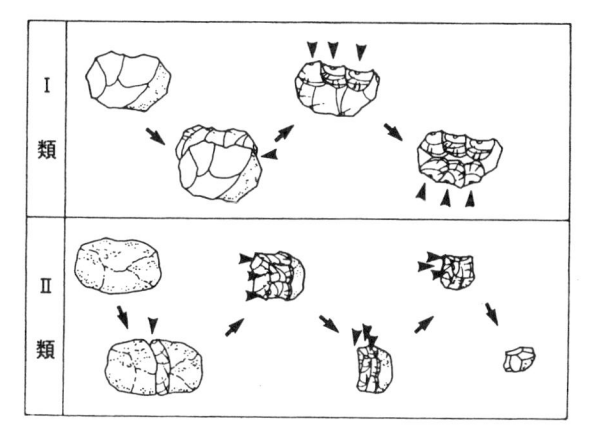

第33図　立野ヶ原石器群の剥片剥離技術の類型
(奥村1987)

はその編年的位置づけが難点となり、両者の対比に慎重な姿勢を表明した。

　しかし、秋田県で下堤G遺跡(秋田市教委1983)、此掛沢II遺跡(秋田県教委1984)の発掘で米ヶ森技法と米ヶ森型台形石器の実体が明らかになり、年代が修正され、さらに北陸地方でも白岩藪ノ上遺跡、宿東山遺跡などで立野ヶ原型ナイフ形石器の一部が米ヶ森技法でも製作されていることが判明して両者の溝は埋まった(麻柄1986a、奥村1987)。

　両者の製作技法は、ウェイトの差こそあれ、いずれも打面転位の著しいサイコロ状の石核と米ヶ森技法を基本とし(第33図)、斧形石器と調整技術の発達していない石刃と石刃製大型ナイフ形石器を組成することなど共通要素の多い石器群である。また、剥片の末端がヒンジフラクチャーとなるのが、米ヶ森技法の特徴の一つであり(藤原1984)、ウワダイラL遺跡の採集品もヒンジフラクチャーが目立つ。さらに、二次加工の部位、調整技術も同じであり、両者は同一石器群の地域的な展開の差と考えたい。米ヶ森型を当初の定義どおり米ヶ森技法の所産に限定するならば、立野ヶ原型に含まれる細分型式となるが、最近では米ヶ森技法の有無にかかわらず、矩形剥片の末端に二次加工を施した石器に対して米ヶ森型が用いられており(秋田県教委1991)、同義語に近い。

　立野ヶ原型ナイフ形石器と米ヶ森技法のセットは北は北海道桔梗2遺跡((財)北海道埋文センター1987)から西は島根県古曽志清水遺跡(島根県教委1989)まで、日本海側を中心に認められる。桔梗2遺跡、古曽志清水遺跡ともに、

ナイフ形石器の整形が部分的で、立野ヶ原型ナイフ形石器の祖型的なものが多く、急角度の調整が施されたものは見られない。地域性の問題として理解可能か、それとも年代の問題なのか資料不足のため不明である。

近年、既存のナイフ形石器（台形石器を含む）の型式が時空的限定を失いつつあり、瀬戸内技法という特異な技術基盤をもつ国府型などを除けば、型式設定自体の意味も薄れている。こうした中で、立野ヶ原型ナイフ形石器はその分布と編年的位置づけの幅が広がったとはいえ、未だ時空的な範囲を限定できる。さらにナイフ形石器の形態だけでなく、米ヶ森技法とサイコロ状石核の存在も石器型式存立に有利な条件である。立野ヶ原型ナイフ形石器は認められるが、剥片の生産技術に米ヶ森技法は存在せず、サイコロ状の石核のみの石器群とは一線を画すようである。

5 おわりに

不思議なことに、立野ヶ原遺跡群の発掘調査が実施された後、北陸地方では立野ヶ原石器群の検出例は認められるが、いずれも石器の出土点数が少なく、石器群の分析に量的保証の得られる遺跡は、未だに立野ヶ原遺跡群のウワダイラL、ウワダイラI、西原Cの3遺跡である。

ここでは、多方面から報告書の刊行が望まれていながら、調査終了後20年以上も大半の資料が未整理のままのウワダイラL遺跡の表面採集資料の紹介をおこない、ウワダイラL遺跡出土の石器群の概要の把握に努めた。ここに紹介した様相が、2000点を超えるウワダイラL遺跡出土の発掘出土資料と完全に一致するとは限らないが、ある程度の傾向は表わしていると思われる。報告書が刊行されていないことで、これまで実体が不明だとされてきた立野ヶ原型ナイフ形石器の理解に少しでも役立てば幸いである。

佐藤宏之は後期旧石器時代前半期の汎列島的な研究のなかで、北陸地方の該期に「二極構造」の枠組で理解できる汎列島的な社会構造を認めている（佐藤1992）。たしかに北陸地方では、今まで明らかにしたように各種の小型ナイフ形石器に量は少ないが縦長剥片製の大型ナイフ形石器が共伴している。また局部磨製石斧の検討で、伴出石器の汎列島的共通性も認められる（麻柄1985）。さらに列島を越えた東アジア的な普遍性も今後詳細に検討されることであろう。

しかし、北陸地方では石刃技法の多寡や小型ナイフ形石器の剥片生産技術の重点のおき方など、後期旧石器時代の前半に地域性も歴然と存在する。考古学が地域に勇気を与える学問としてその地域に浸透し、また住民に期待されている今日、東アジア的、汎列島的視点を持ちつつも、地域の問題を正面に据えて取り組む必要がある。

最後に、小稿のためにウワダイラL遺跡採集の石器を長期間貸し与えてくださった西井龍儀氏に感謝をするとともに、不十分な資料紹介に終わったことをお詫びします。

第4節　後期旧石器時代前葉の剥離技術
　　　　―米ヶ森技法の出現と展開―

1　はじめに

後期旧石器時代前葉の秋田県を中心とする東北地方日本海側では「米ヶ森技法」と呼ばれる特徴的な剥片剥離技法の存在が知られている。「米ヶ森技法」は秋田県協和町米ヶ森遺跡出土の石器群の分析から復元された長幅指数100程度の小型矩形・台形・扇形・貝殻状剥片の連続的剥離技術である（協和町教委 1977）。

米ヶ森技法の分析をおこなった藤原妃敏によれば、「米ヶ森技法」の特徴は①石核は剥片を素材として石核素材の背面側を打面に、腹面を作業面とする、②打面は新たに作出する場合と石核素材の背面をそのまま用いる場合もある、③打点を少しずつ一方向に移動させ、台形もしくは扇形の小型剥片を連続剥離する、④剥離された小型剥片の側辺部には石核素材の主要剥離面（ポジ面）が残り、このポジ面（底面）と小型剥片の主要剥離面が鋭い縁辺部を形成する、⑤底面を例外なく付すため小型剥片の剥離は1回の打点の移動で終了し、逆戻りしたり重複したりすることはない、⑥得られる小型剥片は米ヶ森型台形石器の素材にのみ用いられる。刃潰し状の二次加工は剥片末端に限定して施される。他の器種の素材として用いられる例はないと説明されている（藤原 1984・1988）。

米ヶ森技法に類似した剥片素材石核の腹面側に対し連続的に長幅指数100程度の小型矩形・台形・扇形・貝殻状の目的剥片（以下台形剥片とする）を剥離

する技術はその後、秋田県を中心に多数確認され、東北地方日本海側に分布する地域性の強い剥離技術と認識されている。こうした剥離技術は、米ヶ森技法のように連続して10枚以上の台形剥片を剥離することはなく、数枚程度の剥片が剥離され、石核が放棄されてしまう場合が多い。また打点が規則的に一方向に移動するとは限らず、得られた台形剥片の片側辺に石核腹面のポジティブ面が必ず残るという規格性も認められない。こうした剥離技術は広義に「米ヶ森技法」に含められる場合や米ヶ森技法類似の剥離技術と称されることもあるが、ここでは「類米ヶ森技法」と仮称する。

米ヶ森型台形石器の整形は台形剥片の末端に整形加工が施される強い規則性が認められるが、整形加工の方法は剥片の背面側からおこなわれる場合と腹面側から施される場合、さらに同一石器でも部位によって背面側と腹面側からと整形の方向が異なっているものがあり、また、急角度の刃潰し状の二次加工や平坦剥離に近い浅い二次加工、使用痕に近い微細な剥離などバラエティに富み、整形加工の方法に強い規範は見られない。整形加工の部位も打面と平行する末端全体に細かく施される場合と末端のごく一部に2、3枚の小剥離が認められるにすぎないもの、側辺の末端部近くに部分的二次加工が施されるものもある。

同じ後期旧石器時代前葉の北陸地方には富山県南砺市旧福光町・旧城端町にまたがる立野ヶ原遺跡群に代表される立野ヶ原石器群が存在する。立野ヶ原石器群は台形剥片の末端部に整形加工を施した石器（立野ヶ原型ナイフ形石器と呼称）と刃部磨製斧形石器を特徴的に組成する（麻柄 1986a）。

立野ヶ原型ナイフ形石器は形態的には米ヶ森型台形石器とほとんど同一で、長幅指数100前後の2〜3cmの台形剥片を素材としているが、素材剥片の生産技術は礫または分割礫を用い打面を転位しながら小型剥片を組織的に剥離し残核はサイコロ状を呈するものと「類米ヶ森技法」の2者が存在する。後者については基本的には東北地方日本海側の石器群との強い関連性がうかがえる。立野ヶ原型ナイフ形石器の形態、調整技術は米ヶ森型台形石器とほぼ同様であるが、米ヶ森型台形石器が素材に背面の片側辺に石核腹面（ポジティブ面）が残る台形剥片を必ず用いているのに対し、立野ヶ原型ナイフ形石器ではこうした台形剥片が使用される頻度が低いという違いがある。

小型台形剥片の末端に整形加工を施した石器は米ヶ森型台形石器や立野ヶ原型ナイフ形石器と呼称される他に、部分加工石器として他の部位に二次加工を

施された小型石器と共に含まれる場合、また枝去木型や日ノ岳型の台形石器、ペン先形（ナイフ形）石器を含めて台形様石器と称されることもある。田村隆はこの小型台形剥片の末端に整形加工を施した石器を端部整形刃器（反転部分加工を持つ端部整形尖頭器と総称して端部整形石器と呼ばれる）として整理し、後期旧石器時代初頭の石器群の成立について端部整形石器の位置づけをおこなっている（田村2001）。この論文で田村の指摘するとおり、「立野ヶ原型」をナイフ形石器の分類概念に含めることはこの石器群の持つ可能性を矮小化していたかもしれない。しかし「台形様石器」として他の非石刃製ナイフ形石器と一括することにもまた同様にこの石器群の位置づけを曖昧にする可能性がある。また野尻湖遺跡群の調査では貝殻状刃器や掻器状刃器と名づけ、台形石器から分離独立した器種名を与えている（谷・大竹2003）。ここでは、台形剥片の末端に整形加工が施されるという意味で田村が提唱した（端部整形刃器と端部整形尖頭器の総称として田村は呼んでいるが）端部整形石器[9]という器種名を借用したい。

　小論では日本列島における後期旧石器時代初頭〜前葉の端部整形石器を主体とする石器群において、剥片剥離技術の中に「米ヶ森技法」と米ヶ森技法に類似した剥片素材の石核の腹面側に作業面を設け、連続的に目的剥片を剥離する剥片剥離技術（広義の米ヶ森技法、または類米ヶ森技法）がどの程度認められ、その分布の地域的特徴が抽出されるかを検討する。米ヶ森技法や類米ヶ森技法のような剥離技術は、報告されているtoolとしての石器だけからは認識することができず、出土した石核、剥片の特徴から剥離技術を復元してはじめて確認できる。特に石核が、素材の大型剥片の腹面に作業面を設定していることが第一条件となる。

2　立野ヶ原石器群の剥離技術

　富山県立野ヶ原遺跡群は1970年代の発掘調査で旧石器時代の遺跡が29ヶ所確認されており、後期旧石器時代初頭の遺跡として、ウワダイラⅠ遺跡、ウワダイラL遺跡、ウワダイラH遺跡（以上富山県教委1974）、中台B遺跡（富山県教委1975）、西原C遺跡（富山県教委1977）などが知られている。この内ウワダイラⅠ遺跡、ウワダイラL遺跡、西原C遺跡の3ヶ所からまとまった量の石器が出土しているが、いずれもその概要が示されているにすぎず、剥離

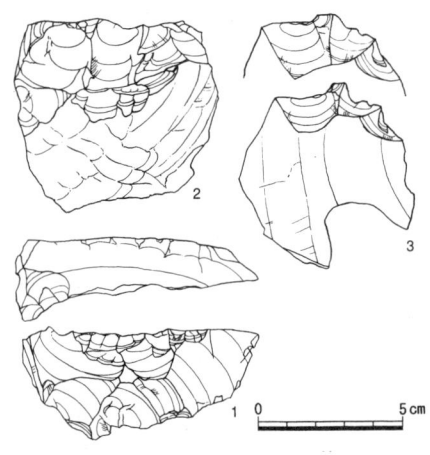

第34図　西原C遺跡出土の石核

技術等の実態は明らかにされていない。

富山県内の同様の石器群として知られている立山町白岩藪ノ上遺跡（立山町教委 1982）の技術基盤を分析した奥村吉信（奥村 1985）は、白岩藪ノ上遺跡の端部整形石器の製作に大型剥片を石核素材とした米ヶ森技法的な剥離技術（第37図1）《Ⅰ類》と打面を頻繁に転位させ、残核がサイコロ状を呈する剥離技術《Ⅱ類》の2者が用いられることを明らかにした（第33図）。奥村の指摘通り、富山平野の立野ヶ原石器群の技術基盤にはⅠ類とⅡ類が普遍的に認められる。Ⅰ類の剥離技術は富山市（旧八尾町）長山遺跡（八尾町教委 1985）出土の石核（第37図2・3）や富山市（旧大沢野町）直坂Ⅱ遺跡（富山県教委 1976）にも断片的に知られていたが、立野ヶ原遺跡群のウワダイラⅠ遺跡やウワダイラL遺跡、西原C遺跡でも未発表資料の中にⅠ類の剥離技術が一定量存在することが認められる。

第34図に西原C遺跡の石核の一部を示したが、奥村分類Ⅱ類の剥離技術を示す多量の石核などと共に図示した同Ⅰ類の石核が出土している。1は縦長剥片の腹面側に両側辺から打点を順に移動させ連続的に小型剥片を剥離している。2は矩形の大型剥片の腹面側に打面部から小型剥片を左から右の順で剥離した石核である。3は大型剥片の側辺部から腹面側に3枚の小型剥片を剥離した石核である。これらの石核はいずれも鉄石英で、剥離された剥片は長幅指数100程度の2～3cmの小型である。こうした石核は西原C遺跡出土の石核の中に何点も認められる。

西原C遺跡から出土した石器は端部整形石器を主体にペン先形石器、縦長剥片の基部側に整形加工を施したナイフ形石器で、少量の彫器や刃部磨製斧形石器が含まれる。端部整形石器は2～3cm程度の小型矩形のものが多く、大半が鉄石英製でこうした1～3の石核にも対応する。また端部整形石器や小型の台形剥片の背面に石核の腹面（ポジティブ面）の一部が付いているものも

あり、Ⅰ類の剥離技術の所産であることがわかる。西原C遺跡の石核の多くは白岩藪ノ上遺跡の技術基盤でⅡ類とされた打面転位を頻繁におこなう石核である。打面転位をおこなう石核もある程度一つの打面で連続的に剥片を剥離し、次に作業面を打面として剥離作業をおこなっている。その過程で作業面が大きく充分な長さが確保できる初期段階で縦長剥片も剥離され、剥離が進み石核の作業面が小さくなると小型台形剥片のみが生産される。また打面と作業面を交互に入れ替え、チョッピング・トゥール状に剥離する石核や規格的でなく類型化不能な石核も存在する。

　端部整形石器を多数出土しているウワダイラⅠ遺跡やウワダイラL遺跡でも未公表の石核は西原C遺跡と同様である。剥片素材のⅠ類が含まれているが、量的には打面転位のⅡ類の石核などが主体である。このように、立野ヶ原遺跡群の後期初頭の石器群をはじめ、富山平野の端部整形石器を主体とする石器群の剥離技術には打面転位を頻繁におこなうⅡ類を主体とし、大型剥片を石核素材とするⅠ類の剥離技術、つまり「類米ヶ森技法」が一定量含まれている。

3　各地の端部整形石器と米ヶ森技法・類米ヶ森技法

(1) 東北地方

　米ヶ森遺跡の他、秋田県に米ヶ森技法・類米ヶ森技法による小型石器の出土が集中する。

① 秋田県大仙市（旧協和町）米ヶ森遺跡（協和町教育委員会 1977）

　米ヶ森遺跡では、石刃製のナイフ形石器とともに米ヶ森型台形石器が出土している。当初、米ヶ森技法で得られた剥片は末端に二次加工が施されていなくても米ヶ森型台形石器と呼ばれたことがあったが、未加工の剥片は除外する。米ヶ森遺跡の米ヶ森型台形石器や米ヶ森技法で得られた目的剥片は幅、長さともに2.5㎝前後に集中しており、4㎝を超えることはないという。米ヶ森技法による石核は一方向に目的剥片が連続して剥離されており、1石核につき、10枚～35枚程度が剥離されているという（第35図1・2）。しかし、残核の観察からは、10枚以上の剥離は模式図に示される典型例で、多くは5枚～10枚程度の台形剥片を連続的に剥離している。

② 秋田県能代市此掛沢Ⅱ遺跡（秋田県教育委員会 1984）

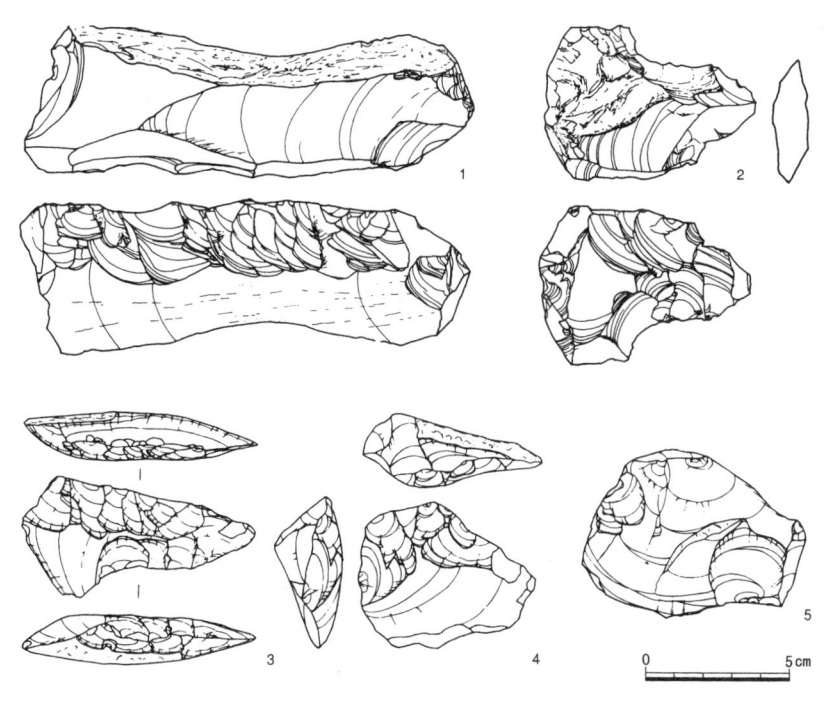

第35図　1、2：秋田・米ヶ森　3〜5：山形・懐ノ内F

　此掛沢Ⅱ遺跡では端部整形石器を主体に石刃素材の基部調整のナイフ形石器、刃部磨製斧形石器を組成する石器群が検出されている。端部整形石器は多量に出土し、多くは一側辺に石核腹面のポジティブ面が付いており、米ヶ森型台形石器に含めることができる。米ヶ森型台形石器の分析をおこなった梅川知江によれば、その属性は米ヶ森遺跡の米ヶ森型台形石器に近似しているという（梅川 1998）。端部整形石器の素材となる台形剥片は、大型剥片の腹面側に打点を一方向に移動させながら剥離されており（第36図9・10）、米ヶ森技法に近い。しかし、1石核から得られている台形剥片は数枚程度と効率があまりよくなく、米ヶ森遺跡で認められる10数枚を連続して剥離する米ヶ森技法のような生産性は見られない。また分割礫を用いて打面転位を頻繁に繰り返し、小型剥片を剥離している石核も存在する。こうした石核から得られた小型台形剥片も端部整形石器の素材に提供されている。

③ 秋田県川辺町風無台Ⅱ遺跡（秋田県埋蔵文化財センター 1985）

台形石器とペン先形石器、端部整形石器が出土しており、剥離技術は打面を頻繁に転位しながら小型の剥片を剥離する場合と類米ヶ森技法の2者が存在する。しかし後者の場合も米ヶ森技法のように一方向に規則正しく連続して打面を移動させているわけではなく、剥離される小型剥片も数枚程度である（第36図12）。松木台Ⅱ遺跡（秋田県埋文センター 1985）も同様の石器群であるが、風無台Ⅱ遺跡に比べ端部整形石器の割合が高い。

④ 秋田県大仙市（旧南外村）小出Ⅰ遺跡（秋田県埋蔵文化財センター 1991）

63点の端部整形石器と6点のナイフ形石器が出土している。刃部磨製斧形石器も1点含まれる。端部整形石器は、ある程度打面を固定して連続的にやや縦長の剥片を剥離する技術で得られている。また、類米ヶ森技法の石核は数量的には少ないが存在する（第36図8）。この遺跡の剥片剥離技術は多様で類型化しにくいが、端部整形石器とナイフ形石器はそれぞれの素材の台形剥片と石刃が、同一個体の一連の工程で生産されている場合もあり、得られた剥片の形状に応じて端部整形石器とナイフ形石器の素材として選択されている可能性がある。そのため端部整形石器においては米ヶ森遺跡に見られるような台形剥片の末端に申し訳程度に調整を施すのではなく、縦長剥片の末端を断ち切るように整形加工を施したものが目立つ。

⑤ 秋田県琴丘町家の下遺跡（秋田県埋蔵文化財センター 1998）

2000点近い石器が出土している割には、石刃製のナイフ形石器と端部整形石器が大半を占める単純な石器組成を示す。刃部磨製斧形石器が存在しないことを除けば、此掛沢Ⅱ遺跡出土の石器群の様相に似る。端部整形石器は剥片背面の1側縁に石核のポジティブ面が付く米ヶ森型台形石器も含まれる。端部整形石器は「寸づまり縦長剥片」と「小形貝殻状剥片」の末端に整形加工を施したもので、「小形貝殻状剥片」の一部は大型剥片を素材とする石核から剥離されている（第36図7）。ナイフ形石器と端部整形石器は同じ原石からの一連の作業で製作されている場合もある。

⑥ 秋田県能代市縄手下遺跡（吉川 2003a）

ナイフ形石器と台形石器、端部整形石器がまとまって出土している。この遺跡の剥離技術は報告者によって、礫素材の頻繁な打面転位による剥離、剥片素材の石核からの剥離によって寸づまりの縦長剥片〜横長幅広剥片〜貝殻状剥片が生産され、遺跡外で生産されたナイフ形石器の素材となっている石刃の剥離

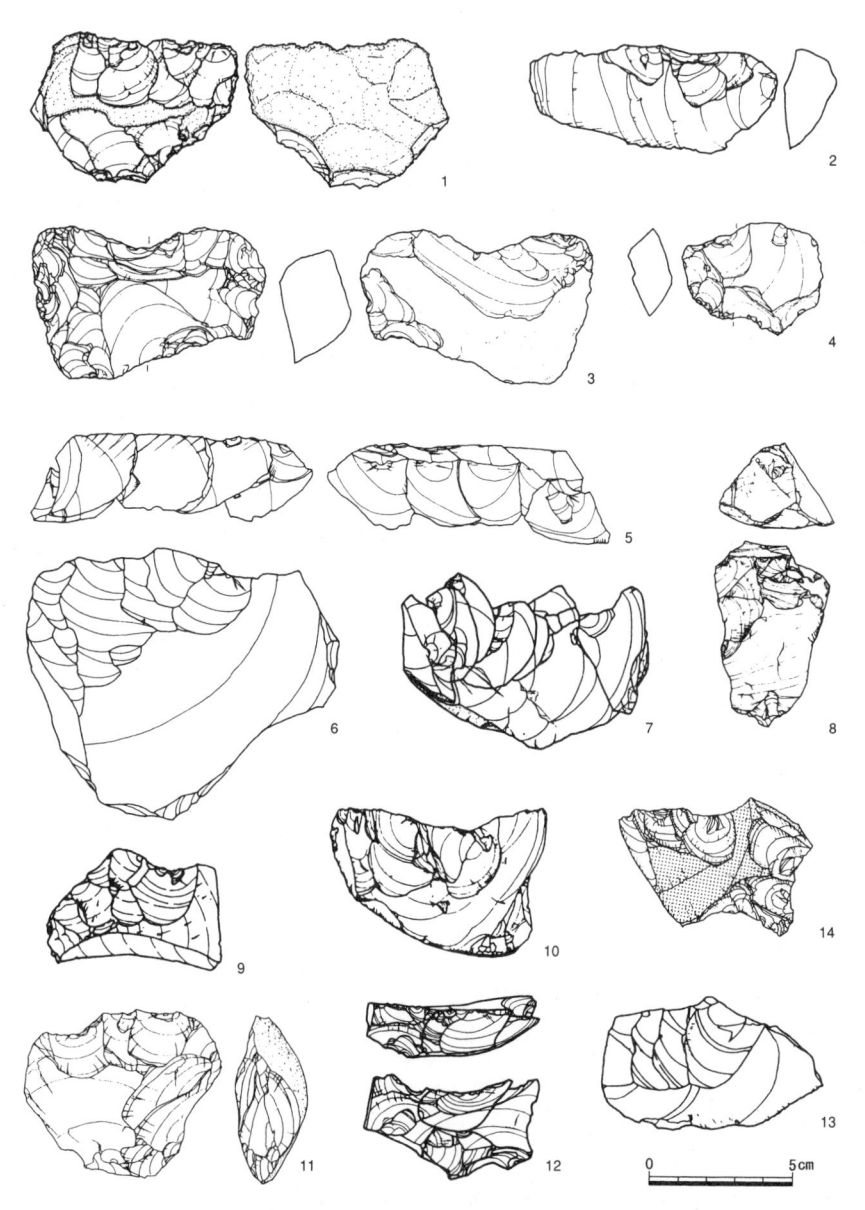

134 第Ⅲ章 後期旧石器時代前葉の石器群

第36図　1、2：北海道・桔梗2　3、4：北海道・奥白滝1　5：岩手・愛宕山　6：岩手・上萩森　7：秋田・家の下　8：秋田・小出Ⅰ　9、10：秋田・此掛沢Ⅱ　11：秋田・縄手下　12：秋田・風無台Ⅱ　13：秋田・下堤G　14：福島・笹山原No.8

技術の3者があるとされている。端部整形石器は貝殻状剥片を整形したものと寸づまりの、縦長剥片の端部を整形したものの2種が認められ、遺跡内での二つの剥離技術に対応する。端部整形石器の素材となる台形剥片の生産に一定の割合で剥片素材の石核（類米ヶ森技法）が使用されていることがわかる（第36図11）。

⑦ 秋田県秋田市下堤G遺跡（秋田市教育委員会1983）

石刃製のナイフ形石器と端部整形石器の単純な組成を示す。端部整形石器は報告書によれば106点出土しており（端部に二次加工が施されていないものも含まれている）、素材の台形剥片の特徴は打面が比較的大きな平坦打面で、末端が蝶番剥離となっているものが多く、剥片背面の1側縁に石核のポジティブ面が付く米ヶ森型台形石器の典型例である。台形剥片の石核は大型の剥片を素材としており、素材剥片の側辺から腹両側に打点を少しずつ横に移動させながら連続的に台形剥片を剥離している（第36図13）。1個の石核から3、4枚の台形剥片を剥離する例が多く、多数台形剥片を剥離している石核でも6、7枚である。また、量は少ないが、打面を転位しながら台形剥片を剥離し、残核がサイコロ状を呈する剥離技術も認められる。

秋田市地蔵田B遺跡（秋田市教委1986）は概報のみで報告書が刊行されていないが、ペン先形石器のまとまった出土で知られている。台形石器と端部整形石器、刃部磨製斧形石器も出土しているが、石刃とそれを素材とした石器は出土していない。剥離技術は打面を頻繁に転位し残核がサイコロ状になる技術と類米ヶ森技法の剥離技術が認められる。

⑧ 山形県遊佐町 懐ノ内F遺跡（大川2001）

端部整形石器と石刃の基部周辺を整形したナイフ形石器だけの単純な組成を示す石器群である。端部整形石器は背面の片側に石核の素材になった大型剥片の腹面（ポジティブ面）が付着しており、米ヶ森型台形石器と呼んでよい。台形剥片を剥離した石核は、10数枚の小型台形剥片を連続的に剥離した痕跡が認められるものが1点あり、米ヶ森技法の模式図的なものに近い発達した剥離技術が看取される（第35図3）。しかし、他の剥片素材の石核からは数枚の小型台形剥片を剥離しているに止まっている（同4、5）。この遺跡では、打面を頻繁に転位し、残核がサイコロ状の石核は出土しておらず、台形剥片はすべて米ヶ森技法または類米ヶ森技法によると考えられる。ただし、発掘調査が遺

跡の一部に対する確認調査的なものであるため、出土している資料が石器群の全体像を表現しているか否かの問題がある。

⑨ 岩手県奥州市（旧胆沢町）上萩森遺跡（胆沢町教育委員会 1988）

2枚の旧石器時代の遺物包含層が検出され、下層の石器群はペン先形石器を主体とし端部整形石器と斧形石器を組成する。石器組成は秋田市地蔵田B遺跡に類似する。剥離技術は剥片素材の石核から打点を横に移動させながら台形剥片を連続して剥離する技術（第36図6）が主体を占める。北上市愛宕山遺跡（岩手県立博物館 1993）では石刃製のナイフ形石器と端部整形石器、刃部磨製斧形石器を組成している。豊富な接合資料によって遺跡内での剥片剥離が復元されているが、多くが大型剥片を石核素材に用い、台形剥片や寸づまりの縦長剥片を剥離している。米ヶ森技法類似のものも認められるが、石核自体が少なく詳細は不明である。剥片の接合状態からは米ヶ森技法そのものと見なせる例もあるが（第36図5）、これも石核が存在していない。

⑩ 福島県会津若松市笹山原No.8遺跡（柳田 1995）

42点のナイフ形石器と端部整形石器、刃部磨製斧形石器が出土している。端部整形石器はわずか2点と少ないが、いずれも片側に石核の腹面のポジティブ面が認められ、米ヶ森型の特徴を備えている。同様の特徴を持つ小型台形剥片と剥片素材の石核（第36図14）が出土しており、量的には少ないが各工程が揃っている。また、打面を転位し、サイコロ状となった石核も存在する。隣接する笹山原No.7遺跡（藤原 1992）でも石刃素材のナイフ形石器と端部整形石器、部分加工の小型石器などが出土している。石核は剥片を素材とするもの、礫塊をチョッピング・トゥール状剥離するもの、打面を転位させるものの3種が認められ、そのうち剥片を素材とするものが多数を占める。剥片素材の石核のうち、複数の剥片を剥離している石核からは台形剥片が剥離されているが、米ヶ森技法のような強い規則性は認められない。

以上東北地方の端部整形石器を組成しその技術基盤に米ヶ森技法や類米ヶ森技法を持つ石器群を概観したが、共伴する石器（石刃製ナイフ形石器、台形石器、ペン先形石器、刃部磨製斧形石器など）にかなりのバラエティが認められる。端部整形石器を組成する石器群の中で、風無台I遺跡（秋田県埋文センター 1985）では端部整形石器自体が少ないためか、その剥離技術が出土した石器群からは復元できないが、多くの遺跡で端部整形石器の技術基盤として米ヶ森技法や類

米ヶ森技法といった剥離技術が打面を頻繁に転位する剥離技術とともに認められ、端部整形石器群の基本的な技術基盤の一つとして米ヶ森技法や類米ヶ森技法が存在していることがわかる。

東北地方における後期旧石器時代前葉の石器群の変遷については、これまでにさまざまな編年案が示されている。最近では田村隆が、小出Ⅰ→風無台Ⅱ、松木台Ⅱ、風無台Ⅰ、(上萩森)→松木台Ⅲ、此掛沢Ⅱ、家の下の順での推移を示し、小出Ⅰを南関東Ⅹ層上部を下限に、風無台Ⅱ、松木台Ⅱ等を同Ⅸ層に対比している(田村 2001)。また吉川耕太郎は〈秋田Ⅰ期〉松木台Ⅲ、地蔵田Ｂ、風無台Ⅱ、松木台Ⅱ、〈秋田Ⅱ期〉小出Ⅰ、縄手下、此掛沢Ⅱ、〈秋田Ⅲ期〉家の下、風無台Ⅰ、下堤Ｇの変遷を考えている(吉川 2003b)。

この両者においても個々の遺跡の位置づけはかなり異なっているが、端部整形石器が後期旧石器時代前葉の時間幅の中でかなりの時間幅をもって変遷していることがうかがわれる。つまりこれらの遺跡の多くで共通する「類米ヶ森技法」と仮称した端部整形石器の素材となる台形剥片の剥離技術もかなりの時間幅が考えられる。

端部整形石器が主体的に出土する遺跡の中で米ヶ森技法が顕著に認められる遺跡は米ヶ森遺跡のほか、此掛沢Ⅱ遺跡と下堤Ｇ遺跡、懐ノ内Ｆ遺跡があるにすぎない。この中で米ヶ森技法の模式図のように10枚以上の台形剥片を一連の工程で剥離している例は米ヶ森遺跡と懐ノ内Ｆ遺跡で数例が存在しているのみで、大半は1個の石核から3〜8枚程度の台形剥片が剥離されている。ある意味では米ヶ森遺跡と懐ノ内Ｆ遺跡の数例の剥離技術が特殊例といえるかもしれない。米ヶ森遺跡については出土した石器群すべてが同一時期の所産であるかは議論が分かれるところであるが、台形石器やペン先形石器、刃部磨製斧形石器を組成に含まない一群として、米ヶ森遺跡を含めて下堤Ｇ遺跡、懐ノ内Ｆ遺跡などがある。此掛沢Ⅱ遺跡も刃部磨製斧形石器を有する点を除けば類似も認められる。

東北地方では、端部整形石器の技術基盤に米ヶ森技法や類米ヶ森技法を有する石器群の分布が秋田県、山形県、岩手県、福島県で確認されているが、岩手県の上萩森遺跡や愛宕山遺跡、福島県の笹山原遺跡群はいずれも奥羽山脈上に位置し、太平洋側とはいえない。こうした石器群は脊梁山脈から日本海側に偏っているといえる。

(2) 中部地方

① 新潟県朝日村樽口遺跡 （朝日村教育委員会 1996）

AT層下位から玉髄を素材とする端部整形石器などが出土している。剥離技術は礫または分割礫を素材に頻繁な打面転位を繰り返し残核がサイコロ状のものと、石核の素材が大型剥片で素材の剥片の腹面側を作業面とし、小型台形剥片を剥離する2種類認められる。前者のサイコロ状石核が1点に剥片素材の石核（第37図6）が5点と剥片素材の石核が多いが、米ヶ森技法のような規格化された剥離技術ではなく、得られた剥片も不揃いである。小型剥片の中には背面にポジティブ面が認められるものがあり、剥片素材の石核に対応している。石刃素材の基部が尖るナイフ形石器も2点出土しているが、端部整形石器とは異なったブロックからの出土である。

② 新潟県新発田市坂ノ沢C遺跡 （鈴木 1999b）

発掘で検出された5ブロックの石器群のうち4ブロックがAT下位の石器群と考えられている。台形石器、端部整形石器、ペン先形石器の他、刃部磨製斧形石器（側面を除く表裏の大半が研磨されている）が2点出土している。また石刃も1点であるが出土している。剥離技術は①打面転位を繰り返すもの、②ある程度打面を固定して、連続的に剥離をおこなった後打面と作業面を入れ替えるもの、③剥片素材の石核の周りから剥離するもの、④打面と作業面を入れ替え両面で剥離するもの、の4種類が報告されている。①がサイコロ状石核、③が類米ヶ森技法の石核（第37図7）に相当しよう。また、剥片の接合例（第37図8）からは、大型剥片の腹面を作業面とし、打点を横に規則的に移動させながら台形剥片を剥離する技術がうかがわれる。

③ 新潟県阿賀野市（旧安田町）上野林J遺跡 （安田町教育委員会 2004）

台形石器、ペン先形石器などに伴い、端部整形石器が出土している。報告書では剥離技術が4類に分類され、平坦な作業面に対し打点を左右に移動させながら剥離をおこなう1類と打面転位を頻繁におこないサイコロ状や角錐状を呈する4類が主体を占め、これらの石核が台形石器等に対応するという。1類の多くは剥片素材の石核（第37図9、10）で米ヶ森技法との類似が指摘されている。

④ 新潟県新発田市上車野A遺跡 （阿部 1993）

表面採集資料であるが、「二次加工ある剥片」や「微細剥離ある剥片」とさ

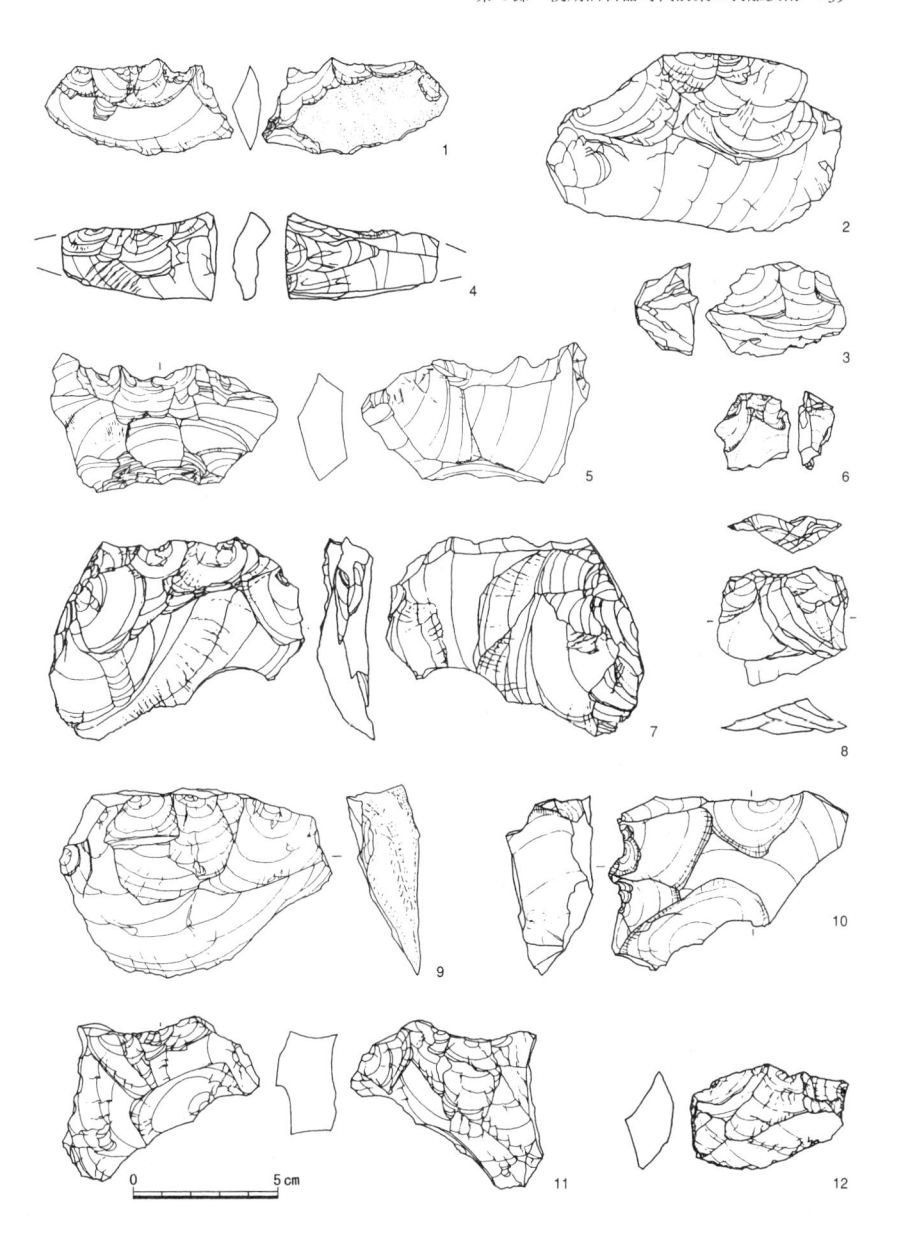

第4節　後期旧石器時代前葉の剥離技術　139

第37図　1：富山・白岩藪ノ上　2、3：富山・長山　4：石川・竹生野　5：石川・宿東山　6：新潟・樽口　7、8：新潟・坂ノ沢C　9、10：新潟・上野林J　11：新潟・上車野A　12：新潟・田家池ノ平

れる端部整形石器多数に、斧形石器1点が出土している。石核は10点採集されているが、その内8点が剥片を素材としている。大型剥片の腹面側に作業面を設定し、打点を横に移動させている石核（第37図11）が多い。剥片は長幅指数100前後の3～4cm程度のものが多く、石核や端部整形石器に対応する。

⑤ **新潟県新発田市田家池ノ平遺跡**（小林 1999、2000）

この遺跡の資料も表面採集品であるが、端部整形石器と台形石器が30数点、石刃を素材としたナイフ形石器が10点あまり、石刃を素材とした彫器と掻器が報告されている。採集資料なので共伴関係は不明である。石核は剥片を素材にするもの（第37図12）と打面を頻繁に転位し、サイコロ状の残核となるものの2者が認められる。このほかに端部整形石器や基部加工の石器、斧形石器を組成する前山遺跡が知られているが報告書が未刊行のため詳細は不明である。

⑥ **石川県宝達志水町（旧押水町）宿東山遺跡**（石川県立埋蔵文化財センター 1987a）

石器の出土総数はわずかに34点にすぎないが、端部整形石器3点と類米ヶ森技法の石核（第37図5）1点が出土している。このほかに石刃の基部を整形したナイフ形石器が伴出している。いずれも頁岩を用いている。石核は大型の横長剥片を素材としており、腹面側に打面と末端の両側から台形剥片を剥離している。小型の台形剥片が7点出土しているが、背面の一部に石核素材のポジティブ面（腹面）が残されているものが認められる。なお、隣接する宿向山遺跡（石川県立埋文センター 1987b）からは単独出土に近い状態であったが、剥片素材の石核とペン先形石器が出土していた。その後再整理の結果、端部整形石器と刃部磨製斧形石器も出土していたことが判明している（石川県立埋文センター 1988）。

また同じく隣接する竹生野遺跡（石川県立埋文センター 1988）においても弥生時代の住居跡からの出土ではあるが、類米ヶ森技法の石核（第37図4）とサイコロ状石核が出土しており、同時に出土している台形剥片には末端部に微細な二次加工を持つものが認められ、端部整形石器に含めることができるかもしれない。

⑦ **長野県信濃町野尻湖遺跡群**（㈶長野県埋蔵文化財センター 2000）

野尻湖遺跡群のうち、日向林B遺跡、東裏遺跡第1地点、大久保南遺跡、貫ノ木遺跡第3地点の下層出土の石器群は台形石器、ナイフ形石器、端部整

形石器、刃部磨製斧形石器などを組成し、剥片素材の米ヶ森技法に近い石核が含まれている。特に日向林B遺跡の日向林I石器文化には多量の端部整形石器が出土しており、背面にポジティブ面が認められるものがかなり含まれ、類米ヶ森技法の石核も多数存在する。野尻湖遺跡群ではこのほかに刃部磨製斧形石器を組成する遺跡は多いが、端部整形石器は必ずしも組成されるわけではなく、近い時期の遺跡でも石器組成の違いが認められる。端部整形石器と米ヶ森技法的な剥離技術のセットは刃部磨製斧形石器を組成する石器群の中でもVb層に主な出土層位を有する谷・大竹編年（谷・大竹 2003）の野尻湖遺跡群第I期に限られ、Va層に出土層位が想定されている第II期の石器群にはほとんど見られない。つまり刃部磨製斧形石器を組成する石器群の中でもより古い一群に端部整形石器と米ヶ森技法的な剥離技術のセットが含まれているといえよう。

長野県でも南部の佐久地方にも後期旧石器時代初頭の遺跡が多く分布し、立科F遺跡や香坂山遺跡などで端部整形石器がまとまって出土しているが、これらの石器群の技術基盤は打面を頻繁に転位しながら台形剥片を剥離する技術と大型剥片を石核の素材とする剥離技術も認められるが、剥片素材の石核も打点を横に少しずつ規則正しく移動させながらの剥離ではなく、チョッピング・トゥール状の剥離などである。後期旧石器時代初頭において長野県内でも北部と南部で技術基盤の差が認められる。

新潟県のこの種の石器群については、南関東の石器群の変遷に照らして坂ノ沢C遺跡・上野林J遺跡（IX層段階）→前山遺跡・中束A遺跡・上車野A遺跡（VII層段階）との編年案が提出されている（鈴木 1999a）が、前者の対比は問題ないにしても後者については対比できる南関東の石器群が思い浮かばない。未発表資料や表面採集資料のため全容を把握していないこともあるが、断片的な資料からは前山遺跡などは必ずしも後出的でなく、年代的にさかのぼる可能性も検討しなければならないであろう。

北陸地方（中部地方日本海側）の端部整形石器はかつて奥村が白岩藪ノ上遺跡の剥片剥離技術の分析で明らかにしたように、打面を頻繁に転位し、残核がサイコロ状を呈する剥離技術と、大型剥片の腹面側に主として作業面を設定し打点を横に移動させながら連続して数枚の台形剥片を剥離する剥離技術の2者が目立つ。このほかにも打面と作業面を入れ替えながら剥離する「交互剥離」と呼ばれるようなものも存在するが、普遍的ではない。これらのうち、類米ヶ

森技法と呼べるような剥片素材の石核の割合は必ずしも高いわけではないが、まとまって端部整形石器を出土する遺跡においては決まって一定量は認められ、技術基盤の柱の一つとなっている。

中部地方の日本海側以外では山梨県長坂町横針前久保遺跡(山梨県教委 2000)で台形石器、ナイフ形石器、刃部磨製斧形石器とともに端部整形石器が出土しており、技術基盤に剥片素材の石核が多用され、1点ではあるが米ヶ森技法に類似した石核が出土している。

また、太平洋側では静岡県本川根町ぬたぶら遺跡下層石器群(高尾 2000)に剥片素材の石核が存在している。端部に明瞭な整形は施されていない使用痕の認められる小型台形剥片が存在している。側辺を刃部として使用しており、端部整形石器と機能は同じと考えられる。

以上のように中部地方でも端部整形石器とその技術基盤の一つである類米ヶ森技法の分布は日本海側に集中しており、地域性が認められる。

(3) 関東地方

かつて千葉県権現後遺跡と御山遺跡、東京都中山谷遺跡出土の石器群に「立野ヶ原型ナイフ形石器」の存在を指摘し、「立野ヶ原型ナイフ形石器」の編年的位置づけにそれらの出土層位を根拠とした(麻柄 1985、奥村・麻柄 1991)が、その後田村隆が東日本後期旧石器時代初頭の石器群の再検討で各地の石器群の中に端部整形石器が含まれることを指摘している。特に関東地方の該期の石器群から「端部整形刃器」と「端部整形尖頭器」を抽出し、関東地方での台形石器群成立以前の様相を明らかにしている(田村 2001)。ここで示された資料の中に、端部整形石器の素材となる台形剥片の剥離技術に類米ヶ森技法に含めることができる剥片素材の石核を認めることができる。

① 千葉県四街道市御山遺跡 (㈶千葉県文化財センター 1994)

第Ⅱ文化層の石器群はX層上部からの出土で、端部整形石器がまとまって出土している。刃部磨製斧形石器と石刃等を組成するが明確なナイフ形石器は存在しない。端部整形石器の素材の台形剥片はサイコロ状の石核から多くが剥離されているが、剥片素材の石核も存在しており、数例ではあるが、類米ヶ森技法の石核も存在する。同じように端部整形石器が出土している八千代市権現後遺跡第6文化層第11ブロックでは、石核は剥片素材で素材剥片の腹面側に作

業面を設けているが、規則的に剥離されているわけではない（(財)千葉県文化財センター 1984）。

② 群馬県伊勢崎市三和工業団地Ⅰ遺跡（(財)群馬県埋蔵文化財調査事業団 1999）

三和工業団地Ⅰ遺跡では最下層の第4文化層から台形石器、石刃素材のナイフ形石器、端部整形石器が出土しており、刃部磨製斧形石器が組成される。またペン先形石器に類似のものや類型化できない小型部分加工石器も多数存在する。ナイフ形石器を除く小型石器の素材となる剥片剥離技術は多様であるが、大型剥片を石核の素材とする石核が主体を占め、石核素材の腹面側に打点を横に移動させながら剥離を連続させる例がある。しかし、米ヶ森技法や類米ヶ森技法のように規格性のある目的剥片を剥離しているわけではなく、得られる剥片の形状や大きさにバラツキがある。

関東地方にはこの他に、端部整形石器との結びつきは認められないが、台形石器群などの技術基盤として剥片素材の石核から幅広横長剥片を剥離する技術が普遍的に見られる。かつて砂田佳弘が南関東の剥片素材石核の分析をおこない、Ⅸ層段階にこうした石核が急増し、その後またⅤ層・Ⅳ下層に増加することを指摘している（砂田 1986）。こうした剥離技術は瀬戸内技法との関係で注目されていたが、後期旧石器時代初頭の石器群においては小型の幅広剥片や矩形剥片の剥離に多用され、打面転位のサイコロ状石核とともに台形石器群との結びつきも目立つ。一例をあげれば、千葉県成田市天神峰奥之台遺跡（(財)千葉県文化センター 1997）では、Ⅸ層下部に相当する第1文化層で多数の台形石器にナイフ形石器、刃部磨製斧形石器を組成するが、石核は剥片を素材とするものが多く、打面転位をおこなうサイコロ状の石核とともに小型剥片を剥離している。また、東京都府中市武蔵台遺跡Ⅹa層、Ⅹb層出土の石器群にも剥片素材の石核から小型横長剥片・矩形剥片を剥離する剥離技術が認められる（都立府中病院内遺跡調査会 1984）。しかし、剥片を素材とはしているが、打点を規則的に一定方向に移動させ規格的な剥片を剥離することはなく、米ヶ森技法や類米ヶ森技法とは一線を画す。南関東地方では後期旧石器時代の最下部から大型剥片を石核素材とする剥離技術が認められるが、これが御山遺跡など一部の遺跡を除き、端部整形石器と結びついて規格的な小型剥片を量産する技術には結びついていない。

(4) 北海道

① 函館市桔梗2遺跡（㈶北海道埋蔵文化財センター 1987）

桔梗2遺跡からは、形態と加工部位にかなりの幅があるが、まとまった端部整形石器が出土している。接合資料や石核から明らかなように剥離技術は打面転位をおこないながら不定形や台形の剥片を剥離するもの、礫面や分割礫の分割面を打面とし、比較的打面を固定し連続的に不定形剥片を剥離するものと剥片素材の石核の腹面側に作業面を設け、打点を横に移動しながら連続的に台形剥片を剥離するもの（第36図1、2）が認められる。後者の中には第36図1のように一つの打面から打点を移動させながら6～7枚の台形剥片を剥離している石核（母岩資料6）[60]も存在し、米ヶ森技法と技術的には同じで、得られた台形剥片には片側辺に規則的にポジティブ面が認められる。端部整形石器やその他の石器にも背面側にポジティブ面が観察されるものが見られる。

石器は端部整形石器のほか部分加工石器としか分類できないものが多いが、貝殻状の小型剥片の打面部周辺に調整剥離を施した形態のものが存在する。白滝遺跡群のⅠ群の石器群とされるものに顕著な石器である。石器群に石刃は含まれておらず、比較的単純な組成を示す。

② 遠軽町（旧白滝村）奥白滝1遺跡（㈶北海道埋蔵文化財センター 2002）

石器ブロック1～3と同4～6から端部整形石器が出土している。前者には端部整形石器と石刃状の剥片を用いた粗雑な掻器が、後者では台形剥片の打面部（特にバルブ）に調整加工を施した石器と錐形石器が目立つが、剥離技術は類似しており、いずれも厚手の剥片を石核とするもの（第36図3、4）、打面を頻繁に転位するもの、打面を固定し石刃状の縦長剥片を剥離するものなどが認められ、剥片素材の石核は米ヶ森技法に類似し一定量含まれている。

奥白滝1遺跡のⅠ群と類似する石器群は上白滝8遺跡においても出土しており（㈶北海道埋蔵文化財センター 2003）、端部整形石器、台形剥片の打面部に調整加工を施した石器などが含まれ、これらの石器の剥離技術は奥白滝1遺跡と同様である。台形剥片の打面部に調整加工を施した石器はこの段階の定型的なものとして評価されており（寺崎 2003）、北海道の後期旧石器時代初頭の特徴的なあり方かもしれない。

③ 清水町共栄3遺跡（㈶北海道埋蔵文化財センター 1992）

共栄3遺跡でも端部整形石器がまとまって出土している。この石器群にもまた、端部整形石器に台形剥片の打面部に調整加工を施した石器が伴っている。剥離技術は米ヶ森技法のように規則的な剥離ではないが、大型の剥片を石核の素材に用い長幅指数100程度の小型台形剥片を量産しているものが顕著であり、得られた剥片も背面にポジティブ面を有するものが認められる。同様の石器は千歳市祝梅三角山（千歳市教委 1974）からも出土しているが、石核がわずか3点しか含まれておらず、剥離技術は不明な点が多い。このほかに上似平遺跡下層や勢雄遺跡などからも端部整形石器が出土しているが、類米ヶ森技法のような剥離技術は認められない。

　これらの石器群はいずれも石器組成が単純で、端部整形石器の調整は微細で使用痕との区別がつきにくいものがある。寺崎康史編年ではこれらの石器群はいずれも北海道最古の後期旧石器時代前半期1群に置かれ（寺崎 2003）、佐藤宏之編年では後期旧石器時代最古の「後期旧石器時代成立期」（南関東のX層段階相当）に奥白滝1遺跡、次の段階に位置づけられている「後期旧石器時代前半期前葉」（南関東のIX層段階相当）に桔梗2、共栄3、祝梅三角山遺跡の石器群が当てられている（佐藤 2003）。いずれにせよ北海道における類米ヶ森技法を技術基盤に含み、端部整形石器を組成する石器群は北海道の後期旧石器時代の初頭段階に位置づけが可能と思われる。

(5) 西日本

　西日本一帯にも端部整形石器は広く分布している。かつて立野ヶ原石器群との関連を指摘（麻柄 1982）した岡山県野原遺跡群早風A地点（岡山県教委 1979）など中国山地に特に集中している。この中で、島根県松江市古曽志清水遺跡III区出土の石器群は、点数は少ないがメノウ製の端部整形石器と類米ヶ森技法の石核（第38図2）が出している（島根県教委 1989）。端部整形石器は背面もポジティブ面の剥片の末端に部分的な加工を施したもので、石核は素材剥片の腹面側に打点を横に移動させながら小型台形剥片を連続的に4枚以上剥離しており、東北地方日本海側の典型例に近い。

　野原遺跡群早風A地点からは多数の端部整形石器、台形石器、ナイフ形石器、刃部磨製斧形石器が出土しているが、報告者は出土層位などから細石刃核を除き2期細分しており、広く受け入れられている。しかしこれらの石器群は

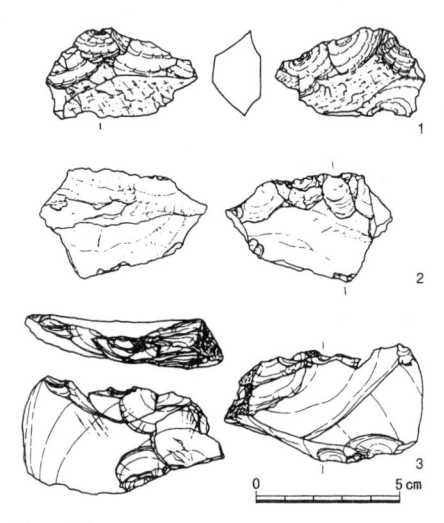

第38図　1：岡山・早風A　2：島根・古曽志清水
3：大阪・長原

もし2期に細分されるにしても後期旧石器時代初頭の比較的短い時間幅に限定できそうである。II期とされているユニットAには黒曜石、水晶製の端部整形石器とともに水晶製の剥片素材の石核（第38図1）が出土している。素材剥片の打面側に腹面・背面両面に剥離がおこなわれているが、最終的な剥離は石核素材の腹面側である。得られる剥片は長幅指数100程度の台形剥片である。

岡山県の蒜山高原の中山西遺跡、城山東遺跡、下郷原田代遺跡からも端部整形石器が出土しており（岡山県教委 1995）、剥片を素材とする石核も存在するが、打点を横に移動させながら台形剥片を連続的に剥離するようなものは認められない。

中国山地の後期旧石器時代前葉の石器群は水晶や黒曜石などさまざまな石材が使用されているが、これらにサヌカイトが含まれていることは注目される。たとえば下郷原田代遺跡ではAブロックで黒曜石製の台形石器と端部整形石器が出土しているが、Bブロックは斧形石器とサヌカイト製の横長剥片を素材とした石器群であり、剥片の多くは底面を有し、剥片素材の石核から剥離されている。剥片素材の石核といっても、類米ヶ森技法のように小型台形剥片を剥離するのではなく、石核素材剥片の打面部側から横長剥片を剥いでおり、瀬戸内技法の祖型的なあり方を示している。

ここでのあり方から、中国山地では後期旧石器時代前葉において、剥離技術の基本として、剥片素材石核の腹面側に作業面を設け、打点を横に移動させる技術が確立していたが、黒曜石等では小型台形剥片を剥離し、類米ヶ森技法として東北日本海側と共通する剥離技術が多用され、サヌカイトにおいては瀬戸内技法の祖型的な剥離技術に使い分けられていると見なすことができる。共通の技術基盤から石材によって剥離技術が分離していった可能性を検討する必要

がある。つまり瀬戸内技法をはじめとする底面を目的剥片に残す剥離技術は、類米ヶ森技法かこれと共通する初期の剥片素材石核から剥片を連続的に剥離する技術の中から出現したことも考えてよいと思われる。その点では大阪市長原14層出土の石器群（第38図3）が初期のサヌカイトを用いた剥離技術を端的に示している（絹川1999）。

島根県古曽志清水遺跡、また岡山県野原遺跡群早風A遺跡、同中山西遺跡、同城山東遺跡、同下郷原田代遺跡などの遺跡の分布は、岡山県内の遺跡といえども大まかには日本海側といってよく、瀬戸内海側には現時点では類米ヶ森技法を技術基盤に含む端部整形石器群は知られていない。

九州における後期初頭旧石器時代石器群の剥離技術を分析した村崎孝宏によれば、AT火山灰降灰以前の石器群の剥離技術は、打面を1面あるいは上下両端に設定するもの（I類）、剥離面を打面とし頻繁に打面を転位するもの（II類）、厚手の剥片を素材とし周縁をめぐるように剥離がおこなわれるもの（III類）に分類することができ、このうち、石の本8、曲野IV、耳切遺跡などのI期の石器群では剥離技術はII類、III類が主体を占めるという（村崎2002）。こうした状況は中国地方の後期初頭にも認められるようで（藤野2003）、サヌカイト地帯を除く西日本一帯の様相として理解できそうである。

4 まとめ

ここまでやや冗長に各地の端部整形石器を有する石器群の剥離技術を見てきたが、東北地方日本海側を中心に本州島では山陰地方の日本海側まで端部整形石器の技術基盤の一つとして米ヶ森技法や米ヶ森技法というまでは規格性と量産性を持たないが石核素材の剥片の腹面側に打点を横に移動させて台形剥片を連続的に剥離する剥離技術が存在する。また北海道島にもこうした剥離技術は分布しており、台形石器や刃部磨製斧形石器が組成されていないが、端部整形石器の存在とあわせて本州島の後期旧石器時代初頭の石器群と密接な関係を認めることができる。つまり北海道の後期旧石器時代初頭も本州の後期旧石器時代の初頭と年代的に大きな隔たりはないものと考えられよう。

後期旧石器時代初頭の剥離技術は列島各地で分析されており、剥片素材の石核の腹面側に剥離作業面を設定し、長幅指数100程度の小型剥片を剥離する技

術は列島各地に散見する。南関東の石器群の分析から剥片素材の石核がⅨ層前後にピークを持つことが砂田によって指摘されているが、こうした剥離技術が後期旧石器時代の前葉に卓越することは南関東だけでなく列島各地の状況として認められる。また、近年の発掘資料の増加で後期旧石器時代の最古の石器群に剥片を石核として用いる技術が各地で認められ、列島の後期旧石器文化始まりの段階でこうした剥離技術が列島の各地にすでに確立していたことがわかる。

「米ヶ森技法」はその提唱以来、米ヶ森遺跡例があまりにも組織的に大量の台形剥片を剥離する特殊なあり方だったために米ヶ森遺跡以外に類例が見いだせずにいた。近年山形県懐ノ内F遺跡でようやく米ヶ森遺跡例並みの多数の台形剥片を連続的に剥離した石核が出土したが、懐ノ内F遺跡においても米ヶ森遺跡と同様に主体は素材剥片の腹面側に数枚の台形剥片を剥離しただけの石核である。米ヶ森、懐ノ内F遺跡においても出土している石核から見れば模式図的な「米ヶ森技法」は少数派である。「米ヶ森技法」は後期旧石器時代前葉の日本海側に広がる端部整形石器の技術基盤の一つである「類米ヶ森技法」と仮称した剥離技術の特殊化したものと見なせよう。さらに「類米ヶ森技法」とここで呼んだ剥離技術は九州から本州一帯に広がる後期旧石器時代初頭の剥離技術の一つである大型剥片を石核に用い、素材剥片の腹面側に作業面を設けて目的剥片を剥離する技術が、端部整形石器の製作と結びついて本州島日本海側から北海道で多用されたものと理解できる。

「米ヶ森技法」などで得られた台形剥片は背面側辺にポジティブ面を有する。このポジティブ面は瀬戸内技法で得られる翼状剥片の底面と同様に端部整形石器として加工が施された場合、多くの例が使用された痕跡が認められることから石器刃部として用いられている。つまり、「米ヶ森技法」などの剥離技術は平坦な作業面に対し、打点を一定間隔で一方向に移動させることによって剥離される剥片の1側辺に必ず規格的な刃部を得ることが目的といえよう。剥片の腹面と背面の1枚のポジティブ面がなす刃部を規則的に得る剥離技術は近畿・瀬戸内地方の瀬戸内技法などの有底剥片を剥離する技術に通ずるものがある。

中国山地において水晶や黒曜石とサヌカイトでは同じように厚手の剥片を石核に用いながら石材によってその特性を意識してか剥離技術の使い分けが認められることや、列島における後期初頭の技術基盤の一つとして剥片素材の石核の腹面側に剥片を剥離する技術が存在することなどから瀬戸内技法に連なる有

底剥片剥離技術も大阪市長原14層の石核と剥片の接合例などは「類米ヶ森技法」と共通点も認められ、「類米ヶ森技法」の成立と同様に列島に広く分布していた剥片素材の石核の腹面側に剥離作業面を設ける剥離技術がサヌカイトと結びつき有底横長剥片の連続剥離技術に特殊化したことも考えられよう。

　東北地方の端部整形石器と「米ヶ森技法」・「類米ヶ森技法」を持つ石器群は、端部整形石器の形態的特徴や剥離技術の微妙な差、石器組成などさまざまなあり方を示しており、資料数が多いこともあるが、他地域に較べて最も変異幅が大きくある程度の時間幅が考えられる。東北地方の後期旧石器時代前葉石器群の変遷は先にもふれたように研究者間の一致を見ていない。しかし、いずれも米ヶ森型台形石器と呼ばれた「米ヶ森技法」によって量産された規格的な端部整形石器群を後出的に位置づけている。たしかにこれらの一群は刃部磨製斧形石器を伴出しておらず、台形石器やペン先形石器、刃部磨製斧形石器を組成する一群とは一線を画すことができる。中部、関東、山陰等の端部整形石器群については、その組成などを参考にすれば、きわめて類似しており、時期的にも近い位置づけが可能であろう。その場合、千葉県の御山遺跡、権現後遺跡が一つの層位的基準として現段階でも重要である。

　「米ヶ森技法」や「類米ヶ森技法」と呼べるような端部整形石器製作のための剥離技術の分布は列島では日本海側に色濃く現れており、後期旧石器時代の古い段階から大きな区分での地域差としてとらえることが可能かもしれない。その後の石器群の動きをみても珪質頁岩を用いた石刃石器群の分布、安山岩を用いた瀬戸内系石器群の東日本への広がり、削片系細石刃核の西への拡散等いずれも日本海側での動きが顕著に認められる。後期旧石器時代においては、中部地方・東北地方の日本海側、場合によっては山陰地方から東北地方の日本海側に共通の石器群の広がりが確認されており、こうした日本海側特有ともいえる広い範囲での分布圏の形成は後期旧石器時代の初頭の段階にすでに存在していたといえよう。

註

(1) ここではナイフ形石器を広義にとらえているので、台形石器、台形様石器、切出形石器を含めてナイフ形石器と使用する場合がある。

(2) ここでいう頁岩は、正式には濃飛流紋岩、珪化凝灰岩と称すべきかもしれないが、見かけ上は頁岩とかわりなく、旧石器人にとっても頁岩であったと思われ、なによりも考古学の分野の人々には頁岩という名称がこの石材に対して最も正確なイメージを想起させるので頁岩と呼ぶことにする。なお、富山県の石器の中で、頁岩、濃飛流紋岩、珪化凝灰岩と称されているものはすべて同一の石材である。
(3)「立野ヶ原型ナイフ形石器」は石器型式としてはきわめて曖昧なものである。狭義のナイフ形石器の他に台形石器、スクレイパー等に分類されるものも含んでいる。確固とした石器型式として定義づける必要がある。これに関しては別稿で論じる予定であり、ここでは従来どおり「立野ヶ原型ナイフ形石器」の名称を用いる。
(4) 古川知明氏の御教示による。
(5) 報告では1点は打製石斧とされているが、望月静雄氏の御厚意により、観察させていただいたところ片面に磨痕がみられ、局部磨製石斧としてもよいと思われる。
(6) 平井 (1984)、松藤 (1985) によって概要を知ることができたが原典は未見。
(7) ユニットAは「Ⅲ、Ⅳ層を中心にⅤ層まで認められる」(岡山県教委 1979、p.20) とされているが、報告書の第9図に示された層ごとの石器の数量では、多い方からⅣ・Ⅴ・Ⅲ層の順となっている (p.10)。本来の包含位置について解釈が分かれるだろう。
(8) 石刃を素材とした斜め整形のナイフ形石器が、この石器群に伴うと考えられているが、このナイフ形石器は表採品であり、他に石刃技法の存在が認められないことから、ここでは別のものとして扱う。
(9)「刃器」という用語はかつてBladeの訳語に当てられ、二次加工がなくてもそのままtoolとして使用可能という意味で使われていたこともあり、端部に整形加工が施された台形剥片を「端部整形」という肩書きは付けるにしても「刃器」と呼称することに抵抗感を覚える。
(10) 報告書の実測図では石核素材の剥片の腹面が自然面のように表示されている。たしかに連続的に剥離されている台形剥片の腹面とは色調が異なっているが、剥離面であろう (図版64)。

引用・参考文献

秋田県教育委員会 1984『此掛沢Ⅱ遺跡・上の山Ⅱ遺跡発掘調査報告書』
秋田県埋蔵文化財センター 1985『七曲臨空港工業団地造成工事に伴う埋蔵文化財発掘調査報告書』
秋田県埋蔵文化財センター 1991『東北横断自動車道秋田線発掘調査報告書Ⅷ』
秋田県埋蔵文化財センター 1998『家の下遺跡(2)旧石器時代編』
秋田市教育委員会 1983『秋田市秋田臨空港新都市開発関係埋蔵文化財発掘調査報告書』
秋田市教育委員会 1986『秋田市秋田新都市開発整備事業関係埋蔵文化財発掘調査報

告書』
阿久津純 1981「第一章先土器時代第二節自然と環境」『栃木県史』通史編1
朝日村教育委員会 1996『奥三面ダム関連遺跡発掘調査報告書Ⅴ　樽口遺跡』
阿部朝衛 1993「新発田市周辺の旧石器(4)」『北越考古学』第6号
飯山市教育委員会 1981『太子林・関沢遺跡』
胆沢町教育委員会 1988『上萩森遺跡調査報告書』
石川県立埋蔵文化財センター 1987a『宿東山遺跡』
石川県立埋蔵文化財センター 1987b『宿向山遺跡』
石川県立埋蔵文化財センター 1988『竹生野遺跡』
岩手県立博物館 1993『岩手県北上市和賀町愛宕山遺跡発掘調査報告書』
梅川知江 1998「米ヶ森型台形石器について」『石器に学ぶ』創刊号
大川貴弘 2001「山形県遊佐町懐ノ内F遺跡の発掘調査報告」『庄内考古』第21号
大沢野町教育委員会 1982『野沢遺跡A地点発掘調査報告書』
大野憲司 1984「第4章調査の成果第1節旧石器時代の遺物」『此掛沢Ⅱ遺跡・上の山Ⅱ遺跡発掘調査報告書』秋田県教育委員会
岡山県教育委員会 1979『野原遺跡群早風A地点』
岡山県教育委員会 1995『中国横断自動車道建設に伴う発掘調査2』
奥村吉信 1984「富山平野の旧石器群と広域火山灰」『旧石器考古学』29
奥村吉信 1985「白岩藪ノ上遺跡の技術基盤」『古代文化』第37巻第2号
奥村吉信 1987「立野ヶ原石器群と米ヶ森技法」『大境』第11号
奥村吉信・麻柄一志 1991「北陸地方の様相」『石器文化研究』3
小畑弘己 1983「台形石器」『季刊考古学』第4号
加藤有次・戸田正勝 1981「武蔵野台地における旧石器」『武蔵野』第59巻第2号
鎌木義昌・小林博昭 1984「岡山県八束村戸谷遺跡第5地点の発掘調査」『考古学ジャーナル』No.233
菊池強一 1975「大台野遺跡」『日本の旧石器文化』第2巻
絹川一徳 1999「大阪市長原遺跡14層出土石器群について」『第23回近畿旧石器交流会「櫃石島技法」の再検討』
協和町教育委員会 1977『米ヶ森遺跡発掘調査報告書』
熊本県教育委員会 1984『曲野遺跡Ⅱ』
小林達雄 1975「タイポロジー」『日本の旧石器文化』第1巻
小林　弘 1999「新発田市田家池ノ平遺跡採集の旧石器(1)」『北越考古』第10号
小林　弘 2000「新発田市田家池ノ平遺跡採集の旧石器(2)」『北越考古』第11号
(財)群馬県埋蔵文化財調査事業団 1999『三和工業団地Ⅰ遺跡(1)』
㈶千葉県文化財センター 1984『八千代市権現後遺跡』
㈶千葉県文化財センター 1994『四街道市御山遺跡』
㈶千葉県文化財センター 1997『新東京国際空港埋蔵文化財発掘調査報告書Ⅹ』

㈶長野県埋蔵文化財センター 2000『上信越自動車道埋蔵文化財発掘調査報告書15』
㈶北海道埋蔵文化財センター 1987『函館市桔梗2遺跡』
㈶北海道埋蔵文化財センター 1992『清水町上清水2遺跡・共栄3遺跡(2)・東松沢2遺跡・芽室町北明1遺跡』
㈶北海道埋蔵文化財センター 2002『白滝遺跡群Ⅲ』
㈶北海道埋蔵文化財センター 2003『調査年報15』
斎藤 隆 1980「野沢遺跡」『昭和54年度富山県埋蔵文化財調査一覧』富山県教育委員会
佐藤宏之 1992『日本旧石器文化の構造と進化』
佐藤宏之 2003「北海道の後期旧石器時代前半期の様相」『古代文化』第55巻第4号
島根県教育委員会 1989『古曽志遺跡群発掘調査報告書』
白石浩之 1978「西南日本におけるナイフ形石器終末期の予察」『神奈川考古』第3号
白石浩之 1991「日本列島内の様相と対比」『石器文化研究』3
鈴木 暁 1999a「台形様石器群」『新潟県の考古学』
鈴木 暁 1999b「新潟県新発田市坂ノ沢C遺跡」『第12回東北日本の旧石器文化を語る会予稿集』
砂田佳弘 1983「石斧について」『神奈川考古』第15号
砂田佳弘 1986「盤状剥片石核の系譜」『神奈川考古』第22号 神奈川考古同人会10周年記念論集
砂田佳弘 1993「先土器時代石器群研究の行方」『かながわの考古学』第3集
芹沢長介 1967「日本における旧石器の層位的出土例と^{14}C年代」『東北大学日本文化研究所研究報告』3
芹沢長介 1977『磯山』
高井戸東遺跡調査会 1977『高井戸東遺跡』
高尾好之 2000「本川根町ぬたぶら遺跡発見の石器群について」『静岡県考古学研究』No.32
高橋春栄・沢田 敦 1999「阿賀野川以北の旧石器時代の様相」『第12回東北日本の旧石器文化を語る会予稿集』
立山町教育委員会 1982『富山県立山町白岩藪ノ上遺跡調査概要(2)』
谷 和隆・大竹憲昭 2003「野尻湖遺跡群における石器文化の変遷」『第15回長野県旧石器文化研究交流会―発表要旨―』
田村 隆 2001「重層的二項性と交差変換」『先史考古学論集』第10集
千歳市教育委員会 1974『祝梅三角山地点』
寺崎康史 2003「北海道地方における後期旧石器時代初頭の文化」『日本旧石器学会第1回シンポジウム予稿集 後期旧石器時代の始まりを探る』
富山県教育委員会 1972『富山県遺跡地図』
富山県教育委員会 1973a『富山県福光町鉄砲谷・向島・是ヶ谷遺跡発掘調査報告書』

富山県教育委員会 1973b『富山県大沢野町直坂遺跡発掘調査概要』
富山県教育委員会 1974『富山県福光町・城端町立野ヶ原遺跡群第二次緊急発掘調査概要』
富山県教育委員会 1975『富山県福光町・城端町立野ヶ原遺跡群第三次緊急発掘調査概要』
富山県教育委員会 1976『富山県大沢野町直坂Ⅱ遺跡発掘調査概要』
富山県教育委員会 1977『富山県福光町・城端町立野ヶ原遺跡群第五次緊急発掘調査概要』
富山県教育委員会 1978『富山県婦中町細谷遺跡群第一次緊急発掘調査概要』
富山市教育委員会 1979『北代遺跡試掘調査報告書』
都立府中病院内遺跡調査会 1984『武蔵台遺跡Ⅰ』
西井龍儀 1972「先土器時代」『富山県史』考古編
中川和哉 1987「台形石器考」『旧石器考古学』35
西井龍儀 1981「細谷№3遺跡の石器群について」『大境』第7号
西井龍儀 1983「富山県の先土器時代研究の現状と諸問題」『北陸の考古学（石川考古学研究会々誌第26号）』
橋本勝男 1984「旧石器時代」『八千代市権現後遺跡』(財)千葉県文化財センター
橋本勝男・須田良平 1987「1986年の動向 旧石器時代」『考古学ジャーナル』№277
橋本 正 1972「富山県直坂遺跡の調査」『考古学ジャーナル』№76
橋本 正 1974「富山県直坂遺跡」『日本考古学年報』25
橋本 正 1975「富山県における先土器時代石器群の概要と問題」『物質文化』№24
橋本 正 1976「Ⅴ先土器時代，縄文時代草創期の石器について」『富山県大沢野町直坂Ⅱ遺跡発掘調査概要』富山県教育委員会
橋本 正 1978「Ⅲ調査の成果 2先土器・縄文時代時代草創期」『富山県福光町・城端町立野ヶ原遺跡群第六次緊急発掘調査概要』富山県教育委員会
早津賢二・新井房雄・小島正巳・望月静雄 1983「信濃川流域における先土器時代遺物包含層と指標テフラ層との層位関係」『信濃』第35巻第10号
春成秀爾 1981「明石市寺山遺跡の旧石器」『旧石器考古学』23
兵庫県教育委員会 1984a『板井・寺ヶ谷遺跡現地説明会資料』2
兵庫県教育委員会 1984b『春日・七日市遺跡現地説明会資料』2
平井 勝 1982「野原遺跡群早風A地点の石器群について」『旧石器考古学』25
平井 勝 1984「先土器時代」『えとのす』24
平口哲夫 1986「旧石器時代」『図説 発掘が語る日本史』第三巻
広島県教育委員会 1982『地宗寺遺跡発掘調査報告』
藤田富士夫 1983『日本の古代遺跡13富山』
藤野次史 2003「中国地方における後期旧石器時代初頭の文化」『日本旧石器学会第1回シンポジウム予稿集 後期旧石器時代の始まりを探る』

藤原妃敏 1983「東北地方における後期旧石器時代石器群の技術基盤」『考古学論叢』1
藤原妃敏 1984「米ヶ森技法」『考古学ジャーナル』No.229
藤原妃敏 1988「米ヶ森技法と石刃技法」『考古学ジャーナル』No.309
藤原妃敏 1992「東北地方後期旧石器時代前半期の一様相」『東北文化論のための先史学歴史学論集』
古森政次 1985「中九州地域の火山灰層」『考古学ジャーナル』No.242
麻柄一志 1982「井島Ⅰ型ナイフと立野ヶ原型ナイフ」『旧石器考古学』24
麻柄一志 1985「局部磨製石斧を伴う石器群について」『旧石器考古学』31
麻柄一志 1986a「いわゆる立野ヶ原型ナイフ形石器の基礎的整理」『旧石器考古学』33
麻柄一志 1986b「立野ヶ原型ナイフ形石器及び立野ヶ原系石器群」『北陸旧石器シンポジウム　日本海地域における旧石器時代の東西交流—国府系・立野ヶ原系石器群をめぐる諸問題—発表要旨』
松井政信 1980「富山県に於ける先土器時代についての予察（後編）」『発掘者』180号
松藤和人 1985「西日本におけるナイフ形石器文化の諸様相」『信濃』第37巻第4号
村崎孝宏 2002「九州における後期旧石器文化成立期に関する編年的研究」『九州旧石器』第5号
安田町教育委員会 2004『県営「阿賀野テクノタウン」造成に伴う新潟県北蒲原郡安田町上野林遺跡群発掘調査報告書』
八尾町教育委員会 1985『富山県八尾町長山遺跡・京ヶ峰古窯跡緊急発掘調査概要』
山梨県教育委員会 2000『横針前久保遺跡・米山遺跡・横針中山遺跡』
柳田俊雄 1995「会津笹山原遺跡群の旧石器時代石器群の研究」『郡山女子大学紀要』第31集第2号
湯田町教育委員会 1982『大台野遺跡発掘調査報告書』
湯田町教育委員会 1983『大台野遺跡発掘調査報告書』
吉川耕太郎 2003a「秋田県能代市縄手下遺跡の調査」『第17回「東北日本の旧石器文化を語る会」予稿集』
吉川耕太郎 2003b「東北地方における後期旧石器時代初頭の文化」『日本旧石器学会第1回シンポジウム予稿集　後期旧石器時代の始まりを探る』

第Ⅳ章　日本海沿岸地域の瀬戸内系石器群

第1節　日本海沿岸地域における瀬戸内系石器群

1　はじめに

　東日本に国府型ナイフが存在することは、佐藤達夫の指摘した山形県旧朝日村越中山遺跡K地点出土の石器群により明らかである。佐藤は越中山遺跡K地点出土の石器群が「ほとんど純粋な国府型の文化を表わしている」とし、近畿・瀬戸内地方の国府型の波及と位置づけた（佐藤1970）。その後、南関東を中心に国府石器群と関連すると考えられる石器群の出土が相次ぎ、「ローム層」の欠如といった層位的な条件のため未だに編年的位置が確定しているとはいえない国府型ナイフに、一つの編年的な目安を与えている。

　近畿・瀬戸内地方では鎌木義昌のナイフ形石器の編年（鎌木1960、鎌木・高橋1965）が一般にほぼ妥当なものとして受け入れられているが、柳田俊雄によって方法論そのものが批判されている（柳田1977）。1970年代以後、近畿・瀬戸内地方でも旧石器時代の遺跡を対象とする発掘調査が数多くおこなわれているが、未だに鎌木らのナイフ形石器の編年を実証するような層位的出土例はない。そのため層位が安定している周辺地域における「国府系石器群」「瀬戸内系石器群」のその地域内での位置が、近畿・瀬戸内地方の石器群の位置づけに大きな影響力を持っているといえよう。

　国府系・瀬戸内系といわれる石器群は南関東地方のほかに九州地方でも発見例が増えており、瀬戸内技法の存否を含めて検討がおこなわれている。日本海沿岸地域でも越中山遺跡K地点に代表されるように瀬戸内系とされる石器群が数多く発見されており、特に北陸地方では、1966年の富山県安養寺遺跡の報告以来20数ヶ所の遺跡が知られている。北陸地方の瀬戸内系石器群はその一部が国府型ナイフの分布図の中に含められているが、従来表採資料などの断片的なものの紹介が主であったため、他地域の研究者に充分理解されているとはいいがたい。本稿では北陸地方を中心に日本海沿岸地域に分布する瀬戸内系石器群について、その内容と在地の石器群との関係について検討をおこなうことを目的としている。

第1節　日本海沿岸地域における瀬戸内系石器群　157

瀬戸内系石器群とは、近畿・瀬戸内地方の国府型石器群とその系列の石器群の影響のもとに成立した石器群と規定できるが、筆者は安山岩を主に用い、剥片素材の石核から剥離された横長剥片を整形加工したナイフ形石器を中心とする石器群に対して使用している。

2　各遺跡の概要

① **越中山遺跡K地点**〔山形県鶴岡市（旧朝日村）〕（加藤 1975）
　佐藤達夫をはじめ、すでに多くの研究者によって瀬戸内技法の存在が注目されている。豊富な接合資料により複数の剥離技法が復元されている（山中編 1981）が、ナイフ形石器はすべて国府型であり、瀬戸内技法によるものである。
　石材には凝灰質砂岩、流紋岩、鉄石英、玉髄、珪質頁岩などを使用している。この中で、表面の風化が著しいが、新しい割れ口が安山岩に似る凝灰質砂岩を石器に用いている点は注目される。石材の選択に安山岩が意識されていたと思われる。

② **御淵上遺跡**〔新潟県三条市（旧下田村）〕（中村 1971）
　遺跡は信濃川の支流五十嵐川の河岸段丘上に位置する。長岡市立科学博物館によって発掘調査が実施されており、1742点の石器類が出土している。遺跡の層位は、表土層（20～40cm）、褐色混ローム（10～30cm）、硬質ロームの順となっている。遺物は第2層の褐色混ロームと第3層の硬質ロームの13cm前後まで出

第39図　瀬戸内系石器群の分布（数字は本文中の遺跡番号と同じ）

土しているが、礫群と60％の石器類は第3層から出土しており、もし、出土遺物が同一時期のものであるならば、本来の遺物包含層は第3層上部であるといえる。調査者の中村孝三郎は「重層あるいは異層性などの存在はまったく認めることができなかった。また離れた地点や、遺物の浮上による上下した地点からも割裂した出土遺物の附着、接合がかなり確認されて、この遺跡でくりひろげられた石器の製作時が同一の包含層土内を中心とした、同時期に展開されていたことが確認され……(略)。」と述べている（中村1978）。

出土遺物は尖頭器、ナイフ形石器、彫器、削器、礫器などのほかに多量の石核、剥片がある。石器組成の主体は尖頭器で、両面加工、半両面加工、周辺加工など製作技術の上で、また細身の柳葉形、幅広、小型楕円形と形態的にもバラエティに富んでいる。北陸地方ではこれに対比できる類例はなく、南関東におけるハードローム(第Ⅳ層)上部でナイフ形石器の終末期に伴出する尖頭器(戸田1983)に似た様相を認めることができる。

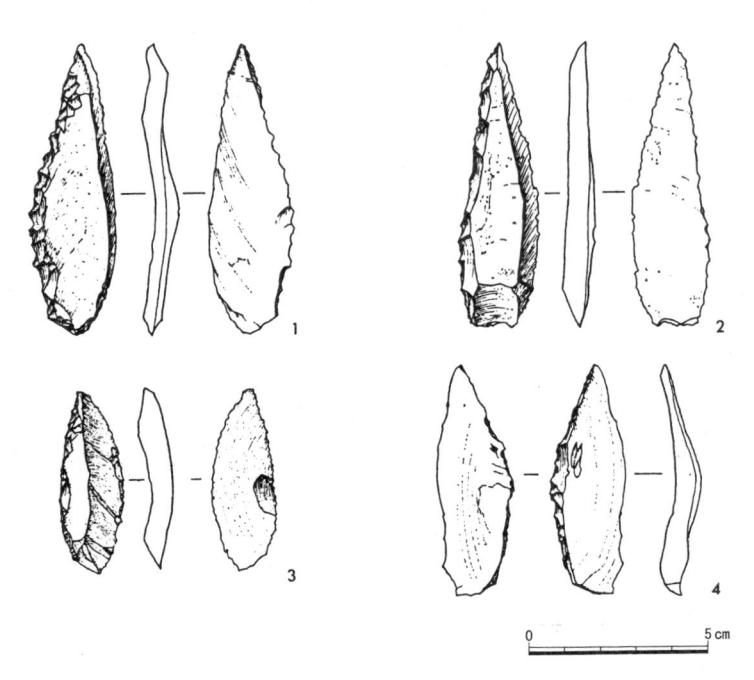

第40図　御淵上遺跡出土の石器

1側辺の大半に整形加工が施されているナイフ形石器は3点ある（第40図1〜3）が、いずれも横長剥片を素材としている。このうち第40図1と2は典型的な国府型ナイフである。3は国府型ナイフ特有のポジティブな底面が見られないが、背面側の二つの剥離痕が主要剥離面の剥離方向と同一であり、第40図4のように山形の細かい打面調整が施されているが底面まで剥離が達しなかった翼状剥片と考えられる剥片も存在することから、瀬戸内技法による剥片を素材としている可能性もある。報告書ではふれられていないが、このほかに翼状剥片、翼状剥片石核、盤状剥片が多数存在しており、瀬戸内技法第2工程が純粋な形で存在している[1]。石材は2が安山岩を用いており、他は凝灰岩製である。図示されていない瀬戸内技法関係の資料は、安山岩、凝灰岩、鉄石英、チャートなどさまざまな石材を用いている。なお、安山岩製の遺物は、国府型ナイフ、翼状剥片、翼状剥片石核、盤状剥片のほかは不定形の剥片・砕片がわずかに存在するのみで、ほぼ大半が瀬戸内技法関係の遺物といえる。

御淵上遺跡の国府型ナイフは早くから西井龍儀によって瀬戸内系であることは指摘されていた（西井1972）が、その編年的位置は必ずしも確定していないのが現状である。西井は尖頭器との共存から「横長剥片の発展過程としてとらえられるかもしれない。」との見解を示している。尖頭器の共伴という点では柳田俊雄も同様で、御淵上遺跡を国府石器群の終末に位置づけている（柳田1981）。これに対して白石浩之は尖頭器と国府型ナイフを分離し、御淵上遺跡の石器群を二つの石器群が重複したものと解釈している（白石1976、1979）。また佐藤雅一はその後の採集資料をも含めて分析し、国府型ナイフを第1期に、尖頭器を第2期に、採集資料を第3期に位置づけて、御淵上遺跡の石器群を「時間を異にした三つの文化層がある」との考えを提示している（佐藤1981）。

石器群分離の根拠としては、一つは他に尖頭器と国府型ナイフもしくは瀬戸内系石器群との共存の例がないこと、特に南関東では瀬戸内系と考えられる武蔵野台地では第Ⅳ層下部から、相模野台地ではB$_2$L層から出土している点などがあげられる。そのほかに佐藤も指摘しているように、尖頭器と国府型ナイフが地点を異にして出土している点もあげられよう。報告書によれば、出土した石器群は六つのまとまりを持っている。報告書に図示されている国府型ナイフや瀬戸内技法関係の資料（第40図）はすべて第6ユニット[2]からの出土であり、

そのほか舟底形石器に類似すると考えられる石器も第6ユニットからの出土であることから、瀬戸内系の石器は他のユニットと少し離れた第6ユニットからのみ出土しているとの解釈がされがちである。尖頭器は第3ユニット、第4ユニットから多く出土している。

筆者らは[3]1977年7月、長岡市悠久山公園内に当時所在した長岡市立科学博物館の御厚意で2日間にわたり報告書に図示されていない御淵上遺跡の石核・剥片類を実見・実測する機会を与えられた。その際先述したように多量の翼状剥片等の瀬戸内技法関係の資料の存在を知った。図示されていない瀬戸内技法関係の資料はたしかに第6ユニットに一つのまとまりを持つが、第3ユニットにも集中し、また第6ユニットからは報告書に示されているように尖頭器も存在する。このように石器群は、ユニットごとに組成の差は認められるが、分布の上で尖頭器と瀬戸内技法関係の資料が明瞭に分離されるようなことはない。

発掘調査の結果からは、層位的にはほぼ一枚の文化層であること、ユニット内で尖頭器と瀬戸内技法関係の資料が共存していることなどのデータしか得られておらず、御淵上遺跡出土の石器群をいくつかに分離する積極的な根拠を欠いている。ただし現段階では石器群の個体別の分析等もおこなわれておらず、共存を強く主張するだけの整理がなされていない。少なくとも同一母岩から尖頭器と瀬戸内技法関係の資料が製作されているか否かの確認をする必要がある。また、遺物包含層が残っていると考えられており、再発掘をおこなってこの問題の決着をはかるべきであろう。

③ **仲町遺跡**〔長野県信濃町〕（野尻湖発掘調査団 1980）

野尻湖周辺の陸上発掘で瀬戸内系石器群が出土している。出土層準は上部野尻ロームⅡ黄褐色ローム層上面から耕土にかけてである。仲町遺跡では上部野尻ロームⅡ黄褐色ローム層上面に包含層を持つものとして、ほかに埼玉県砂川遺跡出土のナイフ形石器に類似するものや、尖頭器を持つ一群がある。これより下位のものとして、上部野尻ローム層Ⅱ黒色帯上位、中位から台形石器が出土している。ナイフ形石器（第41図11・12）はポジティブな底面を持つもの（12）と底面を持たないもの（11）とがある。背面はネガティブ面が左右に切り合っており、剥離の際、打点が移動していることがわかる。整形加工はいずれも背面側から施されている。石核は交互剥離で打点を移し、両端から剥離を

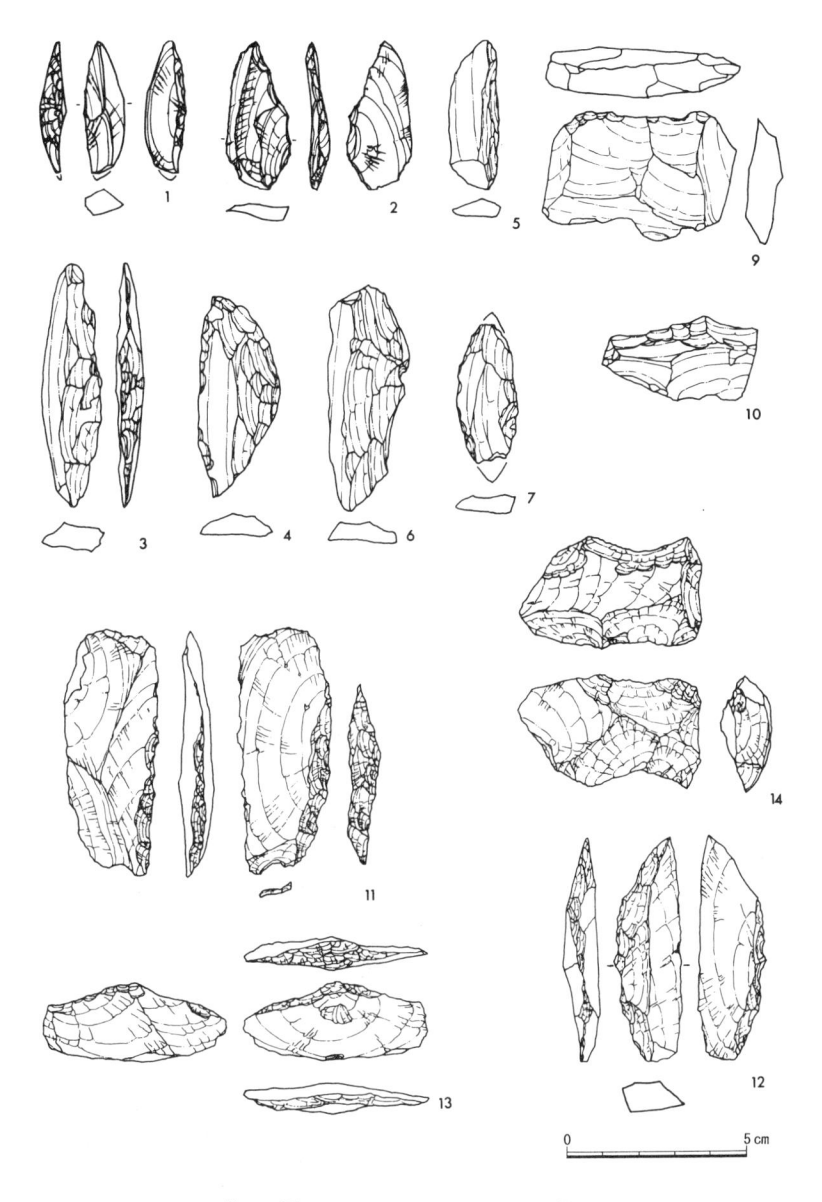

第1節　日本海沿岸地域における瀬戸内系石器群　161

第41図　1～10：直坂Ⅱ　11～14：仲町

おこなっている。ナイフ形石器、剥片にみられる特徴と一致する。報告者は仲町遺跡出土のナイフ形石器を宮田山型ナイフとしている（岡本ほか1982）。

　④ **直坂Ⅱ遺跡**〔富山県富山市（旧大沢野町）〕（富山県教育委員会1976）

　発掘調査で旧石器時代から縄文時代草創期までの11ユニットが検出されている。層序は表土層が2層あり、第3層が漸移層、第4層（4上a、4上b、4下a、4下bの4層に細分できる）と第5層がローム層となっている。遺物は第3層から第5層まで出土しており、ユニット単位で深度差が見られる。層位的に最も古いのが第4ユニット下層で、第4下層下半から第5層上半にかけて石器群が検出されている。第1・第9ユニットは第4上層下半から第4下層上半に包含層を有する。第8・第4ユニットは第4上層下半が包含層で、第3・第10・第2・第11ユニットは第4上層上半から第3層下半に包含層を持つ。第6ユニットは第4層直上から第3層にかけて、第5・第7ユニットは第3層上半に包含される。

　層位的には、第4下→第1・第9→第8・第4→第3・第10・第2・第11→第6→第5・第7ユニットの順である。第4ユニット下層の石器群は、直坂Ⅰ遺跡出土のナイフ形石器と同様な特徴を持つナイフ形石器があり、第1・第9ユニットは小型の立野ヶ原型ナイフの一群、第8ユニットは瀬戸内系石器群、第2・第11ユニットは黒曜石製で尖頭器を持つと考えられる一群、第6・第5・第7ユニットは縄文時代草創期の尖頭器を主体とする石器群である。瀬戸内系石器群の検出された第8ユニットは、直坂Ⅰ、立野ヶ原型ナイフより上位で、尖頭器を持つ一群より下位に位置する。

　第8ユニットは、ユニットの東半分がすでに破壊されているが、40点を超える安山岩製の石器群が出土している。ナイフ形石器（第41図1〜4）はいずれもポジティブと考えられる底面を有し、背面には複数のネガティブ面がみられる。整形加工は、1・3・4では背面側から主要剥離面に向けて施されており、2では背面と主要剥離面の両方向から整形加工がおこなわれている。剥片（第41図5〜7）は、ポジティブな底面を持つもの（6・7）が多く、5・7の背面に見られるように打面縁調整と考えられる小剥離痕が多くに認められる。石核はいずれも剥片を素材としており、9は両面に平坦面が認められる。

　⑤ **新造池A遺跡**〔富山県射水市（旧小杉町）〕（富山県教育委員会1983）

　2次にわたる発掘調査が実施されており、30数点の安山岩製の石器群が出土

第1節　日本海沿岸地域における瀬戸内系石器群　163

している。層序は1層表土、3層黄褐色粘質土、4層淡黄褐色粘質土となっており第2層の漸移層を欠いている。

　遺物は3ヶ所の集中地点から出土している。このうち第1ユニットが安山岩製の石器群である。第42図に示したように第1ユニット出土の石器は第1層表土層と第3層黄褐色粘質土の境界を中心に出土しており、またユニット内の礫も第3層上面出土ということから、第1ユニットは第3層上面から最上部が包含層と認められる。図示したナイフ形石器（第43図1・2）は第1次の試掘調査と第2次調査の表土層から出土したものであるが、出土位置と石材から第1ユニットに属するものと考えてよい。定形的な石器はこの2点しか出土していない。

　1は背面のネガティブ面が複数の剥離痕によって構成されている。底面はポジティブ面で、剥片素材の石核から剥離されたことがわかる。整形加工は背面側から施される。2は背面がポジティブ面のみで、剥片の段階で存在していたと予想されるネガティブ面が整形加工ですべて除去されたナイフ形石器である。

　石核は1点出土している。両面が1枚のほぼ平坦な剥離面でチョッピング・トゥール状に交互剥離をおこなっている。最終的な剥離痕はネガティブ面側におこなわれている。両側の剥離作業面の接する稜が石核のほぼ中央部になる（断面図参照）

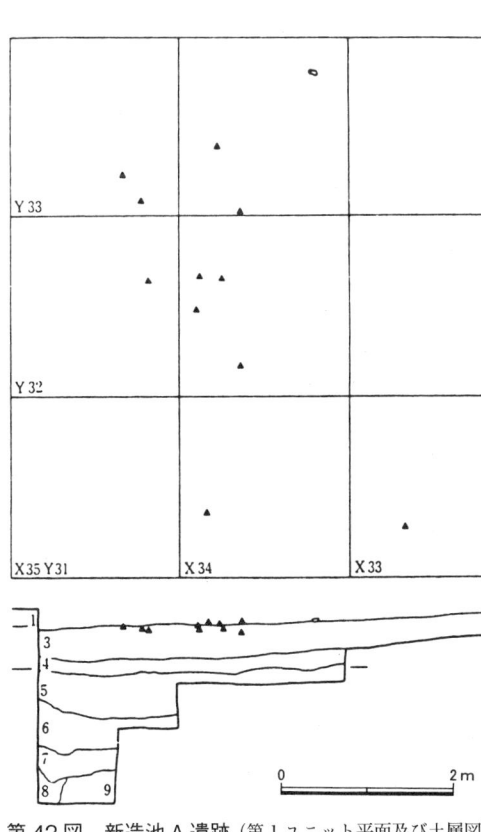

第42図　新造池A遺跡（第1ユニット平面及び土層図）

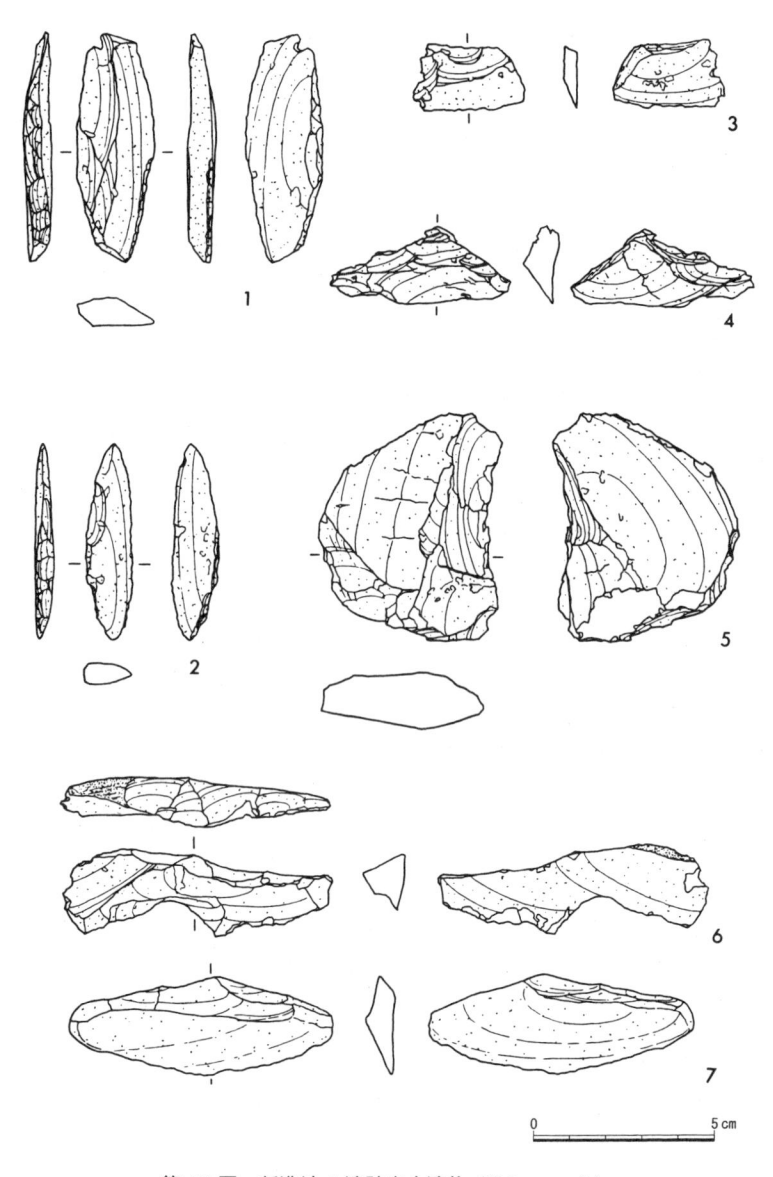

164　第Ⅳ章　日本海沿岸地域の瀬戸内系石器群

第43図　新造池A遺跡出土遺物（第1ユニット）

のが交互剝離の特徴である。剝片のうち数点（第43図3・7など）はナイフ形石器と同様にポジティブな底面を有することから、5のような剝片素材の石核が主流と考えられる。また4のように背面に主要剝離面と反対方向からの剝離痕が存在する例もあり、剝離作業面を両端に持ち、最終的に棒状になるような石核の存在も予想できる。

新造池A遺跡では火山灰の分析がおこなわれており、石器群の年代決定に手がかりを与えている。火山灰の分析は第1ユニットでおこなわれており、第3層下部がATの層準、第5層がDKPに相当する（小林ほか 1983）。石器群は第3層上面から最上部に包含されており、明らかにAT層より上位である。しかもAT層準と石器群の層準の間には30〜40cmの間層があり、石器群の年代はAT下降年代とかなりの差があると考えられる。

⑥ **石太郎A遺跡**〔富山県射水市（旧小杉町）〕（富山県教育委員会 1980）

新造池A遺跡から東約500mの地点に位置する。表面採集で安山岩製の横長剝片を素材とするナイフ形石器が発見されており、発掘調査が実施されたが、濃飛流紋岩製石刃と石刃素材の彫器が出土したにすぎず、安山岩製の石器群は検出されなかった。

ナイフ形石器（第44図5）は上半部が折損しているが、現存部では片側辺（打面部）全体に背面から整形加工が施されている。背面は、主要剝離面と同じ方向から剝離された2枚のネガティブ面で、底面となるポジティブ面はない。

⑦ **南原C遺跡**〔富山県南砺市（旧城端町）〕（富山県教育委員会 1977）

立野ヶ原遺跡群に含まれる。遺跡は低い丘陵の頂部に位置しており、薄い耕作土の下は立野ヶ原で第3層と呼んでいる赤褐色のローム層となっている。発掘調査が実施されているが、遺物はすべて第1層の耕作土からの出土で、磨製石斧、石鏃、石匙、ピエス・エスキーユ等と多数の石核、剝片が出土している。剝片の中には安山岩製のものが含まれている。表土層からの出土で、定形的な石器が存在しないが、表面は著しく風化しており、また剝離技術の特徴から旧石器時代に属すると思われる。

剝片は横長剝片が主体を占めており、図示されているもの（第44図1〜4）はすべてポジティブな剝離面からなる底面を有している。石核は一部にポジティブな剝離面を残しており、厚手の剝片を素材としていることがわかる。剝離作業面は両端にあり、棒状を呈しているが、最終剝離面は片面に限られ

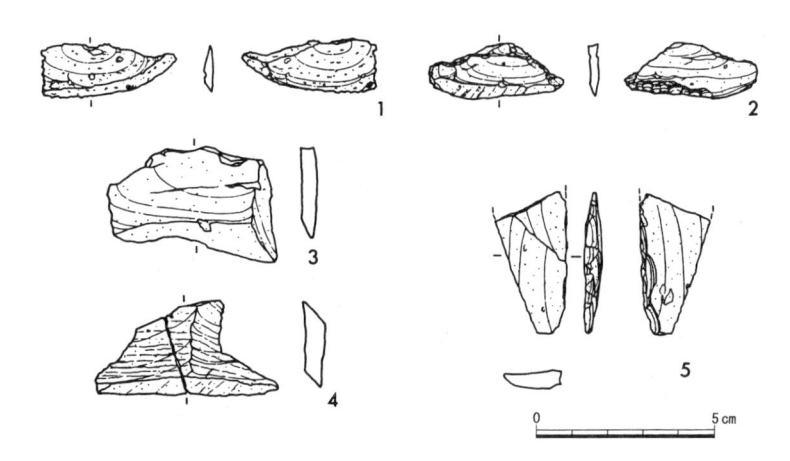

第44図　1～4：南原C　5：石太郎A

ている。石核の観察からは、打面と剥離面を交互に入れ替えて剥離をおこなっているのか、片側は打面で剥離作業面は一方に限定されているものかは不明である。

南原C遺跡は丘陵頂部という立地条件のため、遺物の包含層は一部流失している可能性がある。しかし、残存している赤褐色ロームから1点も石器は出土しておらず、石器群が第3層に本来の包含層を持つとしてもその上部であると推察される。

⑧ **石山Ⅰ遺跡**〔富山県富山市（旧婦中町）〕

西井龍儀によって2点のナイフ形石器（第45図1・2）と剥片数点が採集されている。1は中央部で折れている。背面はポジティブ面と思われる平坦面である。打面側は細かい整形加工がおこなわれており、刃部側には連続的な小剥離痕が見られる。2は背面にポジティブな底面が見られる。典型的な国府型ナイフの形態を示している。

⑨ **細谷遺跡**〔富山県富山市（旧婦中町）〕（富山県教育委員会 1978a）

発掘調査によって立野ヶ原型ナイフを含む小型の石器群が出土している。これらの石器群とは別地点から山本正敏によって安山岩製の横長剥片石核が採集されている（第45図3）。石核は両端に剥離作業面が設けられており、剥離面の切り合いから打面と剥離作業面を交互に入れ替えて剥離作業をおこなっていると考えられる。片面には自然面が残されており、もう一方の面の中央部には

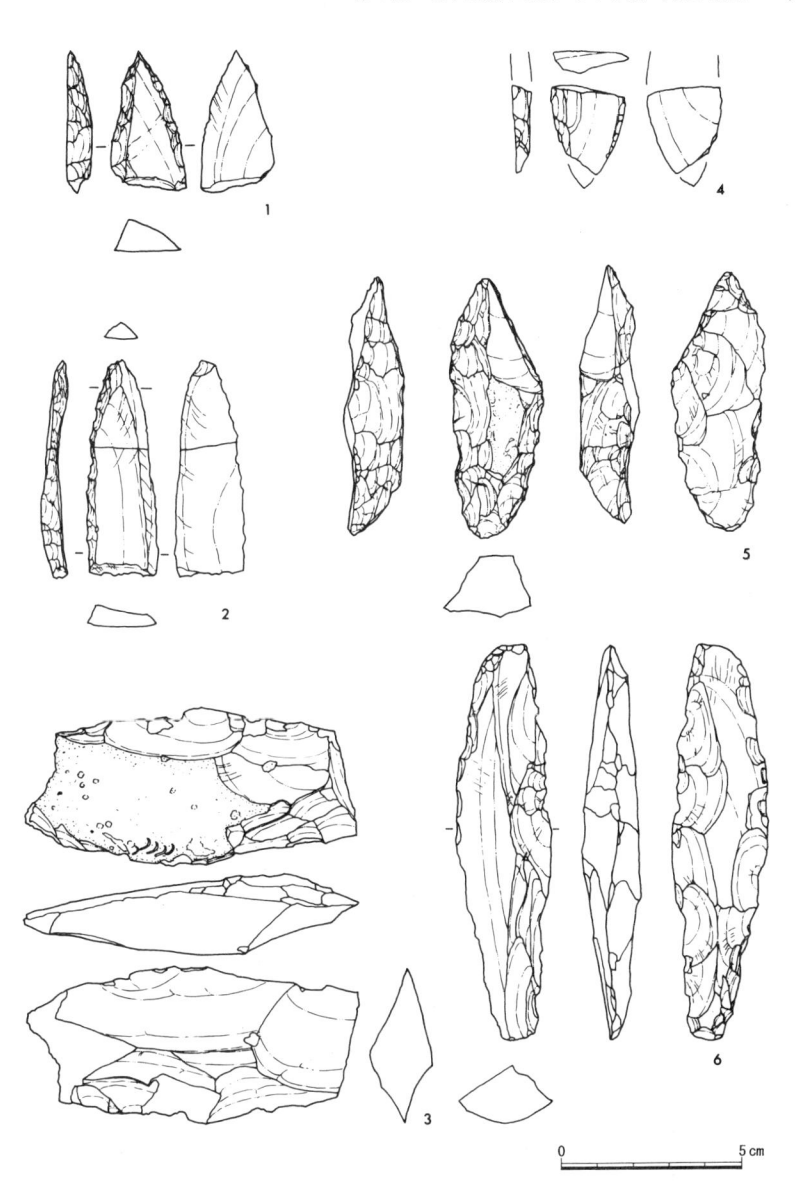

第1節　日本海沿岸地域における瀬戸内系石器群　167

第45図　1、2：石山I　3：細谷　4：紅葉谷　5、6眼目新

ポジティブ面と思われる剥離痕が残されており、剥片を素材とした石核の可能性がある。

⑩ **紅葉谷遺跡**〔富山県高岡市〕（西井 1977）

二上山山麓の紅葉谷遺跡から安山岩製の国府型ナイフが採集されている（第45図4）。安山岩製のものはこのナイフ形石器1点のみで、他は濃飛流紋岩製の石核と剥片である。ナイフ形石器は背面にポジティブ面である底面と1枚のネガティブ面を有しており、加工は主要剥離面側からなされている。

⑪ **眼目新<ruby>遺跡<rt></rt></ruby>**〔富山町上市町〕（西井 1972、藤田 1983）

北陸地方で初めて発見された旧石器時代の遺跡である。東山型ナイフと先刃式掻器の出土で知られているが、安山岩製の石器も採集されている（第45図5・6）[4]。

5は舟底形石器で3面加工が施されている。上方からの縦長の剥離痕は、この石器の素材の段階で存在したもので、整形加工によって切られている。

6はナイフ形石器として報告されているが、石核と見なす人も多い。剥離痕の観察では、第47図7に示したように両面にポジティブ面が見られる。右面のポジティブ面が主要剥離面である。左面にはポジティブ面に接して、この石器の素材となった剥片の剥離以前に剥離された剥片の痕跡がネガティブ面として残されている。剥片素材の石核から剥離された横長剥片を素材とした石器である。打面部には交互剥離が見られるが、剥離作業面ではなく、整形加工であろう。

⑫ **安養寺遺跡**〔富山県小矢部市〕（西井 1966・1967）

圃場整備によって破壊されている。採集された石器は濃飛流紋岩製の石器群と安山岩製の石器群に大別できる。安山岩製のものは、ナイフ形石器3点（第46図1～3）と掻器1点である。ナイフ形石器はいずれもポジティブ面と思われる底面を有する横長剥片を素材としている。3点とも背面のネガティブ面は2枚以上で構成されている。1は打面側をていねいに整形し、基部と先端部の刃部側も二次加工が施されている。2は打面部側が主要剥離面から、刃部側が背面からいずれも下半部が整形されている。底面はいちおうポジティブ面と見られるが非常に平坦な面である。3は打点部が除去されていると判断できるのでナイフ形石器と見なした。打面部は背面側から整形加工が施されている。

濃飛流紋岩製の石器群は東山系のもので、小坂型彫器を含む。

石器はいずれも表面採集だが、数点は出土層位が確認されており、表土直下

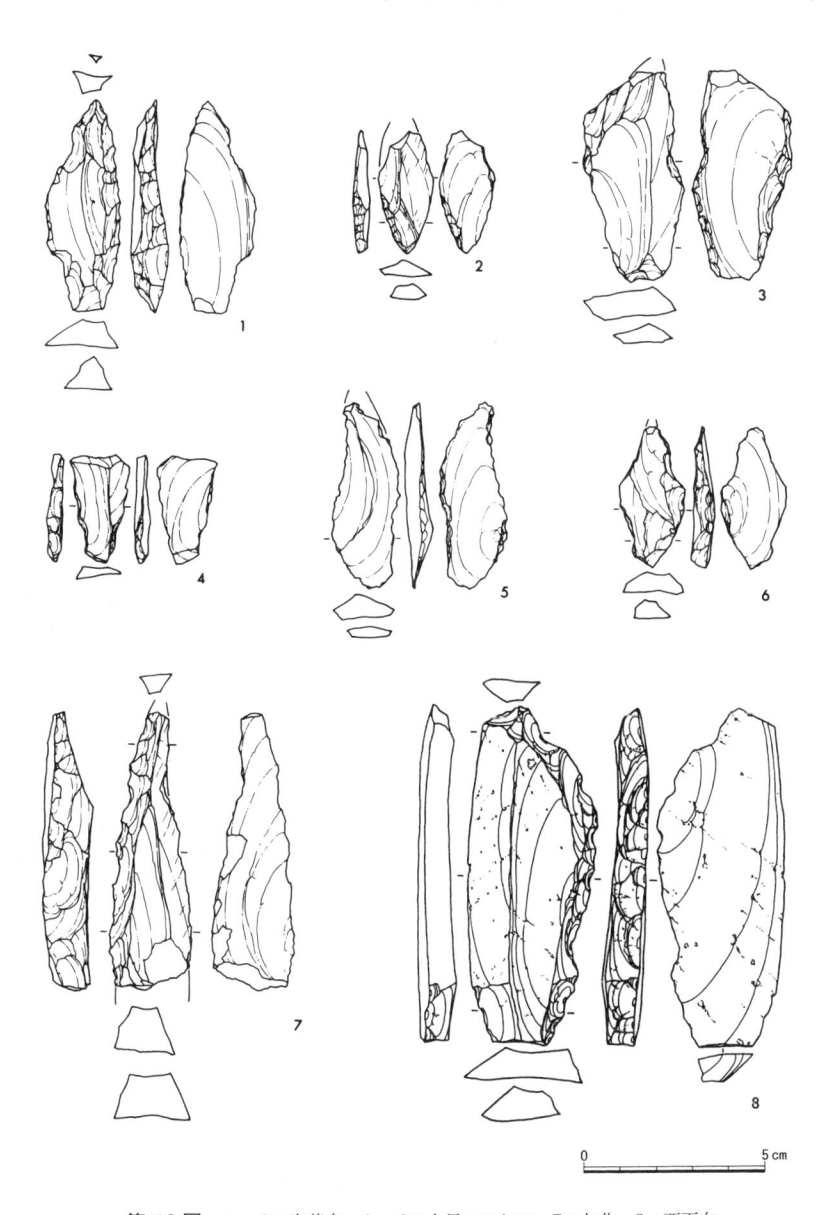

第1節　日本海沿岸地域における瀬戸内系石器群　169

第46図　1～3：安養寺　4～6：人母シモヤマ　7：七曲　8：西下向

の漸移層に包含層があると推定されている。

⑬ **人母シモヤマ遺跡**〔富山県南砺市（旧福光町）〕（西井 1968）

表面採集で濃飛流紋岩製の小型のナイフ形石器の一群と、安山岩製の横長剥片の一群がある。安山岩製の石器群はナイフ形石器（第46図4・6）とスクレイパー（第46図5）と剥片数点がある。ナイフ形石器は末端にポジティブと推定できる底面をもち、背面はネガティブな剥離面が1枚のもの（4）と2枚のもの（6）がある。スクレイパーは末端部に細かく二次加工を施したもので、素材の形状は翼状剥片に似るが打面部はきわめて小さい。6のナイフ形石器は打点を残しており、打点の両側が整形加工されている。4のナイフ形石器の整形加工は背面側と主要剥離面側の両側からおこなわれている。

⑭ **七曲遺跡**〔富山県南砺市（旧福光町）〕（西井 1972）

立野ヶ原遺跡群に含まれる。圃場整備によって遺跡は破壊されたが、西井龍儀によって安山岩製のナイフ形石器と濃飛流紋岩製の一群が採集されている。第46図7のナイフ形石器は現長で7.5cmを測る大型品で、表面の風化は著しい。底面は平坦面である。背面のネガティブ面は2枚ある。

⑮ **中台B遺跡**〔富山県南砺市（旧城端町）〕（富山県教育委員会 1975）

第1地点から安山岩製の剥片が18点出土している。石器の大半が1層からの出土であるが、第3層の褐色ローム層上部からも1点出土している。遺物はスクレイパーと剥片・石核である。石核は剥片を素材としている。

⑯ **西下向遺跡**〔福井県坂井市（旧三国町）〕（松井 1983）

典型的な国府型ナイフが紹介されて注目を集めた遺跡である。その後発掘調査がおこなわれ、安山岩製の石器群が一つのまとまりをもって検出された。3次にわたる発掘調査で出土した約130点の石器を分析した平口哲夫・松井政信は、剥離技術の復元をおこなっている。「西下向遺跡の横剥ぎ技法は盤状の剥片の背面側を調整して打面とし、一端から順次横長剥片を剥離していくが、打点を左右に大きく移動させ……剥片の多くは、調整打面と底面をもつ点では翼状剥片と共通するものの、背面には主要剥離面と同一方向の複数の剥離痕ないしは主要剥離によって打瘤痕が切られた単一の剥離痕を残している。」とし、こうした横長剥片を"亜翼状剥片"と呼び、亜翼状剥片を量産する技法を「三国技法」と呼ぶことを提唱している（平口 1983）。

「三国技法」では盤状剥片の打面部背面側に打面調整をおこなう点で瀬戸内

技法と共通するが、瀬戸内技法では打点がほぼ一直線に後退するのに対して、「三国技法」では打点が左右に大きく移動する点に相違が認められる。

調査の契機となった国府型ナイフ（第46図8）は、採集地点や石質から発掘された石器群と同一ユニットに属すると考えられる。瀬戸内技法を技術基盤とした石器群の検出が期待されていただけに、予想外の結果であったが、瀬戸内技法と異なる横長剥片剥離技術においても、国府型ナイフが作製されることが判明した。

旧石器の出土層位は第Ⅰb層から第Ⅳ層までで、第Ⅲ層に集中する（平口1983）。火山灰の分析では第Ⅴ層中位にAT、第Ⅴ層下位がDKPに対比されている。しかし第Ⅲ層中位がAh（アカホヤ火山灰）の層準とされており、石器群とAh（6300年B.P.）のピークがほぼ重なり合うことになる。平口は何らかの原因で旧石器文化層とAhが混合したと考えている。

⑰ **木橋遺跡**〔福井県永平寺町〕

安山岩製の横長剥片を素材とするナイフ形石器と剥片類が数点採集されている。詳細は松井政信によって報告される予定である（1986年に『福井県史資料編13考古』に報告されている）。

このほかに富山県立野ヶ原遺跡群の中で、安山岩製の旧石器を出土している遺跡がある。いずれも横長剥片・横長剥片石核である。また富山県富山市（旧八尾町）長山遺跡でも亀田正夫によって安山岩製の横長剥片類が採集されている。

3 瀬戸内系石器群の様相

日本海沿岸地域に分布する瀬戸内系石器群の特徴として、安山岩の使用があげられる。富山平野以西では、直坂Ⅱ遺跡U-8の2点の流紋岩製のナイフ形石器を除き、すべてが安山岩製である。富山平野では瀬戸内系のほかに、東山系、立野ヶ原型ナイフ、尖頭器など大別しても8群の旧石器の存在が知られているが、この中で安山岩を多用するのは瀬戸内系石器群のみで、他の石器群は濃飛流紋岩、鉄石英、黒曜石、玉髄などを素材としている。富山県内では濃飛流紋岩、鉄石英、メノウなどの原石が豊富に産出する。このため縄文時代に

おいても1遺跡で使われる石材はバラエティがある。こうした中で、瀬戸内系石器群が安山岩しか用いないのは、瀬戸内系石器群を残した人々によって安山岩が特に意識されていたものと考えられよう。

安山岩に対する特別な意識は、新潟県御淵上遺跡、長野県仲町遺跡、山形県越中山遺跡K地点でも認めることができる。御淵上遺跡では瀬戸内技法に数種類の石材が使用されているが、安山岩製のものが約3分の1を占める。また安山岩は、ほとんど大部分が瀬戸内技法によるもの（盤状剥片、翼状剥片石核、翼状剥片、国府型ナイフ）である。仲町遺跡では各層より安山岩製の石器が珪化岩、黒曜石などに混ざって出土しているが、上層の瀬戸内系石器群はすべて安山岩製である。越中山遺跡K地点では珪質頁岩、鉄石英などのほかに凝灰質砂岩と呼ばれる石材が用いられている。先にもふれたように、この石材は新しい割れ口が黒色で安山岩に似ることから、安山岩を意識して石材が選択されたものと思われる。

日本海側での瀬戸内系石器群と石材とのこうした密接な関係に対して、太平洋側では様相を異にしている。岐阜県各務原市内野前遺跡（菅原 1983）では安山岩製とチャート製の石器が採集されており、安山岩製の翼状剥片の接合資料、翼状剥片石核、横長剥片素材のナイフ形石器などがある。また岐阜県下呂市（旧下呂町）初矢遺跡より採集された瀬戸内系のナイフ形石器も安山岩を用いている（鈴木・片田 1979）。ところが、静岡県磐田市（旧豊田町）広野北遺跡（山下 1983）では国府型ナイフ・翼状剥片・翼状剥片石核が出土しているが、ここでは安山岩は用いられず、頁岩製である。南関東で典型的な国府型ナイフを出土した埼玉県上尾市殿山遺跡（松井 1980）と神奈川県海老名市柏ヶ谷長ヲサ遺跡（同調査団 1983）では、国府型ナイフの素材に安山岩は用いられておらず、殿山遺跡ではチャート、柏ヶ谷長ヲサ遺跡では細粒凝灰岩が使われている。茂呂型ナイフの優勢な地域では、瀬戸内からの影響があったとしてもそのままの形では定着していない。

北陸地方の瀬戸内系石器群については、筆者は先にa瀬戸内技法が認められるもの、b国府型ナイフの存在から瀬戸内技法が推定できるもの、c剥片素材の石核から交互剥離をおこなうものの3者が認められることを指摘した（麻柄 1982）[5]。剥離技術としては瀬戸内技法と交互剥離の二つである。

前項で取り上げた遺跡のうち、発掘調査で石核と剥片類がまとまって出土し

ているのは越中山遺跡K地点、御淵上遺跡、仲町遺跡、直坂II遺跡U-8、新造池A遺跡、南原C遺跡、西下向遺跡の7遺跡である。このうち越中山遺跡K地点では複数の剥離技術の中に瀬戸内技法が純粋な形で存在している。御淵上遺跡でも、石器がすべて同時期との確証がないためどのような剥離技術が伴うかは不明であるが、瀬戸内技法の第2工程の存在は認めることができる。現在まで瀬戸内技法の存在を確認できる石器群は依然この2遺跡に限られている。

　西下向遺跡の分析からは、平口・松井の提唱する「三国技法」が復元されている。三国技法復元の基礎となった石器群が報告されていないので、ここで検討を加えることはできないが、両氏の剥離技法の復元が妥当なものであるとするならば、三国技法は瀬戸内技法の第2工程に比べて打点の位置を左右に大きく移動させる点が顕著な相違点として存在するが、その他の特徴は瀬戸内技法第2工程との強い類似が指摘できる。

　交互剥離のものとしては直坂II遺跡U-8が最も資料が豊富である。石核は複数の形態があり、背面・主要剥離ともに平坦な1枚の剥離面の盤状剥片の一端から交互剥離で打点を左右に移しながら剥片を剥離させるもの（第41図9）と、素材の剥片の両端から交互剥離をおこない、石核の形状が最終的には棒状になるもの（第41図10）に大きく分類することができる。石核は、両面とも平坦な1枚の剥離面に覆われた剥片を素材としているため、打面と剥離作業面を入れ替えたとしても得られる剥片はどちらの側でも末端部に平坦な底面を有することになる。このため直坂II遺跡U-8では目的剥片と思われるものの大半がこの底面を持っている。目的剥片の打面は平坦な1面か、2・3面程度のものが多く、打面部に細かな連続した剥離痕の認められるものは少ない。

　南原C遺跡では石核は1点しか出土していないが、分厚い剥片を素材とし、両端から交互剥離により剥片を剥離するもので、最終的には残核は棒状となっている。得られた剥片は打面部が山形を呈するものが多いが、細かな打面調整は見られない。

　新造池A遺跡でも石核が1点出土している。この石核も交互剥離によるものと思われる。石核は、背面・主要剥離面ともに1枚の大きな剥離面の剥片を素材としており、素材の打面側を剥離作業面として用いている。

　仲町遺跡出土の瀬戸内系石器群の石核も交互剥離によるものと思われる。実

測図から判断する限り、両端に剥離作業面を持つものである。剥片には底面を持たないものもある。

　直坂II遺跡U-8、南原C遺跡、新造池A遺跡、仲町遺跡の剥離技術にはバラエティが認められるが、交互剥離をおこなう点を重視すれば同一グループにまとめることができる。細谷遺跡から単独出土した石核もこのグループに含めることができよう。日本海沿岸地域の瀬戸内系石器群は、瀬戸内技法によるもの、「三国技法」によるもの、交互剥離によるものの3群に分けることができた。

　ナイフ形石器のみの採集例である石山I遺跡、紅葉谷遺跡、七曲遺跡などは、形態から国府型ナイフと見なされるものが多い。国府型ナイフの定義は、学史的には鎌木義昌の型式設定以来、翼状剥片を素材とするものとされている。翼状剥片は瀬戸内技法によって得られる横長剥片のことであるため、国府型ナイフは瀬戸内技法を技術基盤としたナイフ形石器ということができる。つまり剥離技術がナイフ形石器の型式を規定していることになる。国府型ナイフの属性は、石核の素材となった剥片の主要剥離面（ポジティブ面）を底面として有し、

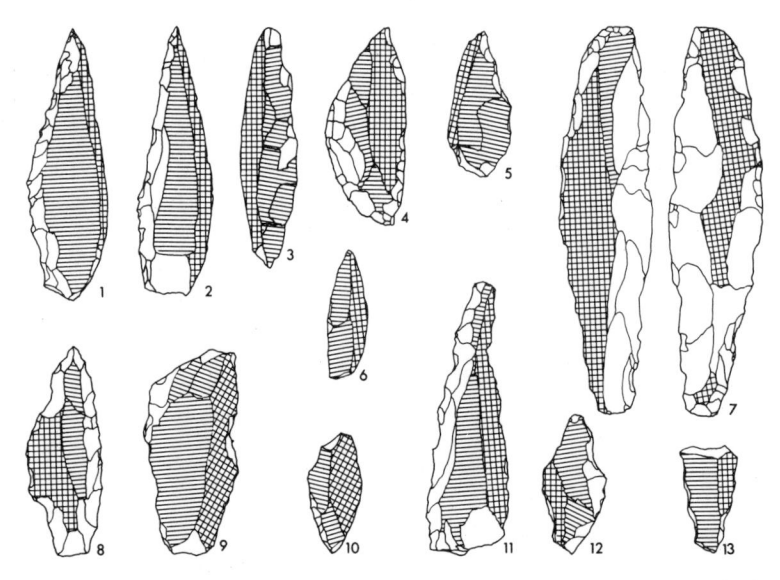

第47図　1、4：御淵上　3〜6：直坂II　7：眼目新　8〜10：安養寺　11：七曲
　　　　12、13：人母シモヤマ（格子目はポジティブ面、平行線はネガティブ面）

背面に主要剥離面と同一剥離方向のネガティブな剥離面を持つ横長剥片の打面部を整形加工したものと一般に認識されている。しかしこのような属性を持つナイフ形石器は瀬戸内技法以外の剥離技術によって得られた剥片を整形した場合にもできることが指摘されている（真鍋 1980）。真鍋昌宏は花見山遺跡出土のナイフ形石器、剥片、石核の関係を整理し、「国府型ナイフ」が瀬戸内技法だけでなく、交互剥離によっても製作可能であるとした。備讃瀬戸の島々のように、1遺跡内で複数の剥離技術が存在する場合、ナイフ形石器と石核が接合して、剥離技術が明らかにならない限り、ナイフ形石器の型式認定はおこなえないことになる。また、西下向遺跡でも瀬戸内技法以外の横長剥片剥離技術によって「国府型ナイフ」が製作可能なことが判明している。

　ナイフ形石器の型式を剥離技術によって規定する立場では、ナイフ形石器の単独出土の場合は型式認定はほとんど不可能となる。北陸地方のように採集資料の多い地方では、ナイフ形石器の形態から型式を与えていきたい[6]。ここでは、背面側にポジティブな底面を有し、背面側に主要剥離面と同一方向からの剥離痕が見られる横長剥片の打面部を主要剥離面側から整形したナイフ形石器を国府型ナイフとする。国府型ナイフの分類は各氏によって試みられているが、ここでは細かな分類はおこなわず、背面のネガティブ面の状態によって3群に分けることにする[7]。

　Ⅰ類　ネガティブ面が1面のみのもの
　Ⅱ類　ネガティブ面が複数見られるもの
　Ⅲ類　ネガティブ面が見られないもの

　Ⅰ類は、打点が石核上をほぼ一直線に後退した場合に多くみられ、Ⅱ類は打点が左右に大きく移動する場合に多くみられ、Ⅲ類は整形加工の度合が大きく、整形が底面まで達したものである。Ⅱ類は平口の提唱した亜翼状剥片（平口 1976）を素材にしたナイフ形石器である。

　国府期の代表的遺跡である大阪府高槻市郡家今城遺跡C地点（高槻市教委 1978）ではⅠ類が58％、Ⅱ類が9％、Ⅲ類が33％、京都市広沢池遺跡（四手井ほか 1972、同志社大学旧石器文化談話会 1974）ではⅠ類が43％、Ⅱ類が0％、Ⅲ類が57％、奈良県香芝市（旧香芝町）鶴峯荘第1地点遺跡（松藤 1980）ではⅠ類が59％、Ⅱ類が17％、Ⅲ類が22％となっている。鶴峯荘第1地点遺跡はサヌカイトの原産地に立地しており、ナイフ形石器も製作途中で放棄されたもの

が見うけられ、完成されたナイフ形石器の割合が他より少ない。そのため素材に対する変形度の大きいIII類が少ないものと思われる。国府期のナイフ形石器の一般的なあり方は、郡家今城遺跡、広沢池遺跡におけるようにI類とIII類が主体を占めるようである。

一方日本海沿岸地域では、越中山遺跡K地点の公表されているナイフはI類が4点、II類が1点となっている。御淵上遺跡ではナイフ形石器は2点ともI類で、底面を持たない横長剥片を素材とするナイフ形石器（第40図3）の背面の剥離痕は上下に切り合っており、打点の移動はさほど見られない。また底面を持たない翼状剥片（第40図4）も背面のネガティブ面は1枚である。瀬戸内技法のみられる2遺跡ではI類が主体であるといえる。

これに対して交互剥離の見られる直坂II遺跡U-8ではナイフ形石器はいずれもポジティブな底面を持つが、整形加工が背面からなされており国府型の範疇を逸脱するものである。また背面のネガティブ面は複数存在しており亜翼状剥片を素材としていることがわかる。亜翼状剥片を素材とし、背面側から整形加工が施されるナイフ形石器を「直坂II型」と仮称する。新造池A遺跡では国府型のIII類と直坂II型が見られる。仲町遺跡では直坂II型と、底面を持たない横長剥片の背面から整形を施したものがある。

ナイフ形石器のみ採集されている安養寺遺跡ではII類が2点、直坂II型が1点、人母シモヤマ遺跡ではII類が2点、七曲遺跡ではII類が1点、紅葉谷遺跡ではI類が1点、石山I遺跡ではI類が1点、III類が1点となっている。安養寺遺跡と人母シモヤマ遺跡では打点を左右に移動させる剥離技術によるものと思われる。I類のナイフ形石器の見られる紅葉谷遺跡と石山I遺跡では瀬戸内技法の存在する可能性もある。越中山遺跡K地点、御淵上遺跡で瀬戸内技法が確認できることから、瀬戸内技法は日本海沿岸を北上したものと考えられる。当然その途中にある富山平野以西でも瀬戸内技法の存在の可能性がある。

直坂II型と仮称したナイフ形石器は今のところ直坂II遺跡U-8、新造池A遺跡、仲町遺跡などの交互剥離のみられる遺跡で出土している。このほかに安養寺遺跡でも1点見られる。この種のナイフ形石器は他の地域にはまとまって存在しておらず、北信越地方特有の形態である。系統としては瀬戸内系の流れの中で出現したナイフ形石器であるが、近畿・瀬戸内のどのような石器群と関係があるのだろうか。今後の課題である。

4 北陸地方における瀬戸内系石器群の位置

　北陸地方の旧石器の編年作業は、遺跡数の圧倒的に多い富山平野の遺跡を中心におこなわれている。富山県内では1952年の眼目新遺跡における旧石器の確認以来、旧石器時代の遺跡の発見が相次いだ。いずれも表採資料が中心だったために、初期の研究ではまず遺跡単位での石器群の系統が注目された（西井1963）。その集大成として、『富山県史考古編』で西井はそれまで発見された31遺跡の石器群を紹介し、ナイフ形石器文化を五つのグループに分類した（西井1972）。1群は大きめの石刃状剥片を素材とする東山型ナイフの流れをくむもの。2群は中・小型の石刃を主体に金谷原型ナイフと杉久保類似のナイフ、小坂型・神山型に近い彫器を含む。3群は安山岩製の横長剥片素材のナイフ。4群は石刃技法によらないやや小型の剥片によるナイフ。5群は小型のナイフ形石器の一群で、切断手法を用いるものや、幾何形的なものが含まれる。

　1970年代になると大規模開発に伴う行政調査が急増し、旧石器時代の遺跡も数多く調査されるようになる。こうした発掘調査で得られた層位的な事実や、周辺地域での石器群のあり方をもとに、橋本正は石器群の系統差を年代差にもとめ、富山県の旧石器編年を発表した（橋本1975）。この編年案はその後一部修正され、より細分された（橋本1976）。ナイフ形石器は7期に細分されたが、これまでの発掘調査で得られたデータによっても大きな矛盾は生じておらず、北陸においては対立的な見解がないまま現在に至っている。橋本編年では、西井の3群つまり瀬戸内系石器群は一括され、ナイフ形石器の7番目の第IVa期におかれた。東山系石器群に後続し、尖頭器に先行する位置である。ここで瀬戸内系とされた石器群は直坂II遺跡U-8、安養寺遺跡、七曲遺跡、眼目新遺跡出土の石器群である。

　富山平野では、旧石器は普通「ローム層」と呼ばれる赤土の中に包含されている。富山県内の洪積台地では、表土黒色土層（第1層）、漸移層（第2層）、赤褐色ローム層（第3層）、黄褐色ローム層（第4層）の層序が見られる。橋本の編年ではこの土層の堆積が、県内でほぼ同様の堆積状況であったとの前提に立ち論を進めている。

　北陸地方でも近年、旧石器時代の遺跡の調査で火山灰の分析がおこなわれる

ようになっており、旧石器の編年に一つの目安を与えている。富山市（旧大沢野町）野沢遺跡A地点（鈴木編1982）では、Ⅰa層、Ⅰb層、Ⅱ層（褐色土層）、Ⅲa層（黄色土層）の層序で、Ⅱ層下部がAT、Ⅲa層中部がDKPの層準とされている（小林1982）。出土遺物は流紋岩製の東山系石器群で、Ⅱ層上部・中部に主たる包含層がある。立山町白岩藪ノ上遺跡では、1層表土、2層黒色土、3層漸移層、4a層赤褐色粘質土、4b層淡赤褐色粘質土となっている。4a層中位から上半部がATに、4b層がDKPに対比されている（小林・上田1982）。石器群は橋本編年のⅡa・Ⅱb期に対比されており、包含層は、4a層中位を中心に包含されている（松島1982）。瀬戸内系石器群を出土した新造池A遺跡では先にふれたとおり、第3層下位にAT、第5層にDKPが対比されている。

　富山県内のいわゆるローム層は、これらの火山灰の分析から第3層（遺跡によって土層区分が一定でないため、赤褐色のローム層を第3層と呼ぶ）中にATの層準が、第4層（黄褐色ローム）中にDKPの層準が対比できる。しかし、ATを例にとれば、第3層でも下位に位置する遺跡と中位に位置する遺跡が存在し、各遺跡におけるローム層の堆積が一定ではなかったことを物語っている。こうしたことから石器群の位置づけは、包含層の深度だけではなくATとの層位的関係を明確にする必要がある。

　瀬戸内系石器群の位置づけが可能な遺跡としては、仲町遺跡、直坂Ⅱ遺跡U-8、新造池A遺跡がある。仲町遺跡では、上部野尻ローム層Ⅱ黄褐色ローム上面から瀬戸内系石器群が出土しており、台形石器より上位に位置し、砂川遺跡出土のナイフ形石器に類似するナイフ形石器、尖頭器などが同一層から出土している。

　周辺地区の調査では杉久保型ナイフが上部野尻ローム層Ⅱ下底より出土している（野尻湖人類考古グループ1980）。直坂Ⅱ遺跡U-8では、瀬戸内系石器群は立野ヶ原型ナイフの一群より上位で、黒曜石製尖頭器の一群より下位に位置する。新造池A遺跡ではATより上位に位置し、ローム最上部に包含層を持つ。以上の3遺跡はいずれも交互剥離を技術基盤に持ち、仮称＜直坂Ⅱ型ナイフ＞を含む石器群で、同一グループに属する。年代的には、ナイフ形石器の中でも後出的なものといえる。尖頭器を主体とする石器群の直前に位置づけた橋本の編年案は妥当なものと評価できる。ただし、東山系石器群、石刃を斜め整形したナイフ形石器の一群との関係は不明である。西井の指摘し

たように（西井 1977）東山系と瀬戸内系の中のある石器群が結びつく可能性もある。

　西下向遺跡ではATが検出されており、AT層準と石器群の層準から石器群はATよりかなり新しいと理解できるが、他の石器群との関係は不明である。ただし、技術的には瀬戸内技法に近似するため、年代的にも近いことが予想される。

　瀬戸内技法を持つ越中山遺跡K地点、御淵上遺跡は日本海沿岸地域の中で、他の石器群との比較はできない。瀬戸内技法の上限と下限が明らかになった段階で考えてみたい。

　以上のように、日本海沿岸には三つの瀬戸内系の石器群が存在する。地理的には最も東に位置する越中山遺跡K地点、御淵上遺跡が瀬戸内技法を持ち、富山平野を中心とする北信越地方の石器群が交互剥離、福井県で「三国技法」と、分布圏がそれぞれ重なり合わない。しかし、近畿地方から最も遠い越中山遺跡K地点で、純粋な形で瀬戸内技法が存在しており、富山県内で今後瀬戸内技法が確認される可能性もあり、瀬戸内系石器群における様相の違いは、地域差ではなく年代差であると考えたい。ただし、「三国技法」と交互剥離の一群は地域差としてとらえることも可能である。

　小論にかかわる北陸地方の旧石器文化を扱った論文として平口哲夫の「北陸におけるナイフ形石器文化の変遷についての予察」と西井龍儀の「富山県の先土器時代研究の現状と諸問題」『石川考古学研究会々誌』第26号があるが、未だに刊行されておらず、ふれることができなかった（その後、奥付の日付の数年後に刊行されている）。

　小論のために、松井政信、松島吉信、西井龍儀、橋本正、山本正敏、古川知明、亀田正夫、藤田富士夫、酒井重洋、平口哲夫、樫田誠の各氏から御教示、資料・実測図の提供を受けた。また富山県埋蔵文化財センター、富山市考古資館からは収蔵資料実見の機会が与えられている。記して謝意を申し述べたい。

第2節　国府型ナイフ形石器と掻器

1 はじめに

　日本列島における旧石器文化の諸様相は、ほとんどが残された石器群を通して認識されたものである。石器群は地域によって様相が異なり、地域単位でそれぞれ独自の変遷をとげており、石器群から旧石器時代の地域性を認めることができる。こうした地域性は後期旧石器時代全体を通して存在するが、地域ごとに石器群が無関係に存在するのではなく、相互に影響を与えており、しばしばある地域の特徴的な石器が他の地域において出土することがある。この場合、伴出する遺物や出土層準によって二つの地域において独自の変遷をとげている石器群または石器型式の編年の接点となりえる。
　特に火山灰層が未発達で、層位的出土例が乏しく、石器群の編年が確立していない地域では、石器編年の確立している周辺地域との接触の痕跡からも編年作業の手がかりを求める必要がある。たとえば、層位的出土例の乏しい近畿地方、瀬戸内地方東部では、石器群の編年に、周辺地域での瀬戸内系石器群の編年的位置が一つの目安になっている。この地域で最も特徴的な石器は、国府型ナイフ形石器であり、ナイフ形石器の素材となる剥片生産技術（瀬戸内技法）の特殊性から周辺地域で出土した場合でもその識別は容易である。

2 国府型ナイフ形石器の拡散

　国府型ナイフ形石器は、東北地方から九州地方まで分布しているが、分布の中心は近畿地方と瀬戸内地方東部にある。つまり近畿から瀬戸内東部で発達した国府型ナイフ形石器が周辺地方に波及したわけである。周辺地域の中でも九州地方と関東地方では、国府型ナイフ形石器が層位的に出土しており、その波及時期をつかむことができる。
　関東地方で国府型ナイフ形石器を出土した遺跡としては、埼玉県殿山遺跡と神奈川県柏ヶ谷長ヲサ遺跡が知られている。殿山遺跡における石器群の出土層

準は第4層のソフトロームから第6層の黒色帯におよんでいるが、第5層のハードロームに出土層準を求めることができる同一時期の石器群であるとされている。神奈川県柏ヶ谷長ヲサ遺跡での国府型ナイフの出土層準は、3枚目の暗色帯下部層（B.B2L）の中位である。殿山遺跡の国府型ナイフ形石器はチャートを、柏ヶ谷長ヲサ遺跡では細粒凝灰岩を素材としている。

　九州地方で出土している国府型ナイフ形石器は、大分県岩戸遺跡、同津留遺跡の出土層位からAT降下以後と見られており、これは関東地方での国府型ナイフ形石器の年代と整合する。奈良県桜ヶ丘第1地点遺跡の発掘調査で、AT層より下位と上位から瀬戸内技法の存在が確認されている。九州地方・関東地方への国府型ナイフ形石器の波及はAT基準にすれば、「国府期」のより新しい段階といえる。

　九州地方で発見されている国府型ナイフ形石器は今のところ東九州と北部九州に限られており、大野川流域と筑後平野北部に集中している（松藤1983）。筑後平野北部で発見されている国府型ナイフ形石器は1点を除きすべてサヌカイトを素材としている。旧石器時代において黒曜石を多用している筑後平野で、国府型ナイフ形石器の製作にわざわざサヌカイトを用いている点に、瀬戸内技法とサヌカイトの強い結びつきが指摘されているが、少なくとも筑後平野北部において国府型ナイフ形石器を製作した集団は、近畿・瀬戸内地方のサヌカイト使用を知っていた集団またはその系統に属する集団であったと見なすことができる。東九州では、サヌカイトもしばしば国府型ナイフ形石器に用いられているが、筑後平野北部のような強い結びつきは見られない。

　東日本の日本海沿岸地域でも国府型ナイフ形石器・瀬戸内系石器群は、安山岩と強い結びつきが認められる（麻柄1984）。この地域は伝統的に頁岩・鉄石英・メノウ等が石材として用いられているが、国府型ナイフ形石器・瀬戸内系石器群は安山岩や安山岩に似た石材を用いており、これもサヌカイトの存在を知っていた集団によって残されたものと理解できる。

　東日本の日本海沿岸地域では瀬戸内技法がほとんどそのままの形で存在している。また、筑後平野北部でもナイフ形石器の観察から典型的な瀬戸内技法が予想される。サヌカイトを好んで用いている点も合せれば、両地域では単に技術が伝播したとするよりは直接的な集団移動の可能性が高いといえよう。

3 国府石器群の搔器

　国府型ナイフ形石器の周辺地域への伝播に対して、周辺地域から近畿地方へ搬入された遺物もある。大阪府郡家今城遺跡出土の搔器である（高槻市教委1978）。搔器とは石刃または剝片の一端に連続的な整形加工を施し、丸みをおびた刃部を形成する石器である。郡家今城遺跡では11点出土している。

　郡家今城遺跡は近畿地方の国府石器群を代表する遺跡である。この遺跡では、黄褐色・灰褐色砂質粘土層中から8群の国府型ナイフ石器を中心とする石器群が検出されている。

　国府遺跡の発掘調査がおこなわれ、国府型ナイフ形石器と瀬戸内技法が認定されて30年近くになるが、近畿・瀬戸内地方では他地域で見られるような石器集中地点（いわゆるユニット）の検出された遺跡はきわめて少なく、正式に報告書の刊行されている例はほとんどない。こうした中で、郡家今城遺跡は近畿・瀬戸内地方で国府型ナイフ形石器を語る場合避けては通れない遺跡である。ナイフ形石器の量と石器組成の豊かさという点ではサヌカイト原産地以外の遺跡の中で比類のないものといえよう。

　国府石器群の石器組成を知るには、今のところ郡家今城遺跡しかない。郡家今城遺跡C地点の石器組成は第3表のとおり、各群ともナイフ形石器を中心とし、搔器と若干の彫器を伴っている。こうした石器組成が国府石器群において一般的なあり方か否かは、他に比較できる適当な発掘例がないため不明といわざるをえない。しかし断片的な資料ながら国府型ナイフ形石器と搔器の共伴を示す

第3表　郡家今城遺跡C地点　群別石器組成一覧表

	ナイフ形石器	搔器	彫器	二次加工のある剝片	使用痕ある剝片
A群	14			1	
B群	2				
C群	10	1	2	1	5
D群	6	1			2
E群	24	1			1
F群	6	1	1		
G群	6	1			
H群	7	1			3
表採	2	5	1		
計	77	11	4	2	11

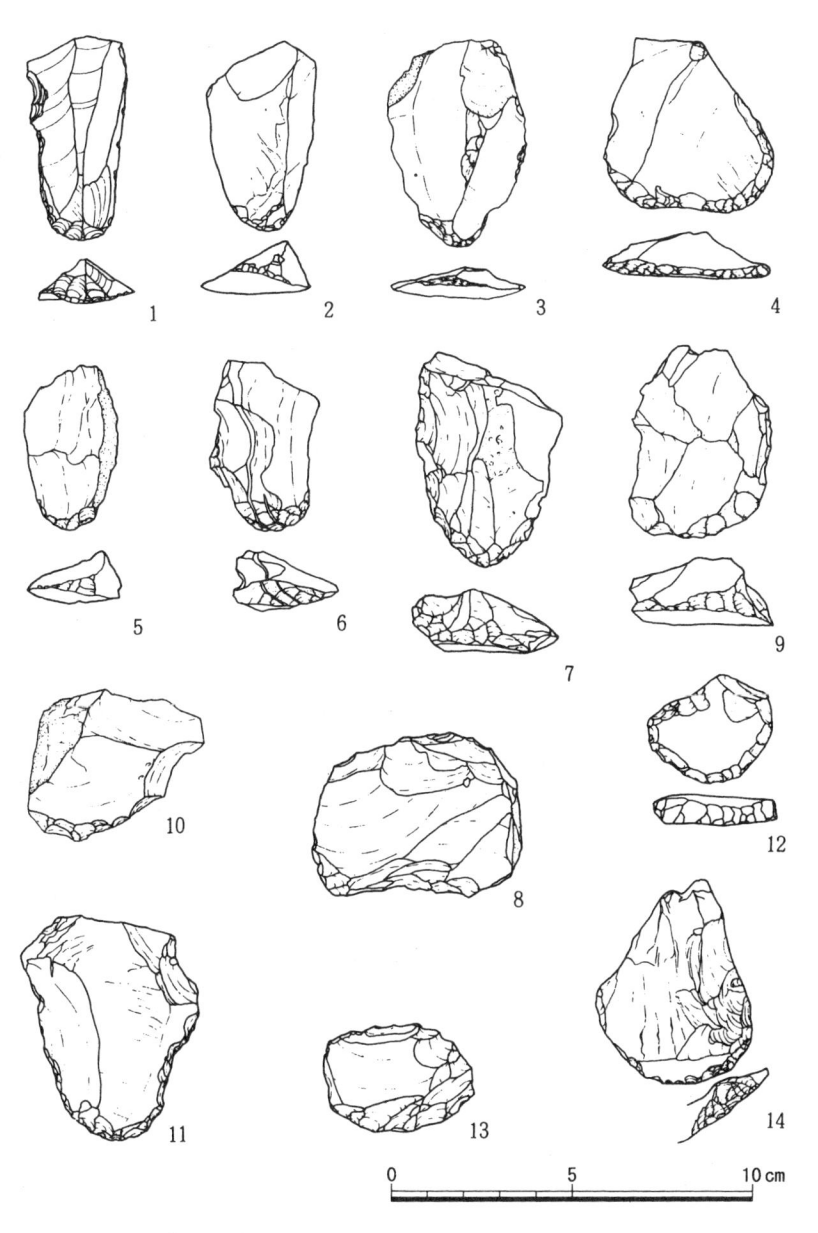

第2節 国府型ナイフ形石器と掻器 183

第48図 1～11：郡家今城遺跡 12～14：広沢池遺跡

石器群がある。京都府広沢池遺跡から採集されている石器は国府型ナイフ形石器と掻器が中心であり、ほぼ単一時期の石器群と考えられている。また報告書は刊行されていないが、大阪府青山遺跡からは国府型ナイフ形石器を中心とする1ユニットが検出されており、これに掻器・彫器が伴う（補注：その後報告書が刊行されている。大阪府教委1990）。このことから、サヌカイト原産地を除く近畿地方の国府石器群のある段階には、少量の掻器・彫器が伴うものと考えられよう。

郡家今城遺跡C地点出土の掻器は、素材から次の3類に分けることができる。
1　石刃を素材とするもの。（第48図-1）
2　剥片を素材とするもの。（第48図-2～8）
3　残核を転用したもの。（第48図-9～11）

石刃を用いたものは珪質頁岩製で、石質の観察から近畿地方には産出しないものと考えられており、北陸地方からの搬入品であると推定されている[8]。形態も近畿地方以西では見られないもので、製品として持ち運ばれたものであろう。刃部は石刃の末端に設けられており、片側辺は細部調整が施されている。剥片を素材とするものは形状に応じて、剥片の末端に短い刃部を作るものと、刃部が長く円形掻器に近いものがある。石質は第48図2がチャートで、他はサヌカイトである。残核を素材とするものは、翼状剥片石核を転用したものが多く、円形掻器の形状をとる。いずれもサヌカイトである。

広沢池遺跡からはこれまでに6点の掻器が採集されている。円形掻器、縦長剥片の一端を刃部とするものなどバラエティに富む。掻器の形態における多様性は郡家今城遺跡C地点に共通する。

不定形の剥片を用いた掻器・円形掻器は、南関東地方のいわゆる武蔵野Ⅱa期・相模野Ⅲ期の石器組成に一定量含まれている。国府型ナイフ形石器を出土した殿山遺跡・柏ヶ谷長ヲサ遺跡でも同一文化層から掻器が数点出土している。中国・四国・九州地方でナイフ形石器に伴う掻器がほとんど存在しないことから、国府石器群に含まれる掻器は東日本にその系譜を求める必要がある。しかし、近畿地方では時期的に異なると思われる国府石器群以外の石器群（大阪府藤坂宮山遺跡・塚原遺跡など）からも掻器が出土しており、掻器そのものにも時間幅が考えられることから、郡家今城遺跡C地点出土の石器群を掻器の存在から武蔵野Ⅱa期・相模野Ⅲ期に直接結びつけることはできない[9]。

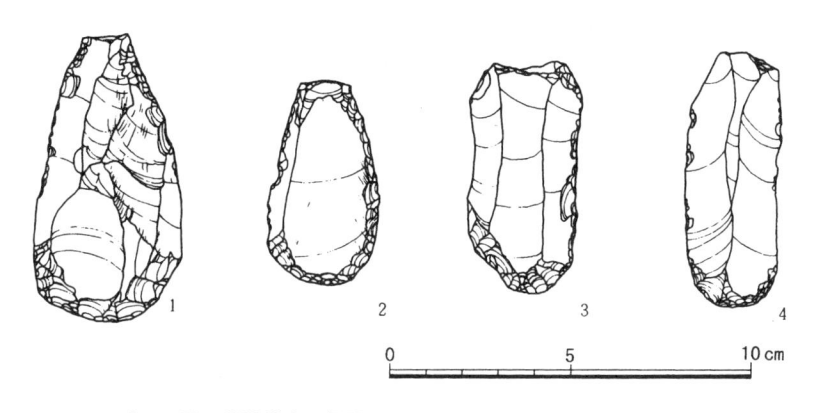

第49図　北陸地方の掻器　1・2：嫁兼平林　3：眼目新　4：飯山

4　北陸地方の掻器

　石刃を素材とした珪質頁岩製の掻器は東日本の日本海側に数多く出土している。郡家今城遺跡C地点の石刃を素材とした珪質頁岩製の掻器は、石質から北陸地方のものと推定されているが、北陸地方は石刃を素材とした珪質頁岩製掻器の分布図の中で、最も近畿地方に近い位置にある。

　郡家今城遺跡C地点出土の珪質頁岩製の掻器が北陸地方のものとすれば、北陸地方での掻器の編年にあてはめることによって、郡家今城遺跡C地点出土の石器群を、北陸の旧石器編年に対比することができる。

　北陸地方では石川県以東から石刃素材の珪質頁岩製掻器が出土しており、特に富山県に集中する。しかし、表面採集の資料が多く、発掘調査で得られたものは、石川県灯台笹遺跡・富山県早月上野遺跡・吉峰遺跡など数例しかない。

　掻器そのものは、北陸地方で最も古い石器群の一つと考えられている富山県直坂I遺跡から粗雑な掻器が出土しており、縄文時代草創期まで存続している。しかし珪質頁岩製の石刃を用いた掻器となると、いわゆる東山系と呼ばれる石器群に限られている。旧石器時代の終末期から縄文時代草創期の石器群にも珪質頁岩製の掻器が伴うことがあるが、これらは形態的にいわゆる東山系石器群に伴う掻器と区別することができる。

　東山系石器群は大別して2類に分離される。一つは石刃素材の掻器を伴う

もので、富山県眼目新遺跡、嫁兼平林遺跡、飯山遺跡、才川七的場遺跡、石川県灯台笹遺跡などがある。もう一つは、石刃石材の掻器を持たず、しばしば局部磨製石斧を伴う一群で、富山県野沢遺跡Ａ地点、鉄砲谷遺跡などが知られる。前者は発掘資料ではないが、何点かは断面からぬきとられており、包含層はハードローム上面からソフトロームであるとされている。また、灯台笹遺跡では槍先形尖頭器と共伴する可能性もある。これに対して後者はハードロームの中ほどから上半部に包含層があり、後者は前者より古いといえる。つまり北陸地方で東山系石器群と呼ばれている珪質頁岩を用い、石刃技法の卓越した石器群の中でより後出的なものに石刃素材の掻器が伴うといえる。

東北地方の石刃技法の分析からも同様の結論が得られており、掻器を伴う石器群の石刃技法が掻器を伴出しない石器群の石刃技法より後出的であるという。北陸地方での東山系石器群の編年的位置は、野沢遺跡Ａ地点でATより上位であることが確認されており、先に述べたとおり嫁兼平林遺跡等でハードローム上部からソフトロームにかけて包含層を持つと見られている。こうした層位的データより東山系石器群は、北陸地方に見られる６系統に大別できる石器群の中で新しい部類に属すると見られる。また石刃素材の掻器はその東山系石器群の中でもより後出的であろう。

北陸地方における石刃素材の珪質頁岩製掻器は石刃の末端に刃部を設け、片側辺に細部調整が施されるもの、両側辺にまったく細部調整が施されていないものが大半を占める。刃部角60°前後の鋭角になるものが多い。これに対して、同じ珪質頁岩製の掻器でも、旧石器時代の終末期に存在するものは、寸づまりの縦長の形状をとり、両側辺に細部調整が施され、刃部と腹部のなす角度はおおむね小さい。郡家今城遺跡Ｃ地点出土の掻器の特徴は前者の特徴と合致しており、この掻器が北陸地方からの搬入品とすれば、北陸地方での東山系石器群の新しい一群に属する。東山系石器群の編年的位置づけは、掻器を伴う一群の良好な発掘例が存在しないため断定はできないが、現在までの知見では、各系統のナイフ形石器を中心とする石器群の中で瀬戸内系石器群と同様に後出的なものと考えられる。つまり郡家今城遺跡Ｃ地点出土の国府型ナイフ形石器を中心とする石器群は北陸地方の東山系石器群の後出的な一群に対比されることになる[10]。

こうした推定が成り立つためには、①郡家今城遺跡において珪質頁岩製の掻

器が、他の国府型ナイフ形石器などと確実に共存すること、②珪質頁岩が北陸地方で産出したものであること、③北陸地方で石刃を素材とする珪質頁岩製掻器が時期的に限定されることが保証されなければならない。②は専門家の手による分析が必要であるし、③は我々がさらに究明しなければならない課題である。

5 まとめ

　旧石器時代には、他の文化を容易に受け入れる地域と排他的な地域がある。国府型ナイフ形石器・瀬戸内技法の周辺地域への波及にあたって、ほとんどそのままの形で受容している東日本日本海沿岸地域・北九州地方と、影響は強く認められてもストレートに入っていない南関東地方を例としてあげることができる。北陸地方は旧石器時代において他地域からの文化流入が最も著しい地域である。瀬戸内系石器群、東山系石器群、茂呂系石器群、中部・関東地方の尖頭器の一群、東北地方から中国地方の日本海側に分布する台形石器の一群などが検出されている。旧石器時代の東西文化の交流は太平洋側よりも日本海側において活発におこなわれていたといえよう。

　北陸地方の旧石器編年は大筋において各研究者の一致をみている[11]。しかし、異系統の石器群が複雑に錯綜しているため、北陸地方での各系統の出現と終末はまだ検討を加える必要がある。こうした作業を通して、各地域で独自に変遷をとげている石器群の時期的な対比が可能になる。

第3節　御淵上遺跡の瀬戸内技法

1 はじめに

　1977年5月初旬、ゴールデンウィークで富山へ帰省中の筆者は、新潟県長岡市まで足を伸ばし、当時悠久山公園にあった市立科学博物館を訪れた。ちょうど奈良県立橿原考古学研究所が1975年に発掘をおこなった二上山・桜ヶ丘第1地点遺跡の出土遺物整理に携わっており、北陸地方の国府石器群と目されていた御淵上遺跡出土の石器の中に瀬戸内技法の存在を示す資料を確認するこ

とが目的であった。事前の連絡なしで訪問したため、御淵上遺跡の調査を担当された中村孝三郎に面会を求めたが、すでに退職された後で、会うことはできなかった。しかも考古学担当の学芸員はいないとのことであったが、館長をはじめとする博物館のご厚意で展示遺物のほか、収蔵庫の石器も実見することができた。

御淵上遺跡出土の石器の中に国府型ナイフ形石器や瀬戸内技法に関する資料が存在することは、柳田俊雄の教示によりすでに我々にも知らされていたが、翼状剥片、翼状剥片石核等のまとまった量の存在には驚かされた。ただし、我々以前にこの石器を観察した方もこのことに気づいていたらしく、石器が収納してあった木箱の一角に横長剥片類がまとめてあった。また、安山岩などの観察しづらい石器にはチョークの跡が付けられており、石器観察にチョークを使用するグループの出身者がこの石器を手にとって観察したことを示していた。

博物館では御淵上遺跡出土石器の実測および写真撮影を許可して下さったが、実測道具とカメラを持参していなかったため、スケッチにとどめ、実測は後日再びおこなうことを約束して帰京した。早速、筆者は旧石器文化談話会の勉強会で御淵上遺跡出土の石器実見の報告をおこなった。当日の出席者は、予想以上の多量の瀬戸内技法関連の資料の存在に興味を示し、長岡市立科学博物館より石器実測および実測図の発表の許可をもらっていたので、大学の夏期休暇を利用して実測をおこなうことにした。

博物館との打ち合わせで石器の観察および実測作業は8月3日から5日までおこなうこととし、麻柄、古森政次、佐藤良二の3人で京都を出発した。初日は展示室や収蔵庫の石器の全点を見学し、2日目からは、科学博物館に会議室を提供していただき、木箱数箱に保管されている石器を考古研究室の収蔵庫から運び、2日間にわたり実測作業を3人でおこなった。2日目に増田一裕が合流し、写真撮影をおこなった。

我々が長岡市立科学博物館で実見、実測した御淵上遺跡出土の石器は、テグスで展示ケースに固定されていた国府型ナイフ形石器と横長剥片を除き、瀬戸内技法第1工程、同第2工程の所産と考えられる石核・剥片類、および瀬戸内技法の各工程に類似する剥片生産技術による石核・剥片である。出土した1742点すべての石器を検討したわけではなく、直感的に瀬戸内技法に関連すると認めた資料のみを取り上げた。母岩別の分類や接合は試みていない。

こうした方法で得られたデータは、当然我々が頭に描いていた瀬戸内技法に合致するもののみで、御淵上遺跡の剥片生産技術全体を示すものではない。近畿地方の国府石器群ですら多様な剥離技術の複合であることが明らかにされており、御淵上遺跡が純粋な瀬戸内技法のみを技術基盤としているとは考えがたい。ただこの時点では、御淵上遺跡出土の石器は白石浩之によって指摘されていた（白石 1976）ように、国府型ナイフ形石器と槍先形尖頭器の2期の石器群の混在したものと判断していたため、時期が異なるものを一括して分析することを無意味であると考えたからである。

しかし、我々がおこなった資料の調査方法では石器群が2期に分離できるか否かの基本的なことさえ解決できなかった。瀬戸内技法関連の石器群と槍先形尖頭器の一群に、同一母岩によって製作されたものが一組でもあるのか、まったく異なった母岩によるものなのかの検討がおこなわれるだけでもこの石器群の評価は随分違ったものになった可能性がある。このことは、帰京してからの反省点となり、再調査を期すことになった。しかし、我々の卒業・就職、また科学博物館の移転に伴い収蔵庫が科学博物館本体から分離されたことなどで未だにその目的を達していない。

2 御淵上遺跡の研究史

新潟県三条市（旧南蒲原郡下田村）に所在する御淵上遺跡は、新潟県の後期旧石器時代中頃の遺跡としては最も注目されている遺跡の一つであろう。遺跡は1965年に中村孝三郎によって発見され、信濃川支流の五十嵐川流域における先史遺跡調査の一環として、中土遺跡、八木鼻岩陰に続き発掘調査がおこなわれた（中村 1970）。

調査は1969年8月21〜23日の3日間にわたり、長岡市立科学博物館考古研究室が主体となり、中村孝三郎を中心とするメンバーで発掘調査がおこなわれている。2年後の1971年には、長岡市立科学博物館から調査報告書が刊行されている（中村 1971）。

発掘面積は220㎡あまりで、1742点の石器が出土している。このうちの102点の実測図が報告書に掲載されている。御淵上遺跡の石器の出土層位は第2層褐色混ローム（漸移層？）と第3層基底ロームの13cm前後までで、集石と

石器の60%は第3層のローム層から出土しており、このローム層中に生活が展開されていたと中村は推定している。さらに、御淵上遺跡から900ⅿ離れた同じ三条市(旧下田村)の中土遺跡の細石器文化は、同系同質ロームの直上に生活主体を有することが確認されていることからその時間差を示唆している。また、発掘現場で「時間差を求める異層性に対する重要な検討が慎重にくりかえされ」、その結果「重層あるいは異層性などの存在はまったく認めることができ」ず、「石器の製作時が同一の包含層土内を中心とした、同時期に展開されていたことが確認され」たことを強調している(中村1978)。つまり、調査段階では、出土石器群は同一時期の所産と認識されていた。

　この発掘調査とは別に、新潟県立三条商業高等学校社会科クラブ考古班の生徒を中心に五十嵐川流域の先史遺跡の踏査がおこなわれており、御淵上遺跡からも石器が採集されている(新潟県立三条商業高等学校1971・1980)。採集された石器は、槍先形尖頭器やその未成品、石刃が中心で基本的には発掘調査で得られた資料と類似するものである。さらに、佐藤雅一は三条商業高等学校社会科クラブ考古班の報告した石器の再検討を含めて、新たに縄文時代草創期的な石器の紹介をおこなっている(佐藤1981)。これらが公表されている御淵上遺跡のすべての資料であるが、この中の代表的なものが『新潟県史資料編1』(新潟県1983)に写真が再録されている。

　この御淵上遺跡の石器群の中に国府型ナイフ形石器が存在することは、発掘調査報告書の刊行後まもなく、西井龍儀により指摘されている(西井1972)。また、国府型ナイフ形石器および国府石器群を総括した松藤和人は、その東方への広がりとして、越中山遺跡K地点とともに御淵上遺跡の横剥ぎナイフをあげている(松藤1974)。これらにより、御淵上遺跡に国府型ナイフ形石器が存在することが衆知のこととなった。ただし、公表されている実測図が、国府型ナイフ形石器3点と底面まで剥離が達しなかったと見られる翼状剥片1点のみで、剥片生産技術の具体的な様相は明らかにされていない。

　ところで、御淵上遺跡出土の石器には国府型ナイフ形石器のほかに、まとまった量の槍先形尖頭器が含まれている。国府型ナイフ形石器と槍先形尖頭器の共存の問題は、御淵上遺跡の国府型ナイフ形石器の位置づけをおこなう上で重要な論点となる。西井龍儀は国府型ナイフ形石器と槍先形尖頭器の共存を前提に「横長剥片の発展過程としてとらえられるのかもしれない」と、国府型ナ

イフ形石器のより後出的な可能性を示唆している（西井 1972）。同様な見解は柳田俊雄も表明しており、柳田はやはり両者の共存から御淵上遺跡出土の石器群を国府石器群の終末に位置づけている（柳田 1981）。小野昭も「瀬戸内技法の範囲に含めてよいものである」とし、「異なる時期の石器群が重複して発見されたとして二時期あるいは三時期に分けようとする試みもある。しかし（中略）あえて異なる時期の混合と考える必要はないであろう」と共伴説をとっている（小野 1986）。

これに対し、白石浩之は御淵上遺跡出土の石器群の一部を越中山Ｋに対比し、御淵上遺跡の国府型ナイフ形石器の背部の加工が「野川Ⅳ4」と類似していることを指摘している（白石 1976）。尖頭器は、中部地方北部の尖頭器の変遷の中で最古の位置づけがなされる（白石 1979）が、両者に時間的にかなりの隔たりを想定している。平口哲夫も国府型ナイフと槍先形尖頭器の共伴説に対し、「共伴の事実が必ずしも明確にされていないこと」から、疑問を表明している（平口 1983）。

また佐藤雅一は、その後の採集資料も含めて再検討をおこない、時間を異にした三つの文化層があると考えている（佐藤 1981）。佐藤の分類では、第1期は第6遺物集中地点を中心に検出された一群で、ナイフ形石器は「国府型ナイフ形石器類似品に石材の用い方が近似して」おり、第2期は第3遺物集中地点を中心に検出された槍先形尖頭器の一群で、第3期は表面採集資料であるが、細石器文化に後続する段階に位置づけている。さらに新潟県史の資料編（執筆者不明）では「あるいはユニットによって時期差も考えられる」としている（新潟県 1983）。

筆者は、日本海沿岸地域における瀬戸内系石器群を概観した中で、長岡市立科学博物館での観察・実測に基づき、御淵上遺跡出土の石器の中に国府型ナイフ形石器だけでなく、瀬戸内技法第2工程の存在を示す翼状剥片、翼状剥片石核が多数含まれていること、さらに発掘調査の結果からは、国府型ナイフ形石器および瀬戸内技法による剥片・石核と槍先形尖頭器が平面分布並びに垂直分布で分離できないことを指摘した（麻柄 1984）。

北陸地方の尖頭器石器群をまとめた古川知明は、瀬戸内技法とナイフ形石器の分離、共伴の問題について検討をおこない、「現時点では共伴関係を認めておきたい」としている（古川 1989）。

以上のように、御淵上遺跡出土の石器群の中に国府型ナイフ形石器が含まれていることについてはほとんど異論がないが、国府型ナイフ形石器を生み出した剥片生産技術は石器を実見した者にしかわからないのが現状である。また国府型ナイフ形石器と槍先形尖頭器の共伴の問題は大きく２者に分かれている。この報告では、前者の御淵上遺跡出土の国府型ナイフ形石器を製作した技法を明らかにすることに重点を置き、記述したい。

3　瀬戸内技法関連資料

(1) 翼状剥片、横長剥片（第50図、51図）

　盤状剥片の打面を作業面とし、背面側に山形に打面調整を施した石核から剥離された、底面を持つ横長剥片を翼状剥片と呼ぶ。つまり瀬戸内技法第２工程で生産される剥片である。翼状剥片石核の素材として用いられる盤状剥片の腹面の一部が底面となるため、底面は必ずポジティブ面で、底面の剥離方向は図面上では腹面と同一方向となる。

　山形の打面調整やポジティブな底面など、翼状剥片の定義に合致する剥片は第50図１～７、第51図８・10～12である。

　１は輝石安山岩でH-4区出土、No.34。長さ（打点から剥片の末端までを測る）は2.7㎝、幅10.2㎝、剥離角113°。底面は大きく湾曲し、一見ネガティブ面に見えるが、盤状剥片腹面末端近くの大きくウェーブした所に底面がきたためと思われ、本来は盤状剥片の腹面の一部であろう。

　２は輝石安山岩でD-7区出土、No.54。長さ4.5㎝、幅7.8㎝、剥離角108°。打面は山形にていねいに調整されているが、翼状剥片としてはやや縦長で、底面が流線形を描かない。

　３は輝石安山岩でJ-5区出土。長さ2.6㎝、幅（現長）6.9㎝、剥離角111°。片翼が欠損しているが、典型的な翼状剥片の形態をとる。一端に作業面調整が認められる。

　４は輝石安山岩でD-7区出土。長さ2.1㎝、幅5.7㎝、剥離角119°。細かく打面が調整されているが、形態はあまりよくない。打面の一端に自然面が残る。

　５は輝緑凝灰岩で表面採集品。長さ2.6㎝、幅5.7㎝、剥離角118°。打面は山形に作り出されているが、剥離の方向がややずれたらしく、底面は約３分

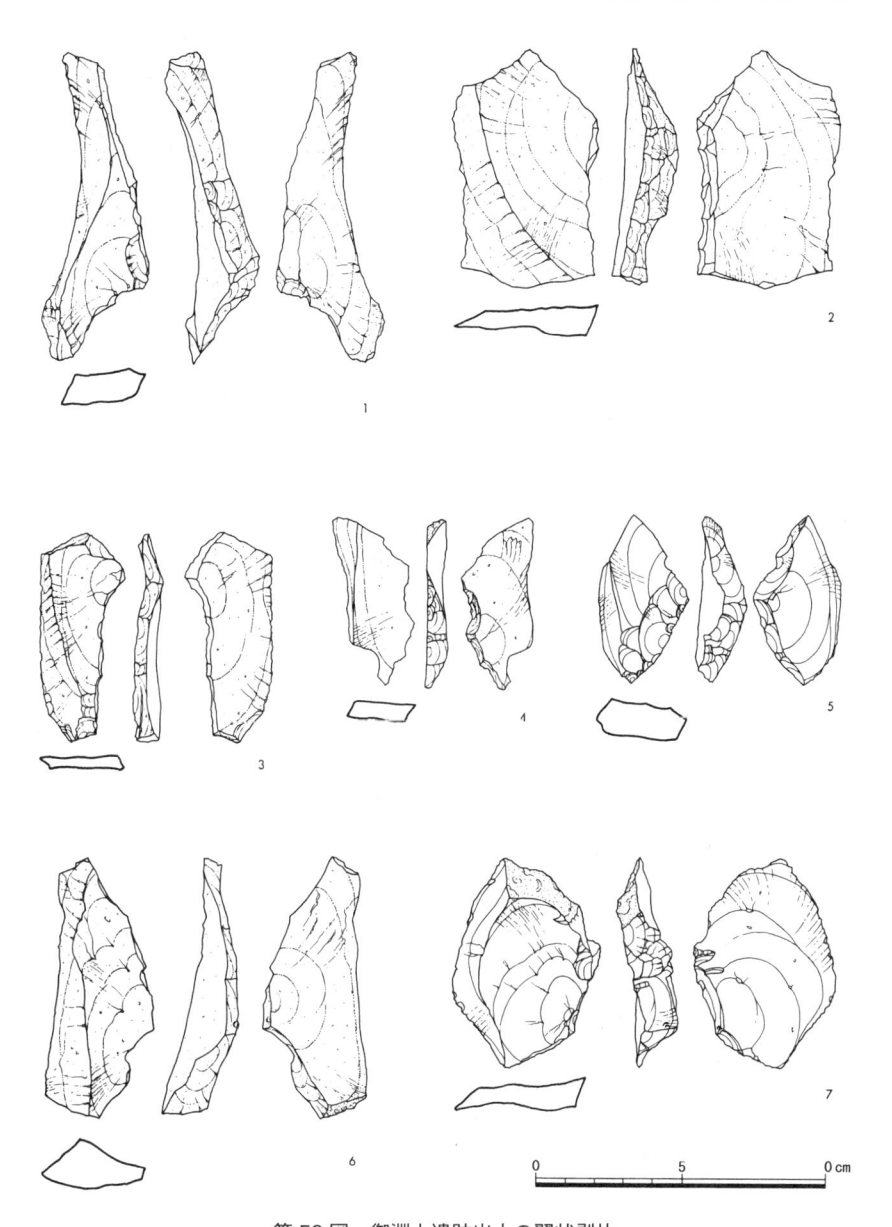

第3節 御淵上遺跡の瀬戸内技法 193

第50図 御淵上遺跡出土の翼状剥片

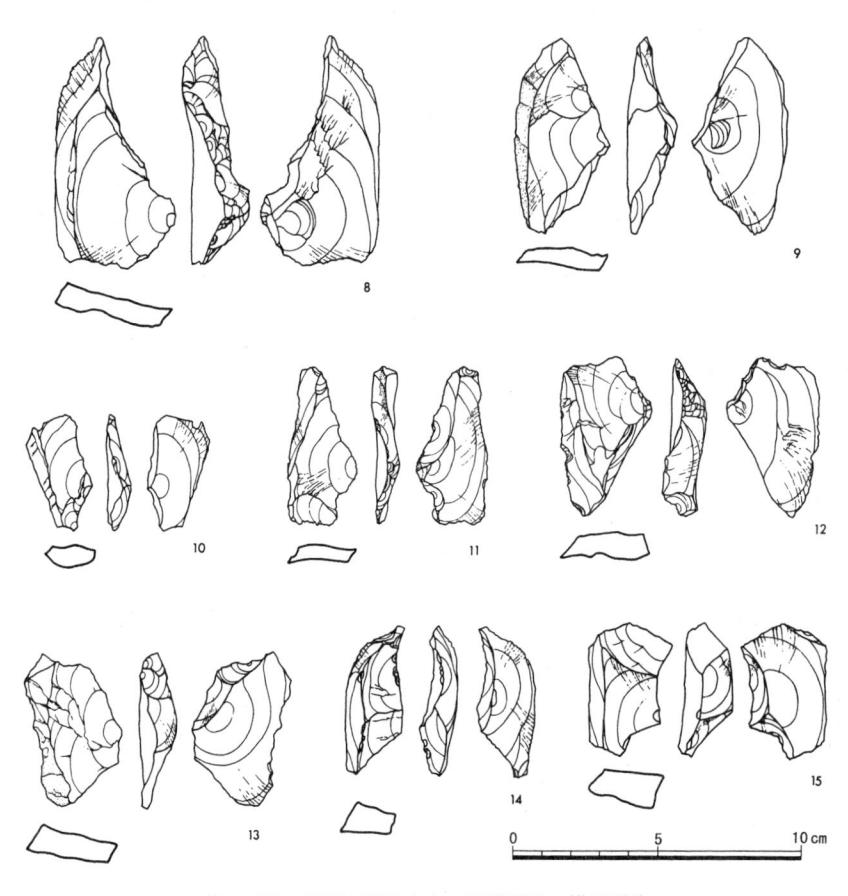

第51図　御淵上遺跡出土の翼状剥片・横長剥片

の2ほど付いている。作業面調整が一方に片寄っていることから、この剥片の1枚前の剥離がかなり方向がずれ、作業面調整によって補正を試みたが、剥離に失敗したものと思われる。なお、腹面末端はヒンジフラクチャーとなっており、底面を刃部に用いることはできない。

　6は輝石安山岩でH-4区出土、No.9。長さ3.2cm、幅8.6cm、剥離角124°。打面の調整は粗く、この翼状剥片が剥離される段階での打面調整は実測図下部の1枚だけである。打面上の打点付近には打撃痕が残る。底面は平坦な剥離面であるが、ネガティブ面の可能性もある。

　7は輝緑凝灰岩でJ-1区出土。長さ4.6cm、幅6.9cm、剥離角103°。打面の

調整は一部に限られ、自然面が大きく残る。打面上の打点付近には打撃痕が残る。底面にはバルブの高まりが認められ、この剥片が2、3枚目の剥離であることがわかる。

　8は輝緑凝灰岩でJ-2出土。長さ3.7cm、幅7.6cm、剥離角105°。細かな打面調整が施され典型的な翼状剥片に近いが、腹面はバルブが発達し、大きく波打っている。底面と腹面のなす角度は大きく、刃部としては不適当である。

　10は輝緑凝灰岩でD-7区出土。長さ1.7cm、幅3.8cm、剥離角109°。打面は2枚の剥離痕で構成され、作業面調整が一部に認められる。

　11はチャートでE-4区出土。長さ2.0cm、幅5.2cm、剥離角123°。底面は約3分の2ほど付いている。背面には複数の剥離痕が認められる。

　12は輝緑凝灰岩でJ-4区出土。長さ3.2cm、幅5.3cm、剥離角108°。打面は片側が1枚の剥離痕でもう一方は細かく調整し、山形に仕上げている。この翼状剥片も腹面が波打っている。

　横長剥片は、収蔵庫に保管されている剥片類のなかに多数存在するが、底面を持つもの、打面が調整されているものを図示した。

　9は自然面を底面とする横長剥片。長さ3.1cm、幅6.6cm、剥離角106°。輝緑凝灰岩製でE-6区出土、No.38。自然面に接する底面はネガティブ面である。打面は粗く山形に調整されている。背面の剥離痕は2枚認められる。

　13は輝緑凝灰岩でD-8区出土。長さ2.5cm、幅5.2cm、剥離角110°。底面の約2分の1は自然面であるが、残りはポジティブ面と考えられる平坦面である。あるいは、盤状剥片の末端近くで自然面が腹面側に張り出している翼状剥片石核から剥ぎ取られたものであろうか。

　14は輝緑凝灰岩でJ-3区出土。長さ1.5cm、幅5.2cm、剥離角102°。底面はポジティブ面であるが、打面は1枚の剥離痕からなる平坦面である。背面は2枚の剥離痕で構成され、打点が左右に振れていることがわかる。

　15は輝緑凝灰岩でJ-2区出土。長さ2.3cm、幅4.4cm、剥離角112°。この剥片も底面はポジティブ面であるが、背面は2枚の剥離痕で構成されている。打面は2枚の剥離痕からなる。

(2) 翼状剥片石核・横長剥片石核 (第52図～第55図32、33)

　ここで取り上げた石核は、翼状剥片石核と盤状剥片を素材とする横長剥片石

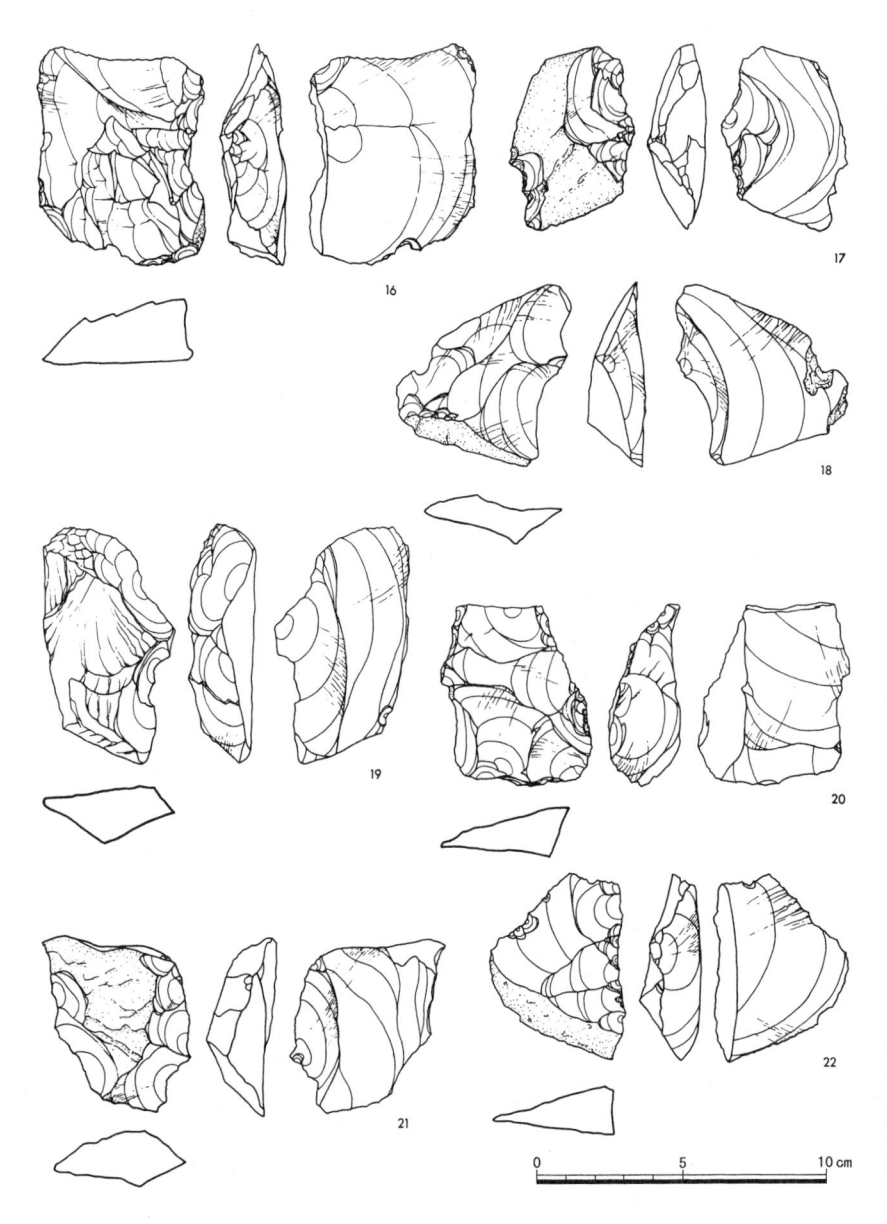

196　第Ⅳ章　日本海沿岸地域の瀬戸内系石器群

第52図　御淵上遺跡出土の横長剥片石核（1）

核である。翼状剥片石核とはいうまでもなく、瀬戸内技法第2工程で、素材の盤状剥片の打面部を作業面とし、背面側に打面調整を施し、翼状剥片を連続的に剥離した石核である。

　16は一部赤色を含む黄褐色の鉄石英でJ-3区出土、No.15。打面は山形に調整されているが、一端に自然面を残す。最終的に剥離された翼状剥片の剥離角は85°で、そのため末端がヒンジフラクチャーとなっている。石核の腹面には素材の盤状剥片石核からは1枚の翼状剥片しか剥離されていないと考えられる。しかもその翼状剥片の底面は、きわめて幅が狭いものであろう。

　17は比較的小型の翼状剥片石核で、輝緑凝灰岩を用いている。J-4区出土。この石核も翼状剥片を1、2枚しか剥離していない。剥離された翼状剥片の剥離角は107°で、この翼状剥片が剥離された後、作業面の調整と打面調整をおこない、放棄されている。石核の背面には自然面が大きく残り、末端部には二次加工が施されている。

　18は輝緑凝灰岩でJ-5区出土。打面は山形の2枚の大きな剥離痕とその間に小さな剥離痕が残される。背面の一部は自然面で、この自然面から打面調整の剥離痕を切る小さな剥離が施されている。背面の打面調整以外の剥離痕は腹面の剥離方向と直交または逆行している。剥離された翼状剥片の剥離角は112°である。

　19は輝緑凝灰岩でJ-5区出土。打面は2枚の大きな剥離痕とその間の小さな剥離痕で構成されており、2枚の大きな剥離痕は翼状剥片の剥離後に打面調整がおこなわれたことを示している。剥離された翼状剥片の剥離角は116°である。石核の背面は節理面である。

　20は輝緑凝灰岩でG-3区出土、No.44-40。底面の一部にポジティブ面が残るが、大きな剥離痕はネガティブ面である。剥離された横長剥片の底面はネガティブ面とポジティブ面の2面で構成されていると考えられる。打面は細かな剥離痕が残り、打面調整が存在したことを示すが、山形の調整にはなっていない。背面の剥離痕は四方からの剥離である。

　21は輝緑凝灰岩でJ-4区出土。打面はやや大きめな剥離痕で山形に調整しているが、この打面調整がおこなわれた後、この石核は放棄されている。最後に剥がされた翼状剥片の剥離角は119°を測る。背面は自然面が残り、末端部には腹面と逆方向からの剥離痕が認められる。

22は輝緑凝灰岩でJ-5区出土。打面は細かく山形に調整されているが、この翼状剥片石核もこの打面調整がおこなわれた後、放棄されている。背面は自然面と腹面と同一方向の剥離痕からなる。最後に剥がされた翼状剥片の剥離角は100°を測る。

　23は輝緑凝灰岩でJ-4区出土。この石核は表裏がそれぞれ1枚の平坦な剥離面であるが、図の右がポジティブ面、左がネガティブ面である。最終剥離面は左上で、ポジティブ面側の剥離はその前で、さらにその前段階にネガティブ面側を剥離している。瀬戸内技法というよりは、打面と作業面を交互に入れ替える交互剥離である。ポジティブ面側の剥離面の剥離角は104°である。

　24は輝緑凝灰岩でJ-5区出土。比較的薄い盤状剥片を用い、山形に細かな打面調整を施している。剥離された翼状剥片は予定どおりには剥離されず、石核素材の盤状剥片の打面の一部と打点が残っている。この翼状剥片石核はこの1枚の剥離で放棄されている。翼状剥片の剥離角は115°である。

　25は輝石安山岩で表面採集品。この石核には素材の盤状剥片の腹面は残っていないが、山形に調整された打面からの剥離が盤状剥片の腹面をすべて取り去ったものと考えられる。最終的には、さらに反対方向から小さな剥離痕がみられる。

　26は輝石安山岩でJ-4区出土。自然面を打面とする大型剥片の末端に打面調整を施し、打点を大きく左右に移動させ、横長剥片を剥離している。こうした石核から得られる剥片には、背面にもポジティブ面が付き、打点の近い2枚目以降の剥片にはポジティブな底面が見られることになる。剥離された横長剥片の剥離角は110°と125°である。石核の背面は自然面に覆われている。

　27は輝石安山岩でJ-5区出土。背面は自然面で、打面調整が施されている。腹面の中央部にポジティブ面が残っているが、剥離は3方向からなされている。剥離痕から見るかぎり、石器の素材となる大きさの剥片は、石核素材の剥片の打面側から剥離された剥片であろう。剥離角は110°である。

　28は輝緑凝灰岩でJ-5区出土。片面はポジティブ面、もう一方は2枚のネガティブ面の盤状の剥片を素材とし、両側に打面と作業面を入れ替えながら剥片を剥離している。ただし、1枚剥離するたびに打面と作業面を入れ替えるのではなく、片側で打点を横に移動させ、2～3枚剥離し、その剥離面を打面としてさらに2～3枚剥離をおこなっている。最終的な剥離面は素材のネガ

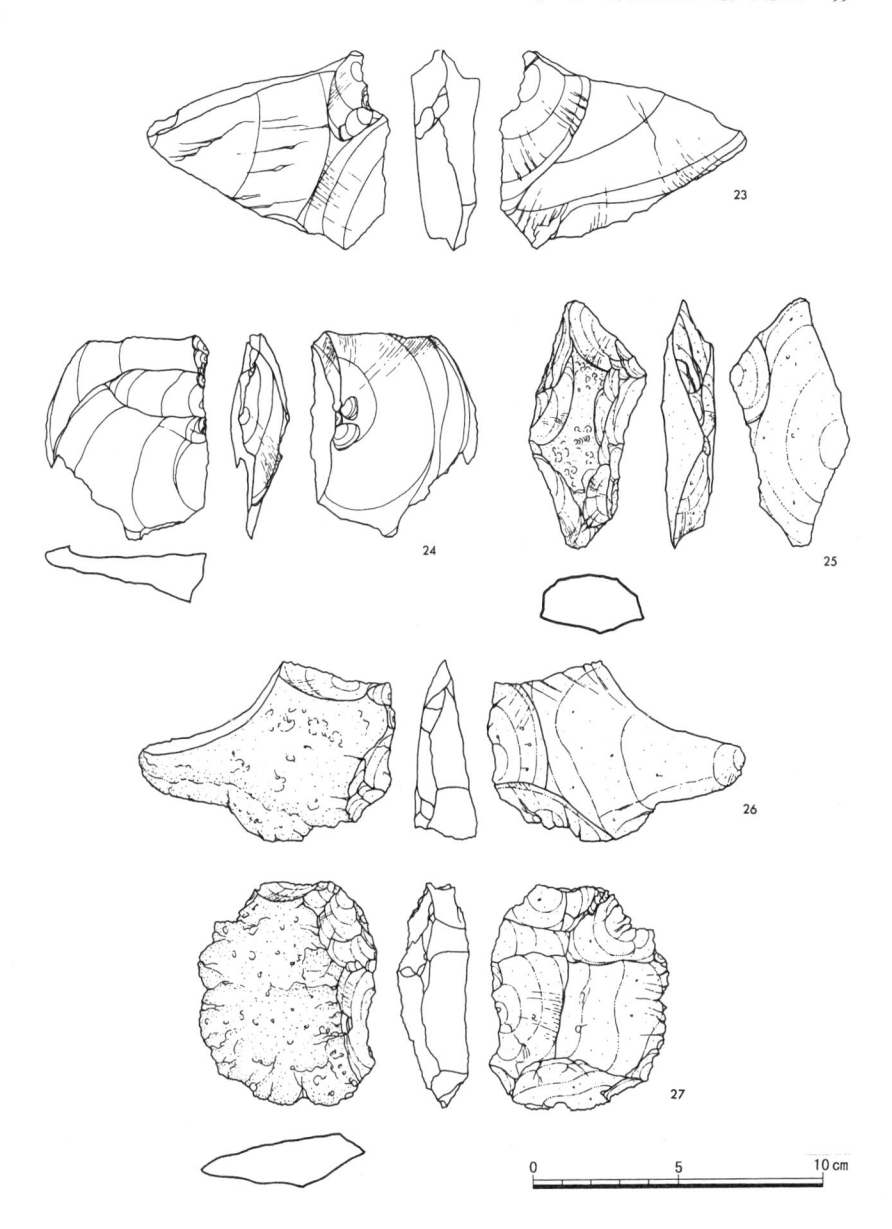

第 3 節　御淵上遺跡の瀬戸内技法　199

第 53 図　御淵上遺跡出土の横長剥片石核 (2)

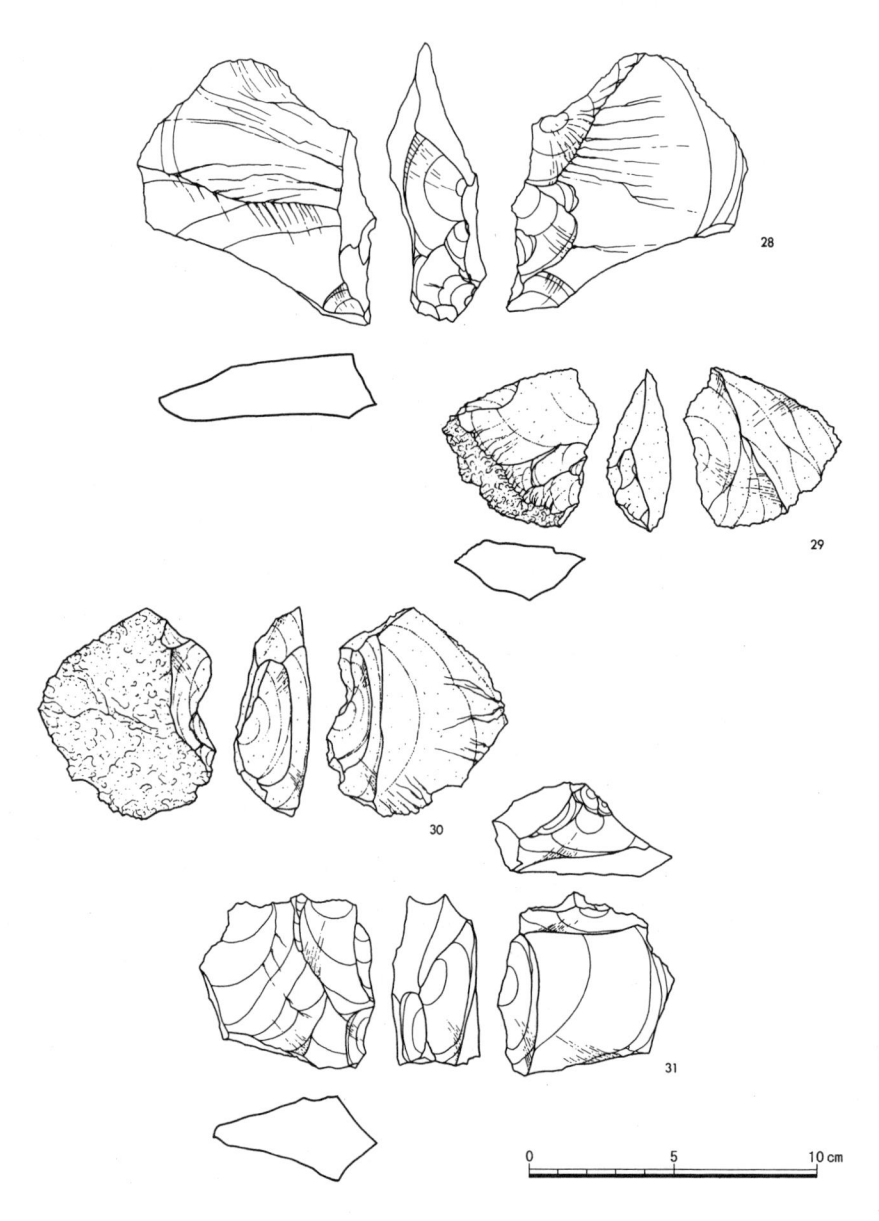

200 第Ⅳ章 日本海沿岸地域の瀬戸内系石器群

第54図 御淵上遺跡出土の横長剥片石核 (3)

ティブ面側への剥離である。

　29は輝石安山岩でD-7区出土。比較的小型の翼状剥片石核である。石核素材の盤状剥片の背面のネガティブ面と片方に集中して施された打面調整で、打面は山形に調整されている。一部には自然面が残る。剥離された翼状剥片の剥離角は126°である。

　30は輝石安山岩でE-2区出土。背面がすべて自然面で覆われた盤状剥片を素材とし、山形に調整された打面から翼状剥片を剥離している。最終的に剥離された翼状剥片は剥離がポジティブ面まで達しておらず、底面のないものである。この剥片の剥離角は110°である。

　31は玉髄でJ-3区出土。盤状の剥片の打面部と側面部の2ヶ所に作業面が設けられている。両方ともポジティブな底面が付くが、側面から剥離された剥片の底面のリングは剥片の剥離方向と直交する。打面は両方とも山形に調整されている。側面の打面調整が、素材の打面側の作業面を切っており、最終的な剥離が側面側でおこなわれたことを示している。剥離角は102°と107°である。

　32はチャートでJ-5区出土。石核の片面は自然面で、他はポジティブ面である。自然面側の剥離痕は打面調整と思われる。目的の剥離は、打点を左右に大きく移動させている。最終的に剥離された剥片の剥離角は108°である。

　33は輝石安山岩でD-7区出土、No.69。小型の翼状剥片石核で、打面は盤状剥片の背面と1枚の打面調整の剥離痕で、山形を呈している。最終的に剥離された翼状剥片は、1枚前の剥離痕の中にほぼおさまり、底面はわずかしかないものと考えられる。その剥片の剥錐角は108°である。

　このほかに大型剥片を素材とした横長剥片石核は4点ある。H-3区出土のNo.13は輝石安山岩で、素材の剥片打面部並びに両側辺部の3方向から剥離がおこなわれている。このほか、鉄石英は、G-4区出土のNo.08とJ-5区出土の2点があり、凝灰岩はJ-1区出土のものがある。

(3) 盤状剥片 （第55図34〜37）

　瀬戸内技法第1工程で剥離される、翼状剥片石核の素材となる厚手で大型の剥片を盤状剥片と呼ぶ。翼状剥片石核の素材であるため、作業面として用いる幅広の打面を有する。ここでは、幅広の打面を有する大型剥片を盤状剥片として取り上げる。

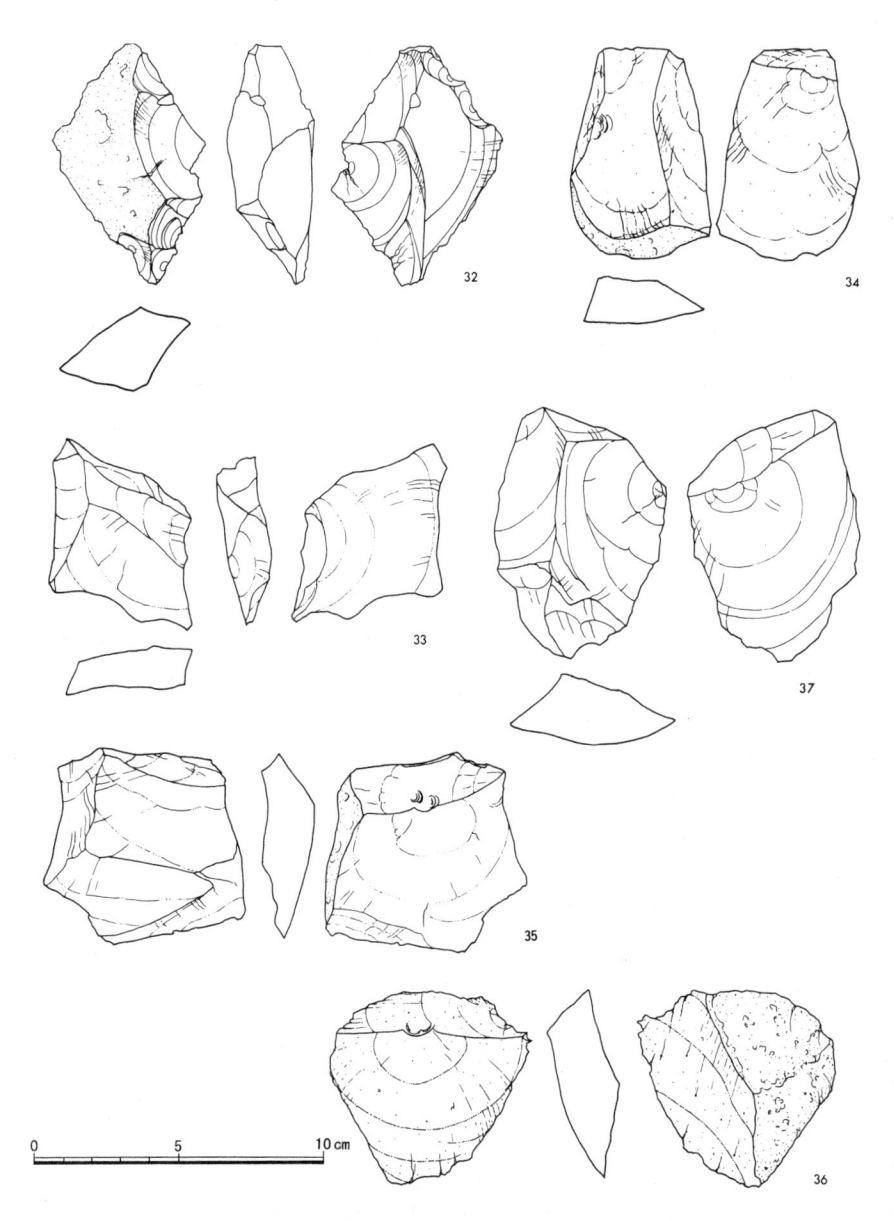

202 第IV章 日本海沿岸地域の瀬戸内系石器群

第55図　御淵上遺跡出土の横長剥片石核 (4)・盤状剥片

近畿・瀬戸内地方では、瀬戸内技法の分析の結果、瀬戸内技法第1工程として、打面と作業面を入れ替えながら厚手の盤状剥片を剥離する工程が主たる盤状剥片の剥離方法と考えられている。このような工程から得られる盤状剥片の背面は、全面が自然面であるか、腹面と同一方向の1〜2枚の剥離面で、末端に自然面を残すものである。また盤状剥片の打面には背面に接して打点が残る。しかし、御淵上遺跡出土の翼状剥片石核の背面の観察から、この遺跡では、盤状剥片の剥離に、近畿・瀬戸内地方のようなシステマティックな技法が採用されていないと予想されたので、上記のような基準でサンプリングをおこなった。

　なお、盤状剥片の剥離は相当に困難だったため、数度の加撃によってようやく剥離されたらしく、打面上に多数の打撃痕が付く場合が多い。

　34は輝石安山岩でD-7区出土、No.96。背面は腹面とほぼ同一方向の2枚の剥離面と、この面を打面に捩れの方向の剥離痕からなるやや小型の盤状剥片。この盤状剥片の観察から復元できる剥離工程は、打面の剥離がおこなわれ、次に背面中央の剥離、さらにその次に背面右または左、そうして最後に腹面の剥離がおこなわれている。背面中央の剥離面にはこの面が打面となった際の打撃痕が多数付着している。腹面の剥離角は115°を測る。

　35は輝石安山岩で表面採集品。末端部は折れ面となっているが、背面は腹面と同一方向の4枚の剥離面と逆の剥離面が1枚認められる。打面は腹面の側部の方向から剥離されているが、打点はない。打面上には打撃痕が多数残る。剥離角は134°と大きい。

　36は輝石安山岩でE-5区出土。単純な面構成を示す。打面の剥離面は打点が残ることから、背面→打面→腹面の順で剥離されたことがわかる。打面上には打撃痕がみられる。剥離角は111°である。

　37は輝緑凝灰岩でJ-5区出土。背面は四方からの5枚の剥離面で構成されている。最も大きな剥離面の打点は残っているが、この面は打面を切っており、腹面の直前に剥離されたことがわかる。剥離角は118°である。

　このほかに、輝緑凝灰岩の盤状剥片がJ-3区から2点、J-1・2・4・5、D-4のそれぞれの区から1点ずつ出土している。

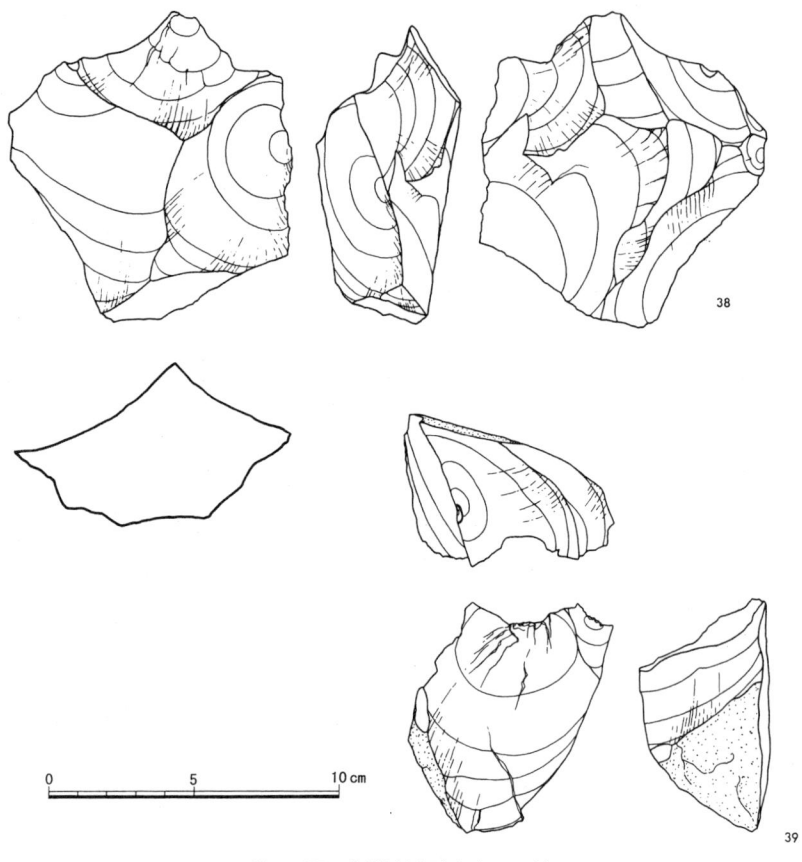

第56図　御淵上遺跡出土の石核

(4) 盤状剥片石核（第56図）

　瀬戸内技法第１工程で、盤状剥片の剥離をおこなう石核を盤状剥片石核と呼ぶ。盤状剥片を用いた石核を盤状剥片石核と呼ぶことはない。なぜなら日本の旧石器研究では、石核に個別の名称を与える場合、目的とする剥片の名称を頭に冠するという原則がある。具体的には、翼状剥片石核は翼状剥片を剥離する石核であって、翼状剥片を素材とする石核を指すわけではない。石刃や細石刃も同様である。

　もっと厳密にいえば、盤状剥片石核という用語が、瀬戸内技法の復元の中で

提唱されたという研究史がある。学史を尊重する立場からは、盤状剥片石核は瀬戸内技法第1工程の中で限定的に使用すべきであろう。

ところで、我々は多数存在する盤状剥片を剥離した石核を発掘資料の中に探したが、適当な候補は存在しなかった。ただ第56図の2点はその可能性がある。

38は輝緑凝灰岩でJ-3区出土。剥離は周辺から求心状におこなわれ、大型の剥片が剥離されている。

39はチャートでJ-3区出土。作業面を打面に転位し、大型の剥片を剥離している。

4 既報告資料

御淵上遺跡の発掘調査報告書には、出土した1742点の石器のうち、おもにtoolとしての石器を中心に102点の実測図が掲載されている。このうち4点の石器が国府型ナイフ形石器としてしばしば引用され、この石器が御淵上遺跡に我々の関心を引きつけている原因となっている。

国府型ナイフ形石器は、瀬戸内技法により剥離された翼状剥片の打面部を整形したナイフ形石器であると定義されているが、その最大の特徴は、背面の刃部側に実測図に表現すれば、腹面とほぼ同一方向から剥離されたポジティブな底面を有する点である。つまり、この底面によって、国府型ナイフ形石器の素材が翼状剥片か亜翼状剥片であることを示している。こうした剥片は瀬戸内技法の所産であるが、福井県西下向遺跡の調査により三国技法によっても剥離され、さらにまた備讃瀬戸の遺跡群の調査により量的には少ないがいわゆる櫃石島技法などでも生産されることが判明しており、剥離技術を絞り込むことができる。

既報告の資料の大部分は、当時の長岡市立科学博物館の展示室のケース内にテグスで固定されており、国府型ナイフ形石器と推定されていた石器4点は、すべてこの展示されていた資料である。そのため、剥片・石核類のように手にとっての細かな観察はおこなえなかった。

第40図に示した4点が国府型ナイフ形石器の可能性が指摘されていた石器である。1は報告書で剥片ナイフと分類されているナイフ形石器で、J-5区出土。石材は輝緑凝灰岩である。翼状剥片の打面部側を整形加工で除去し、刃部側の

一部にも調整が施されたナイフ形石器である。整形加工された背部は鋸歯状を呈し、刃部はポジティブな底面で国府型の特徴を示す。

2も報告書で剥片ナイフと分類されているナイフ形石器で、J-2区出土。石材は報告書には粘板岩と記載されているが、我々が輝石安山岩と呼んでいるものに相当する。形態的には1と同様に典型的な国府型の特徴を持つ。

3は報告書で豆ナイフと分類されているが、素材の剥片の末端にポジティブな底面が認められ、翼状剥片の打面部が整形された国府型ナイフ形石器である。J-3区から出土しており、石材は輝緑凝灰岩。刃部中央には刃こぼれが認められる。他の2点と較べるとやや小型である。

4は報告書で剥片ナイフと分類されているが、左図左側縁の細かな調整はブランティングではなく、打面調整痕である。剥片の末端にポジティブな底面は認められず、背面は1枚のネガティブ面のみであるが、細かな打面調整を施した打面の形態と正面および側面観から瀬戸内技法によって剥離されたものと考えられる。翼状剥片石核から翼状剥片の剥離の際、打面の厚さが薄かったか、剥離の角度が小さかったために、この剥片の1枚前に剥がされた剥離痕の中に剥離が収まってしまい、底面まで剥離が届かなかった翼状剥片の可能性が高い。J-6区より出土し、石材は輝緑凝灰岩である。

この4点のうち、3点は国府型ナイフ形石器で、しかも3点の国府型ナイフ形石器とも背面のネガティブ面が1枚の剥離痕であり、背面の剥離痕と腹面の剥離痕の打点の位置があまり離れていないことから、素材は翼状剥片であり、整然とした瀬戸内技法の存在がうかがえる。

また、底面を有さない4の剥片の背面も1枚の剥離痕で、背面と腹面の剥離痕の打点の位置が近いことから3点のナイフ形石器と同じく瀬戸内技法の所産と考えられる。

5 出土状況

(1) 石器の分布

発掘調査は御淵上台地の東端の小さな舌状台地上の220㎡にすぎないが、この狭い範囲の中でも出土石器の疎密が認められ、報告書には6ヶ所の石器集中地点が記されている。第1石器密集地点はC-5、B-5区を中心とし、第2

第3節　御淵上遺跡の瀬戸内技法　207

石器密集地点はG-2区を中心とし、第3石器密集地点はD-7・8・9、E-6・7区にわたる最も広い範囲に最大数の石器が集中している。第4石器密集地点はE-3区を中心とし、第5石器密集地点はF-5、H-4区で検出された礫群とその周辺の石器で構成され、第6石器密集地点はJトレンチがあてられている。幸い長岡市立科学博物館に保管されている石器には出土地点がすべて記入されているので、ここで瀬戸内技法関連資料として選んだ石器の平面分布図（第57図）を作成し、発掘された石器群全体の平面分布と比較する。

　既報告の国府型ナイフ形石器3点と瀬戸内技法第2工程の所産と考えられる横長剥片は、すべて他のトレンチからやや離れた所に設定されたJトレンチからの出土であるため、国府石器群だけ槍先形尖頭器などの他の石器群と異なった地点からの出土であることも指摘されていた。

　分類別の分布から検討すれば、国府型ナイフ形石器の出土はJトレンチのみ

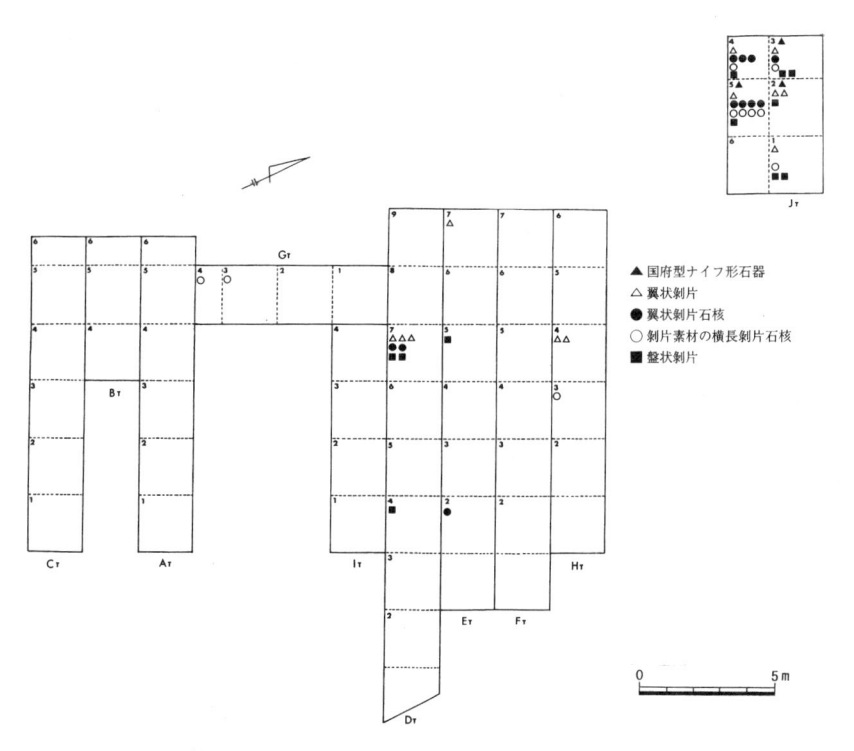

第57図　御淵上遺跡の瀬戸内技法関連資料の分布

なので、第6石器密集地点になる。翼状剥片はJトレンチから4点、D-7区から3点、H-4区から2点、E-7区から1点出土しており、第3・5・6石器密集地点に翼状剥片が存在することになる。

翼状剥片石核は典型的なもので11点出土しており、その内訳はJトレンチから8点、D-7区から2点、E-2区から1点で、大半が第6石器密集地点からの出土である。第3石器密集地点からは2点、第4石器密集地点から1点の出土となる。

このほか、剥片を素材とする横長剥片石核が第6石器密集地点から7点、第5石器密集地点から1点、第2石器密集地点から2点出土しており、第2石器密集地点からの2点を除き、翼状剥片、翼状剥片石核の分布と一致する。

盤状剥片は11点出土しているが、7点がJトレンチの第6石器密集地点からで、第3石器密集地点からは2点、石器密集地点から離れたD-4区から1点である。また、先に近畿・瀬戸内地方の瀬戸内技法第1工程とは異なっているが、御淵上遺跡における盤状剥片を剥離した石核（つまり盤状剥片石核）の可能性があるとして図示した2点の石核（第56図）がいずれも瀬戸内技法関連資料が集中するJトレンチの出土であり、平面分布の上からも関連性が指摘できる。

以上のように、御淵上遺跡の出土遺物の中で確認できた瀬戸内技法関連資料の7割以上がJトレンチの第6石器密集地点からの出土であるが、第3石器密集地点からもまとまった量の瀬戸内技法関連資料が出土している。さらに量は少ないが第2・4・5石器密集地点でも確認される。

御淵上遺跡の出土の石器で特徴的なものは、瀬戸内技法関連の石器類のほか、槍先形尖頭器や石刃、さらにさまざまな型式に分類されている握斧がある。握斧の多くは槍先形尖頭器の未成品の可能性がある。いずれも博物館で出土地点を確認しておらず、報告書の部分的な記載に頼るしかない。石刃は各トレンチから出土しているが、第3石器密集地点からが最も多く、第4石器密集地点からもまとまって出土している。槍先形尖頭器は未成品も含め、他の種類と同様に第3石器密集地点が最多で、第2・4・6石器密集地点にも数点ずつ存在する。このように、石器の種類によってやや偏在するが、基本的な分布に大きな差は認められない。

(2) 出土層位

　御淵上遺跡の地層堆積は第１層が20～40cmの厚さの黒色土、第２層は10～30cmの褐色を帯びた混ローム、第３層は黄～赤色の硬質ローム層で、石器が包含されているのは第１層から第３層までにわたっている。特に、第２層の上から中ほどにかけて全体の39％が、第３層の上から13cmほどまでに60％の数量が出土していると報告されている。石器出土の深度幅が30cmの厚さにおよぶ部分もあるという。

　報告書の地層断面図と、石器に記された出土区名と石器番号の対比を試みたが、断面図に投影された石器の出土深度に石器番号がほとんど記載されていないことなどから、対比はおこなえなかった。ただ深度幅が最大でも30cmあまりと比較的小さく、各トレンチの遺物の出土状況の説明で、もし分離されるとすれば後出的な槍先形尖頭器がローム層から出土していることが明記されており、石器の器種単位での出土層の差異は、この調査では認められないといってよい。

6 石材

　御淵上遺跡出土の石器の石材は、報告書には、輝緑凝灰岩、チャート、頁岩、燧石、鉄硅石、粘板岩などの岩石名が記載されている。このうち、粘板岩とされているものは、我々が見慣れているサヌカイトに類似した石材で、北陸地方で輝石安山岩と呼んでいる岩石に相当する。この遺跡ではかなり多様な石材を石器に利用しているといえるが、最も多く用いられているのは輝緑凝灰岩である。遺跡周辺に石器として使用可能などのような石材が産出するのか知らないが、遺跡での豊富な出土量から判断すれば、輝緑凝灰岩も近くで産出するものと思われる。御淵上遺跡の付近に所在する細石器文化期の中土遺跡で多用されているのもこの輝緑凝灰岩である（中村 1965）。

　瀬戸内技法関連資料としてピックアップした石器の多くもこの輝緑凝灰岩である。次いで輝石安山岩製のものが多く、チャート、鉄石英が少量混じる。

　御淵上遺跡では、輝石安山岩の石器を31点確認したが、1点の国府型ナイフ形石器を除くと、その他はすべて剥片・石核類である。他の器種の（狭義の）

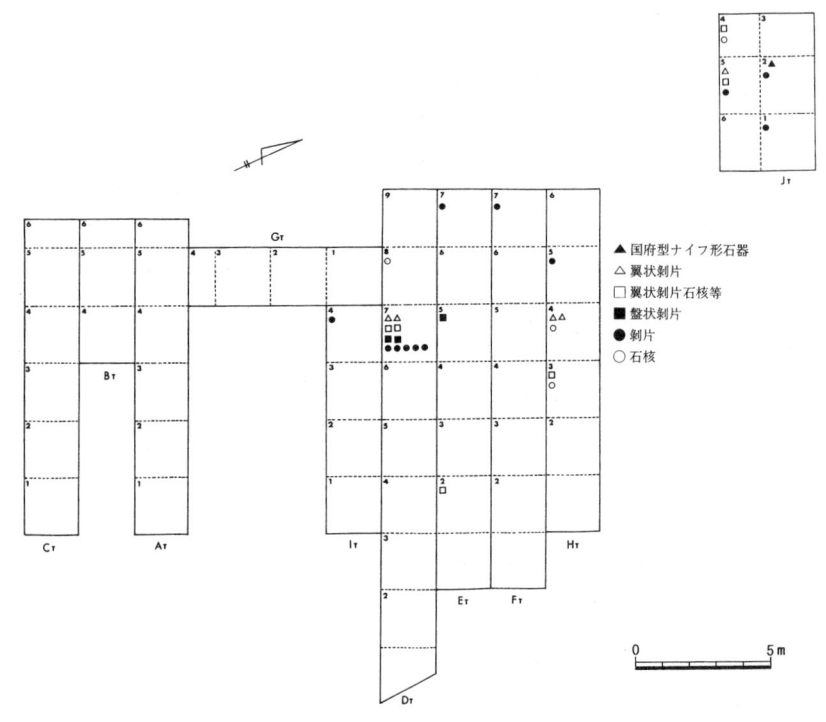

第58図　御淵上遺跡の輝石安山岩製の分布

石器にまったく利用されていない点は留意しなければならない。剥片、石核の中には、翼状剥片が5点、翼状剥片石核および翼状剥片に類する剥片素材の石核が6点、盤状剥片が3点も含まれており、瀬戸内技法の所産である剥片、石核の占める割合がきわめて大きい。

　輝石安山岩の石器の出土位置を、トレンチを2mごとに区切ってプロットした第58図に見られるように、輝石安山岩のただの剥片、石核は、輝石安山岩の国府型ナイフ形石器、翼状剥片、同石核などの瀬戸内技法の所産の石器の出土分布と同じ平面分布を示しており、これらの石器も瀬戸内技法の石器類と関連が深いことがわかる。

　つまり、御淵上遺跡では、輝石安山岩はおもに瀬戸内技法で石器を製作するために用いられているといってよい。換言すれば、御淵上遺跡においては、輝石安山岩は国府型ナイフ形石器の製作のための石材であるといえよう。

このように御淵上遺跡における国府型ナイフ形石器の製作には、おもに他の器種でも使用されている輝緑凝灰岩と国府型ナイフ形石器製作のためだけの輝石安山岩の2種類の石材が選択されていたことがわかる。輝石安山岩は二上山や国分台のサヌカイトに類似した石材である。原石の風化した礫面や新しい割れ口の光沢のない黒色、原石の礫面や風化した剥離面に認められる石理、さらに石器製作の実験の際の手ごたえなどほとんどサヌカイトと同じ石材に見える。このことは、なぜ御淵上遺跡で瀬戸内技法に限って輝石安山岩が使用されているかの答えともなっており、御淵上遺跡の瀬戸内技法による石器群の出自をも表している。

7 剥離技術

剥離技術は、剥片と石核の形態やそれぞれの剥離痕の切り合い関係、さらに剥片どうしや剥片と石核の接合によって復元される。目的とする剥片の剥離の仕方を類型化することによって、ある類型や類型の複合を石器作りに共通の技術を保有する集団としてとらえ、その時間的、空間的広がりを追究することができる。

御淵上遺跡出土の石器群の分析は、時間的制約で接合の試みを放棄しており、剥片と石核の観察も実測図を作成した石器10数点に限られており、剥離技術の復元には不充分である。さらに、ピックアップした石器は、当然我々が理解していた瀬戸内技法によると考えられる剥片、石核のみで、これらの石器からは当然、当時我々が頭に描いていた瀬戸内技法の範疇に含まれるものしか出てこないが、御淵上遺跡の剥離技術の一端は示している。

(1) 瀬戸内技法第2工程

翼状剥片と翼状剥片石核のまとまった量の存在は、近畿地方で復元された瀬戸内技法第2工程にきわめて類似した剥離技術が安定して御淵上遺跡に含まれていることを示している。翼状剥片と翼状剥片石核の数量比はほぼ1：1で、翼状剥片が通常より少ない。3点の国府型ナイフ形石器を含めても翼状剥片の割合は少ない。たしかに、第52図16や第53図24のように翼状剥片を1、2枚しか剥離していない翼状剥片石核も存在するが、第53図25のように石核底

面を取り尽くすまで翼状剥片を剥離した例もある。多くの翼状剥片石核は底面の長さから換算して、少なくとも数枚の翼状剥片を剥離していると推定でき、普通の瀬戸内技法第2工程のあり方に近い。このことは、発掘地点が遺跡の一部にすぎないための偏向か、遺跡自体の性格に基づくものなのかに原因が求められよう。

翼状剥片の打面の調整剥離は大半に打点が残っており、翼状剥片の剥離のたびごとに打面調整を繰り返していることがわかる。また、第50図3や同5に見られるように、翼状剥片背面の打面との接点に連続する小剥離痕が認められ、作業面の調整がおこなわれていることを示す。この剥離痕は打面調整の剥離痕を切っており、翼状剥片の剥離の直前に施されたもので、打面縁調整と呼んでいる（松藤1979）。この調整は、得られる翼状剥片の厚さを一定に保つためと左右のバランスの修正を目的としていると想定されているが、第50図3や同5は打面縁調整にもかかわらず、左右が対称ではなく、打面縁調整が施された側が著しく厚く、調整加工が不充分だったことを示している。

翼状剥片背面の打面側の大きなネガティブ面の打点は打面調整によって除去されているものがほとんどであるが、リングから推定すれば、打点の位置は腹面の打点とほぼ同じ場所に求められ、翼状剥片の剥離にあたり、石核打面上を打点がほぼ一直線に後退したことがわかる。翼状剥片石核の観察からもこのことは肯定され、最終的な剥離痕は打面のほぼ中央部に打点を認めることができる。第53図26、同27、第54図28のように打点を大きく左右に移動させて剥片を剥離しているものもある。第54図28は、おそらくチョッピング・トゥール状に剥片を剥離しており、純粋に瀬戸内技法のみでなく、三国技法や櫃石島技法的な剥離技術が共存している。こうした瀬戸内技法を横長剥片の剥離の主体に置きながらも、他の横長剥片の剥離技術を内包するあり方は近畿地方の国府石器群においても認められる。

なお、この石器群の中には、背面の底面とネガティブ面の接点に石核素材の盤状剥片の打点が残る翼状剥片、いわゆるファーストフレイクが存在しない。しかし次に説明するように、盤状剥片が大きな打面をもち、近畿地方の瀬戸内技法第2工程に合致する形態を呈しており、本来、翼状剥片のファーストフレイクが存在するものと理解している。

(2) 瀬戸内技法第1工程

　瀬戸内技法第1工程は、翼状剥片石核の素材となる盤状剥片の剥離工程を指す。ここでは翼状剥片石核、盤状剥片、盤状剥片石核が分析の対象になるが、近畿地方の瀬戸内技法をモデルにする限りにおいては、御淵上遺跡の発掘資料の中には、盤状剥片石核が存在しない。

　盤状剥片は効率よい工程を踏むため、そのまま作業面となる幅と長さを備えた打面と大きな剥離角が必要で、また翼状剥片の長さ（国府型ナイフ形石器においては幅）を保証するための相当の厚さが確保されなければならない。サヌカイト原産地の二上山周辺の遺跡では、盤状剥片の剥離角は125°前後、厚さは2.5cmが平均的である。ただし、近畿地方でも石材の消費地では盤状剥片がそのまま残されることは少なく、盤状剥片が出土しても、原産地の遺跡のような大型の盤状剥片はほとんど出土しない。

　まとまった量の盤状剥片が存在することは、近畿地方のモデルを適用すれば、御淵上遺跡は石材原産地立地型に近いといえる。しかし、利用されている石材が単一でなく、近畿地方のようなサヌカイトという石材の獲得に規制された遺跡のあり方にあてはめる必要はないかもしれない。

　御淵上遺跡で認められる盤状剥片石核の欠落は、次のような理由が考えられる。①発掘地点が遺跡の一部で、本来の組成を回復していないため、②瀬戸内技法第1工程が近畿・瀬戸内地方と異なるため、③石材の原産地でないため、④瀬戸内技法第1工程が別の遺跡でおこなわれ、盤状剥片で持ち込まれているため、の四つである。近畿地方でも二上山周辺や大和川流域のように原石が付近で採集できる遺跡においては、盤状剥片石核が出土することがあるが、原石の産地から遠く離れると、盤状剥片石核が出土することはほとんどない。その場合、盤状剥片石核だけでなく、盤状剥片もほとんど出土しないので、③はここでは該当しない。

　二上山周辺の遺跡群の石器群から復元された瀬戸内技法第1工程では、チョッピング・トゥール状の剥離であるため、盤状剥片の背面の剥離痕が腹面の剥離方向と同一か、近いものに限られる。また、打面の剥離方向は背面から腹面に向かうのが基本的である。

　ところが、御淵上遺跡の盤状剥片背面の剥離方向は腹面と逆になるものが実

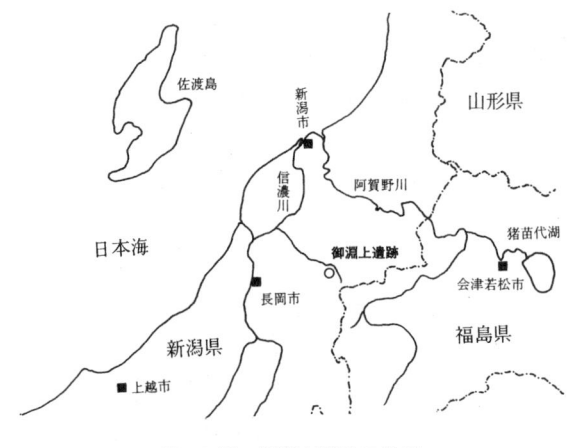

測図を掲げた4点中3点に認められ、打面の剥離方向も背面から腹面に向かうものが1例しかない。さらに、第55図34のように背面に打撃痕や打点が認められ、打面をかなり転位している石核から剥離されたことを示す盤状剥片もある。

第59図　御淵上遺跡の位置

このように盤状剥片から復元できる御淵上遺跡の瀬戸内技法第1工程は、二上山周辺の遺跡群の石器群から復元されたものとは相違点が多く、第56図で盤状剥片石核の可能性を指摘した、表裏に円盤状に剥離するものや打面を転位する石核でも御淵上遺跡出土の盤状剥片は剥離できる。

8　おわりに

　悠久山公園の長岡市立科学博物館で、御淵上遺跡出土の石器を実測してからすでに14年が経過している。一度、報告にとりかかったが、観察記録に不備が多く、中断したままになっていた。当時、東日本の日本海側の国府型ナイフ形石器は、山形県越中山遺跡K地点と御淵上遺跡、それに富山平野で類似品が数点知られているだけであった。現在では本章第1節（麻柄1984）でまとめたように、瀬戸内系の石器群は北陸から東北の日本海側にかなりの遺跡数が確認され、その後も新潟県内から新たに2遺跡で国府型ナイフ形石器が採集されるなど、資料の蓄積が著しい。しかし、多くは採集資料であったり、出土点数が少なく、組成や剥離技術が明らかでない石器群が多く、御淵上遺跡の石器は依然と日本海側の瀬戸内系石器群を理解する上で欠くことのできない資料である。

　このため、学生時代の不充分な観察と実測であるが、議論の基礎とするため

に事実報告に重点をおき、今回発表した。いずれ、越中山遺跡K地点の国府石器群や仲町遺跡の瀬戸内系石器群の全容が詳細に報告されれば、今回のような即席の整理では対比に不充分であることが予想される。できれば、地元の方が、時間をかけて再整理していただきたいものである。

第4節　中部地方および東北地方日本海側の瀬戸内系石器群について

1　はじめに

　東日本の日本海側から出土している瀬戸内系石器群については、すでに集成作業をおこなっている（麻柄 1984〈本章第1節〉）。ここで瀬戸内系石器群として抽出した石器群は、近畿・瀬戸内地方の国府石器群、または同地域で国府石器群の系統と見なされるサヌカイト製の剥片素材の石核を用いた横長剥片剥離技法によるナイフ形石器を中心とする石器群の影響を受けたと考えられる石器群である。瀬戸内技法・国府型ナイフ形石器が認められる国府系石器群を包括する意味で瀬戸内系石器群を使用している。前稿（本章 第1節）および本稿では、東日本の日本海側で安山岩の使用を指向し、剥片素材の石核から剥離された横長剥片を整形加工したナイフ形石器を中心とする石器群を瀬戸内系石器群と定義づけている。

　前稿から約10年の間に新たに発見された資料も存在するが、この地域での瀬戸内系石器群の基本的な分布や石器組成、剥離技術などに大きな変化は認められない。しかし、かつて個々の瀬戸内系石器群について断片的な情報しか共有できなかったものが、福井県西下向遺跡の剥離技術の分析（平口ほか 1984）、新潟県御淵上遺跡（麻柄・古森 1992、1993〈本章第3節〉）や長野県仲町遺跡（野尻湖人類考古グループ 1987、1993）の概要の報告がおこなわれ、また単独で出土または採集されたものであるが、国府型ナイフ形石器の報告も増えており、議論の材料がそろいつつある。

　ところで、前稿では石核の特徴などから、東日本の日本海側の瀬戸内系石器群の剥離技術を、瀬戸内技法が存在するもの、主として三国技法によるもの、

打面と作業面を入れ替える交互剥離によるものの3者に分類できることを指摘した。瀬戸内技法と三国技法では目的とする剥片の末端にポジティブな底面を有することから、目的の剥片から加工されたナイフ形石器の刃部にも底面が認められる。これに対し、交互剥離では、目的とする剥片がポジティブな底面を持つものと持たないものがあり、そのため、ナイフ形石器においても刃部にポジティブな底面が付着するものと底面が認められないものの2者がみられることになる。

ここでは、前稿での石核の分析に加え、ナイフ形石器や剥片を含めて瀬戸内系石器群を分類する。

2 瀬戸内技法が認められる石器群

(1) 越中山遺跡K地点

山形県越中山遺跡K地点は古くから国府石器群を出土した遺跡として知られているが、出土した石器の一部が公表されているにすぎない。会田容弘によれば、主な使用石材は凝灰質砂岩、凝灰質泥岩、頁岩、鉄石英、流紋岩、玉髄などであるという。石器総数は2209点で、「国府系石器群」として横剥ぎのナイフ形石器が53点、翼状剥片50点、「小型舟底状石器」21点、翼状剥片石核54点、盤状剥片石核1点が出土しているという（会田1987）。

この数量は瀬戸内技法・国府石器群に関心を持つ誰もが公表を願ってやまないといえるだけの石器群の内容の豊かさを示している。

石器組成の特徴として、第一に近畿・瀬戸内地方の一般的な国府石器群の石器組成に比べて、翼状剥片石核が翼状剥片やナイフ形石器の数量に対し多すぎる点があげられる。公表されている翼状剥片と翼状剥片石核の接合例（第60図）では、1点の翼状剥片石核から8枚の剥片が剥離されており、この内の6点が底面を持ち、翼状剥片の範疇に含まれるものがかなりある（加藤・鈴木1976）。越中山Kでは技術的な問題で一つの石核から剥離される翼状剥片が少なかったのか、剥離された翼状剥片や翼状剥片を加工した国府型ナイフ形石器の多くが遺跡の外へ搬出されたのかを検討する必要がある。翼状剥片石核底面の残存度、翼状剥片のいわゆるファーストフレイクとそれを加工した国府型ナイフ形石器の数量と翼状剥片石核の数量の比率などが決め手となる。

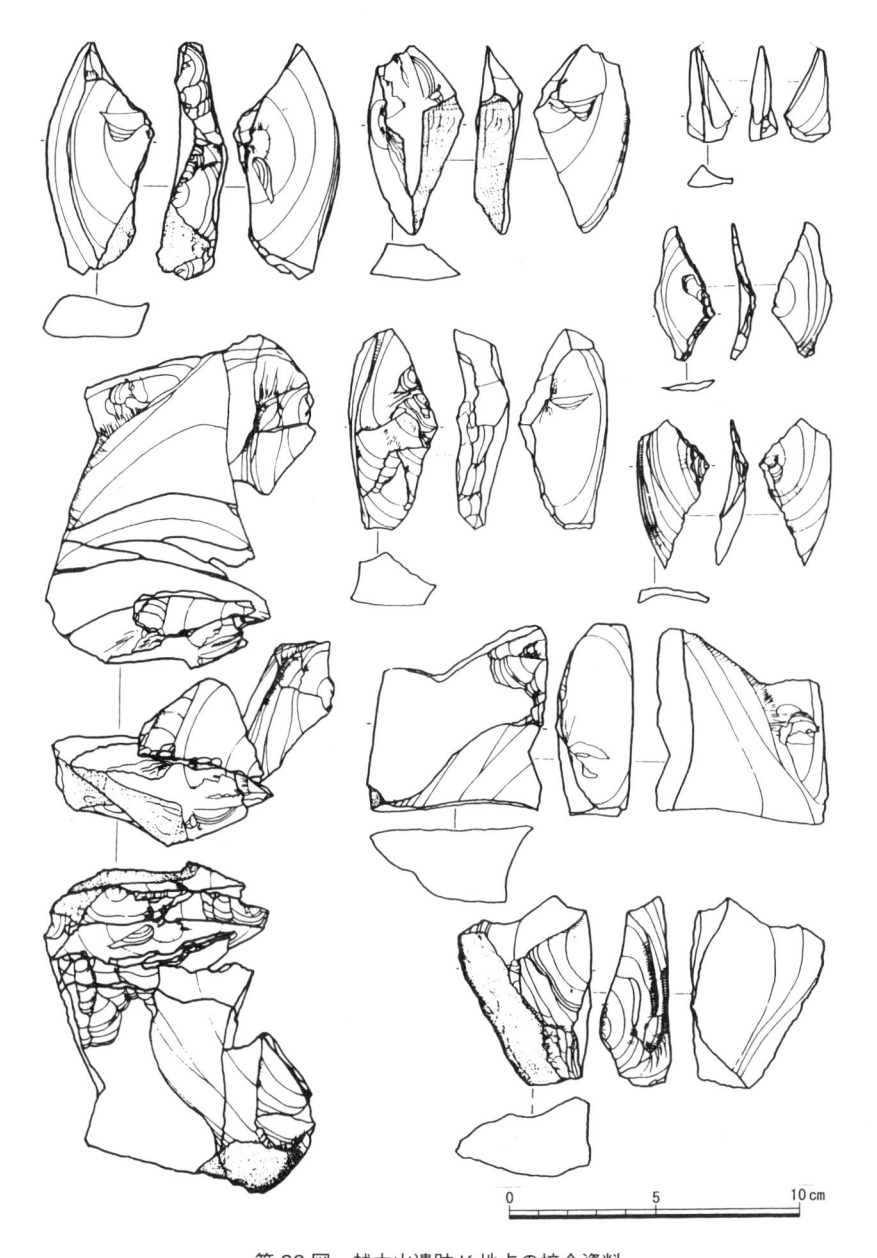

第4節　中部地方および東北地方日本海側の瀬戸内系石器群について　217

第60図　越中山遺跡K地点の接合資料

石器組成の第二の特徴としては、ナイフ形石器のほかに小型舟底状石器（角錐状石器）と掻器、削器が量的にまとまって存在することにある。特に小型舟底状石器は21点にものぼり、近畿・瀬戸内地方の国府石器群では知られていない安定した量を確保している。小型舟底状石器自体日本海側ではあまり出土しておらず、現段階ではわずかに富山県眼目新遺跡で1点出土しているにすぎず、むしろ東北地方の太平洋側で鹿原D遺跡や志引遺跡で出土していることが注目される。越中山遺跡K地点の瀬戸内技法は国府型ナイフ形石器や瀬戸内技法関係資料の分布から、日本海ルートで北上したことは容易に想定できるが、小型舟底状石器もセットで越中山へ到達したのだろうか。小型舟底状石器の形態や製作技術が問題となろう。これらについては報告書で石器の実測図が公表された段階で議論されよう。

　本章第1節に述べたように凝灰質砂岩と凝灰質泥岩は風化が著しく、石器の判別が困難であるが、新しい割口が黒く、サヌカイトの代用品であった可能性を筆者は考えている。凝灰質砂岩などと頁岩を用いた瀬戸内技法の技術的な違いなどがいずれ明らかにされることを期待したい。

　すでに多く指摘があるように、翼状剥片と翼状剥片石核のまとまった存在と公表されている翼状剥片と翼状剥片石核の接合資料から瀬戸内技法第2工程の存在が明らかである。また、盤状剥片石核も出土していることから、瀬戸内技法第1工程も確認できる。石材の性質などによる細かな違いを別にすれば、近畿・瀬戸内地方において認められる瀬戸内技法モデルと基本的に一致していることが認められる。また、盤状剥片石核がわずか1点しか報告されていないことと盤状剥片についての記載がないため、近畿・瀬戸内地方と同じような瀬戸内技法第1工程が認められるにしても、それがはたして主体的であるのか、それとも公表されている翼状剥片石核どうしの接合例（第60図）のように、異なったあり方を示すものが中心的なのかが謎のままである。

　この石器群の東北地方での編年的位置づけは、東北地方の日本海側での層位的事例の欠如のため決め手はなく、もっぱら型式学的手法によって考察されているが、後期旧石器時代の後半の年代幅でとらえられているようである。

　以上のように、越中山遺跡K地点の石器群については国府型ナイフ形石器と瀬戸内技法の存在は明らかなものの、まだまだ断片的情報のままで、未発表資料をも含めた石器群全体の評価は部外者としては控えざるをえない。

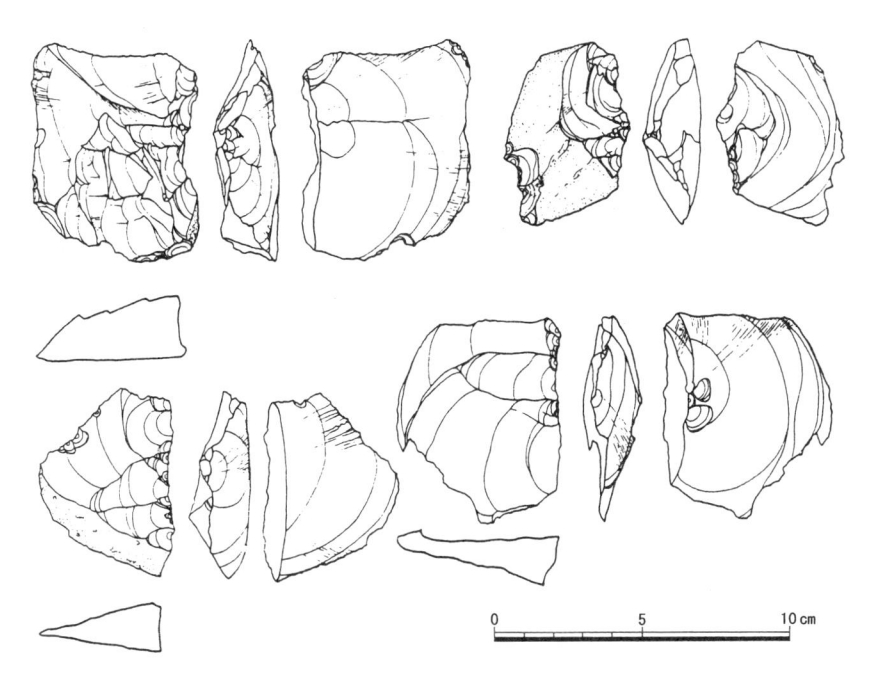

第61図　御淵上遺跡の翼状剥片石核

(2) 御淵上遺跡

　東日本の日本海側で越中山遺跡K地点に比肩する国府石器群と見なされている新潟県御淵上遺跡出土の瀬戸内技法関係の資料の主なものが公表されている（麻柄・古森 1992・1993〈本章第3節〉）。盤状剥片、翼状剥片、翼状剥片石核、国府型ナイフ形石器のセットが存在し、瀬戸内技法第2工程が復元できる。しかし、盤状剥片の剥離工程、つまり瀬戸内技法第1工程が、明確に提示されていない。また、本章第3節の報告は発掘で得られた石器群は少なくとも2期の石器群の混在であるとの前提に立ち、瀬戸内技法の存在を明らかにする目的で、瀬戸内技法のモデルに合致すると考えられる資料とそれに類似する資料を恣意的に選択しており、本来の複雑な剥離技術の総体がより単純な形で提示されている可能性がある。しかしそれでも、石核には瀬戸内技法というよりは三国技法に含めた方がよいと考えられる打点が左右に大きく振れる石核もあり、多様性の一端を示している。

ピックアップされた瀬戸内技法関連資料の内訳は翼状剥片と翼状剥片石核の数量がほぼ同じで、越中山遺跡K地点の瀬戸内技法関連資料と同じような問題をかかえている。御淵上遺跡の翼状剥片石核の中には、明らかに、翼状剥片を1、2枚剥離しただけで、放棄したものがある（第61図）。これらの石核はいずれも鉄石英や輝緑凝灰岩などの石材を使用している。おそらく、石材の性質が安山岩と異なっているため、剥片の刃部が鈍角になり、意図するように翼状剥片を剥離できなくなり放棄されたものと思われる。しかし、安山岩製の石核では石核底面を残さないまでに翼状剥片を取り尽くした例もある。生産性は低いにしても、ナイフ形石器として、または翼状剥片として遺跡外へ持ち出されたものも考慮する必要がある。

石器組成は、先にも述べたように、時期の異なる複数の石器群の混在の可能性があり、国府型ナイフ形石器にどのような器種が伴うのか不明である。出土石器の中には角錐状石器（越中山Kで小型舟底状石器と呼称されたもの）にしいていえば類似するものもあるが、御淵上遺跡で瀬戸内技法関係資料に限って素材となっている安山岩を使ったものではなく、積極的な評価は避けたい。

瀬戸内技法関係資料に限ってみれば、石材は約3分の1に安山岩が使われているが、出土石器全体に占める安山岩の割合が2％にも満たないことからも、瀬戸内技法での石器製作に安山岩が求められていたことは明白である。

石材との関係で気が付いたことに、石材の差による剥片底面と腹面のなす角度、つまりナイフ形石器に加工した場合の刃部の角度の違いがある。一点一点を計測したわけではないので、数値を示すことはできないが、概して安山岩の

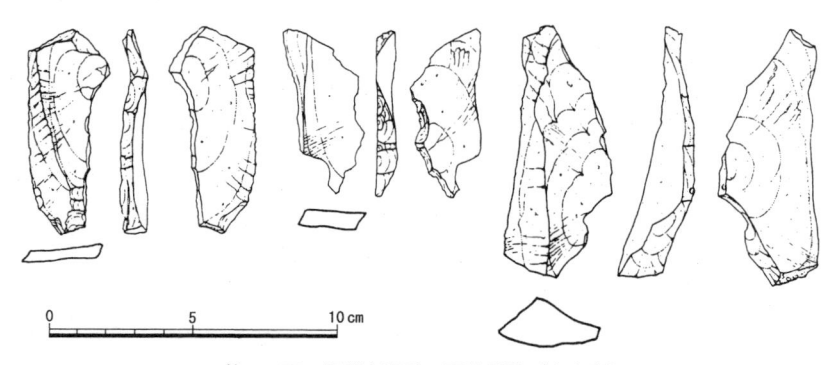

第62図　御淵上遺跡の翼状剥片（安山岩）

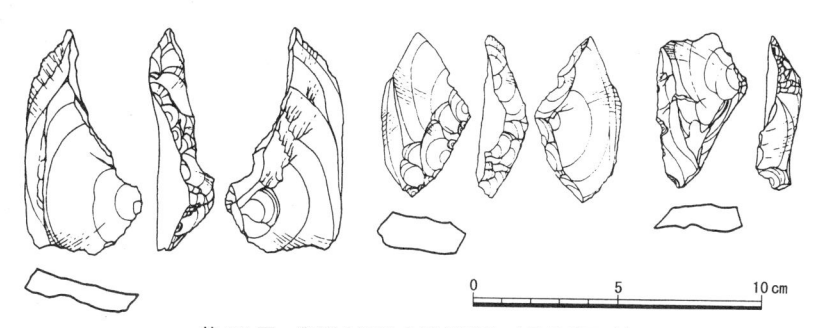

第 4 節 中部地方および東北地方日本海側の瀬戸内系石器群について 221

第 63 図 御淵上遺跡の翼状剥片（輝緑凝灰岩）

翼状剥片（第62図）は鋭角で、輝緑凝灰岩製（第63図）やその他の翼状剥片は鈍角が目立ち、中には末端がヒンジフラクチャーぎみのものも見られる。石核についても同様で、輝緑凝灰岩や鉄石英の石核では第61図左上のように、石核底面と剥離作業面の接する角度が直角に近い例が散見する。

このことは、平口哲夫がすでに指摘しているように（平口1989）、織笠昭が注目した国府型ナイフ形石器の「刃角」の違い（織笠1987）が地域差というよりは、石材性質の差に求められることを示している。おそらく、越中山遺跡 K 地点の国府型ナイフ形石器と翼状剥片の刃角が頁岩と凝灰質砂岩で大きく異なっていることが予想されよう。サヌカイトに代表される安山岩系の石材は流状構造が発達し、石理に沿って剥離すれば鋭い刃角が得られやすい。瀬戸内技法があくまで安山岩に固執するのは、文化的な背景のほかに、瀬戸内技法がサヌカイトの石理の存在に依存していることに原因を求めることができるかもしれない。石理と剥片剥離の関係は、瀬戸内技法だけでなく、その他の剥片素材の石核を用いる横長剥片剥離技術にも適用される。

御淵上遺跡の瀬戸内技法関係資料の編年的位置づけは、同一層準から出土している槍先形尖頭器の存在を根拠にナイフ形石器の終末期に位置づけようと試みたが、国府型ナイフ形石器と槍先形尖頭器を2時期に分離する根拠が遺跡の発掘状況から得られないのと同様に、共存を積極的に示すほどの根拠もない。この地域内で層位的な比較資料もなく、むしろ国府型ナイフ形石器の位置づけにかかっている。

なお、長野県瑞穂遺跡（中村1988）、新潟県大聖寺遺跡（佐藤・磯部1988）、岐阜県宮ノ前遺跡（吉朝1992）から単独で出土または採集されている国府型ナ

イフ形石器は、形態から瀬戸内技法の所産による可能性が高い。

3 その他の横長剥片剥離技術

　瀬戸内技法にきわめて近い剥離技術として三国技法が提唱されている。福井県西下向遺跡の出土石器群の分析により、石核素材の盤状剥片の剥離工程は明らかにされていないが、目的剥片の剥離工程は、盤状剥片の打面側に打面と作業面を設定し、打点を横に移動させ亜翼状剥片を組織的に生産する技法を三国技法と呼んでいる（平口ほか1984）。

　三国技法で得られる亜翼状剥片は1枚の帯状のポジティブ面（底面）を末端に持つ横長剥片で、この底面を持つ剥片の打面部を中心に整形加工を施してナイフ形石器に仕上げるため、ナイフ形石器の形態は国府型となるものが多い

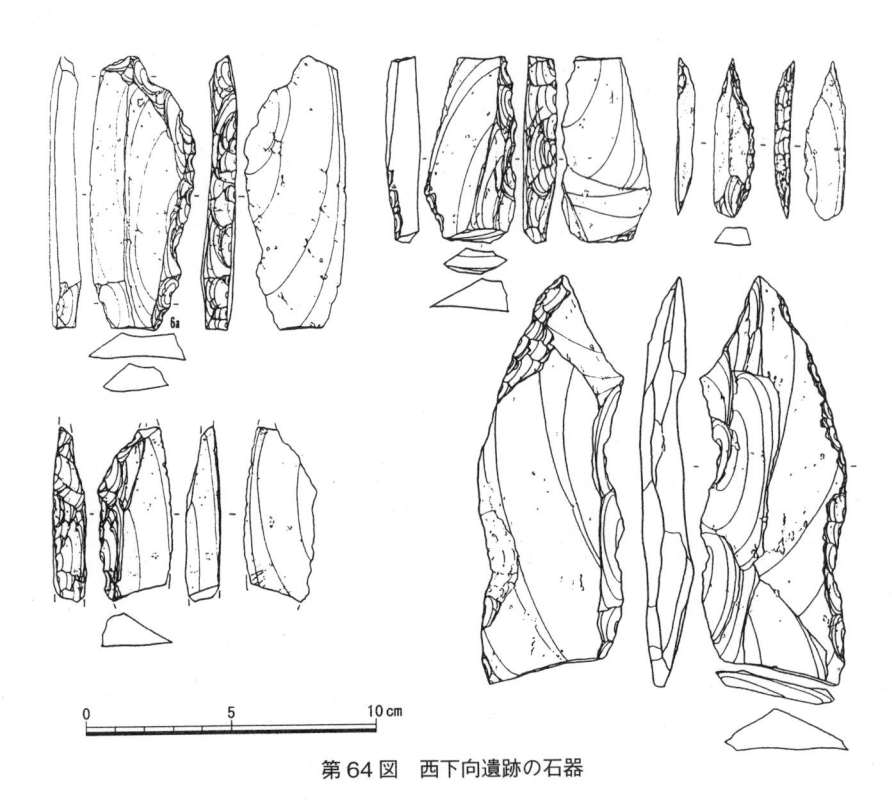

第64図　西下向遺跡の石器

第4節　中部地方および東北地方日本海側の瀬戸内系石器群について　223

(第64図)。翼状剥片と亜翼状剥片はいずれも末端に帯状の底面を持つため、片側縁全体が1枚の剥離面の刃部となるナイフ形石器に整形することが可能で、しかも刃部の角度はどの部位でもほぼ一定である。また個々のナイフ形石器の刃部の角度も近似したものとなる。

　瀬戸内技法では、翼状剥片石核底面の幅が翼状剥片の幅を規定し、翼状剥片の幅が国府型ナイフ形石器の長さを限定している。これに対し、三国技法では亜翼状剥片の幅は石核底面の幅を最大とするが、石核底面の幅より小さい剥片が剥離されている。つまり、目的剥片の大きさに対し、石核に用意された盤状剥片が瀬戸内技法に比べるとより大きな幅のものになる。三国技法で剥片を剥離するには、幅広の盤状剥片が提供されることが前提で、幅広の盤状剥片は大きな原石の存在によって初めて可能となる。

　三国技法による残核は一見交互剥離の石核にも見えるが、総てのナイフ形石器が一側縁にポジティブな底面を有していることから、目的剥片は底面を持つ亜翼状剥片であることがわかる。背面が平坦で1枚の剥離面からなる盤状剥片からは、交互剥離によっても両方に底面を持つ剥片を剥離することは理論的には可能であるが、西下向遺跡出土の石核では、片側の剥離痕はナイフ形石器に提供できる大きさではなく、打面調整痕と見なすべきであろう。

　また亜翼状剥片の背面の打面側には連続した小型の複数の剥離痕が認められる場合もあり、作業面の調整を目的とした打面縁調整が施されたと考えられるものもある。ナイフ形石器の背面のネガティブ面が複数の剥離痕で構成される場合も注意を要する。石核、剥片を含めた石器群全体の検討が必要であろう。

　本章第1節（麻柄1984）では、瀬戸内技法と三国技法を除く北陸地方の瀬戸内系石器群の多くを、石核の形態から、打面と作業面を入れ替える交互剥離によるものと推定したが、「櫃石島技法的な石核とは、必ずしも櫃石島技法の存在を意味するものではない」という平口の批判のとおり（平口1987）、北陸地方の瀬戸内系石器群のナイフ形石器は、片側（刃部側）にポジティブな底面が認められる例が多い。

　富山県直坂II遺跡の輝石安山岩製の瀬戸内系石器群を例にとれば、出土した2点の石核は、盤状剥片の打面側を作業面とし、打面調整が認められず、打面と作業面を入れ替える交互剥離によるものと、作業面を両端に設け、残核が棒状を呈するものであり、いわゆる櫃石島技法における残核の形態に類似するが、

4点出土したナイフ形石器はいずれも刃部がポジティブと見られる底面で、目的剥片が亜翼状剥片であることが推定できる。つまり、目的剥片の剥離は三国技法に近いものが考えられる。同様なことは、富山県新造池A遺跡の瀬戸内系石器群でも認められ、1点出土している石核は打面調整が認められず交互剥離によると考えられるが、2点のナイフ形石器はいずれも刃部がポジティブ面と見られる。ここでもナイフ形石器の特徴に重点を置けば、目的剥片の生産は石核素材の剥片の腹面側にのみおこなっていると想定できる。いずれにせよ、技法の復元をおこなうには一遺跡ごとの資料数が少なすぎるが、残核の形態を技法の復元の最優先とした前稿（本章第1節）での分析は再検討の必要がある。

　なお、直坂II遺跡や新造池A遺跡のナイフ形石器には整形加工を背面側から施した一般的なナイフ形石器とは逆の特異な例が見られる。翼状剥片や亜翼状剥片を腹面側から整形加工すると、ナイフ形石器の断面は台形か三角形を呈するが、背面側から整形加工を施したナイフ形石器の断面形は菱形に近い。前稿では、刃部がポジティブな底面で、素材の横長剥片の打面部を背面から腹面に向けて整形加工を施したこうしたナイフ形石器を「直坂II型」と仮称したが、類例は富山県安養寺遺跡や長野県仲町遺跡でも確認できる。今のところ北陸地方の瀬戸内系石器群に特徴的に見られるナイフ形石器で、剥離技術も共通しており、瀬戸内系石器群の中で一つの類型を認めることができる。西下向遺跡のナイフ形石器は国府型や国府型類似のもので、背面側から整形加工を施したものは存在しない。

　北陸地方での瀬戸内系石器群の編年的位置づけについては、西下向遺跡と新造池A遺跡でATとの関係が明らかにされている。いずれもAT層準より上位に石器の出土層準が確認されており、AT層準と石器の出土層準の間には間層が認められることから、石器群の年代もATよりかなり後出的と考えられる。さらに、直坂II遺跡では複数の石器群が層位的に出土しており、瀬戸内系石器群は直坂Iに類似する石刃のナイフ形石器や立野ヶ原型ナイフ形石器の上位で、黒曜石製の尖頭器石器群の下位から出土している。文化層が層位的に重複している仲町遺跡では、瀬戸内系石器群が上部野尻湖ローム層IIの黄褐色ローム上部文化層で出土しており、瀬戸内系石器群の編年的位置は下位の黄褐色ローム下部文化層の切出形石器を含む石器群より新しく、上位のモヤ文化層下部の細石器の一群より古いことがわかる。総じて、これらの石器群はナイフ形石器文

化の中でも後出的である。

　西下向遺跡や直坂Ⅱ遺跡に代表される石器群の石器組成は国府石器群同様に単純で、ナイフ形石器以外に普遍的に伴う器種は知られていない。角錐状石器も存在しておらず、近畿・瀬戸内地方との対比の材料もほとんどない。

　以上のように、東日本の日本海側の瀬戸内系石器群は、越中山遺跡K地点や御淵上遺跡のように国府型ナイフ形石器・瀬戸内技法が特徴的に認められる石器群（Ⅰ類）と、瀬戸内技法のようにスマートな技法ではないが、剥片素材の石核から亜翼状剥片を連続的に剥離し、底面を有するナイフ形石器を主体とする石器群（Ⅱ類）とに大別できる。後者は年代的には前者に後続すると考えられているが、時期的な連続性は認められても、前後関係を明白に論証するだけの材料はこの地域内では得られていない。

　後者はさらに、瀬戸内技法に近似する三国技法により国府型ナイフ形石器や国府型にきわめて形態が類似するナイフ形石器を目指す一群（Ⅱa類）と、三国技法との明確な剥離技術の違いは怪しくなったが、従来より櫃石島技法に類似すると見なしており、仮称「直坂Ⅱ型」のナイフ形石器を含む一群（Ⅱb類）に分離できる可能性がある。この2者も時期的に連続するものと考えられる。剥離技術とナイフ形石器の類似度からは、Ⅰ→Ⅱa→Ⅱbの変遷が想定できる。Ⅱb類に含めることができる直坂Ⅱや新造池A、仲町遺跡の石器群はそれぞれの遺跡での出土状況から、ナイフ形石器の中でもかなり後出的な段階と見られるので、この変遷は妥当であると考える。

第5節　富山市御坊山遺跡出土の瀬戸内系石器群

1　遺跡の位置

　御坊山遺跡は富山市の南西部池多地区に所在する。呉羽丘陵と射水丘陵に挟まれた旧扇状地形である境野新扇状地の扇頂部付近に遺跡は位置する（第65図）。呉羽丘陵から射水丘陵にかけての丘陵地帯は富山平野の中央部に位置し、旧石器時代から古代にかけての遺跡の密集地帯である。特に富山県最大の古代生産遺跡群の分布が著名であるが、旧石器時代においても、立野ヶ原台地と並ぶ富

第65図　御坊山遺跡と周辺の旧石器遺跡
1：御坊山遺跡　2：向野池遺跡　3：境野新遺跡
4：草山B遺跡　5：土代A遺跡　6：新造池A遺跡

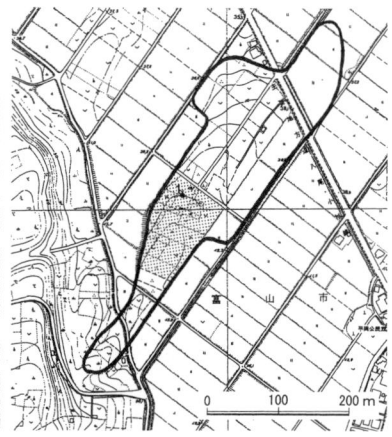

第66図　御坊山遺跡詳細図
網かけは旧石器出土範囲
黒丸1は第67図の石器採集地点

山平野有数の遺跡群が形成されている。平成の合併前の旧富山市においては、ほとんどの旧石器時代遺跡が呉羽丘陵から境野新扇状地の範囲に集中している。

御坊山遺跡は富山市教育委員会によってこれまで数次にわたる発掘調査が実施されており、縄文土器や奈良・平安時代の製鉄関連遺構、竪穴住居跡などが確認されている（富山市教育委 2002）。これまでの分布調査や発掘調査では確認されていなかったが、御坊山遺跡からは亀田正夫によって旧石器時代の石器が採集されている（第66図）。

2　出土した石器

明らかに旧石器時代の遺物と認められるものは輝石安山岩と頁岩製の石器である。この他に凝灰岩とメノウ製の石器も採集されているが、所属時期は不明である。

第67図1は輝石安山岩製のナイフ形石器である。先端部が欠損しているが、長さ4.7cmを測る横長剥片を素材とした二側辺加工のナイフ形石器である。背面左側に平坦な底面を残しており、このナイフ形石器が大型剥片を素材とする石核から剥離された横長剥片を整形したものであることがわかる。背面右

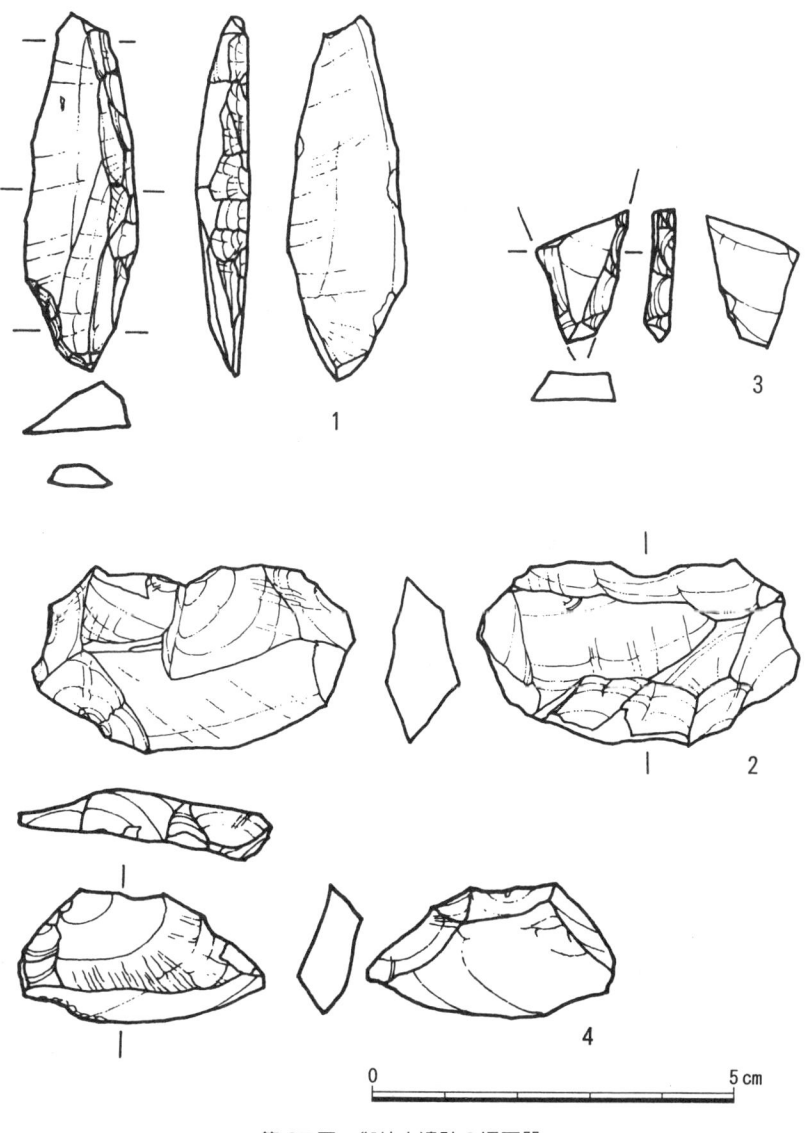

第5節　富山市御坊山遺跡出土の瀬戸内系石器群　227

第67図　御坊山遺跡の旧石器

側には整形加工に接し4面の剥離痕が観察され、ナイフ形石器の素材となった横長剥片を剥離する前に同一方向で連続的に剥片を剥がした痕跡が認められる。これらの剥離痕の存在から、ナイフ形石器の素材となる横長剥片の生産が瀬戸内技法のような効率のよい技術ではなかったものと推定できる。整形加工は右辺では先端部から基部の手前まで施されているが、基部は二次加工がない。これに対し、左辺では基部にのみ浅い整形加工が施されている。刃部は鋭角である。

2は輝石安山岩製の石核で、これ以上剥片を剥がせないまでに取り尽くしてある。両面から剥片を剥離しているが、剥離痕の切り合い関係から右面が最終的に剥離されたことが分かる。右面の中央部の大きな剥離面はポジティブ面であり、この石核が大型剥片を素材としていることを示している。

3は頁岩製のナイフ形石器であるが、上部のほとんどと末端の一部が欠落している。ナイフ形石器の基部側と判断したが、先端部の可能性も捨てきれない。残存部から大胆に判断すれば、石刃を素材とするものと思われる。石器の表面には採集品特有の褐鉄の付着が観察できる。

4は頁岩製の剥片である。左面下部の剥離面はポジティブ面と考えられ、剥片素材の石核から剥離された可能性が高い。打面はおおむね山形に調整されているが、剥離は典型的な横長ではなく、やや斜め方向となっている。剥片の末端はヒンジフラクチャーぎみで鈍角である。この石器にも褐鉄の付着が認められる。

この他に頁岩製の砕片が1点採集されている。

3 石器群の評価

御坊山遺跡採集の旧石器は3のナイフ形石器を除き、瀬戸内系の石器群と考えられる。瀬戸内系石器群とは近畿・瀬戸内地方を中心に分布する瀬戸内技法を技術基盤とする国府石器群や同地域でその前後に認められる横長剥片剥離技術を基盤とする石器群の影響の下に成立した周辺地域での横長剥片剥離技術を基盤とする石器群である。東日本日本海側では瀬戸内系石器群はかたくななまでに近畿・瀬戸内地方で多用されるサヌカイトに似た安山岩にこだわる。境野新扇状地ではこれまでに、向野池遺跡（林寺ほか 1992）で輝石安山岩製の横

長剥片、境野新遺跡（西井ほか1976）で輝石安山岩製の剥片と凝灰岩製の横長剥片石核が出土している。境野新扇状地を含めた呉羽丘陵・射水丘陵ではこれまでも射水市新造池A遺跡など数ヶ所で瀬戸内系石器群が出土しており、瀬戸内系石器群を携えた人々の活動の場であったことが判明している。いずれの遺跡でも資料の点数は乏しく、活動の規模の小ささとともに石材の供給の不充分さが看取できる。

御坊山遺跡採集の輝石安山岩の石核は、横長剥片を剥離しているが、表裏両面、上下左右から剥離をおこなっており、石器の素材となる剥片が剥離できないようになるまで取り尽くした残核である。この石核を見るかぎり、この地域への輝石安山岩の供給は充分とはいえず、頁岩製の底面を持った横長剥片が存在するように、頁岩に対しても瀬戸内系の技術を適用させようとしている。しかし、この頁岩の横長剥片は末端が蝶番剥離状になっており、期待している鋭い刃部が得られていない。鋭い刃部を有する輝石安山岩製のナイフ形石器と比べれば、その違いが際立つ。輝石安山岩はサヌカイトと同様に石理が発達し、石理に沿って剥離すれば簡単に末端に鋭い刃部を持った剥片が得られる。これに対し頁岩では横長剥片を剥離した場合、末端が蝶番剥離状になる場合が多く、瀬戸内系の剥離技術も適用が簡単ではなかったことを物語っている。

御坊山遺跡採集の旧石器は、瀬戸内系の石器群を携えた人々が輝石安山岩の供給に苦しみながらもこの地域で適応を試みた痕跡を示しているといえよう。

最後に、御坊山遺跡の旧石器を紹介する機会を与えて下さった古川知明、亀田正夫両氏に謝意を表します。

第6節　瀬戸内系石器群をめぐる諸問題

東日本日本海側への瀬戸内系石器群の拡散については古くから関心が持たれていたが（佐藤1970など）、近年、吉井雅勇（吉井2000）、安斎正人（安斎2004）、三浦知徳（三浦2005）らによって詳細に論じられており、再び活発な議論が展開されている。近年の研究成果に基づき、瀬戸内系石器群についての問題点を検討する。瀬戸内系石器群の定義については本章第4節（麻柄1994）で述べているとおり、近畿・瀬戸内地方の瀬戸内技法を技術基盤とする国府石

器群やかつて樋石島技法や冠技法などと称された有底横長剥片剥離技術による石器群の系統と見なされる石器群に対して使用している。

1 瀬戸内系石器群の編年的位置づけ

　日本海沿岸の瀬戸内系石器群の位置づけについては従来富山市直坂II遺跡（旧大沢野町）の貧弱な層位的知見によって相対的な編年関係が論じられていたが、新潟県朝日村樽口遺跡の層位的出土例で国府型ナイフ形石器の位置づけはほぼ確定したといえよう。樽口遺跡では、AT層（VI層）を挟んで5枚の文化層が検出され、瀬戸内系石器群はAT直上のV層下部から出土しており、V層上部から杉久保系石器群と東山系石器群、VII層上部から基部調整の石刃ナイフと掻器からなる東山系石器群が出土している（朝日村教委 1996）。瀬戸内系石器群の出土層準は大方の予想どおりであったが、瀬戸内系石器群と杉久保型ナイフ形石器や東山系石器群などとの相対的前後関係は新知見であった。樽口遺跡では国府型などの瀬戸内系のナイフ形石器や角錐状石器に石刃を素材としたナイフ形石器、彫器、掻器、削器が伴出しているが、越中山Kでも国府型ナイフ形石器や角錐状石器に石刃製の掻器や基部調整のナイフ形石器などの石刃石器群が共伴している。福井県猪野口南幅遺跡での国府型ナイフ形石器と石刃製の彫器、掻器、削器が共存する石器組成は樽口遺跡を代表例とする北陸東部、東北地方における該期の石器組成を的確に表している、といえよう。

　樽口遺跡の瀬戸内系石器群のナイフ形石器には、横長剥片の打面部の整形加工が背面側から施される「直坂II型」が含まれておらず、国府型の範疇で理解できるものが多い。またナイフ形石器や角錐状石器のほか、有底の横長剥片も出土しているが、その数量はきわめて少ない。横長剥片の中には山形の打面調整が施された例も認められ、瀬戸内技法に近い剥離技術が読み取れる。しかし、翼状剥片石核は出土しておらず、国府型類似のナイフ形石器の数量に対し、有底横長剥片は少なすぎる。これらは遺跡外で製作され、遺跡に搬入されたものであろう。ナイフ形石器や横長剥片から推定される剥離技術は日本海側の瀬戸内系石器群の中では古い部分に位置づけられ、越中山Kや御淵上に近いものと思われる。

　樽口遺跡での瀬戸内系石器群の位置づけは太平洋側の岐阜市椿洞遺跡におけ

る瀬戸内系石器群の出土層準と矛盾しない。岐阜市椿洞遺跡では縄文時代草創期～旧石器時代が4期に区分されている。AT火山灰降灰層準に近いV層から縦長剥片製の二側辺加工のナイフ形石器が出土し、AT上位のⅢ・Ⅳ層から有底横長剥片を素材とするナイフ形石器や角錐状石器が出土している。さらにその上位のⅠ・Ⅱ層から小型のナイフ形石器や縄文時代草創期の石器群が出土しており、西日本の旧石器編年に合致している（岐阜市教委 1989）。

　多様な石器群が検出されている新潟県津南段丘の石器群については佐藤雅一が詳細な編年を試みており、国府型ナイフ形石器と角錐状石器が出土した正面ヶ原B遺跡、角錐状石器が主体のかじか沢遺跡をAT上位のナイフ形石器を主体とする石器群の中でも古相のⅡ期①に位置づけているが、層位的根拠は薄く、主に周辺地域との対比からの結論である（佐藤 2002）。

　また関東地方では、埼玉県殿山遺跡や神奈川県柏ヶ谷長ヲサ遺跡のように瀬戸内技法で製作されたとしか考えられないような国府型ナイフ形石器も存在しており、これらの出土層位がⅤ～Ⅳ層下部であることから、瀬戸内技法で作られている御淵上や越中山Kの位置づけも殿山や柏ヶ谷長ヲサに近いものと考えられる。関東地方のⅤ～Ⅳ層下部出土の横長剥片を素材とするナイフ形石器はさまざまな形態が認められ、国府型の搬入以降に在地化したものが同層準に普遍的に認められる。また、近畿・瀬戸内地方に起源を持つと考えられる角錐状石器も関東地方ではⅤ～Ⅳ層下部に出土層準が求められており、瀬戸内系とされる石器群にもいくつかの段階差が想定されているが、大別すれば、ほぼ同じ枠の中に入る。日本海側の瀬戸内系石器群も段階差は存在するが、関東地方と同じ時期幅の中で考えてよい。

　かつて東日本の日本海側の瀬戸内系石器群を石器製作技術から瀬戸内技法が認められるもの、「三国技法」によるもの、いわゆる「櫃石島技法」によるものに分け、瀬戸内技法→「三国技法」→「櫃石島技法」の順に変遷したと考えた。これには批判も寄せられているが、同一地域で石器製作技術とナイフ形石器の形態に差があることは、やはり時間的な前後関係を反映しているものと思われる。ただし、「三国技法」を技術基盤とした石器群は西下向遺跡の調査後、類例が発見されておらず、また、西下向遺跡の石器出土数も少なく、瀬戸内技法に対比できるような確固とした剥離技術であるかは保留せざるを得ない。またナイフ形石器の形態も出土数量が少ないため1類型を設定できるほどでは

ないが、「直坂Ⅱ型」を含まないなど、直坂Ⅱ遺跡や仲町遺跡の石器群とは異なっており、瀬戸内系石器群の中で1段階を設定できる可能性は消えていない。有底横長剥片の剥離では、安山岩原産地に近く石材が潤沢に入手できる場所と、安山岩原産地から離れ、石材が枯渇している遺跡では当然残核の形状にも差が認められることが予想できる。現状では、有底横長剥片剥離技術を瀬戸内技法とそれ以外のものとしてとらえることにする。

2 野尻湖周辺の瀬戸内系石器群

東日本日本海側で最も豊富な瀬戸内系石器群を出土しているのが野尻湖遺跡群である。野尻湖周辺では従来国府型ナイフ形石器が採集された瑞穂遺跡と「直坂Ⅱ型」ナイフ形石器などが出土している仲町遺跡が知られていたが、東裏遺跡、西岡A遺跡、貫ノ木遺跡、上ノ原遺跡などからも瀬戸内系石器群がまとまって出土している。

東裏遺跡ではH1Ⅲ石器文化、H2Ⅱ石器文化、H2Ⅲ石器文化から瀬戸内系石器群の出土が報じられているが、安山岩製の横長剥片を素材とするナイフ形石器はH1Ⅱ石器文化にも存在する。遺跡が尾根上に立地しており、場所によっては層の安定度は低いとされている。H2Ⅱからは安山岩とチャートの角錐状石器が出土している。安山岩製の横長剥片を素材とするナイフ形石器は底面を有するものと底面を持たないものがあり、有底横長剥片を素材とするナイフ形石器の中には国府型に類似するものが多数含まれる。横長剥片を素材とするナイフ形石器の整形加工は腹面から背面に向けておこなわれており、打面部を背面側から整形する「直坂Ⅱ型」は含まれていない（長野県埋文センター2000a）。ただし、削器と報告されている石器の中に直坂Ⅱ型のナイフ形石器に分類可能なものもある。

貫ノ木遺跡では第1～4地点のすべての地点で安山岩製の瀬戸内系石器群が出土している。第1地点から典型的な角錐状石器が1点出土しており、各地点のナイフ形石器には「直坂Ⅱ型」が含まれている。有底のナイフ形石器には国府型に類似するものも含まれる。安山岩製の横長剥片石核は豊富に存在しており、素材剥片の腹面側を作業面として打点を大きく移動させながら横長剥片を剥離するものと、石核の上下から腹面、背面の両面を作業面として打面と

作業面を入れ替えながら剥片剥離をおこなうものが認められるが、翼状剥片石核は含まれない。貫ノ木H1では直坂Ⅱ型ナイフ形石器を含む瀬戸内系石器群はⅡ石器文化に位置づけられ、斧形石器、台形石器に特徴づけられるⅠ石器文化の上位で、杉久保型ナイフ形石器や槍先形尖頭器をもつⅢ石器文化の下位に出土層準を持つという（長野県埋文センター 2000b）。

　西岡A遺跡では安山岩製の瀬戸内系石器群に角錐状石器が組成し、「直坂Ⅱ型」ナイフ形石器が一定量を占めるなど貫ノ木遺跡のⅡ石器文化に類似する。西岡Aの瀬戸内系石器群は報告者によって西岡Ⅲb石器文化として位置づけられ、小型槍先形尖頭器のⅢa石器文化より新しく、両面調整の槍先形尖頭器を特徴とするⅢc石器文化より古いとされている（長野県埋文センター 2000b）。しかし、西岡Ⅲb石器文化は貫ノ木Ⅱ石器文化に対比でき、安斎正人が疑問を投げかけているようにⅢaとⅢbは逆転する可能性が高い。さらに西岡Ⅱb石器文化とされているナイフ形石器に安山岩製の横長剥片を素材とした「直坂Ⅱ型」に類似するナイフ形石器が含まれており、西岡A遺跡の各段階に細分された石器群は再考を要する。

　長野県埋蔵文化財センターが発掘調査をおこなった東裏、貫ノ木、西岡A遺跡など各層から出土した石器群についてはその編年的位置づけがおこなわれている（谷・大竹 2003）。瀬戸内系石器群は第Ⅱ期から第Ⅳ期まで存在していることになっている。詳細に各遺跡出土のナイフ形石器を見ていくと、西岡Ⅲb石器文化は安山岩製の横長剥片を素材としたナイフ形石器の過半数が背面側から整形加工を施す直坂Ⅱ型で国府型をまったく含まない。有底剥片を素材としているものは半数未満である。ポジティブな底面を有さない剥片を素材とするナイフ形石器が多数存在することから、盤状剥片の腹面側だけでなく、背面側にも目的剥片を剥離する技術であることがわかる。目的剥片生産の作業面が盤状剥片の腹面側に固定される瀬戸内技法やいわゆる三国技法とは異なった技術基盤である。貫ノ木H1Ⅱ石器文化には安山岩製の横長剥片を素材とするナイフ形石器に一定量の直坂Ⅱ型が含まれ、ポジティブな底面を有しないものも半数近くあり西岡Ⅲb石器文化に類似した形態組成を示す。

　これに対し、東裏遺跡では横長剥片を素材とするナイフ形石器に直坂Ⅱ型は含まれておらず、その中でもH2地点Ⅱ石器文化のナイフ形石器には国府型類似のものが多い。東裏遺跡ではナイフ形石器に対応する剥片や石核が少なく、

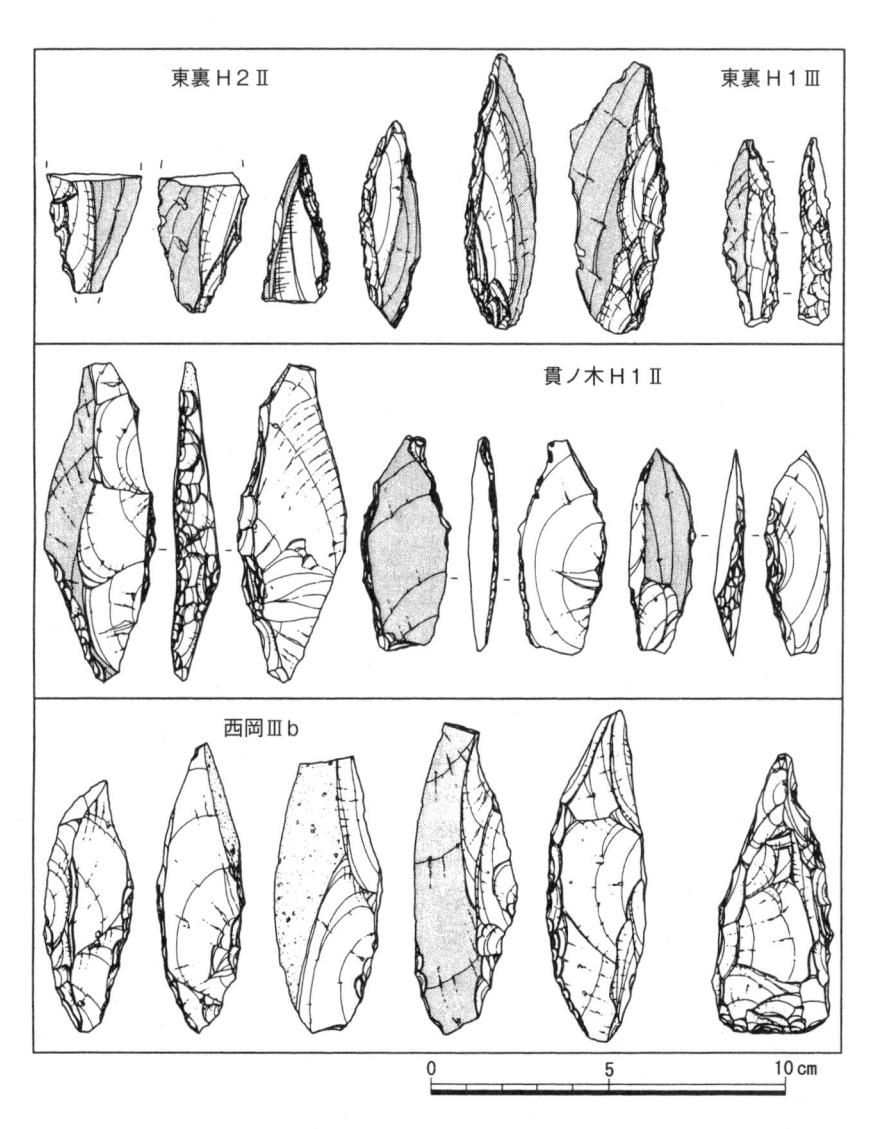

第68図　野尻湖遺跡群の瀬戸内系石器群

第 6 節　瀬戸内系石器群をめぐる諸問題　235

剥離技術の復元はできないが、東裏H2地点のⅡ石器文化は瀬戸内系ナイフ形石器に限れば、西岡A、貫ノ木Ⅱ石器文化のナイフ形石器とは形態差が大きい。特にブロック7、11は国府型ナイフ形石器がまとまって出土している。しかし翼状剥片、翼状剥片石核は出土しておらず、瀬戸内技法によって作られたものとは断定できないが、国府型以外の形態のナイフ形石器がほとんどないことから国府石器群の可能性は高いと思われる。このほかに東裏H2地点のⅢ石器文化にも安山岩製の横長剥片を素材とするナイフ形石器が出土しているが、刃部にポジティブな底面をもっていない。

　時期区分では東裏H1Ⅲ、東裏H2Ⅱ石器文化、貫ノ木H4Ⅱ石器文化が第Ⅱ期、貫ノ木H1Ⅱ、東裏H2Ⅲ石器文化が第Ⅲ期、西岡Ⅲb石器文化が第Ⅳ期に位置づけられている。第Ⅱ期のナイフ形石器は国府型が主体で、第Ⅲ期と第Ⅳ期は直坂Ⅱ型が一定量含まれ、これは年代差を表すものであろう。ここでの層位が正しいものであれば、国府型→直坂Ⅱ型の変遷を示していることになる。ただし、第Ⅱ期は武蔵野台地のⅦ・Ⅵ層に対比されており、東裏H2Ⅱ石器文化などの国府型ナイフ形石器は列島最古の国府型になる。また、第Ⅲ期と第Ⅳ期にまたがる直坂Ⅱ型は武蔵野台地のⅤ・Ⅳ下層からⅢ層までの長大な時間幅を想定しければならない。周辺地域での瀬戸内系石器群の出土状況に照らせば、両者とも現時点では否定的にならざるを得ない。

　上ノ原遺跡の第5次調査の成果は野尻湖周辺の瀬戸内系石器群の評価をおこなう場合、最も悩ましい問題を提起している。上ノ原遺跡での瀬戸内系石器群の出土層位は野尻湖遺跡群の文化層で上Ⅱ上部文化層と上Ⅱ最下部文化層で、上Ⅱ上部文化層からは瀬戸内系のほか杉久保系石器群、尖頭器石器群が検出されており、その下の上Ⅱ下部層を間層としてさらに下位の上Ⅱ最下部文化層で瀬戸内系石器群のほかに台形石器や刃部磨製斧形石器などが出土しているという（中村 1996・1997a・1997b）。上Ⅱ最下部文化層にはATが含まれており、台形石器や局部磨製斧形石器などが含まれることから、この層に包含されている石器群はATより古い時期のものと中村由克は推定している。

　しかし、公表されている資料では上Ⅱ上部文化層と上Ⅱ最下部文化層の瀬戸内系石器群は類似した様相を有している。いずれの横長剥片剥離技術も瀬戸内技法のように整然とした剥離技術ではなく、ナイフ形石器の整形加工が背面側から施される「直坂Ⅱ型」ナイフ形石器を一定量含んでいる。このナイフ形石

器の整形方法は一般的なナイフ形石器の加工の仕方から逸脱したもので、「直坂Ⅱ型」ナイフ形石器はかなり特殊な型式だといえる。富山平野の直坂Ⅱ遺跡や新造池A遺跡の層位的所見ではAT層より上位と考えられており、上ノ原上ⅡⅡ上部文化層は周辺地域のあり方と整合するが、上Ⅱ最下部文化層からも「直坂Ⅱ型」ナイフ形石器を有する瀬戸内系石器群が出土することは、想定の範囲外のできごとである。またこうした特殊な形態を有するナイフ形石器がある地域だけでかなりの長期間使われ続けられたことは考えにくい。たしかに近畿地方ではAT降灰以前にサヌカイトを使った有底横長剥片剥離技術で国府型に類似するナイフ形石器が作られていることが判明している。しかし、野尻湖周辺で台形石器や刃部磨製斧形石器が使われた段階に安山岩製の有底横長剥片剥離技術が確立していたとなれば、これらは瀬戸内系ではなく、野尻湖周辺における在地の石器群と見なす必要がある。しかも剥離技術や石器の型式がほとんど変化せず、長期間脈々と継続する石器群ということになる。この遺跡の評価は正式な報告書が刊行され、報告書に記載された内容に対しておこなうべきであるので、ここではこれ以上立ち入らないが、周辺地域の瀬戸内系石器群のあり方からは理解できない遺跡である。

　ここまで概観したように、野尻湖周辺の瀬戸内系石器群は遺跡が密集し、量的にも最も豊富な資料であるといえる。しかし、文化層としてとらえられている包含層が必ずしも保存状態が良好とはいえず、明らかに時期が異なる石器も含んでいる。貫ノ木遺跡や西岡A遺跡、上ノ原遺跡では「直坂Ⅱ型」のナイフ形石器が多数含まれており、この時期のナイフ形石器のバラエティや剥離技術分析の基本に据えるべき資料であるが、「石器文化」としてまとめられた石器群が同一時期のものとしてとらえられるか否かを吟味する必要がある。

3　角錐状石器について

　日本海側の地域でも越中山K、樽口、正面ヶ原B、かじか沢、西岡A、東裏、貫ノ木、眼目新丸山等の遺跡で角錐状石器が出土しているが、それぞれの形態差は大きい。一点一点は分類上角錐状石器の仲間とすることが可能かもしれないが、定義次第では角錐状石器の範疇から外れるものも多い。器体中央部の断面形は略三角形のものから扁平な台形のものまであり、また両端を尖らす

ものや片側は基部としてほとんど整形加工がおこなわれていない例もある。越中山Kのようにまとまった数量の角錐状石器を組成する遺跡は例外的で、1点、多くても数点の出土にとどまる場合が多い。

　日本海側では越中山遺跡K地点での角錐状石器の出土が古くから知られていたが、近畿・瀬戸内地方の国府石器群に明確な角錐状石器が共伴していないことが疑問点であった。また、角錐状石器が多数出土する関東地方でも国府型ナイフ形石器と角錐状石器はやや時間的にずれて出現している。しかし、越中山Kでは珪質頁岩のほかに瀬戸内技法のためにあえて使用している凝灰質砂岩・凝灰質泥岩でも製作されており、東北の地でいずれも瀬戸内系の国府型ナイフ形石器と角錐状石器が共存することは確実で、国府石器群の存続時期に角錐状石器の存在していたことは間違いない。樽口遺跡の角錐状石器については、形態が断面三角形の典型例ではないが、国府型ナイフ形石器に伴っており、越中山Kでの共伴関係を補強している。

　野尻湖遺跡群の西岡A や貫ノ木第1地点の角錐状石器は直坂Ⅱ型のナイフ形石器に伴出する可能性が高い。また、東裏H2地点の角錐状石器の一部は尖頭器石器群と関係するものかもしれない。

　近年の研究では西日本において角錐状石器は後期旧石器時代後半の初め頃からナイフ形石器の終末期まで存続する息の長い石器であることが判明しており、また関東地方でも国府型ナイフ形石器に比べて存続期間が長い石器であり、日本海沿岸地域でも角錐状石器は国府型ナイフ形石器から直坂Ⅱ型ナイフ形石器の段階まで伴っており、それなりの時期幅を持っているので細かな時期推定の手がかりにはならない。

　ところで近畿地方ではまとまった量の角錐状石器を保有する遺跡として、兵庫県板井・寺ヶ谷遺跡上層（兵庫県教委 1991）、大阪府郡家川西遺跡（高槻市教委 1979）、大阪府国府遺跡第6地点（大阪府教委 1990）が知られているが、これらの遺跡に共通することは形態の明らかなナイフ形石器が存在しない点である。少なくとも近畿地方では、ナイフ形石器を主体とする活動と角錐状石器を中心とする生業とは同時にはおこなわれず、偏った石器組成が遺跡に残されているようだ。この点が近畿地方で長い間角錐状石器の編年的位置づけにさまざまな議論を呼び起こした原因でもあったが、日本海側東北部の越中山Kや樽口はナイフ形石器と角錐状石器がいずれも一定量組成され、両者とも石器組成

の主体となっている。一連の行動の中でナイフ形石器と角錐状石器が使用され
たと考えられ、近畿地方との生業活動様式の違いが石器組成に現れている可能
性がある。

4 瀬戸内系石器群の時期幅

　御淵上遺跡では安山岩が欠乏する中、他の石材でも瀬戸内技法にのっとり国
府型ナイフ形石器を製作しており、越中山遺跡K地点でも安山岩が入手でき
ない頁岩地帯の中心地で、決して横長剥片を連続的に剥離することに適しては
いない頁岩と安山岩に似るが石器の素材には向いていない凝灰質砂岩・泥岩を
使って瀬戸内技法による国府型ナイフ形石器の製作を試みている。つまり、こ
の2遺跡は近畿・瀬戸内地域で国府型ナイフ形石器が盛行する時期（郡家今城
遺跡など）に残されたものとして間違いはない。また、技術基盤は明らかでな
いが樽口遺跡や東裏遺跡第2地点のII石器文化などもほぼこの段階に相当し
よう。
　これに対し、輝石安山岩（無斑晶質安山岩）の産出地から比較的近く、出土石
器の大部分を安山岩が占める野尻湖周辺の遺跡群の貫ノ木第1地点、西岡A、
仲町、上ノ原においては横長剥片の剥離作業はおこなっているが、瀬戸内技法
の手順をふまない剥離方法によってナイフ形石器を製作している。石材と剥離
技術がこの逆の場合であれば、非安山岩質の石材しか入手できないため、使用
石材の割れ方の特性が原因で剥離技術が変容せざるを得なく、瀬戸内技法が技
術的に変容することも想定できるが、越中山Kでは無理をしてまで瀬戸内技
法の剥離方法に固執している。少なくとも野尻湖周辺の直坂II型ナイフ形石器
を有する瀬戸内系石器群と越中山Kの石器形態や剥離技術の違いは石材や地
域的なものでなく、時間的な差と考えてよい。野尻湖遺跡群では国府型ナイフ
形石器の東裏H2 II石器文化が直坂II型の貫ノ木H1 II石器文化、西岡IIIb石
器文化より出土層位が深く年代的にも古いと評価されており、この石器群の変
遷は周辺地域にも敷衍できるであろう。
　越中山Kや御淵上が国府石器群・瀬戸内技法に対比できるので、直坂II型の
ナイフ形石器を有する野尻湖の貫ノ木や西岡Aの瀬戸内系石器群は国府石器群
以降の有底横長剥片を素材とするナイフ形石器が主体となる石器群に対比する

第6節　瀬戸内系石器群をめぐる諸問題　239

ことができると思われる。先にも述べたように野尻湖周辺遺跡群の調査成果のすべてを認めるわけではないが、AT降灰直後から槍先形尖頭器出現の頃まで、瀬戸内系石器群は東日本の日本海側に存在し、剥離技術やナイフ形石器形態の変遷の軌跡をたどることができる。この変遷過程は近畿瀬戸内地域における石器群の変遷と連動するところがあり、国府石器群以降の有底横長剥片石器群との対比検討が課題として残っている。

　ところで、日本海側の瀬戸内技法によらない有底横長剥片剥離技術を技術基盤とする石器群はどのように成立したのだろうか。御淵上や越中山Kを残した集団は近畿・瀬戸内から日本海沿岸地域内に進出した国府石器群を有したグループと考えてよいが、時間的に国府系石器群に後続する直坂II型のナイフ形石器を持つ集団は、国府石器群を有した集団の末裔が在地化したとする見方と、新たに第2波、第3波として近畿・瀬戸内から日本海沿岸地域内に進出した集団によるものとの二つの考え方が成立する。直坂II型のナイフ形石器に注目すれば、近畿・瀬戸内にこうした特殊なナイフ形石器の祖型は見当たらず、北陸の特殊性とすれば、当然この地で国府石器群が変容して成立したと考えることができる。しかし、直坂II遺跡などでは残核の形状からいわゆる櫃石島技法に類似する剥離技術が想定され、あまり明確になっているとはいいがたいが近畿・瀬戸内地方の国府石器群に続く段階といわれる石器群の技術基盤と類似する。北陸の特殊性と西日本との共通性を合わせて評価すれば、直坂II型のナイフ形石器を有する集団は近畿・瀬戸内地方から北上した集団の末裔が独自に直坂II型という特殊な形態のナイフ形石器を生み出したが、剥片剥離は本家の近畿・瀬戸内地方の集団との情報交換を密にして同じような剥離技術を駆使したものと解釈したい。

　国府石器群以降、日本海側の瀬戸内系石器群も何段階かの変遷を経ているものと思われる。しかし今のところ瀬戸内技法に拠らない有底横長剥片剥離技術の石器群を、直坂II型を組成するものとしないものに分けられただけで、前者は直坂II遺跡U-8や仲町遺跡、西岡A遺跡などが該当し、後者には西下向遺跡がある。有底横長剥片を素材とするナイフ形石器、底面を持たない横長剥片を素材とするナイフ形石器の再分類をおこない、その型式組成で石器群を再編することが可能かもしれない。そうした作業をおこなう場合、ある程度出土石器の量的保証が得られている野尻湖遺跡群の瀬戸内系石器群が良好な分析対象

である。西岡A、東裏、貫ノ木、仲町などの野尻湖遺跡群における瀬戸内系石器群の再検討を試みる必要がある。さらに野尻湖遺跡群には上ノ原遺跡など多量の瀬戸内系石器群が出土している遺跡がある。こうした遺跡の実態が明らかにされることによってより詳細な検討が可能になるので野尻湖遺跡群の今後の研究に期待したい。

註

(1) 瀬戸内技法第2工程は翼状剥片、翼状剥片石核の存在より明らかであるが、盤状剥片の剥離工程つまり瀬戸内技法第1工程の実態が不鮮明である。盤状剥片の形態から推察すれば、二上山北麓遺跡群で復元されたもの（松藤 1974）に類似するものも存在しているようである。

(2) 原報告では、石器群のまとまりについてあまりふれられていないが、ここでは慣用的な「ユニット」という表現を使う。

(3) 旧石器文化談話会の増田一裕・古森政次・佐藤良二に筆者を加えた4名である。

(4) 安山岩製のもの2点は、東山系石器群の出土地点とは数10mと200mあまり離れた地点から採集されている。

(5) b瀬戸内技法の存在が推定できるものとして、安養寺、七曲、紅葉谷の3遺跡をあげたが、安養寺、七曲はナイフ形石器の背面のネガティブ面の観察からその可能性が低いと思われる。また、c群に眼目新遺跡を含めたが、眼目新遺跡出土石器を現在ではナイフ形石器と考えているので、保留する。

(6) 平口哲夫氏は「三国技法」によって作られたナイフ形石器にも、そのナイフ形石器の形態から国府型の名を与えている（平口 1983）。筆者もナイフ形石器自体の属性から型式を与えるべきだと考える。ナイフ形石器の型式と剥離技術をいったん切り離した上で、それぞれの対応を考えるべきではなかろうか。

(7) ここでは打面縁調整と考えられる小剥離痕はネガティブ面に含めていない。

(8) これは肉眼観察によるもので、理化学的な分析はおこなわれていない。いずれ何らかの産地推定法で分析される必要があろう。

(9) 東海地方でもナイフ形石器に伴って各種の掻器が出土しているが、層位的には石刃を素材とするものが上位に限られ、円形掻器は時間幅が考えられる。

(10) こうした対比は、一般的な国府型ナイフ形石器の年代観と隔たりがある。国府型ナイフ形石器に時間幅を考えるべきなのか、それとも北陸地方での東山系石器群の編年的な再検討が必要なのであろうか。

(11) 北陸地方の旧石器編年に関しては、橋本正 1975「富山県における先土器時代石器群の概要と問題」『物質文化』24、同 1976「先土器時代、縄文時代草創期の石器について」『富山県大沢野町直坂II遺跡発掘調査概要』、平口哲夫 1983「北陸にお

けるナイフ形石器文化の変遷についての予察」『北陸の考古学』を参照されたい。

引用・参考文献
会田容弘 1987「東北地方における国府石器群」『歴史』第69輯
朝日村教育委員会 1996『樽口遺跡』
安斎正人 2004「東北日本における「国府系石器群」の展開」『考古学』Ⅱ
大阪府教育委員会 1990『南河内における遺跡の調査Ⅰ　旧石器時代基礎資料編Ⅰ』
岡本郁栄・中村由克・近藤洋一 1982「仲町遺跡」『長野県史』考古資料編全1巻(2)
小野　昭 1986「旧石器時代の社会と文化」『新潟県史』通史編1原始・古代一
織笠　昭 1987「国府型ナイフ形石器の形態と技術」『古代文化』第39巻第10号、12号
柏ヶ谷長ヲサ遺跡調査団 1983『先土器時代海老名市柏ヶ谷長ヲサ遺跡発掘調査概要報告書』
加藤　稔 1975「越中山遺跡」『日本の旧石器文化』第2巻
加藤　稔・鈴木和夫 1976「越中山K遺跡の接合資料」『考古学研究』第22巻第4号
鎌木義昌 1960「香川県城山遺跡出土の石器」『古代学』第8巻第3号
鎌木義昌・高橋　護 1965「瀬戸内地方の先土器時代」『日本の考古学』Ⅰ
岐阜市教育委員会 1989『椿洞遺跡発掘調査報告書』
旧石器文化談話会 1974「京都市広沢池発見の石器」『プレリュード』18
小林武彦・伊藤順一・上田義浩 1982「土壌分析」『富山県大沢野町野沢遺跡A地点発掘調査報告書』大沢野町教育委員会
小林武彦・上田義浩 1982「立山町白岩藪ノ上遺跡の遺物包含土層の火山灰層序的検討」『富山県立山町白岩藪ノ上遺跡調査概要』(2)　立山町教育委員会
小林武彦 1983「新造池A遺跡の遺物包含土層の火山灰層序的検討」『県民公園太閤山ランド内遺跡群調査報告』(2)　富山県教育委員会
佐藤耕太郎・磯部保衛 1988「神林村大聖寺遺跡採集の国府型ナイフ形石器」『北越考古学』創刊号
佐藤達夫 1970「ナイフ形石器の編年的一考察」『東京国立博物館紀要』5号
佐藤雅一 1981「五十嵐川流域の先土器時代」『三条考古学研究会機関誌』第2号
佐藤雅一 2002「新潟県津南段丘における石器群研究の現状と展望」『先史考古学論集』第11集
四手井晴子・木村孝雄・武山峯久 1972「京都市広沢池・沢池の石器」『古代文化』第24巻第10号
白石浩之 1976「東北日本におけるナイフ形石器変遷の素描」『神奈川考古』第1号
白石浩之 1979「尖頭器石器群研究の現状と展望」『神奈川考古』第7号
菅原　謙 1983「先土器時代」『各務ヶ原市史』考古・民俗編考古
鈴木忠司・片田良一 1979「初矢遺跡採集のナイフ形石器」『岐阜県考古』第7号
高槻市教育委員会 1978『郡家今城遺跡発掘調査報告書』

高槻市教育委員会 1979『島上郡衙跡発掘調査概要3』
谷　和隆・大竹憲昭 2003「野尻湖遺跡群における石器文化の変遷」『第15回長野県旧石器文化研究交流会　シンポジウム「野尻湖遺跡群の旧石器時代編年」―発表資料―』
戸田正勝 1983「尖頭器の型式学的一考察」『太平臺史窓』第2号
富山県教育委員会 1975『富山県福光町・城端町立野ヶ原遺跡群第三次緊急発掘調査概要』
富山県教育委員会 1976『富山県大沢野町直坂Ⅱ遺跡発掘調査概要』
富山県教育委員会 1978a『富山県婦中町細谷遺跡群第一次緊急発掘調査概要』
富山県教育委員会 1978b『富山県福光町・城端町立野ヶ原遺跡群第六次緊急発掘調査概要』
富山市教育委員会 2002『富山市御坊山遺跡発掘調査報告書』
長野県埋蔵文化財センター 2000a『上信越自動車道埋蔵文化財発掘調査報告書15―信濃町　その1―裏ノ山遺跡　東裏遺跡　大久保南遺跡　上ノ原遺跡』
長野県埋蔵文化財センター 2000b『上信越自動車道埋蔵文化財発掘調査報告書15―信濃町　その1―貫ノ木遺跡　西岡A遺跡』
中村孝三郎 1970『古代の追跡』
中村孝三郎 1971『御淵上遺跡』
中村孝三郎 1978『越後の石器』
中村由克 1988「昭和62年度に野尻湖博物館によせられた考古資料」『信濃考古』No.105
中村由克 1996「信濃町上ノ原遺跡（県道地点）の調査」『第8回長野県旧石器文化研究交流会―発表資料―』
中村由克 1997a「信濃町上ノ原遺跡（県道地点）の調査―その2―」『旧石器考古学』55
中村由克 1997b「信濃町上ノ原遺跡における瀬戸内系石器群の遺跡の立地」『第9回長野県旧石器文化研究交流会―発表資料―』
新潟県 1983『新潟県史』資料編1原始・古代一
新潟県三条商業高等学校社会科クラブ考古班 1971『五十嵐川流域における先史遺跡』
新潟県三条商業高等学校社会科クラブ考古班 1980『五十嵐川流域における先史遺跡』Vol.2
西井龍儀 1963「富山県下の無土器時代遺跡について」『越中史壇』25
西井龍儀 1966「安養寺遺跡について」『大境』第2号
西井龍儀 1967「安養寺遺跡の追加資料」『大境』第3号
西井龍儀 1968「人母シモヤマ遺跡の石器群について」『大境』第4号
西井龍儀 1972「先土器時代」『富山県史』考古編
西井龍儀 1977「紅葉谷周辺発見の旧石器」『連絡紙』72　富山考古学会

西井龍儀・藤田富士夫 1976「呉羽丘陵周辺の先土器・縄文時代草創期の遺跡について」『大境』第6号
野尻湖人類考古グループ 1980「野尻湖周辺の人類遺跡」『地質学論集』
野尻湖人類考古グループ 1987『野尻湖遺跡群の旧石器文化』
野尻湖人類考古グループ 1993「仲町遺跡第6回陸上発掘の考古学的成果」『野尻湖博物館研究報告』第1号
野尻湖発掘調査団 1980『野尻湖専門別グループ発表会資料集』6
橋本　正 1975「富山県における先土器時代石器群の概要と問題」『物質文化』No.24
橋本　正 1976「Ⅴ先土器時代、縄文時代草創期の石器について」『富山県大沢野町直坂Ⅱ遺跡発掘調査概要』富山県教育委員会
林寺巌州・麻柄一志・西井龍儀 1992「向野池遺跡と金屋遺跡の旧石器」『大境』第14号
平口哲夫 1976「越中山Kと岩戸Ⅰにみる国府系統の要素について」『東北考古学の諸問題』
平口哲夫 1983a「三国町西下向遺跡第3次発掘調査概報」『福井考古学会会報』第4号
平口哲夫 1983b「北陸におけるナイフ形石器文化の変遷についての予察」『北陸の考古学（石川考古学研究会々誌第26号）』
平口哲夫 1987「横剥ぎ技法の諸類型（その一）」『太平臺史窓』第6号
平口哲夫 1988「横剥ぎ技法の諸類型（その二）」『太平臺史窓』第7号
平口哲夫 1989「横剥ぎ技法の諸類型（その三）」『太平臺史窓』第8号
平口哲夫・松井政信 1983「三国町西下向遺跡の横剥ぎ技法について」『日本考古学協会第49回総会研究発表要旨』
平口哲夫・松井政信・樫田誠 1984「福井県三国町西下向遺跡の横剥ぎ技法」『旧石器考古学』28
兵庫県教育委員会 1991『板井寺ヶ谷遺跡―旧石器時代の調査―』
藤田富士夫 1983『日本の古代遺跡13富山』
古川知明 1989「北陸における尖頭器の様相」『長野県考古学会誌』第59・60号
麻柄一志 1982「立野ヶ原型ナイフと井島Ⅰ型ナイフ」『旧石器考古学』24
麻柄一志 1984「日本海沿岸地域における瀬戸内系石器群」『旧石器考古学』28
麻柄一志 1994「中部地方および東北地方日本海側の瀬戸内系石器群について」『瀬戸内技法との時代』
麻柄一志・古森政次 1992「御淵上遺跡の瀬戸内技法(1)」『旧石器考古学』45
麻柄一志・古森政次 1993「御淵上遺跡の瀬戸内技法(2)」『旧石器考古学』46
松井政信 1980「埼玉県上尾市殿山遺跡出土の先土器時代資料」『石器研究』第1号
松井政信 1982「西下向遺跡発掘調査の意義と成果」『福井考古学会会報』創刊号
松島吉信 1982「石器群の特徴と問題点」『富山県立山町白岩藪ノ上遺跡調査概要』(2)立山町教育委員会
松藤和人 1974「瀬戸内技法の再検討」『ふたがみ』

松藤和人 1974「国府型ナイフ形石器をめぐる諸問題」『プレリュード』19

松藤和人 1979「再び"瀬戸内技法"について」『二上山・桜ヶ丘遺跡』奈良県史跡名勝天然記念物調査報告第38冊

松藤和人 1980「近畿西部、瀬戸内地方におけるナイフ形石器文化の諸様相」『旧石器考古学』21

松藤和人 1983「筑後平野北部の国府型ナイフ形石器」『旧石器考古学』27

真鍋昌宏 1980「国府型ナイフの概念について」『瀬戸大橋建設に伴う埋蔵文化財調査概報(Ⅲ)』

三浦知徳 2005「瀬戸内系石器群拡散の荷担者像に関する一私案」『県指定文化財上尾市殿山遺跡シンポジウム―石器が語る2万年―』埼玉考古別冊8

柳田俊雄 1977「瀬戸内東部及び近畿地方における旧石器時代研究の現状と問題点」『プレリュード』20

柳田俊雄 1981「国府石器群の分布と年代」『二上山シンポジウム旧石器遺跡をめぐる諸問題』

山下秀樹 1983『静岡県磐田郡豊田町広野北遺跡発掘調査概報』

山中一郎編 1981『二上山シンポジウム旧石器遺跡をめぐる諸問題』

吉井雅勇 2000「新潟県北部地域における国府系石器群の変容について」『MICRO BLADE』創刊号

吉朝則富 1992「古代飛騨におけるモノの流れ・文化の流れ」『特別展示 飛騨のあけぼの展示図録』

第Ⅴ章　後期旧石器時代および
　　　　縄文時代草創期の斧形石器

第1節　後期旧石器時代の斧形石器について

　日本列島の後期旧石器時代には磨製の斧形石器が存在する。旧石器時代の磨製斧形石器は日本列島以外からも出土しているが、日本列島での出土数が群を抜いており、列島の後期旧石器文化を特徴づける石器の一つとなっている。

　日本の旧石器文化研究の端緒となった岩宿遺跡の発掘で斧形の石器が出土しており、日本旧石器文化研究の黎明期から斧形石器は何かと注目を集めた。その後発掘がより深くおこなわれるようになると、斧形石器の発見例は関東を中心に増加し、AT火山灰の検出に伴い、関東以外でも後期旧石器時代前葉の石器群の実態が明らかになると、これら古期の石器群の多くに斧形石器が含まれていることが判明し、その分布も汎日本的に広がっている。こうしたことから、日本列島の後期旧石器時代前葉の石器群を理解する上で鍵を握る石器の一つとして斧形石器への関心が近年高まりつつある。

1　定義と特徴

　斧形石器は「両面あるいは片面からの調整によって、中央断面が両凸レンズ形、あるいは楕円形に整形された素材の一端に刃部が作られている石器である」と定義され、この中の刃部が磨製技術によって作られたものを刃部磨製斧形石器と呼んでいる（赤澤ほか 1980）が、形態は多様性に富み、両面調整石器との峻別が困難な場合もある。しかし刃部磨製斧形石器（局部磨製石器・刃部磨製石器と称されることもある）は研磨により作り出された刃部の存在から容易に認定できる。また、刃部が研磨されたものの方が多く、斧形石器の基本的特徴の一つに刃部の研磨をあげることができる。

　刃部に研磨が認められない斧形石器（単に石斧、または打製石斧と呼ぶ場合もある）には、刃部磨製斧形石器の未成品や片面の自然面を研磨面と同じように利用し、研磨と同じような効果を得ているもの、さらに刃部磨製斧形石器の研磨された刃部が使用による破損ですべて剥離されたものが含まれている可能性がある。ただし、刃部に研磨痕は認められないが、使用痕が残されているものがあり、研磨を施さなくても完成品として使用された斧形石器の存在を示してい

る。形態は長楕円形、短冊形、撥形などが見られ、縄文時代の磨製石斧よりバラエティに富む。

2 分布

　旧石器研究の初期の段階では北関東と中部高地で斧形石器の存在が知られていたにすぎないが、1970年代以降、関東や中部地方日本海側での発見例が急増しており、分布は九州から東北地方にまで及んでいる。松村和男によって集成が試みられており（松村 1988）、その後の報告例を加えると全国で100を超える遺跡から斧形石器が出土している。最も濃密な分布を示すのは南関東（特に東京・千葉）で、次いで北陸（富山）に集中する。さらに中国山地や東北地方での発見例も増えている。しかし今のところ四国および北海道からは出土していない。北海道からは細石器文化・長者久保神子柴文化に属すると考えられる斧形石器は53例知られているが（杉浦 1987）、ナイフ形石器文化に伴うものはない。ただし、しばしば日本海沿岸地域で刃部磨製斧形石器が伴って出土する「立野ヶ原型ナイフ形石器」（米ヶ森型台形石器）と米ヶ森技法を示す石核の出土が北海道の南端で報じられており、今後北海道で斧形石器の出土する可能性は充分考えられる。

　以上のように分布にかなりの片寄りがみられ、本州中央部にその中心が認められるが、これは後期旧石器時代前葉の遺跡の調査件数にも比例している。

3 年代と出土層位

　最も発見例の多い南関東では立川ローム下部のⅩ・Ⅸ層に斧形石器の出土が集中する。しかもこの段階の石器群の多くに斧形石器が組成されており、普遍的な器種の一つである。これより上位での出土例は少なく、刃部が研磨されているものは一例しかない。南関東では後期旧石器時代初頭の立川ロームⅩ層に出現し、Ⅹ・Ⅸ層で盛行するが、それより上位では極度に減少し、石器組成に含まれる確率はきわめて低くなる。北関東では南関東ほど層位的に細分されていないが、大半がAT降灰期より古いことが確認されている。東北地方では層位的に年代を与えることのできるものは報告されていないが、斧形石器に伴出

する石器群から判断していずれも後期旧石器時代の前葉に属するものと見なすことができる。

　中国山地や九州の斧形石器についてもATよりも下位で検出されており、伴出する石器群は大きく2グループに分けられるが、それぞれ他地域と共通する様相が指摘できる。北陸では「立野ヶ原型ナイフ形石器」に伴うものと掻器を組成しない石刃石器群に伴出するものがあり、前者はAT降灰期より古く、後者は新しい。

　汎日本的に見れば、斧形石器の大半がAT降灰期より古い段階のものと見なすことができ、しかも層位的に細分されている南関東を基準にすればX・IX層段階に他地域の斧形石器を対比することも可能で、後期旧石器時代の初頭に汎日本的な分布を示していたと考えられる。AT降灰期より新しいと位置づけられた斧形石器は、関東や北信越などで少量見られるにすぎず、時間的にはかなりの幅を認めることができるが、短期間で石器組成の主要な器種としての地位を明け渡しているといえる。

　数年前まで話題を集めていた前期旧石器時代の中にも斧形石器は存在する。すでに指摘されているようにこれらは後期旧石器時代の斧形石器の祖型となった可能性は高い。しかし刃部を研磨で作り出す技術はまだ出現していない。

4　機能

　機能を推定する場合、石器に残された使用痕の分析が最も有効であるが、斧形石器の使用痕を広く分析し機能を推定した研究はみられない。セミョーノフの古典的な研究は現代においても参考になる。

　一般に斧形石器はその名称から木材の伐採や加工に用いられたと想定されやすいが、具体的な根拠を持った所論ではなく、素朴な推定にすぎない。たしかに斧形石器の多くは刃部に研磨が施され、石材も富山では蛇紋岩を用いており、縄文時代の磨製石斧と共通する点が多い。しかし縄文時代の磨製石斧とは時間的な隔たりが存在していることは見逃せない。後期旧石器時代の初頭において普遍的な器種であるということは、汎日本的な旧石器人の行動様式の一つに斧形石器を用いた活動が存在したことを意味しているが、斧形石器の衰退と消滅は、斧形石器を用いた活動が旧石器人の行動様式の中から消えてしまったか、

斧形石器の機能が別の器種に移ったことなどが原因として考えられる。この点も機能を考える上で考慮する必要がある。

これまでの発掘調査や研究によって後期旧石器時代の斧形石器の分布や年代は明確になりつつあるが、機能の問題や東アジアの旧石器文化の中での位置づけを追究することによって、その歴史的意義も議論が可能となろう。

第2節　斧形石器の用途

1　はじめに

後期旧石器時代の前葉を特徴づける石器として（刃部磨製）斧形石器がある。この石器は（局部磨製または刃部磨製）石斧と呼ばれることもある。むしろ一般的には斧形石器より石斧と称されることも多いかもしれない。斧形石器は1949年の群馬県岩宿遺跡出土の石器群にも含まれており、旧石器時代研究の初期にはハンドアックス、握槌形石器、楕円形石器、敲打器などさまざまな名称で呼ばれていたが、1970年代以降は石斧と記載される場合が多い。しかし、旧石器時代の用語体系の伝統からは、縄文時代の用語である石斧より斧形石器の名称が妥当と思われる（平口 1989）。

いささか旧聞に属するが、1989年10月に富山大学で開催された日本考古学協会大会のテーマの一つが「旧石器時代の石斧（斧形石器）をめぐって」であった。このシンポジウムでは、斧形石器の名称の問題、分布と時期（起源と終末）、周辺地域との関係等について論議がおこなわれた。

筆者は基調報告のなかで、「後期旧石器時代の斧形石器について」と題し、斧形石器の時空的分布についてまとめ、その機能について若干言及した。従来概説書では後期旧石器時代の斧形石器は木材の伐採や加工に用いられていたと説明されているが、その機能推定に具体的な根拠がないことを指摘し、斧形石器の存在が一部を除いて、時期的に後期旧石器時代の前葉に限られていることから、斧形石器の消滅する段階で斧形石器を用いた活動が消えてしまったか、斧形石器の機能が別の器種に移ったことをその消滅の原因の可能性として想定した（麻柄 1989〈本章第1節〉）。また、平口哲夫も基調報告で「石斧」用語論

を展開し、「ナイフ形石器文化期の磨製斧形石器が旧石器時代末・縄文時代初の局部磨製石斧と主たる用途が同じであると言えるかどうか」と機能と名称をからめて、安易な命名と機能の推定に警鐘を唱えている（平口 1989）。

このシンポジウムで筆者らのこうした報告に対し、斧形石器の機能についてコメントした春成秀爾は、斧形石器が後期旧石器時代前葉に限って存在することなどから、ナウマン象などの大型獣が後期旧石器時代の前葉で絶滅し、斧形石器の消滅がこれと時期的に関連していると考え、ナウマン象などの大型獣の解体や象牙の加工に斧形石器の機能を想定する発言をおこなっている[1]。

シンポジウムでは旧石器時代の斧形石器の全国的な集成作業をおこない、斧形石器の時間と空間の位置づけを明確にすることはできたが、機能・用途の問題については春成の勇気のある発言以外は大きな成果は得られなかった。実はこのシンポジウムの準備会で、筆者らは基調報告に機能に関する研究事例を加えることにしていた。石器の使用痕研究に着手していた岡崎里美に旧石器時代の斧形石器（特に刃部磨製のもの）の使用痕観察を依頼しており、岡崎もその準備を開始したところであった。ところがその直後に不慮の事故で岡崎が急死し、この計画自体が頓挫してしまった。その後石器の使用痕研究は各地で継続されているが、旧石器時代の刃部磨製斧形石器を対象とした使用痕分析はおこなわれていない。

その後の新たな展開としては、佐原真による斧についての世界を対象とした歴史的・文化的研究がある。世界中のさまざまな事例が報告されており、斧形石器の用途・機能について検討する場合の基礎資料を提供してくれる（佐原 1994）。佐原の『斧の文化史』を使い、後期旧石器時代の斧形石器の用途・機能について考えたい。

2 斧形石器の破損

筆者が後期旧石器時代の斧形石器の機能について、従来の木材加工・伐採説に疑問をもったのは、富山県鉄砲谷遺跡の蛇紋岩製の刃部磨製の斧形石器を実際に観察してからである（富山県教委 1973）。鉄砲谷遺跡からは蛇紋岩製の斧形石器が2点出土しており、1点は刃部側が残存する破損品（第69図1）、他の1点は刃部の一部に欠損が認められるが、ほぼ全体の形状が残っている（第69

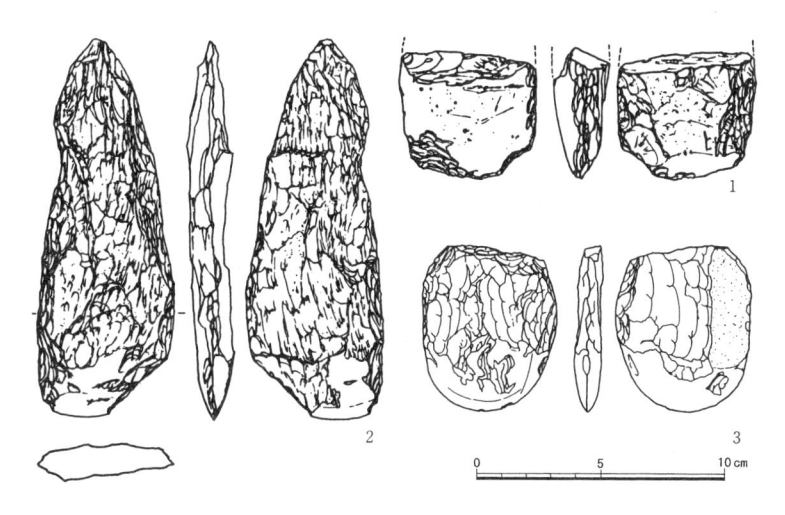

第 69 図　富山平野の刃部磨製斧形石器　1、2：鉄砲谷遺跡　3：長山遺跡

図2)。この石器は、全長が15.2cm、幅5.6cm、器厚1.6cmの薄手の斧形石器である。重量は報告されていないが、きわめて軽量である。器厚は最大幅を計測しており、刃部のみ研磨されている。体部は打製による粗い整形のみで、部分的にはさらに薄い。この石器の第一印象は、これを柄に装着して斧として木材の伐採、加工をおこなうと、一撃で体部が折損してしまうのではないかという危惧である。特にこの2点の石器は製作されてから2万年以上の年月のためか表面の風化が著しく、本来なら鉄斧の威力に匹敵するといわれている磨製石斧の破壊力は感じられなかった。蛇紋岩はもともと研磨が容易であるが、衝撃に強い石材ではない。

　後期旧石器時代の斧形石器には鉄砲谷遺跡例のような器厚が2cm以下の薄身のものが散見する。富山平野の出土例では富山市旧八尾町長山遺跡から最大厚が1.1cmの薄い斧形石器（第69図3）が出土している（八尾町教育委員会 1985)。富山平野出土の斧形石器はほとんどが蛇紋岩製で刃部に研磨痕が認められる。縄文時代の磨製石斧でも蛇紋岩製定角石斧は比較的薄い傾向があるが、小型の石斧を除き厚さが2cm以下のものは稀である。縄文時代の磨製石斧は大きさの組み合わせで、1遺跡から大型、中型、小型のバラエティをもって出土する場合が多く、後期旧石器時代の斧形石器も大きさなどの形状はバラエティに富む。数量的には、野尻湖周辺遺跡群や環状ブロックなどの石器の多数

出土遺跡を除き、基本的には遺棄される場合、1遺跡の1ブロックで1点のみのことが多く、石器組成に占める割合はきわめて低い。しかし該期の石器群に斧形石器が含まれる確率は高く、後期旧石器時代前葉という限られた時間幅の中で、数量的に少ないとはいえ、石器組成の基本的な構成器種の一つであることから、形態的に若干の差はあっても機能的にはほぼ同一と考えてよい。

斧形石器は最終的に遺棄・廃棄され、遺跡に残される。白石浩之は、関東地方の斧形石器の分析の中で、遺存状態を9つに分類している(白石 1990)。それによれば、完形品が最も多く50％以上を占め、刃部のみ残るもの、中間部を残し刃部ないし基部を折損したものがこれに次ぐという。これに対し、長軸に対し斜めに折損したものや縦に折損したものは少ないという。斧形石器の折損は、使用による場合、製作途中の場合、刃部再生や器体の変形課程などで起こると考えられる。白石によれば、折損の大半は製作途上で起きたものと想定している。おそらく製作途上の折損とされているものには、刃部再生や器体の変形なども含まれていると思われるが、実際に使用によって大きく破損し、廃棄・遺棄されたものはきわめて少ないことになる。

刃部磨製斧形石器の実際の機能部である刃部の遺存状態については、研磨による刃部再生がおこなわれたものを含め刃部の研磨面にまったく欠損がないもの、刃部の一部に使用による欠損(剥離痕)が認められるもの、刃部が一回の加撃で欠落しているもの、などがある。刃部に使用による欠損が認められるものや、刃部再生加工が認められるものが多数存在することから、刃部磨製斧形石器が利器として使用されたことは確実であるが、破損の状態は縄文時代や弥生時代の石斧のあり方とは異なっている。

縄文時代の磨製石斧は大半が破損品や欠損品として出土することが多い。北陸地方では蛇紋岩原産地周辺の遺跡では未成品や完形品の割合が比較的高いが、消費地の遺跡では完形品が少ない。北陸の縄文時代後・晩期の代表的遺跡である石川県野々市町御経塚遺跡からは273点の磨製石斧が出土しているが、完形品はわずかに38点にすぎない(野々市町教委 1983)。弥生時代ではこの傾向はさらに著しく、尼崎市田能遺跡の太型蛤刃石斧は58点出土しているが、完形品は1点にすぎず(尼崎市教委 1982)、泉大津市池上・曽根遺跡の未成品や転用品を除いた147点の太型蛤刃石斧のうち、略完形を含めても完形に分類できるものは9点にすぎない(㈶大阪文化財センター 1979)。

また欠損の仕方についても、縄文時代や弥生時代の石斧には、刃部から長軸と同じ方向や斜め方向に割れているもの、砕け散って部位の特定もできないようなものも散見するが、旧石器時代の斧形石器では白石の分析のようにほとんど存在しない。

3 磨製と打製

木材伐採・加工用の斧としては、刃部が打製より磨製の方がはるかに優れている（佐原 1994）。このことは、民族資料として報告された多くの木材伐採・加工用の斧のほぼ全面が研磨されていることからも明らかである。

しかし、後期旧石器時代の斧形石器には刃部の研磨されていないものも存在する。このような打製斧形石器は刃部磨製斧形石器の未成品とみなすことができるかもしれない。あるいは、磨製と打製では機能が異なっており、別器種と分類することが可能かもしれない。中部地方では、刃部磨製斧形石器に主として蛇紋岩を用いることが知られているが、他の地域では打製斧形石器と刃部磨製斧形石器には明瞭な石材の差を認めることができない。

また概して打製斧形石器の方が大型で、刃部の再生加工が施されている割合が少ない。打製斧形石器には刃部に研磨が施される以前のものも含まれていると思われる。しかし、群馬県善上（ぜんがみ）遺跡では刃部周辺に使用痕と見られる摩耗痕が付着した打製斧形石器が出土しており（月夜野町教委 1986）、また、群馬県後田（うしろだ）遺跡でも刃部に使用痕が認められる打製斧形石器が出土している（群馬県教委 1987）。これらはブロックのはずれで出土しており、刃部磨製のものと平面的な出土のあり方が共通している。こうした例を見るかぎり、打製斧形石器は、刃部に研磨を施さないまま刃部磨製斧形石器と同じように使用されたものも存在すると考えられる。

関東地方では後期旧石器時代初頭の段階では、刃部磨製が顕著であるが、後期旧石器時代前葉でも後半のⅦ層段階では顕著な研磨が施されるものは少ない。この二つの段階の斧形石器は石材や形状などから機能的に同一器種と考えられ、斧形石器の本来的な機能に刃部の研磨は充分条件であっても、必要条件ではないと思われる。

4 刃部再生

　後期旧石器時代の斧形石器には、刃部に再生加工を施したものが多数認められる。刃部再生には刃部に刃先より剥離を施し整形し、その後研磨をおこなっていると思われるものもあるが、再生加工は刃部側に剥離を連続的に施し、研磨された面を小剥離が切り込み、そのまま研磨はおこなわれていない例が多い。折角の研磨でなめらかな刃先が、最終的な剥離加工によって鋸歯縁状になってしまったものも散見する。こうした斧形石器は刃部再生、器形の再加工によって刃部および側面周辺に再加工の剥離が施されるため、研磨された痕跡が刃部ではなく器体の中央付近に残存している場合がある。このことは、後期旧石器時代の斧形石器は基本的に刃部を研磨で鋭利に加工する石器であるが、縄文時代の磨製石斧のように、使用前に必ず最終的に研磨で刃部を研ぎ出さなければならない石器ではないことを示している。

　また、刃部再生加工が片面から剥離のみでおこなわれているものが存在しており、刃部再生によって刃部を蛤刃にしようという意志は認められない。埼玉県末野(すえの)遺跡出土の4点の斧形石器のうち1点は刃部再生で片側の研磨面からのみ剥離を施している（西井1999）。こうした例は、刃部の片面が礫面で構成される斧形石器に多く、再生加工が刃部の縦断面形よりもなめらかな礫面を保持することを選択しているといえる。末野遺跡の斧形石器の石質は頁岩、黒色頁岩、ガラス質黒色安山岩、砂岩であるが、砂岩以外はナイフ形石器などの剥片石器にも使用される石材を用いている（㈶埼玉県埋文事業団1999）。

　刃部の再生、斧形石器の形態変化については、長崎潤一による詳細な研究がある（長崎1990）。長崎の研究によれば、南関東のX層〜Ⅸ層下部段階に相当する前半期前葉の斧形石器は楕円形が主で、刃部再生で形態変化し、器形も大きく変化する。これに対し、南関東のⅨ層上部〜Ⅶ層段階に相当する前半期後葉のものは刃部再生の加工が刃部周辺のみに施される撥形、短冊形が主体で、刃部再生加工でも基部や側辺は変化せず、刃部が後退し、器体長のみが減じられていくという。長崎は刃部再生で器形全体が変化する斧形石器は、再加工時の取り外しも容易な石斧柄・装着法が工夫されていたことを想定している。また、刃部側のみ再生される斧形石器は石斧柄との装着は強固で半固定的でソ

ケット等の存在も推定している。長崎の指摘のとおり、刃部再生で器形が全体に変形する場合、いちいち柄から外さなければならず、器体の変形によってもとの柄はそのままで装着することができない。もともと斧形石器に柄を付けて、斧としての機能を推定できないのかもしれない。

5 使用痕

　石器の機能推定の現段階で最も有効な方法と考えられている使用痕研究は、日本では東北大学を中心に進められてきたが、縄文時代や弥生時代を含めて、磨製の斧形石器について分析されたことはない。先に述べたとおり、1989年に岡崎里美が後期旧石器時代の斧形石器の使用痕研究の準備に取りかかった段階で事故死したため、現在まで実施されていない。(補注：この論文の刊行後、仙台市富沢遺跡保存館で次の研究がおこなわれていることを知った。斎野1998、石川・斎野2000、平塚2003)

　ヨーロッパの古典的なセミョーノフの使用痕研究では旧石器時代から新石器時代の打製と磨製の石斧が取り扱われている（Semenov 1964）。しかも日本列島以外の数少ない後期旧石器時代の刃部磨製斧形石器であることが指摘されているロシアのコスチョンキⅠ遺跡の石器（芹沢1965）が対象とされている。コスチョンキⅠ遺跡出土の刃部磨製斧形石器は長さ12㎝、幅4.5㎝、厚さ2.5㎝のフリント製で、形態は日本列島出土の刃部磨製斧形石器にきわめて類似している。コスチョンキⅠ遺跡は後期旧石器時代中頃の2万2000年以上前の年代が与えられており（木村1997）、日本列島の斧形石器が盛行する時期よりやや新しい。セミョーノフは、コスチョンキⅠ遺跡のほかガガリノ遺跡、マリタ遺跡など出土の獣骨、牙、角に認められる傷から、この斧形石器が木だけに使用されたのではないことを主張している。

　佐原真は『斧の文化史』の中でデンマークの中石器時代剥片石斧の使用痕研究例を紹介している（佐原1994、pp.127〜130）。原典は未見であるが、それによると、ヘレ＝J.イェンセンがデンマークのスカーテホルムⅠ遺跡の23点のフリント製剥片を素材とした打製石斧＝剥片石斧の使用痕を調べた結果、12点が用途を判別でき、9点が肉と骨による光沢を示し、3点が木の光沢が認められるという。なお、この剥片石斧の1点には獣皮の光沢も観察されており、

斧としての使用前に「新鮮な獣皮を、きれいに整えるための予備的作業にスクレイパーとして使った」ことが想定されている。肉と骨の光沢が認められる剥片石斧は屠畜用と考えられている。ここでの剥片石斧の使用痕観察結果は1989年の日本考古学協会富山大会での春成の発言を思い出させる。さらに、デンマークのソルダートーペズの「52個の剥片石斧が、やはり使用痕の観察から毛皮用スクレイパー・毛皮用ナイフ・肉用ナイフと判定されており、木工用の斧と認定されたのは1個にすぎなかった」という。

　また佐原も紹介しているが、縄文時代の磨製石斧の刃部の損傷に着目した渡辺仁は、北方狩猟採集民の民族誌にみられる石器(打製石斧、磨製石斧、ハンマー、礫など)、鉄器(斧、ナイフ)の台所調理具としての使用例を集成し、石器(磨製石斧、打製石斧)の用途を類推している。(Watanabe 1970)。その中で石斧は用途の広い道具で、磨製石斧でも木工具と限って考える必要のないことを結論としている。渡辺は縄文時代の石斧の刃部が肉眼観察でもわかる激しいダメージを受けていることから、木工作業や土掘り作業ではこのような刃部の消耗はないと考えその他の用途も想定している。しかし、一般的に木工具と考えられている弥生時代の大陸系磨製石斧の刃部も縄文時代の磨製石斧以上に損傷が著しい。むしろ旧石器時代の斧形石器の刃部にこうした激しい使用の痕はほとんど認められない。使用による損傷で刃部が丸みを帯びてしまっている弥生時代の太型蛤刃石斧は、石斧としての機能が消滅した後、叩石や擦石に転用された可能性も考慮しなければならないが、こうした例がかなり一般的に見られることから、やはり木材の伐採や加工の結果の損傷と考えたい。詳細な分析をおこなったわけではないが、弥生時代の石斧と縄文時代の石斧の刃部の損傷には共通点も認められる。しかし旧石器時代の斧形石器の刃部の破損はそれらに比べると異質である。機能面で縄文・弥生の石斧と共通するとは思えない。

　1989年の斧形石器の集成以降、各地で発掘調査の進展に伴い斧形石器の出土例が着実に増加しているが、分布の地域的密度に最も変化が大きかったのは長野県北部である。野尻湖遺跡群の日向林B遺跡や貫ノ木遺跡、東裏遺跡、大久保南遺跡などでは長野県埋蔵文化財センターの調査で大量の斧形石器が得られており、破損を含めて79点の日向林B遺跡を筆頭に合計で150点近く報告されている。さらに信濃町教育委員会や野尻湖調査団の調査による西岡B遺跡、貫ノ木遺跡、吹野原A遺跡、仲町遺跡からも斧形石器の出土が報じられ

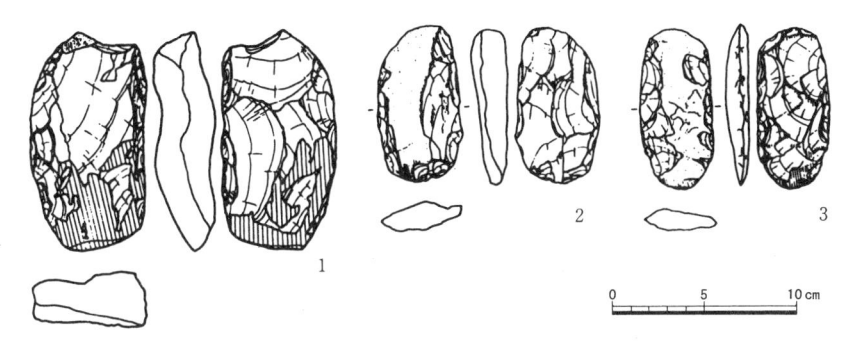

第70図　信濃町日向林B遺跡出土の刃部磨製斧形石器

ている。これらの斧形石器の大半は北陸地方を原産地とする蛇紋岩を石材としており、蛇紋岩の斧形石器製作剥片が少ないので大量の出土であるが製作地ではない。野尻湖遺跡群は1990年代には一躍日本最大の斧形石器の消費地になった。この野尻湖遺跡群の日向林B遺跡から出土の刃部磨製斧形石器の残留脂肪酸分析で、ナウマンゾウ（第70図1・3）とニホンジカ（第70図2）の脂肪酸が検出されたことが速報されている（谷 1996）。事実とすればナウマンゾウやオオツノシカなどの動物の角歯牙の出土で知られる野尻湖周辺での残留脂肪酸の検出はあまりにも都合がよい。斧形石器の機能の推定が大きく前進することになるが、今は保留したい。残留脂肪酸分析そのものについてはさまざまな議論があり、問題点も指摘されている。まもなく調査報告書が頒布されるということなので、正式な報告を見たうえでコメントしたい。（補注：本論の脱稿後、日向林B遺跡の報告書が頒布されている。〈長野県埋文センター 2000〉）

　なお、刃部の研磨痕は、砥石で研磨されたものと判断できるものと使用痕による摩耗か研磨の判断がつかないものも存在する。肉眼観察で研磨と使用痕の区別がつきにくい斧形石器の存在はその使用方法とも関係しているかもしれない。たとえば、屠刹場で使用している解体用の刃物は、刃部への脂肪の付着で切れなくなるため、使用中に絶えず、ヤスリで脂肪を落とす作業をおこなっている。こうした作業を繰り返しおこない、脂肪を落とすヤスリの材質によっては、刃部は研磨とも使用による摩耗痕とも判別できない摩痕が付着する可能性があるかもしれない。

6 斧使用の民族例

(1) 長野県岡谷市での剝製製作

　民族（民俗）例と呼べるか疑問であるが、現代の動物の剝製製作に磨製石斧が使用されている例がある。岡谷市でツキノワグマの皮剥ぎに磨製石斧の使用が報告されている。「長野県上伊那郡辰野町扇平で拾った石器の先端を研磨して、動物の皮はぎに永く使っているとのことである。石器は皮を傷つけることなく、メスを用いるより、ずっと具合がいいという。実際に皮を強くひっぱりながら、石器の刃を皮の裏側にほぼ直角またはやや鋭角に当て、手前に引く（いわゆる切る）のではなく、下に押し下げ、皮の裏側をこするようにして、皮と脂肪を分離しつつ皮を剥いでいた。…中略…大型獣の皮はぎには、石器が最適だと某氏は言う。石質は蛇紋岩と見られた。」（宮尾・西沢 1974）。写真によれば10cm未満の比較的小型の縄文時代のものと推定されている磨製石斧が使用されており、報告者は縄文時代にも皮剥ぎとしての用途を考慮している。

(2) 西イリアン中央高地の石斧

　西イリアンの中央高地の諸部族の石器を調査した石毛直道は、日本語で読める数少ない詳細な石斧の民族学的記録を残している（石毛1978）。斧や手斧（佐原の縦斧と横斧）として石斧が使用される用途としては立木の伐採が最も多く、板材の製作にも使用する。その他、近親者が死亡した場合に女性は手の指の第2関節から先を切り落とすが、この際に石斧が使用される。また、ブタの解体に関節を斧や手斧の石斧類で叩いて切り分けるという。ここで使用する石斧類は木材伐採、加工用の石斧の転用と思われる。

(3) 中国内蒙古エヴェンク族

　大興安嶺北端のトナカイ飼養民エヴェンク族はトナカイの遊牧と狩猟に専従している。大塚和義の調査で、仕留めたハンダハンの皮を乾かす様子が写真に収められている（第71図）。木枠にハンダハンの皮を張り、鉄製の斧で皮の内側に付着している脂肪や肉の汚れを削ぎ落としている（大塚 1987・1988）。詳

第71図　エヴェンク族の皮加工（大塚和義 1987 より）

しい説明が省略されているので、正確なところは不明であるが、使用されている斧は長さが 50～60 cm の柄が付けられており、一般の伐採用で佐原のいう縦斧である。皮剥ぎはこの斧の第一義的用途ではなく転用であろう。

(4) 台湾中部山地民族の生皮掻取具

　台湾の民族例は鹿野忠雄の詳しい報告がある。鹿野は「台湾各地より多く出土する片刃石斧の中には身の薄いものもあり、又砂岩、粘板岩、緑泥片岩より成り、岩質脆く、斧又は鍬として打撃に耐えられるものが少なく、…中略…片刃石斧を以て直に打撃又は木を刻むに用ひるものなりとの考説は、俄に賛同し難いものがあった」としたうえで、台湾中部山地の民族調査の事例を報告している。北ツワウ族のトフヤ社と同族サビキ社の皮の脂の掻き取り作業に鉄片が使用されていることを観察している。トフヤ社において掻き取り作業の男からかつての生皮掻取具は石であったこと、また別の男からベヨ遺跡発掘の片刃石斧の用途を生皮掻取具と聞き出している。トフヤ社において、掻き取り作業に使われた道具は長さ 12.5 cm、幅 3 cm あまりの鉄片で、図示された形状は斧に類似している。さらに南ツワウ族マガツン社の調査では フ の字状の柄の付いた

第72図　ブヌン族ビビュウ社の生皮掻取り作業
（鹿野1942より）

鉄片が生皮掻き取り作業に使用されており、ビビュウ社、ラボラン社、ラックス社、マスホワル社、タマホ社でも同様で、形状は手斧、佐原のいう横斧に近い。ビビュウ社では内蒙古エヴェンク族の皮加工と同様に木枠に張った皮の表面を横斧状の道具で皮を掻き取っている（第72図）。

　また新高山北麓の調査で、同地域のブヌン族の老人の大多数が昔時に生皮掻取に片刃石斧を使用したことを記憶しているという。鹿野は結論として「従来片刃石斧として東亜の各地より出土せるものの中には、その生皮の掻取具を少なからず含んで居るのではあるまいか。殊に脆弱なる石質より成り打撃に耐えない片刃石斧の多くは、此の掻取具に使用されたものではあるまいかと考えざるを得ない」と結んでいる（鹿野1942）。しかしここで鹿野が例示している片刃石斧は弥生時代の柱状片刃石斧に類似する厚手のものである。

(5)「ブッシュマン」の皮処理

　ボツワナの「ブッシュマン」を調査した菅原和孝のカラハリでの日常行動の記録では、斧は皮なめしにも使われている。「ごわごわに乾いた猟獣の皮の裏から小さい手斧で白い脂肪の皮膜を削りとるときは、男は皮の上で両足を開いてのばし、上体を前屈させ、開いた脚の間で斧を手前に引く。すると脂肪の薄片がカンナくずのようにくるくると巻きあがってくる」（菅原1993）ことを記載し、また新しい生皮の表面の毛を斧で削りとっている写真が示されている。ここで使用されている斧の材質についての言及はないが、図示された写真で見るかぎりは鉄器である。

(6) 北米の石斧

佐原真がボアズやスチュワードの北米大陸の民族例の報告を紹介している（佐原 1994、p99）。いずれも原典は未見であるが、カナダのイヌイットのアザラシの毛皮を加工する道具であるスクレイパーは鉄の身に柄を付けたものであるが、かつては、シカの肩甲骨や石斧の身に縦方向の柄を付けて使用しているという。また、北アメリカ北西海岸では横斧を木のほか、大シカの大角や大型の海獣の骨を叩き切るのにも用いられたという。

このほかにも石斧又は鉄斧の木材伐採、加工以外の用途例は多数存在するものと予想されるが、詳しく調べていない。ただ、興味深いことにここに例示した多くの事例が動物解体や獣皮加工に関するものである。鹿野の報告した台湾山地民族を除き、大半が本来の斧の機能からの転用例であるが、斧形石器の用途推定に援用できる。

7 まとめ

以上のように、旧石器時代の斧形石器の属性からは、縄文時代や弥生時代の石斧の破損の仕方との相異や年代的な断絶から、同一の系譜とは見なしがたく、従来考えられていた木材の伐採、加工という機能が第一義的なものではないと考えられる。刃部の破損状態は木材の伐採のような硬い対象物への激しい連続的な打撃を示していない。しかし、刃部に欠損が認められるものや、折れている斧形石器も存在することからある程度衝撃が加わる作業に使われていたことは理解できる。残念ながら、使用痕研究が進んでいない現状では、石器の属性分析からは用途と機能の推定が困難である。民族例からはさまざまな用途に斧が用いられる事例が存在し、大型獣の解体や皮加工の道具として斧が用いられる例を探しだすことができたが、これをもって斧形石器の主たる用途と推定することも積極的にはできない。多くの例が木材の伐採、加工用の斧の転用であるからである。

先にも述べたとおり、斧形石器は列島では後期旧石器時代の前葉の限られた時間幅の中で存在する器種である。斧形石器の衰退はちょうどいわゆる台形石器やペン先形ナイフなどを組成する石器群から石刃石器群が卓越する時期への

転換期に重なっている。後期旧石器時代の中葉および後葉に、前葉の斧形石器の形態と機能を受け継いだと見られる器種が一部を除いて存在しないことから、後期旧石器時代前葉に斧形石器が担っていた機能はそれ以後の段階では必要とされなくなったと考えてよい。つまり、斧形石器に込められていた旧石器人の活動は後期旧石器時代前葉がピークであったといえよう。

それでは、斧形石器の用途は一体何であったのであろうか。遺跡における斧形石器の出土状態はナイフ形石器などの他器種に比べ圧倒的に出土数量が少なく、日常の生業活動の中で、大きなウェイトを占めていないことが分かる。しかし該期のある程度の規模の遺跡からは大概出土することから、必需品であったことも想定できる。

列島の後期旧石器時代人が狩猟民であるとの前提に立てば、出土数から斧形石器は最も消耗する直接的な狩猟具などではなく、捕獲した獲物の解体、皮剥ぎ、皮加工などに用いられた蓋然性が高いといえよう。もちろん民族例に見られるようにさまざまな用途に使われたことは想像に難くない。

動物の解体等の作業では用具の刃部に脂肪が付着し、切れ味が悪くなる。この脂肪の除去には脂肪の拭き取りや刃部再生が必要となる。斧形石器に見られる刃部の研磨痕・摩耗痕や刃部再生の激しさはこうした作業の結果であると考えたい。

第3節　神子柴型石斧の機能
―破損と石質に関する研究ノート―

1　はじめに

縄文時代の起源についての研究は長い学史をもち、多方向からのアプローチが見られるが、特に活発な議論が交わされるのは1961年の本ノ木遺跡の発掘調査以後のことである。最古の土器を求める縄文土器の編年研究と旧石器文化終末期の石器研究の延長上での分析がおこなわれており、縄文土器の起源論、有舌尖頭器・「渡来石器」・槍先形石器・石鏃などの研究が存在し、これに本ノ木論争が加わる。これらとともに重要な問題として注目されているのがいわゆ

る神子柴文化で、大型尖頭器と「神子柴型石斧」と呼ばれる斧形石器を特徴とし、長野県神子柴遺跡の発掘当初から旧石器文化と縄文文化の間を埋めるものとして位置づけられていた（藤沢・林 1961）。

神子柴遺跡から出土した斧形石器は13点にのぼり、大きさや形態のバラエティに富んでいるが、これらの斧形石器を指標として神子柴型石斧が提唱されている（森嶋 1968・1970）。神子柴型石斧は、森嶋稔も「いくつかの形態変化をもつ内容をしめしている」と認めているように明確な定義づけがおこなわれておらず、「終末期に出現する多様な形態をもつ石斧を神子柴型として一括することは若干の問題もあろう」という岡本東三のコメント（岡本 1979）があるように一つの石器型式とするには特徴的な形態のものに絞りこむ必要があろう。

しかしながら日本列島に広く認められる後期旧石器時代初頭の局部磨製石斧とは大きな時間的断絶があり、形態、石材の点でも区別でき、さらに縄文時代草創期後半の回転縄文土器に伴う小型磨製石斧や、早期初頭の撚糸文系土器に伴う局部磨製石斧・礫器との識別は容易である。そのため、神子柴型石斧は片刃石斧、局部磨製石斧、丸鑿などと呼ばれているように形態、製作技術の上での差異が大きいが、森嶋や岡本の論文に見られるように該期の石斧（斧形石器）は一括して扱った方が理解しやすく、ここでは無理に定義づけをおこなわず、森嶋の提唱に従い神子柴型石斧の名称を使用する。

神子柴型石斧は、最初に注目された神子柴遺跡やその後発掘された青森県長者久保遺跡で土器が出土しなかったことから、長らく旧石器時代終末期に出現し縄文時代草創期まで存続したものとされていたが、青森県大平山元Ⅰ遺跡（青森県立郷土館 1979）、茨木県後野遺跡（後野遺跡調査団 1976）で無文土器が神子柴型石斧や大型尖頭器に共伴したことから、近年では神子柴文化を縄文時代の初頭に位置づける潮流にある（鈴木 1985、稲田 1986など）。つまり現段階では神子柴文化の出現をもって縄文時代の始まりとすることができる。

後氷期における技術的革新として弓矢・石斧・土器の出現が、狩猟具の発展、木材利用、食料資源の活用拡大として評価されているが、日本列島においても石鏃、神子柴型石斧、土器の出現はほぼ軌を一にしており、土器の出現をもって時代を区別する立場では、縄文時代初頭の短期間に新石器時代の特徴である道具が出揃ったことになる。こうした現象は後氷期における環境変化に対する対応と理解されており、すでに近藤義郎によって世界史レベルで詳述されてい

る（近藤 1965）。近藤は弓矢と斧と土器の出現が人類の歴史の中で画期的な出来事であったことを説く中で、斧の出現は、温暖になるにつれての森林資源の広がりが木材利用の機会を増大させ、住居建築資材の転換、大型獣の減少に伴う水産資源への関心の高まりから丸木舟の必要性が要因となっていると説明している。さらに「木材をえぐるのに適した丸のみ形の片刃磨製石斧をたずさえた人々にとって、丸木舟の製作は知られていたと考えてよい」（近藤 1985）と神子柴型石斧の具体的機能をも推定している。同様の推定は、かつて神子柴型石斧の一種である丸鑿をシベリア・バイカル地方のイサコヴォ期の石斧に対比し、無土器新石器時代説を唱えた山内清男、佐藤達夫によってもおこなわれている（山内・佐藤 1962）。

こうした神子柴型石斧を木材加工あるいは木材伐採のための道具とする見方は一般的であり、特に概説書にはこうした記述が多く、神子柴型石斧を大陸の森林地帯からもたらされたものと木材との関係を強調したものもある（佐原 1987）。

これに対して、ただ一人神子柴型石斧の一部について異なる用途を推定しているのが安斎正人で、出現の初期においては実用品としても「〈威信材〉・〈交換材〉として受容され」「儀器・祭具として機能したかもしれない」（安斎 1987）と転換期の社会的背景の中で集団を象徴するものであった可能性を指摘している。

石器の具体的な機能の推定には、石器に残された使用痕の分析が有効な方法の一つに数えられ、近年日本でも石器の使用痕を対象とした研究が盛んにおこなわれているが、石斧を扱った研究は見られない。神子柴型石斧の使用痕研究が実践されれば、使用の実態の手がかりを得ることができるだろう。

ここでは神子柴型石斧の破損と石質について検討をおこなう。

2 神子柴型石斧2例

北陸地方では新潟県内より多数の神子柴型石斧が出土しているが、富山県以西ではきわめて少なく、各県で1～2点が報告されているにすぎない。富山県ではここで再検討をおこなう2例のみで、石川県では近年2～3の採集例が知られているが、報告されているのは草創期の可能性が指摘されている打製石斧

第3節　神子柴型石斧の機能―破損と石質に関する研究ノート―　265

1例にすぎず（北陸旧石器文化研究会1987）、福井県でも明治年間に多数の有舌尖頭器とともに発掘された鳴鹿山鹿(なるかさん が)遺跡出土の磨製石斧のみである（松井1986）。京都府以西の本州日本海側では出土しておらず、列島における神子柴型石斧の分布が北海道・東北・中部高地を中心とすることから、富山県以西の北陸地方は神子柴型石斧を指標とする石器文化の周縁地帯といえる。

① 富山市旧大沢野町野沢遺跡（大沢野町教育委員会1979）

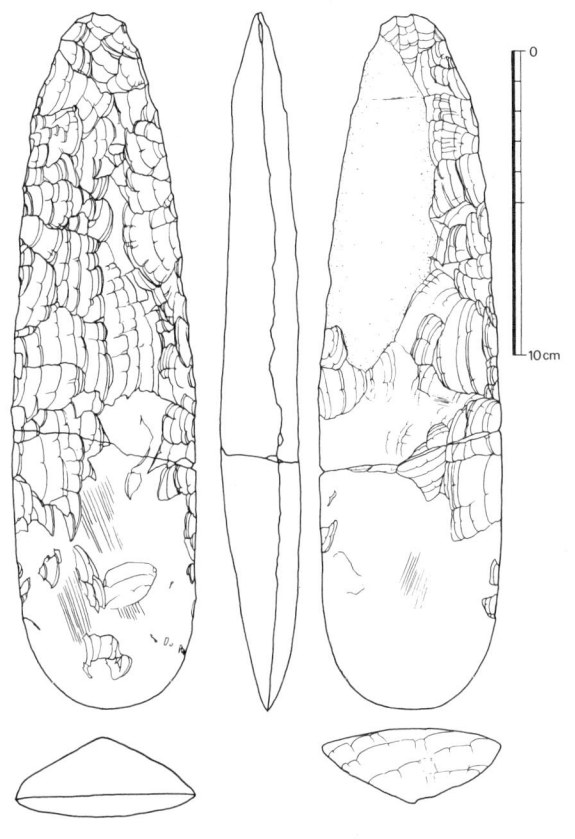

第73図　野沢遺跡出土の石斧

野沢遺跡は、神通川が富山平野に流れ出す扇状地の頂部に近い上位段丘面上に位置する。神通川右岸の同じ段丘面上にはほぼ同時期の遺跡として直坂Ⅰ遺跡、直坂Ⅱ遺跡、次に紹介する八木山大野遺跡が所在し、縄文時代草創期の遺跡群を形成している。神子柴型石斧は試掘調査の際に単独で出土したもので、旧石器時代の石器群が検出されたA〜D地区からやや離れた地点である。

長さは23.2cm、幅6.2cm、厚さ2.6cm、重さ485gを計る。石質は凝灰岩と思われる。同一グリッドよりほぼ中央で二つに折断された状態で出土しているが、折断面のリング、フィッシャーは、第73図左面（凸面）に収束している。刃部は端正な弧を描き、ていねいに研磨され、使用痕や刃こぼれは見られない。

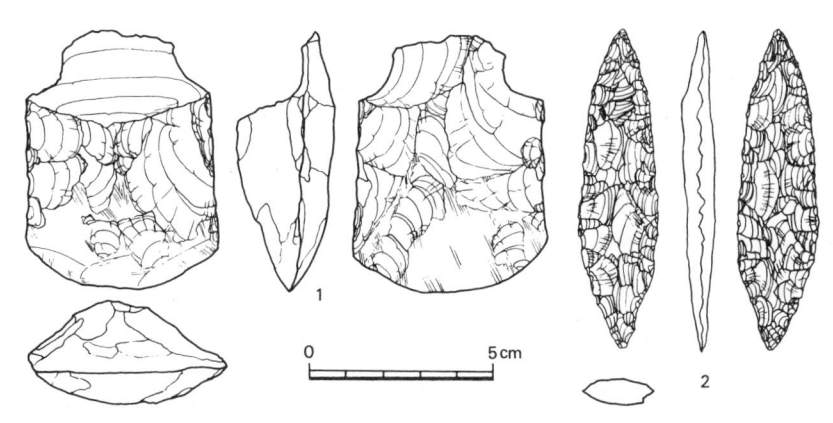

第74図　八木山大野遺跡出土の石斧(1)、尖頭器(2)

研磨は全体のほぼ5分の2あまりに及んでいる。石斧の形状は頭部がやや尖る尖頭器を呈し、断面は中央部で三角形に近く、刃部では凸レンズの形態をとる。側面図からも判断できるように、いちおう片刃石斧の範疇でとらえることができる。整形加工は粗く、右面（平坦面）の基部近くに自然面を残す。岡本の分類ではⅡc類に属するが、23.2cmの長さの割には器厚が薄く、磨製では類例が見られない。ただし東北地方の頁岩を用いた打製のものの中にやや類似したものが存在する。

調査では伴出遺物を求めて周囲を拡張して発掘がおこなわれたが、他に縄文時代草創期に属する遺物の出土はなかった。

② 富山市旧大沢野町八木山大野遺跡（大沢野町教育委員会 1984）

八木山大野遺跡は野沢遺跡の南約1.5kmの野沢遺跡と同じ神通川右岸の上位段丘上に位置している。試掘調査での出土で、共伴すると考えられる遺物の出土はない。ただし表面採集で頁岩製の槍先形尖頭器が得られており（西井 1974）、この槍先形尖頭器が伴う可能性がある（第74図2）。

石斧（第74図1）は現長6.7cm、幅5.2cm、厚さ3.7cmを測る。石材は溶結凝灰岩を用いており、この種の石材は北陸地方では後期旧石器時代の剥片石器に使用されることがある。刃部は弧状を呈し、両面ともていねいに研磨されている。研磨は両面とも刃先より3cm程度施されている。断面は台形に近く、典型的な片刃石斧の形態をとる。折面では観察できるリング、フィッシャーは凸面に集まり、野沢遺跡の石斧と同様な力が加わり折断したものと判断できる。形

態から判断すると、中央部よりやや刃部側で折れたものと考えられ、復元すると15㎝を越えると推定できる。

刃部には使用痕や使用によると見られる刃こぼれは観察することができない。形態は刃部に最大幅を測るようで、完形品でないため直接対比できる類似を見つけることはできないが、岡本の分類ではⅡb類に含めることができる。

富山県内で発見されている神子柴型石斧はいずれも破損したものであり、しかもその破損のあり方まで、きわめて類似している。また刃部に肉眼で観察できる使用痕等が残されていない点も共通している。出土状態にも共通性が認められ、これらの石斧の使われ方が、ほぼ同様であったことは想像に難くない。

3 神子柴型石斧の破損

石斧が斧として使用された場合、使用により破損することが実験によっても確かめられている。また小型磨製石斧を鑿として使い、石斧の柄に石斧装着のための穴をあける実験では、一つの穴をあけるために小型磨製石斧の刃部には5個の破損が生じたことが報告されている（木村 1970）。実際我々が現在手にすることができる縄文時代の磨製石斧の大半は破損したものである。遺跡から掘り出された遺物の多くが廃棄または遺棄されたものであり、当然その場合、使用に耐えることができなくなったもの、所有する必要がなくなったものが対象となり、磨製石斧に限らず、遺跡に残された遺物には破損品が多い。

富山市旧大沢野町の野沢遺跡、八木山大野遺跡出土の神子柴型石斧はほぼ中央部で同じように折断しているが、このように破損した磨製石斧は縄文時代の遺跡ではしばしば目にすることができる。しかし、日本列島各地で出土している神子柴型石斧の中に破損品は稀で、野沢遺跡、八木山大野遺跡出土の2点は数少ない破損例である。

神子柴型石斧の破損を表にしてみると第4表のとおりで、破損率は14％あまりにすぎない。ここで使用した分類基準は、完形品をⅠ類とし、その中でも刃部がまったく破損のない状態で残されているものをⅠa類、刃部が使用により破損しているものをⅠb類に分けた。折断により刃部側のみ残されたものをⅡ類とし、さらに刃部が完全に残されているものをⅡa類、刃部が破損しているものをⅡb類とする。Ⅲ類は刃部側が失われた頭部のみのもので、Ⅳ類は刃

第4表 神子柴型石斧の破損

地域＼類型	Ia	Ib	IIa	IIb	III	IV	V	計
北海道	22	3	5		1			31
東北	45	1	4		1			51
関東	37		2		3		3	45
中部	84		15		4			103
近畿・中四国	5		1					6
九州	12	1		1				14
計	205	5	27	1	9		3	250

部と頭部の両方が失われ体部のみが残存しているもの、V類は部分破片などその他のものを一括した[2]（第75図参照）。

この表で使用した石斧は北海道では杉浦重信によって集成されたもののうち広郷型を除外したもの（杉浦 1987）、九州は横田義章の集成したもの（横田 1981）に大分県丹生、市ノ久保遺跡の出土品を加えたもの、その他は岡本論文に宮城県中峰・座散乱木・鹿原D・小梨沢、山形県弓張平、福島県大坂・大明神、茨木県原の寺、群馬県神谷、埼玉県宮林・中矢下、東京都多摩ニュータウンNo.426・116・9、神奈川県月見野上野・黒川東・栗木IV、千葉県本郷、長野県中島B、岐阜県日野I、新潟県壬・卯の木・金沢・原水無（はらみずなし）・前畑・桂江口・福井、岡山県野田原遺跡出土のものを加えた。

次に神子柴型石斧の破損と比較するために、後期旧石器時代初頭および縄文時代各期ならびに弥生時代の石斧の破損を一覧表にまとめると第5表のとおりである。

後期旧石器時代の初頭は砂田佳弘による集成（砂田 1983）と筆者の前稿（麻柄 1985〈本書第III章第1節〉）でふれたものを集計した。後期旧石器時代の斧形石器は完形品が多いが、実測図からは刃部が完存しているか一部破損しているか判断しかねるものも多く、I類・II類の細別はおこなっていない。しかし実見した限りでは約半数に刃部に使用によると思われる剥離がみられるが、この剥離は刃部再生のための二次加工の可能性もある。後期旧石器時代初頭に汎日本的に広がる斧形石器は、神子柴型石斧に比べると破損率は高いが、縄文時代の磨製石斧との比較では完形品が多く残されているといえる。

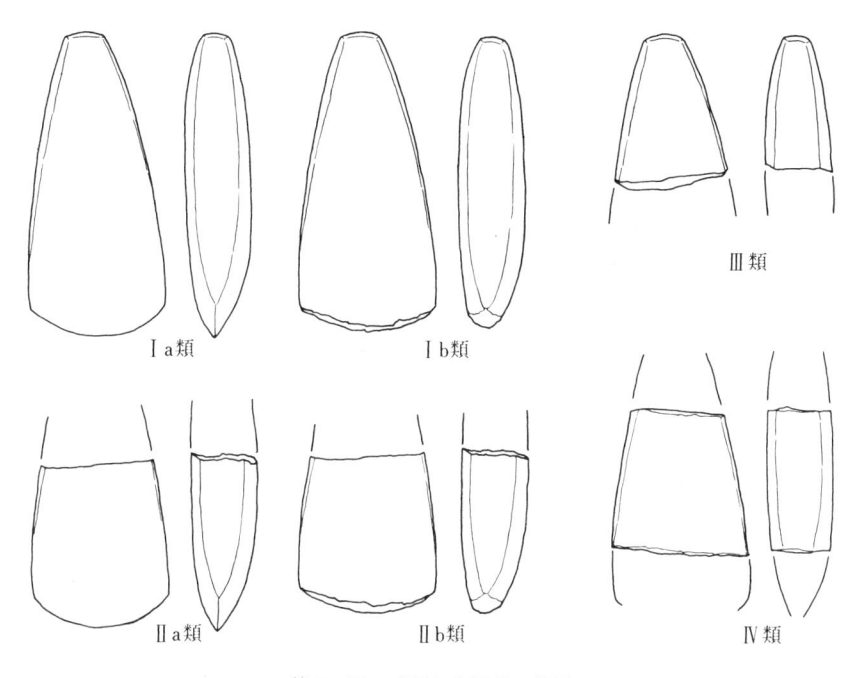

第 3 節　神子柴型石斧の機能—破損と石質に関する研究ノート—　269

Ⅰa類　　Ⅰb類　　Ⅲ類

Ⅱa類　　Ⅱb類　　Ⅳ類

第 75 図　破損した石斧の類型

　縄文時代では早期末の青森県長七谷地貝塚（青森県教委 1980）の磨製石斧、前期の長野県阿久遺跡（長野県教委 1982）の磨製石斧と打製石斧、中期の石川県赤浦遺跡（七尾市教委 1977）と笠舞遺跡（金沢市教委 1981）の磨製石斧および打製石斧、後・晩期の石川県新保チカモリ遺跡（金沢市教委 1984）の磨製石斧を分析対象とした。長七谷地貝塚からは39点の磨製石斧が出土しており、折損率は82％であるが図示されているものは21点のみで、実測図から分類をおこなった。他の遺跡は報告書に記載されている石斧計測表の残存状態分類等を参考に分類をおこなった。

　弥生時代では大阪府池上遺跡（大阪文化財センター 1977）の太型蛤刃石斧、柱状片刃石斧、扁平片刃石斧を分析の対象とした。

　縄文時代の磨製石斧は各期とも完形品（Ⅰa類）はきわめて少ないことがわかる。破損のあり方からみると縄文時代の磨製石斧と神子柴型石斧が同じような使われ方をしたとはとうてい考えられない。縄文時代の磨製石斧は一般に木材の伐採および加工に用いられたと考えられており、木材の伐採および加工に

第5表　各時代の石斧の破損

	種別	時期	Ia	Ib	IIa	IIb	III	IV	V	計
各地	斧形石器	旧・後期	40		8		3		5	56
長七谷地	磨斧	早期	3	3	10	1	2		2	21
阿久	磨斧	前期	17	5	51	57	34		132	296
〃	打斧	〃	53		19		32		8	112
赤浦	磨斧	中期	13		11		45	9		78
〃	打斧	〃	63		4		10			77
笠舞	磨斧	中期	11	41	37	12	1		6	108
〃	打斧	〃	12	12	19	12	6	8		69
新保チカモリ	磨斧	後・晩期	14	19	15	5	7		1	61
〃	打斧	〃	216		197				283	696
池上	蛤刃	弥生	2	6	52	3	48	17	107	235
〃	柱状片刃	〃	7	10	12		10	4	79	122
〃	扁平片刃	〃	23	18	10	6	1		5	63

は激しい力が加わり、そのため破損が著しいものと考えられる。これに対して打製石斧は磨製石斧に比べて破損の比率が低く、機能も土掘り具と考えられ、対象物との衝撃が軽いためと考えられる。

　弥生時代には石斧の機能分化が進み、器種として太型蛤刃石斧、柱状片刃石斧、扁平片刃石斧が独立し、太型蛤刃石斧は木材の伐採、片刃石斧は木材の加工に用いられたと考えられている。太型蛤刃石斧は235点中完形品が2点しか存在せず、その用途における衝撃力のすさまじさを物語っている。柱状片刃石斧、扁平片刃石斧の破損率は太型蛤刃石斧に比べてやや低くなっているが、この傾向は兵庫県の田能遺跡（尼崎市教委 1982）でも同様で、太型蛤刃石斧は53点中完形品は1点のみ、柱状片刃石斧は12点中完形品は2点、扁平片刃石斧は9点中完形品が4点と、扁平片刃石斧が弥生時代の磨製石斧の中で破損率が最も低い。片刃石斧は木材の加工用と考えられており、伐採より加工の方が加わる力が小さいと想定できる。

　弥生時代の石斧の中で、神子柴型石斧に近いものは、重量では太型蛤刃石斧であるが、破損では扁平片刃石斧である。もし神子柴型石斧が木材加工用なら

ば、扁平片刃石斧以上に荷重の小さな使用法を考えなければならないのではなかろうか。

なお、後期旧石器時代の石斧も破損率からいえば縄文時代の磨製石斧との差は大きい。これについても再検討をおこなう必要がある。

4 石質について

石器を製作する場合、製作する石器の機能を満たすために、その器種に応じた性質を持った石材が選択される。そのため一つの器種に用いられる石質はおのずから限定され、さらに使用される石質はその遺跡の所在する地域の岩石分布と文化系統によっても規定される傾向がある。つまり環境的文化的要素を除けば、石器製作における石質選択が、その石器の期待されている機能を示している場合がある。

神子柴型石斧の場合はどうであろうか。神子柴型石斧に使用される石材を第6表に示したが[3]、地域ごとに見てもかなりのバラツキがみられる。その中でも最も多いのが頁岩でほとんどの地域で用いられている。さらに黒曜石、チャート、サヌカイト、玉髄が使用されており、これらは頁岩と同様に剥片石器に多用される石質で後期旧石器時代、および縄文時代・弥生時代の磨製石斧、打製石斧に使われることが少ない。地域別に見れば東北地方で頁岩が圧倒的に多く、中部地方でも頁岩がかなり使用されている。近年の発掘例としては新潟県壬遺跡や岐阜県の日野Ⅰ遺跡で頁岩製の石斧が出土している。

頁岩以上に石斧の素材として適さないものに黒曜石がある。黒曜石を用いた例は北海道で3例、山形県で1例がある。北海道の片刃石斧の分析をおこなった杉浦重信（1987）は、黒曜石の片刃石斧をその石質から「石斧とは用途を異にする石器と考えた方が妥当であろう」と述べ、これを受けて安斎正人（1987）は先に紹介した卓説を展開している。黒曜石製のものが石斧以外の用途を想定できるのなら、頁岩、その中でも珪質頁岩や硬質頁岩と呼ばれる石材を素材としているものについても斧以外の用途を考えてもよいのではなかろうか。石質が硬質頁岩・珪質頁岩と報告されている神子柴型石斧は東北地方だけでも23例存在する。

縄文時代の磨製石斧で頁岩を用いる例はきわめて少なく、その中で珪質頁

第6表 神子柴型石斧の石質

地域＼石質	黒曜石	頁岩	チャート	安山岩	サヌカイト	砂岩	玄武岩	凝灰岩	流紋岩	緑色片岩	泥岩	玉髄	メノウ	粘板岩	閃緑岩	輝緑岩	ホルンフェルス	その他	計
北海道	3	4	2	6		2		1	2	2	3							1	26
東北	1	26				5	1	3											36
関東		5	2			6								1	1			1	26
中部		17	2	7		7	1			1	4			4	7	10	1	2	63
近畿中・四国			1	1	3	1				1								1	8
九州		2			1	1	4			1							1		10
計	4	54	7	14	4	22	6	4	2	5	7	1	1	4	7	10	3	4	169

岩・硬質頁岩となると皆無に等しい。先に破損の項で扱った長七谷地貝塚では石鏃の85％、尖頭器・箆状石器の100％が珪質頁岩を利用しているが、磨製石斧、打製石斧には頁岩が一部に用いられているが、珪質頁岩はまったく用いられていない。阿久遺跡では頁岩質のものすら磨製石斧、打製石斧に使われていない。蛇紋岩磨製石斧の卓越する北陸地方の赤浦遺跡、笠舞遺跡、新保チカモリ遺跡でも頁岩製の磨製石斧、打製石斧は存在していない。

次に後期旧石器時代初頭の斧形石器の石質について見てみると、頁岩質のものは岩宿遺跡、風早遺跡など数例知られているにすぎない。神子柴型石斧で頁岩の多用される東北地方では、後期旧石器時代の石斧が4遺跡から5点報告されているが、頁岩製の石斧は1点も存在しない。

石質の点からも神子柴型石斧は、後期旧石器時代および縄文時代の石斧との関連性は薄いといえよう。

5 まとめ

以上前項で分析したように、神子柴型石斧は、縄文時代、弥生時代の磨製石斧に比べて、破損の割合がきわめて少なく、打製石斧や後期旧石器時代の石斧

第3節　神子柴型石斧の機能―破損と石質に関する研究ノート―　273

と比べても破損は少ない。また使用している石質も縄文時代、弥生時代および後期旧石器時代ではほとんど使用されていないものが用いられる場合がある。ここで比較の対象として選んだ縄文時代、弥生時代の遺跡は任意に抽出したもので、これが各時代の傾向を代表しているわけではないが、さほど特殊な遺跡を対象としたわけではなく、一般的な傾向は充分反映しているように思われる。

　このほか、形態や重量を比較の項目にとりあげると、神子柴型石斧が日本列島の3万年におよぶ斧形石器の歴史の中で、いかに特異なものであるかが理解される。破損率、石質、形態、大きさ、重量の点でこれだけ違いが大きいものを同じ機能をもつ同一器種と見なすことは困難ではなかろうか。

　後期旧石器時代の石斧と神子柴型石斧の属性の違いは大きく、むしろ後期旧石器時代の石斧は神子柴型石斧より縄文時代の石斧との共通性の方が大きい。時間的に両者の間に入るべき神子柴型石斧は文化系統の差は当然のことであり、用途も異なったものを考えざるをえない。

　ここで一つ問題となるのは、神子柴型石斧の破損率の低さを、神子柴遺跡など神子柴型石斧を多数まとまって出土した遺跡の特殊性に原因を求める考え方である。具体的には、神子柴遺跡、唐沢B遺跡などをいわゆる「デポ」と見なし、出土した遺物が一連の生産活動の中で実用として使用されたものではないという解釈である。神子柴、唐沢Bの両遺跡のほか、鳴鹿山鹿遺跡、宮ノ入遺跡、持川遺跡、大坂遺跡などを同様の遺跡として数えることができるが、いずれも発掘調査を実施して得られた資料ではないので出土状況、石器組成など明確でない点が多い。

　原典となっている神子柴遺跡の本報告が刊行されれば結論が得られると思われるが、稲田孝司による明快な反論があり、また長者久保遺跡や本郷遺跡など完成品が占める割合が高い遺跡はこの時期では多く見られ、神子柴遺跡や唐沢B遺跡の遺物出土状態は、該期の石器出土状態の一類型を示しており、「日常生活の多様性のなかに位置づけ」(稲田1986)ることが可能であろう。

　このように理解すれば、神子柴型石斧の破損の少なさはこの石器の使用のされ方に起因するものと考えた方がよさそうである。つまり、神子柴型石斧の使用の対象となったものが、縄文時代や弥生時代の斧、特に磨製石斧とは異なっていたと想定できよう。

　神子柴型石斧が縄文時代草創期のある段階で忽然と日本列島から姿を消し、

後の時代にその系譜が追えないことを考慮すれば、安斎の想定したように一部の神子柴型石斧は象徴的なものとして存在したかもしれない。しかし少ないとはいえ、使用によるとみられる破損品があり、使用痕の報告もある（森嶋1983）ことから大多数は実用品であったと思われる。

　それではいったい何に使われたのか。残念ながら今具体的な答を出すことはできない。野沢遺跡、八木山大野遺跡出土の破損からみれば横斧風に使用した可能性は強いのだが。ただ先に述べたとおり、概説書に書かれているように木材の伐採に使われた可能性は低いといえよう。ましてや丸木舟の製作など、神子柴型石斧を出土する遺跡が丸木舟の製作と縁遠いような地点に立地することが多いことから疑問視せざるをえない。

　縄文時代の石器で石質や破損の点で類似するものを探せば、東北地方を中心に分布する篦状石器があげられるが、篦状石器は神子柴型石斧が出現した頃にはすでに存在しており、神子柴型石斧の大部分を占める大型のものとの重量差が大きすぎる。しかし、岡本分類のⅢa類とされた小型の丸鑿形のものに関しては、関連を認める必要があるかもしれない。

　いずれにせよ、この特殊な石斧は使用痕研究をはじめ、今後の検討課題は多い。

　この研究ノート作成の契機となった石斧の観察および実測には斎藤隆、関清の両氏に便宜をはかっていただいた。さらに斎藤氏、松島（奥村）吉信氏からは文献等多数の教示を得ている。記して謝意を表したい。

註
(1) この時の春成の発言については、佐原真（1994、p.100）と白石浩之（1990、p.19）が発言内容を紹介している。
(2) 分類にあたっては実見したものはほとんどなく、実測図を頼りに分類をおこなった。
(3) ここで使用した石質の名称は、報告書の記載に従った。岩石の分類は、考古学者がおこなう場合、個人の岩石学的知識のレベルにかなり左右されると思われる。そのため基準の異なった分類を一覧表にした可能性が高いが、一つの傾向性は読みとることができると思われる。

引用・参考文献
青森県立郷土館 1979『大平山元Ⅰ遺跡発掘調査報告書』
青森県教育委員会 1980『長七谷地貝塚遺跡発掘調査報告書』

赤沢威・小田静夫・山中一郎 1980『日本の旧石器』
尼崎市教育委員会 1982『田能遺跡発掘調査報告書』
安斎正人 1987「先史学の方法と理論 - 渡辺仁著『ヒトはなぜ立ちあがったか』を読む(4)」『旧石器考古学』33
石川 朗・斎野裕彦 2000「刃部有溝石斧の形態と使用痕」『仙台市富沢遺跡保存館研究報告』3
石毛直道 1978「西イリアン中央高地の石器」『社会文化　人類学』
稲田孝司 1986「縄文文化の形成」『岩波講座日本考古学』6
後野遺跡調査団 1976『後野遺跡』
大沢野町教育委員会 1979『富山県大沢野町野沢遺跡発掘調査報告書Ⅰ』
大沢野町教育委員会 1984『富山県大沢野町八木山大野遺跡』
大塚和義 1987「狩人・ラジミールの世界」『季刊民族学』40号
大塚和義 1988『草原と樹海の民』
岡本東三 1979「神子柴・長者久保文化について」『研究論集』Ⅴ奈良国立文化財研究所
金沢市教育委員会 1981『金沢市笠舞遺跡』
金沢市教育委員会 1984『金沢市新保本町チカモリ遺跡―石器編―』
鹿野忠雄 1942「台湾原住民の生皮掻取具と片刃石斧の用途」『人類学雑誌』第57巻第2号
木村剛朗 1970「縄文時代石器における機能上の実験(2)」『考古学ジャーナル』No.50
木村英明 1997『シベリアの旧石器文化』
群馬県教育委員会 1987『後田遺跡（旧石器編）』
近藤義郎 1965「後氷期における技術革新の評価について」『考古学研究』第12巻第1号
近藤義郎 1985『日本考古学研究序説』
斎野裕彦 1998「片刃磨製石斧の実験使用痕分析」『仙台市富沢遺跡保存館研究報告』1
㈶大阪文化財センター 1977『池上遺跡』第3分冊の1石器編
㈶埼玉県埋蔵文化財事業団 1999『城見上／末野Ⅲ／花園状跡／箱石』
佐原 真 1994『斧の文化史』
白石浩之 1990「旧石器時代の石斧―関東地方を中心として―」『考古学雑誌』第75巻第3号
菅原和孝 1993『身体の人類学』
杉原重信 1987「北海道先土器時代の石斧」『東麓郷1・2遺跡』富良野市教育委員会
鈴木忠司 1985「縄文草創期石器群小考」『考古学ジャーナル』No.256
砂田佳弘 1983「石斧について」『神奈川考古』第15号
芹沢長介 1965「旧石器時代の磨製石斧」『歴史教育』第13巻第3号
谷 和孝 1996「信濃町日向林B遺跡の調査」『第8回長野県旧石器文化研究交流会―

発表資料一』
月夜野町教育委員会 1986『善上遺跡—関越自動車道（新潟線）地域埋蔵文化財発掘調査報告書（KC-Ⅶ）—』
富山県教育委員会 1973『富山県福光町鉄砲谷・向島・是ヶ谷遺跡発掘調査報告書』
長崎潤一 1990「後期旧石器時代前半期の石斧」『先史考古学研究』第3号
長野県教育委員会 1982『長野県中央道埋蔵文化財包蔵地発掘調査報告書-原村その5 昭和51・52・53年度』
長野県埋蔵文化財センター 2000『上信越自動車道埋蔵文化財発掘調査報告書15—信濃町内その1—日向林B遺跡 日向林A遺跡 七ツ栗遺跡 大平B遺跡』
七尾市教育委員会 1977『赤浦遺跡』
西井幸雄 1999「末野遺跡C地区出土の石器群について—AT降灰以前の石斧を中心として—」『城見上／末野Ⅲ／花園状跡／箱石』(財)埼玉県埋蔵文化財事業団
西井龍儀 1974「富山県下の尖頭器の紹介」『大境』第5号
野々市町教育委員会 1983『野々市町御経塚遺跡』
平口哲夫 1989「『石斧用語論』」『日本考古学協会1989年度大会研究発表要旨』
平塚幸人 2003「扁平片刃石斧の使用痕研究—仙台市高田B遺跡出土資料を対象にして—」『仙台市富沢遺跡保存館研究報告』6
藤沢宗平・林茂樹 1961「神子柴遺跡—第1次発掘調査概報—」『古代学』第9巻第4号
北陸旧石器文化研究会 1986「手取川流域旧石器時代遺跡群の予備的調査」『石川考古学研究会々誌』第29号
北陸旧石器文化研究会 1989『旧石器時代の石斧（斧形石器）をめぐって』
麻柄一志 1985「局部磨製石斧を伴う石器群について」『旧石器考古学』31
麻柄一志 1989「後期旧石器時代の斧形石器について」『日本考古学協会1989年度大会研究発表要旨』
松井政信 1986「鳴鹿山鹿遺跡」『福井県史』資料編13考古
松村和男 1988「先土器時代の局部磨製石斧について」『群馬の考古学』
宮尾嶽雄・西沢寿晃 1974「生きていた石器」『日本哺乳類雑誌』3
森嶋 稔 1968「神子柴型石斧をめぐっての試論」『信濃』第20巻第4号
森嶋 稔 1970「神子柴型石斧をめぐっての再論」『信濃』第22巻第10号
森嶋 稔 1983「使用破壊痕のある神子柴型石斧Ⅲb型をめぐって」『中部高地の考古学』Ⅲ
八尾町教育委員会 1985『富山県八尾町長山遺跡・京ヶ峰古窯跡緊急発掘調査概要』
山内清男・佐藤達夫 1962「縄文土器の古さ」『科学読売』第14巻第2号
横田義章 1981「いわゆる「神子柴型石斧」の資料」『九州歴史資料館研究論集』7
Semenov, S.A 1964『Prehistoric Technology』
Watanabe Hitoshi 1970「Ecology the Prehistoric Jomon People :Possible Use of Their Stone Axes as Seen from Food Processing Habit of Northern Hunter-

Gatherers.—A Preliminary Report—」『人類学雑誌』第73巻第3号

第VI章　後期旧石器時代の日本列島と東アジア

第1節　許家窰遺跡を訪ねて

1　列島と大陸の石器群の対比

　後期旧石器時代の初めの頃（3万〜3万5000年前）、列島の日本海側では立野ヶ原型ナイフ形石器と呼ばれている小型の石器が使われていた。この石器は2〜3cmの矩形の剥片の末端を中心に二次加工が施された台形状のナイフ形石器で、富山県南砺市の旧福光町と旧城端町にまたがる立野ヶ原台地の旧石器時代遺跡群の発掘調査で注目された。立野ヶ原型ナイフ形石器は、日本の後期旧石器時代を特徴づける石刃技法によるナイフ形石器とは製作技法や大きさ、形態に大きな差が認められる。

　立野ヶ原型ナイフ形石器の製作技術は、打面を頻繁に転位させながら矩形の剥片を剥離し、サイコロ状の残核になるものと、厚手の剥片の腹面側に打点を横に移動させながら矩形の剥片を連続して剥離するものの2者が認められる。後者については秋田県米ヶ森遺跡でその存在が確認されたことから米ヶ森技法の名称が与えられている。この石器群は、立野ヶ原型ナイフ形石器のほかには数点の刃部磨製斧形石器を伴う程度で単純な組成を示しており、立野ヶ原石器群と称している。

　こうした石器群は北海道から山陰地方までの日本海側に分布しており、後期旧石器時代初頭の地域性と見なすことができる。この石器群の系譜については、剥離技術や石器の形態、石器組成などの分析を通し、日本列島の前期旧石器時代後葉（中期旧石器時代）からの連続性が考えられているが、東アジアにおける中期から後期への旧石器文化変遷の枠組の中での位置づけについては充分な検討はおこなわれていない。大陸とほとんど地続きの状態であった時期であるからこそ、大陸の石器群との比較検討の価値があると思われる。

2　許家窰遺跡の位置づけ

　1992年3月1日から14日まで同志社大学の松藤和人氏を世話人とする日

第1節　許家窰遺跡を訪ねて

中旧石器学術交流訪中団（17名）の一員として、中国の旧石器時代の遺跡・遺物を観察、見学する機会を得ることができた（日中旧石器学術交流訪中団 1992a）。この訪中団の目的は、中国科学院古脊椎動物与古人類研究所

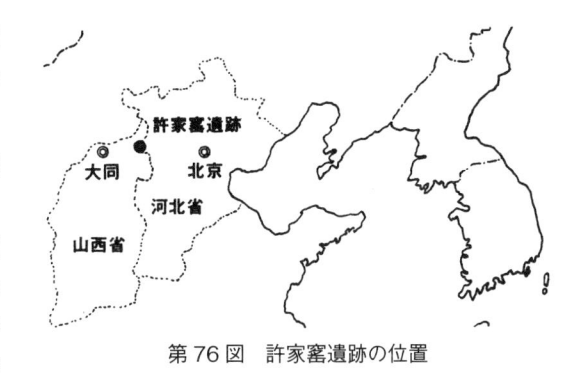

第76図　許家窰遺跡の位置

［IVPP］を訪れ、周口店をはじめとするIVPP所蔵の旧石器の実見と中国側の研究者との意見交換（日中旧石器学術交流訪中団 1992b）、さらに泥河湾の旧石器時代の遺跡探訪、山西省考古研究所、陝西省考古研究所等での旧石器時代の石器の観察と遺跡の踏査であった。個人的には、IVPPで山西省陽高県許家窰遺跡出土の石器の観察と泥河湾の旧石器時代遺跡群探訪の中で許家窰遺跡の現地調査に期待を寄せていた。

許家窰遺跡は山西省陽高県許家窰村と河北省陽原県侯家窰村の境界付近の梨益溝の河岸に位置している（第76図）。中国科学院古脊椎動物与古人類研究所によって1974年と1976年に発掘調査が行われ、1976年には早速第一次調査の報告が『考古学報』（賈ほか 1976）に、また1979年には第二次調査の報告が『古脊椎動物与古人類』（賈ほか 1979）に掲載されている。第二次調査の報告の挿図から判断すれば、許家窰遺跡は073113地点と074093地点の2ヶ所に分かれており、前者が山西省に属し、後者は河北省内と推定される。

石器は2回の調査で1万4000点以上出土しているが、報告に図示されているのは第一次調査出土の589点の一部で、小型の剥片石器を主体とし、立野ヶ原型ナイフ形石器に類似するものも見られる。1万3650点の石器が出土した第二次調査の報告には石器の図はなく、石器についての説明もほとんどない。第一次調査の報告では約6万〜3万年前に位置づけられ、後期と中期をつなぐものとして注目されたが、第二次調査の報告では10万年以上と修正されている。もし前者の年代を採れば、日本の前期から後期への旧石器の変遷や立野ヶ原型ナイフ形石器の起源についても再検討の必要があろう。

中国での許家窰遺跡出土の石器群の概説書での位置づけは、賈蘭坡の出土人

類化石を根拠に約10万年前とするもの（賈 1978）、出土動物化石のウランシリーズ法により10万年前とするもの（張 1987、王 1992）など大概約10万年前に位置づけている。ただし年代測定では、カーボンデイティングで4万年以上と16920±2000年、16450±2000年の2種類の数値が計測され、ウランシリーズで10万年以上、10万4000年〜12万5000年と測定されており（呉ほか 1989など）、測定方法により大きく異なっている。そのため、中国でも4万年前に推定する研究者もいる（蓋 1993）。

また石器群の系統等の評価については賈蘭坡に代表される周口店第1地点―峙谷系の船底形スクレイパー―彫器伝統の小型石器に含めるものと、蓋培のように石器群の中に細石核を認め、最古期の細石器の仲間に位置づける考え方がある。

なお、赤堀英三は賈蘭坡の編年的位置づけを批判し、年代的にはヴュルム氷期と考えており、周口店第1地点―峙谷系統についても疑問点を列挙している（赤堀 1981）。このように石器群の評価は一致しておらず、また石器群の全容も明らかにされていない。中国の研究の成果を日本の旧石器研究に援用しようとする立場としては、許家窰遺跡出土の石器群の再検討から出発しなければならない。

3 許家窰遺跡の発掘資料

IVPPには3月2日から4日まで3日間滞在し、ホテルがIVPP近くの北京展覧館賓館だったため朝9時から夕方5時まで石器の観察に充分な時間を充てることができた。旧石器はそれぞれの遺跡担当研究員の部屋に出されており、懇切ていねいな説明を受けた。

許家窰遺跡出土の石器は李超栄氏の研究室で見学できた。李超栄氏のもとで観察した許家窰遺跡出土の石器は、1974年に出土したもので、報告が掲載された『考古学報』に図示された石器のほとんどを手にすることができた。報告によると、石質は脈石英、フリント、火成岩、メノウが主に使用されているとされているが、二次加工が施された石器は玉髄やメノウ、鉄石英に類似したものがかなり見られ、立野ヶ原石器群を連想させるに充分な色彩の石器であった。第一次調査の報告ではtoolとしての石器が198点出土しており、そのうちの

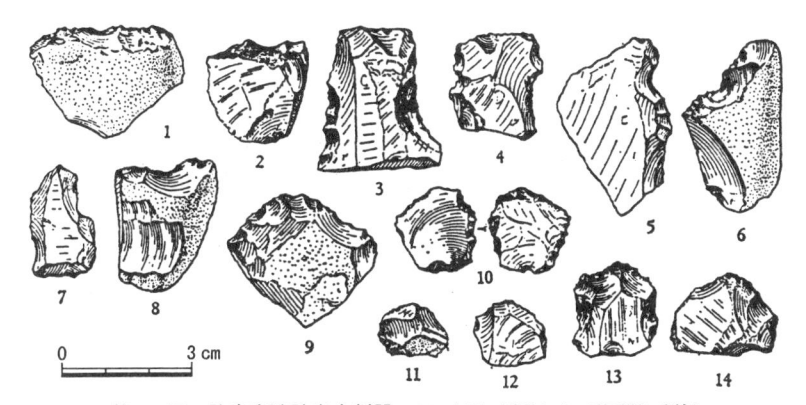

第77図　許家窰遺跡出土削器　2は立野ヶ原型ナイフ形石器に類似

第78図
許家窰遺跡出土削器

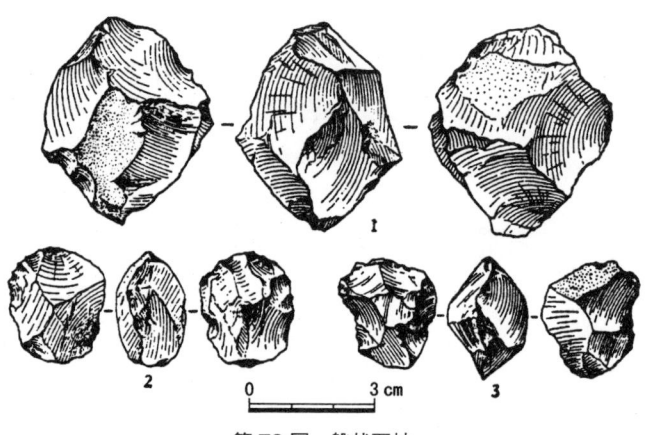

第79図　盤状石核

150点が削器で、14点が図示されている（第77図）。李研究室では30～40点の削器を観察することができたが、いずれも2～3cmの小型剥片の一部に二次加工を施したもので、加工部位は一定ではなく、削器としての形態は多様である（第78図）。そのうちの一つに矩形剥片の末端に二次加工を施した立野ヶ原型ナイフ形石器に類似したものが含まれている。二次加工は急角度で、ナイフ形石器の刀潰し加工にも似ている。しかし、観察できた資料の中には期待に反して立野ヶ原型ナイフ形石器類似の石器は3点しかなく、その他は矩形の小型削器とした方がよい。ただし、3点のうち1点は二次加工がいわゆるインバースリタッチで、立野ヶ原型ナイフ形石器にもこうした整形加工が用いられることがあり、特徴が一致する。許家窰の「立野ヶ原型ナイフ形石器」類似の石器はチャートやメノウを用いており、石材の共通性も印象的であった。

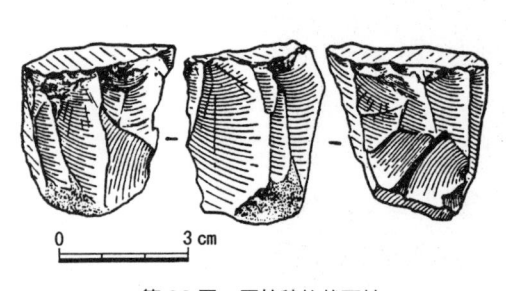

第80図　原始稜柱状石核

報告では、石核には「原始稜柱状石核」と「盤状石核」の2者の存在が指摘され、両者それぞれ12点ずつ出土しているが、実見できた石核は1点を除きすべて盤状とされているもので、打面を著しく転位するサ

イコロ状のものもある（第79図）。原始稜柱状石核は打面が1面に固定されているが、剥離面の観察からは縦長剥片は剥離できても石刃の剥離はおこなわれていないと思われる（第80図）。他の原始稜柱状石核を観察していないが、こうした石核は、立野ヶ原石器群で見られる打面を転位し最終的にサイコロ状になる石核の初期の段階の形態とも類似している。剥片や剥片石器の中に石刃や石刃状剥片、またそれを素材とした石器がほとんど含まれていない点からも、剥片生産技術として石刃技法のようなものは含まれておらず、矩形剥片の剥離を目的とした打面を著しく転位する剥離技術が主流と考えられる。また、1点のみであったが、厚手の剥片の腹面側に打点を横に移動させながら小型の剥片を生産する石核も存在する。この石核での剥片生産は米ヶ森技法に類似するが剥離技法がこの石器群全体でどの程度の割合を占めているのかが問題であろう。

なお、李超栄氏の研究室で観察した石器には許家窰ではなくすべて「侯家夭」と記名されていた。

4 許家窰遺跡の見学

IVPPを辞し、訪中団のうち、都合により帰国する7名を除き、10名は泥河湾の旧石器遺跡群見学のため、5日夜北京から夜行列車で山西省大同市へ向かった。大同市は北魏の都で城壁に囲まれ、中央に鼓楼がある歴史的な街で、その中心的文化財である華嚴寺の境内に大同市博物館がある。残念ながら博物館は改装中で展示室は見学できなかったが、収蔵されている青磁窰、許家窰、高山、鵝毛口の各遺跡出土の石器の観察および写真撮影をおこなうことができた。博物館に収蔵されている許家窰遺跡出土の旧石器は10数点で、IVPPで見学したものと石質、形態とも同じような石器であった。

この日（3月6日）はこの後、青磁窰遺跡の踏査と雲崗石窟の見学をおこない、翌日は許家窰遺跡に寄り、河北省陽原に向かう予定であったが、現地旅行社の手違いと国内事情で、陽原には行けないことがわかり、陽原で落ち合うことになっていた河北省文物研究所の謝飛氏らにやっとのことで連絡をとり、許家窰遺跡で会うことにした。

7日朝、宿舎の雲崗賓館をマイクロバスで出発し、大同市と陽原市を結ぶ道路を東へ進んだ。気温は低いがよく晴れた好天であった。中国国際旅行社大同

286　第Ⅵ章　後期旧石器時代の日本列島と東アジア

第 81 図
許家窰遺跡発掘地点
（手前）

第 82 図
許家窰遺跡出土の石球

第 83 図
許家窰遺跡から対岸の
侯家窰村を望む

第1節　許家窰遺跡を訪ねて

支社からは、出発前に大同市街地の外は未解放地区のため写真撮影が禁止になっていることを通告された。遺跡への案内は大同市博物館の職員がおこなってくれた。自転車や馬車、荷台付きトラクターで混みあう市内を抜けると、道路の両側は地平線まで続く赤茶けた広大な畑が広がり、道路両側の並木を除き、ほとんど樹木を見ることができなかった。時折、通り過ぎる民家も黄土で造られており、庭先に樹木が植えられていないため、殺風景な黄土色一色であった。標高900〜950mの黄土地帯を旅していることを実感させる風景が続いた。

　河北省に近づくと神泉堡の城址が左手に見え、さらに進むと古墳が5〜6基かたまっているのが見えた。このあたりに100基以上の群集墳である漢代の古城堡古墳群があるはずだが、窓の外に見える古墳がそうなのだろうか。1942年に東方考古学会がこのうちの6基の発掘調査をおこなっている（小野、日比野 1990）。中国国際旅行社大同支社によれば、第二次世界大戦中、大同市も日本軍の侵入を受けたとのことで、地元職員の対応等から判断すれば、現在でも対日感情はあまりよいとはいえなかったのかもしれない。東方考古学会の発掘調査も学術目的とはいえ、日本軍の庇護のもとにおこなわれたものであり、侵略への加担であったことは否定できない。さらに国内においてこの時期に、土木工事等に関係のない純粋な学術目的の処女墳の発掘はほとんどおこなわれていないのに、朝鮮半島や大陸の占領地で組織的な調査をあえて実施したこの学会の性格をあらためて考えさせられた。

　許家窰村へは道路というより雨季の河川の跡を走行し、ホテルを出発してから1時間半あまりで、村に到着した。村は小さなガラス窓が壁に埋め込まれた土造りの家が密集しており、中国の時代劇のセットの中に迷い込んだ気分になった。マイクロバスの到着に驚いたのか家々から人々が出てきた。村を抜けるともう自動車の通れる道路はなく、遺跡まで畑の中を進んだ。途中、車体が地面につかえて、全員でバスを押したりしながら、村から1kmほどでようやく遺跡を望む梨益溝の崖の上まで着いた（第81図）。

　付近の畑には土器片が落ちているが、時代等は判断できない。梨益溝は白く凍結し、対岸には侯家窰の村が見える。梨益溝は平坦な黄土平原を深く開析し、川岸は切り立った高い崖になっている。標高は約980mである。遺跡は川岸の崖の上から深さ約10mの地点に所在する。遺物包含層までの深さに驚くと同時に、大陸的なスケールの大きな調査方法を彷彿することができる。発掘箇

所はそのまま残され、出土した礫が数箇所に集められており、礫の中には許家窰の遺物の特徴の一つである石球や石球の未成品が多数混じっている。

　対岸の平坦な農地に点のような人影が見え、だんだんこちらに近づき、凍結した梨益溝を渡ってくるのがわかる。河北省文物研究所の謝飛氏の一行である。予定どおり謝飛氏、河北省文物研究所所長の鄭紹宗氏に会うことができ、遺跡の説明を受ける。遺物包含層は一部がまだ残されており、獣骨や歯の化石、それに石器が断面から顔を覗かせている。動物化石の豊富な点が中国の旧石器時代遺跡の特徴でもあることをあらためて思い出した。随行している旅行社職員にせめてスナップ写真だけでも撮影できないかと許可を求めたが、原則論を繰り返すのみで埒があかず諦めようとしたところ、謝飛氏が遺跡のある場所は河北省であり山西省ではないことを明言して下さった。この一言で官僚的な旅行社職員は黙ってしまい、自由に遺跡の写真を撮影することができた。しかし、このことから、我々が訪れた場所が074093地点であることが理解できた。IVPPで観察できた許家窰遺跡出土の石器の注記がすべて「侯家夭」だったことも考え併せれば、遺跡の名称は許家窰だが、所在するのは河北省内と推定される。

　遺跡の景観は日本列島内では考えられないほどの見渡すかぎりの雄大な平原で、特に標高が1000mに近いためか樹木がほとんど見られないなど植生の点で日本列島の遺跡の景観と異質で、さらに3月上旬にもかかわらず、日中でも氷点下の厳しい気候など、旧石器時代においても列島との環境の違いが大きかったことが予想される。

5　おわりに

　今回の訪中において、IVPPでは出土の石器のうち、1974年発掘調査の石器の一部を手にとって観察することができただけであったが、遺跡を訪れることができ、さらに大同市博物館収蔵の許家窰遺跡出土の石器も実見できるなど当初の目的は充分達成することができた。大量に出土した1976年調査の石器を観察できなかったのが残念であったが、「立野ヶ原型ナイフ形石器」や「米ヶ森技法」類似の石核の存在が確認できたことは大きな成果といえる。ただし、これらの石器は、1万4000点のごく一部が偶然に類似したものなのか、それ

とも1976年の出土資料の中にも安定量が確保されているのか、また、その所属年代によっても石器群の評価は大きく異なる。今のところ明言は避けたいと思う。今後も中国での成果に注目し続けたい。

追記

この報告は、帰国後の1992年4月に作成した草稿（中国訪問の記録）の一部に1994年4月に補筆をおこなったものである。

当時、河北省文物研究所の副所長だった謝飛氏は、現在同研究所の所長として活躍中で、泥河湾地区でも旧石器文化の研究を継続的におこなっている。1994年8月に訪中した際、河北省文物研究所で謝飛所長より、研究所で調査をおこなった省内の旧石器を見学させていただいた。その中に泥河湾の板井子遺跡出土の石器群があった。この石器は玉髄を主に用いており、小型の削器を中心とする石器組成で、許家窰遺跡出土の石器との類似点が多い。ウランシリーズ法による年代測定で約7.4万年前と測定されており、年代的にも許家窰遺跡に近く、一連のものとして理解できるようだ。板井子遺跡出土の石器群を含めて泥河湾の中期旧石器は、列島の中期旧石器文化との関連が目につくようである。

第2節　中国遼寧省の旧石器文化と日本列島

1　はじめに

2000年11月5日に東日本一帯での前・中期旧石器時代遺跡の捏造が発覚するまで、日本列島の後期旧石器文化は、前段階の中期旧石器文化からの連続性が指摘されていた。誰もが人工品（石器）と認め、出土した地層の年代が確かな前期・中期旧石器時代の遺跡は東北地方を中心に1980年代から多数発見（実際は捏造）され、これらの遺跡から出土した石器群の分析から得られた結論が列島内での中期から後期への連続性であった。しかし世界の旧石器文化は地球規模で変化を遂げており、日本列島における旧石器時代石器群の変遷も当然隣接諸地域、特に中国大陸や朝鮮半島の状況と無縁ではないことは自明である。

筆者は、列島の後期旧石器時代初頭の石器群の成立に関心を抱いていた1992年3月、中国科学院古脊椎動物与古人類研究所を訪問した際、李超栄氏の研究室で山西省許家窰遺跡出土の石器群を観察することができた。その数日後山西省と河北省の境界にまたがる許家窰遺跡を訪れ、遺跡の立地、景観、地表に散らばる石器を観察することができた。予想以上の小型でカラフルな色彩の石器群は北陸地方で後期旧石器時代初頭に位置づけられている立野ヶ原型ナイフ形石器を中心とする石器群を彷彿させるものがあった（麻柄1994〈本章第1節〉）。

しかし、この時点で列島では宮城県山田上ノ台、座散乱木、馬場壇、北前などの「遺跡」が発掘されており、列島内での「中期旧石器時代」資料の増加は年代的に連続した遺跡編年が可能になっており、より離れた大陸の先行する石器群と列島の後期旧石器時代初頭の石器群との比較検討の必要性を弱めていた。また当時の観察では日本列島の「中期旧石器文化」との類似性も看取でき、後期初頭の問題より中期旧石器文化との関連に目を奪われてしまった。しかし、今回の遺跡捏造の発覚で日本列島の前・中期旧石器時代遺跡で、自信を持って確実といえる遺跡が存在しなくなり、日本列島にいつ人類が渡来したかの問題が20年前のレベルまで後退せざるを得ない状況に陥っている。今、日本列島への人類の登場の問題は原点に立ち帰って東アジアの旧石器時代の動向に照らして検討をおこなう必要がある。また、日本列島と地理的に関係が深い中国大陸東北部や朝鮮半島の旧石器文化との比較検討抜きでは、列島の後期旧石器時代の成立を考えることはできないといえよう。

2 遼寧省の旧石器時代遺跡と出土遺物の見学

2000年9月、遼寧省文物考古研究所の傅仁義氏の案内で遼寧省の旧石器時代遺跡とそこからの出土石器群を見学する機会を得た。遼寧省の旧石器時代遺跡の見学と出土石器の観察の目的は日本の前期・中期旧石器時代の石器と中国大陸の前期・中期旧石器時代の石器との比較検討であった。しかし、帰国後に発覚した捏造事件でこうした検討がほとんど意味がないことが判明した。このときの訪中記録はすでに報告されている（中川ほか2001）ので、個人的に関心を持った点について若干の感想を述べたい。

第 2 節　中国遼寧省の旧石器文化と日本列島　291

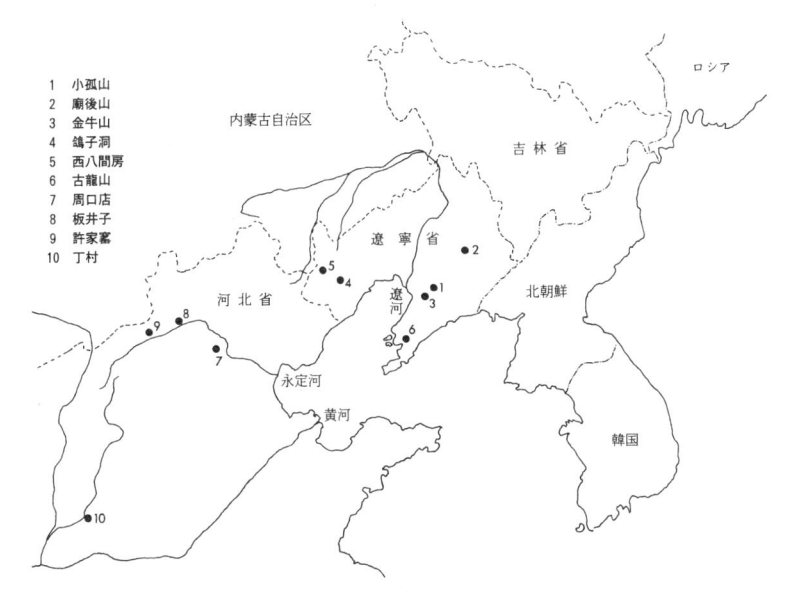

1　小孤山
2　廟後山
3　金牛山
4　鴿子洞
5　西八間房
6　古龍山
7　周口店
8　板井子
9　許家窰
10　丁村

第 84 図　遼寧省の旧石器時代遺跡

　遼寧省は朝鮮半島の付け根にあたり、半島経由で日本列島に渡ってきた旧石器人の故郷または、通過した土地と考えられ、列島への最初の渡来を考える上で欠かせない地域である。近年、韓国における旧石器時代遺跡の調査研究は、飛躍的な増加が認められ、中期旧石器時代から後期旧石器時代の石器群が各地で報告されている。しかし、38度線以北の朝鮮半島北部については依然として謎に包まれ、我々が共有できる情報は1960年代からさほど増加していない。また、昨今の政治的状況からは学術交流の望みもなく、簡単に遺跡や遺物の観察等がおこなえる状況ではない。朝鮮半島北部のこうした現状は必然的に半島に接する中国遼寧省を含む渤海湾北部の旧石器文化研究の成果に我々の関心を向ける。
　遼寧省内では1970年代に鴿子洞遺跡、西八間房遺跡、金牛山遺跡が、80年代初頭には廟後山遺跡、古龍山遺跡、小孤山遺跡が相次いで調査され、前期旧石器時代から後期旧石器時代までの遺跡が揃っている。ただし、残念ながらその後の調査は河北省や山西省に較べて多くはない。
　遼寧省の著名な旧石器時代遺跡は西八間房遺跡を除き、すべて洞穴遺跡であ

る点が特徴である。しかしこれは、調査の目的が多くの場合、石灰岩洞穴内の動物化石や人類化石の採集であることも影響していると考えられる。実際、洞窟遺跡の周辺にはオープンサイトも存在している。廟後山洞穴の対岸の段丘上には旧石器時代の遺跡が存在していることを傅仁義氏に現地でご教示いただいている。遺跡の分布調査が本格的におこなわれていないため、開地遺跡の周知度はきわめて低いのが実情であろう。

　幸いにも筆者らは短期間の滞在にもかかわらず、廟後山遺跡、小孤山遺跡、金牛山遺跡を訪れることができた。いずれの遺跡も洞穴で人骨と石器が出土している。また、出土遺物は遼寧省博物館、遼寧省文物考古研究所、鞍山市博物館、本渓市博物館、遼寧省文物考古研究所金牛山工作站で見学した。遺跡見学は叶わなかった鴿子洞遺跡、西八間房遺跡の出土石器も観察することができ遼寧省内で出土した旧石器時代の主な出土遺物（石器、骨角器）はほぼ網羅できた。

① **小孤山遺跡**（第85図）

　小孤山遺跡は別名仙人洞とも呼ばれて地元では雨乞いの場所として知られている。遺跡は海城市孤山満族鎮集落の東側の山魂に海城河に向かって西向きに開口した幅約4m、高さ約5m、奥行き約23mのかなり大きな洞穴である。出土遺物は石器が約1万点、人類の歯化石、幼児骨、骨角器、装飾品などが出土している。理化学的な年代は旧石器文化の包含層の上部で約2万年前、最下部で4万年前と推定されている（張ほか 1985）。日本列島の時代区分に対比すれば、中期旧石器時代末から後期旧石器時代前半に相当する。骨角器や装飾品がまとまって出土しているので、後期旧石器文化の所産には間違いない（安 1991）。

石器のほとんどは石英を素材にしており、後期旧石器時代の石器特有の剝離技術や二次加工は認められず、細かな加工の観察がしづらい。石材のせいか、

第85図　小孤山遺跡

第2節　中国遼寧省の旧石器文化と日本列島　293

剥片石器に小型のものも含まれるが、薄い定型的な剥片を素材とするものは認められない。

出土遺物は鞍山市博物館、遼寧省文物考古研究所展示室で見学できるが、大部分は菅口市大石橋の金牛山遺跡に隣接した遼寧省文物考古研究所金牛山工作站で整理がおこなわれている。石器はあまりにも量が多すぎて、系統立てた観察ができなかったが、2〜3cmの小型の尖状器と呼ばれる剥片の一端を2側辺から尖らせるように二次加工を施したものや小型のスクレイパー類が目立った、ように思えた。石核は打面をほとんど調整せず、打面を転位するものが印象に残った。

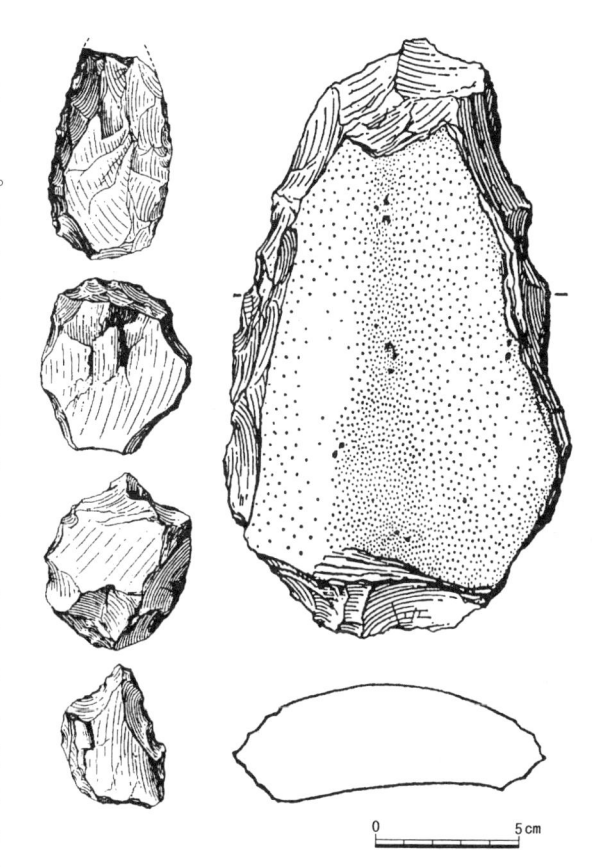

第86図　小弧山遺跡出土の石器

こうした石器群は山西省許家窰遺跡や河北省板井子遺跡、同新廟荘遺跡などの典型的な華北中期旧石器文化の石器群に類似するといえよう。ほぼ同時代に寧夏回族自治区水洞溝遺跡では組織的な石刃技法による石器群が成立しているが、小弧山遺跡の石器群は前時代の石器製作技術を継承しているのではなかろうか。石刃石器群と中期旧石器文化の伝統を受け継いだ石器群が共存するという考え方は中国国内でも張森水等によって論じられている（張1990）が、水洞溝遺跡で見られるような完全に石刃主体の石器群が東方に広がらず、華北一帯では細石刃文化の出現まで中期的様相を残すのが中国北部の中期旧石器時代

末から後期前半の様相といえよう。

　また小孤山遺跡からは石器や骨器などの人工品とともに38種類の動物骨が出土しており、当時の環境や狩猟対象も推定できる日本人にとって羨ましいかぎりの遺跡である。

　② **廟後山遺跡**（第87図）

　廟後山遺跡は本渓市から東約30kmに位置する本渓満族自治県山城子の石灰岩山塊廟後山の中腹に開口する洞穴遺跡である。遼寧省の旧石器時代遺跡としては金牛山遺跡と並び正式な発掘調査報告書が刊行されている遺跡である。遺跡が石灰岩の洞穴であるため洞穴内の堆積物には大量の動物骨が残されており、自然環境や狩猟活動の復元が可能である。また、ホモ・エレクトスの犬歯、ホモ・サピエンスの臼歯、大腿骨も出土している。ただし、動物化石に比べて石器の出土数が少なく、各層合わせて76点にすぎない。洞穴内の堆積物は8層に細分されており、下から順に1-8層と命名されている。このうち動物化石や石器が出土しているのは4-8層である。古地磁気やウランシリーズ、^{14}Cによって各層の年代が示されており、1-3層が73万年以前、4-6層が40万年から14万年前、7・8層

第87図　廟後山遺跡遠景（上）と廟後山遺跡（下）

が10万年から1.7万年前とされている。石器の大部分は4-6層の出土であるが、その中でも6層が中心である。6層は約23万年から14万年前と推定されており、丁村や周口店15地点の石器群に年代的に近いといえる。石器群も大型の剥片を主体とし、ラフな加工の削器など共通性もある。廟後山遺跡に見られる縦長剥片と同剥離技術は丁村遺跡に特徴的に認められる剥離技術であるが、いかんせん廟後山遺跡は出土石器資料が少なすぎる。石器は灰黒色の石英砂岩と呼ばれる石材が用いられている。

廟後山遺跡出土の石器は本渓市博物館、遼寧省博物館、遼寧省文物考古研究所金牛山工作站などに収蔵されており、見学することができるが、分散していることが難点である。廟後山遺跡の周辺には開地遺跡が存在しており、調査報告書にも洞穴の約200m西側の散布地の石器が紹介されている。洞穴の下を流れる湯河を挟んだ対岸の段丘上にも旧石器時代遺跡が存在するという。本格的な調査は実施されていないが、廟後山洞穴から周辺を見渡せば、河川に沿って段丘が連なり日本列島的な視点では旧石器遺跡の立地の可能な地形である。分布調査をおこなえば、まだまだ旧石器時代の遺跡が発見される可能性は高いであろう。

③ 金牛山遺跡

金牛山遺跡は大石橋市の西南の平野部に孤立している石灰岩の小丘稜に位置しており、1940年代から化石の産地として知られていた。金牛山遺跡は4地点に分かれているが、人類遺物が出土しているのはA地点とC地点で、B地点とD地点は動物化石が出土している。洞窟の発掘調査は1974年から1994年まで数次にわたっておこなわれ、基盤層まで完掘されている（金牛山聯合発掘隊1976・1978など）。

金牛山遺跡を著名にしているのは一個体の人骨の発見によってで、特に復元された頭骨が特徴的である。動物化石の出土量は多く、復元されている動物骨格も多数存在する。これに対して石器の量は発掘体積に対して少なく、実測図が公表されている石器は数点にすぎない。またC地点の下部から骨器の可能性のある破砕骨が発見されている。金牛山遺跡の年代は上層がウランシリーズで16万年から20万年前と測定されており、下層は20万年から31万年とされている。石器は主として脈石英が用いられており、石英岩と変質岩も使用されている。器種としてスクレイパー、彫器、尖状器などがあり、周口店の石器群との

類似が指摘されている。

　金牛山遺跡は1984年にA地点から早期智人段階の良好な化石が産出していることで、東北地方の前期旧石器の代表的な遺跡となっているが、石器群の評価は公表されている石器が少ないため、積極的な評価ができない。しかし、人骨が発見された生活面上で大量の動物骨と焼けた動物骨と炭化物、焼土を含む径50～60cmの灰層が3ヶ所発見されており、また、獣骨には人為的な加工も認められ、前期旧石器人の生活復元が可能な遺跡として注目されている。

④ 鴿子洞遺跡

　遺跡は河北省に近い喇咯沁左翼蒙古族自治県水泉の大凌河左岸に位置し、1973年と75年に発掘調査が実施されている。中国東北地区最初の旧石器時代洞穴の発掘調査である。1973年の調査概要が報告されているだけであるが（鴿子洞発掘隊 1975）、傅仁義と加藤真二によって遺跡の位置づけがおこなわれており（傅 1992、加藤 1993）、東北地区を代表する中期旧石器文化後半の遺跡である。残念ながら鴿子洞遺跡は訪問することができず、出土石器も大部分が地元の資料館に展示保管されているとのことで、一部を遼寧省博物館で観察したに過ぎないが、これまでの先学の研究により、比較的実態が明らかにされている。

　鴿子洞遺跡の年代は最初の報告では旧石器時代早期から中期の過渡期とされ、周口店第15地点に相当するとされたが、その後出土した動物化石の組成分析から、7万年～5万年前頃と推定されている。さらに地層や段丘の対比、出土人骨、出土動物化石、出土石器の分析をおこなった傅仁義は旧石器時代中期末の約5万年前と推定している。また加藤真二は石器群の分析から約10～5万年前とし、対比できる陝西省䇲頭溝遺跡の出土層位から鴿子洞遺跡の年代を約7万年前と考えている。動物化石の組成からの年代推定は遺跡が洞穴という性格のため、人為的な選択が関与している可能性が高く、決め手にはなりにくいが、中国では洞穴遺跡に限らず開地遺跡でも動物化石の出土が多く、伝統的にこの手法が用いられている。

　傅の研究では鴿子洞遺跡の2次にわたる調査で計280点の石器が出土しており、石核や剥片の他にチョッピング・トゥール、尖状器、スクレイパー（直刃、凸刃、凹刃、復刃）が含まれている。しかし、出土遺物を観察した加藤は器種として尖頭削器、削器、鋸歯縁石器、周縁調整石器、ナイフ状石器、楔形石器、小型両面調整石器、礫器を確認している。ナイフ状石器とされた2点の

うち1点は台形石器の祖型(第88図9)と、他の1点はナイフ形石器の祖型(第88図10)と見なすことができ、こうした石器群が中期旧石器時代の後半に渤海湾北部に存在することは、列島の後期旧石器時代の成立に大きな影響を与えたことは想像に難くない。

加藤によれば、周縁調整石器、舟形石器、小型両面調整石器を特徴とする石器群が華北地区の10万年前から3.5万年前に展開するという。こうした石器群と朝鮮半島の同時期の石器群との対比、さらに日本列島の後期旧石器時代初頭の石器群との詳細な比較検討が課題である。

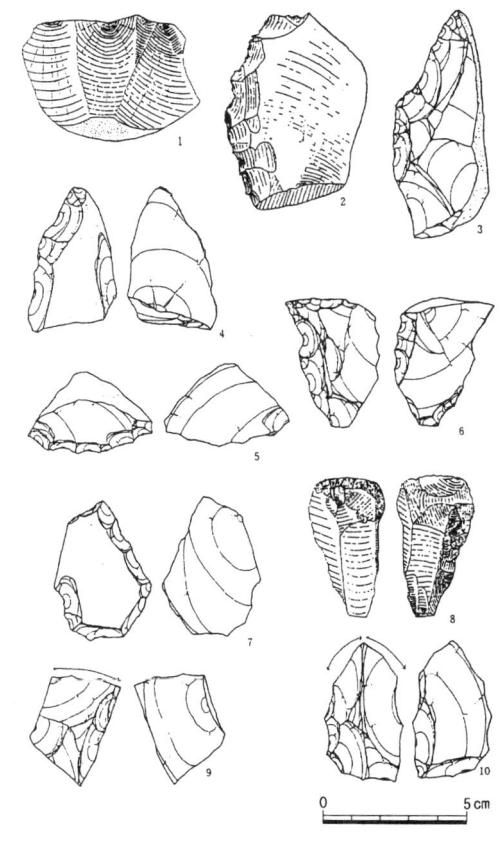

第88図　鴿子洞遺跡出土の石器 (加藤 1993 より)

⑤ **西八間房遺跡**

西八間房遺跡は鴿子洞遺跡の位置する喇喀沁左翼蒙古族自治県の西に接する凌源市の北側に位置し、大凌河西支流の右岸低位段丘上に立地している。遼寧省の調査がおこなわれた旧石器遺跡としてはめずらしく開地遺跡である。1972年と73年に試掘調査がおこなわれており、50点ほどの石器が出土している(遼寧省博物館 1973)。石器はスクレイパー、尖状器、帯背的石片(琢背小刀)、彫器などがあり、石器群の様相から後期旧石器時代に位置づけられている。剥片は公表されている2点のいずれも石刃状で、石器の素材も縦長剥片を素材としているものがある。琢背小刀は一般的には日本列島のナイフ形石器に相当するが、図示されたものをナイフ形石器とするにはやや無理がある。し

かし彫器を含め素材は縦長剥片を用いており、剥離技術や石器型式は後期旧石器時代の特徴を示している。実測図が公表されている石器のほとんどは遼寧省文物考古研究所の展示室に展示されている。

中国北部の後期旧石器時代は加藤真二などの研究によれば、石刃技術の発生と定着した前半と細石刃技術が卓越する後半に大別でき、西八間房遺跡は明確な細石刃や細石刃核を欠くことから前半に属すると考えられる。石器に用いられている石材はフリント、水晶、メノウ、石英岩などバラエティに富んでいる。

なお、西八間房遺跡は開地遺跡であるが、動物化石も出土している。種が判明している動物は5種類にすぎないが、動物化石の様相も後期旧石器時代の年代を支持している。

3 遼寧省の旧石器時代概観

遼寧省内には今回見学できた遺跡や遺物のほか、大連市古龍山遺跡や丹東市前陽洞穴から旧石器時代の遺物が出土している。いずれも後期旧石器時代の洞穴遺跡で動物化石が出土しており、前陽洞穴からは人類化石も出土しているが、石器の出土数は数点ずつにすぎず、今のところ大半の遺跡が石器のみしか分析対象でない日本列島の旧石器文化との対比資料としては貧弱すぎる。実際に見学できた洞穴遺跡においても大量の動物化石が出土しており、これらの遺物は遺跡研究、旧石器人の生業活動、当時の生態系の復元などにおいてさまざまな情報を提供してくれ、旧石器文化の総合的研究を可能にしているが、日本列島ではこうした好条件の遺跡は長野県野尻湖湖底遺跡や岩手県花泉遺跡など限られた遺跡しか存在しない。

中国の旧石器時代は古人類の区分によって直立人段階、早期智人段階、晩期智人段階に、地質年代の区分で下部更新世、中部更新世、上部更新世に、石器文化では早期、中期、晩期に大別されている。これらの区分はそれぞれ微妙に異なっており、その境界は一致しない。石器文化による区分では、張森水のように約20万年前以前を早期、20万年～5万年前を中期、5万年～1万年前までを晩期に区分する場合もあるが（張 1987）、一般的には中期が約13万年前から約4万年前で、13万年前以前を早期、4万年前以降を晩期と区分する場合が多い。加藤真二は器種組成や石器製作技術の検討をとおして、20万年前

以前を第Ⅰ期（早期）、20万年〜約10万年前までを第Ⅱ期（前期）、約10万年〜約4万年前を第Ⅲ期（中期）、約4万年〜1.8万年前を第Ⅳ期（後期）、1.8万年〜1万年前を第Ⅴ期（晩期）の5区分をおこない、さらにそれぞれを細分している（加藤 2000）。加藤の区分は従前の中期と晩期をそれぞれ二分したものである。

日本では前・中・後の三時期に区分しており、従来ヨーロッパの時代区分にならい、上部更新世以降を中期旧石器時代としており、その境界は約13万年前とされていた。近年世界的に中期旧石器時代の開始時期は古くなっており、中国も例外ではない。しかし中国の中期旧石器時代は文化的に明確でなく、早・中・晩3期区分ではなく2期区分の提唱もある（高 1999）。ここでは一般的な3期区分を用いる。

これまで見てきたように朝鮮半島の付け根の遼寧省内には前期旧石器の遺跡としては金牛山遺跡と廟後山遺跡の下層（4〜6層）が知られている。年代はいずれも20〜30万年前と考えられているが、脈石英を使用し小型石器が中心の金牛山遺跡と石英砂岩や安山岩を用い、比較的大型の剥片石器が主体の廟後山遺跡下層とでは同一地域内でありながら石器群の顔つきが大きく異なる。廟後山遺跡下層の石器群は山西省丁村遺跡との類似が指摘されており（加藤 2000）、資料が少ないため断定はできないが、周口店第1地点の石器群と似ているとされる金牛山遺跡の石器群が先行するものと考えられる。朝鮮半島の一部の石器群がこれらの2種類の石器群と関連する可能性がある。

中期旧石器文化は鴿子洞遺跡が唯一知られている。鴿子洞遺跡の年代は約5万年前と推定されており、中期旧石器文化の中でも最も新しい。石器群には台形石器やナイフ形石器の祖型とも考えられる石器が存在しており、壊滅状態の日本列島の中期旧石器文化を探し出すには最もよいモデルとなる。石器は大半が厚手の小型剥片を素材として削器や尖状器を製作しているが、こうした石器は山西省の許家窰遺跡、河北省の板井子遺跡、新廟荘遺跡などの10万年前から5万年前にかけての石器群に共通する。鴿子洞遺跡の年代推定が正しいなら、鴿子洞遺跡は最も後期旧石器時代に近い石器群となるが、台形石器の祖型的な石器は前稿（本章第1節）でも述べたとおり、許家窰遺跡にも存在する。石器群の顔つきとしては山西省、河北省の中期旧石器時代遺跡群に共通する。

また加藤真二は鴿子洞遺跡出土石器群と陝西省窰頭溝遺跡出土の石器群との

関係を指摘しているが、鴿子洞遺跡と窰頭溝遺跡の距離よりも鴿子洞遺跡と北部九州の方が距離的に近い。朝鮮半島にも中期旧石器時代に相当すると考えられる遺跡は存在しており、九州は拡散を続ける人類の射程距離内に入っている。

おそらくこの時期は最終氷期の第1次寒冷期に相当する時期で、寒冷化によって海面低下も相当に進んでいたと推定されている。朝鮮半島と日本列島との距離もかなり縮まっていたであろうから、半島を経由しての列島への渡来も容易だったことが予想される。出土している動物化石も草原性で寒冷期を示しており、普氏羚羊、赤鹿、野馬、最後ハイエナなどが出土している。

後期旧石器時代の遺跡は小孤山遺跡、西八間房遺跡が代表的である。しかし、遼寧省内には後期後半に属する細石刃石器群は検出されていない。小孤山遺跡は先述のとおり、骨角器が出土している点が後期的であるが、石器の観察からは厚手の剥片に比較的粗い二次加工を施したものが多く、石英を素材にしている点など中期または前期的である。ただし、数点のやや縦長剥片と閃長岩の斧状の大型石器1点が存在している。小孤山遺跡の年代は後期旧石器時代の比較的古い段階と推定されており、特に包含層の最下部が約4万年前であるなら年代的には後期の初頭に位置づけることができる。現在その由来の見当をつけることができない日本列島の後期初頭の斧形石器との関係も検討する価値はあろう。

西八間房遺跡については使用石材が珪質で加工が容易なものが多い。比較的薄手の剥片を剥離し、細かな二次加工が施されているため素材が確定できなかったが、石刃状の剥片が使用されていると思われる。小孤山遺跡出土の大多数の石器に比べると剥片の形状や二次加工技術がより後期旧石器時代的といえる。

4 おわりに

遼寧省内では北緯40度を超える地点に前期旧石器人が進出して以来、中期旧石器時代、後期旧石器時代と人類の生活の痕跡が認められる。廟後山遺跡は中国大陸でも北端の前期旧石器時代の遺跡である。緯度の点からみれば、日本列島の本州島の北端までは前期旧石器時代の終わり頃か中期に人類が到達した可能性は否定できない。この場合当然、朝鮮半島が経由地であり、朝鮮半島で多数発見されている前・中期の遺跡と中国のこれらの遺跡の石器群の対比が急

務であろう。大陸と半島では石器に利用している石材の共通点も認められ、朝鮮半島の中期旧石器時代以前の遺跡の年代が確定すれば、比較検討も進むであろう。

　壊滅状態の日本の前・中期旧石器時代はまず確実な中期旧石器を見つけることが求められている。そのためにも今までの轍を踏まないよう隣接諸地域の研究状況を常に意識し、半島や大陸との比較検討をおこないながら研究を進める必要がある。日本列島への最古の人類の渡来は朝鮮半島を経由して九州へ入った可能性が最も高い。九州での今後の発見に期待したい。

第3節　日本列島における後期旧石器時代の装身具

1　はじめに

　人類の装身具の製作は現生人類の出現に始まるといわれ、後期旧石器文化の特徴の一つに数えられている。東アジアも例外ではなく、後期旧石器時代になると古くから著名な中国・周口店山頂洞やシベリヤ・マリタ遺跡出土の装身具類をはじめとし、中国北部、バイカル湖周辺、カムチャッカ半島、日本列島などに広く分布している（松藤 1994）。旧石器時代の装身具類の素材としては岩石や琥珀のほか、哺乳類の歯牙・角、貝類、鳥類や魚類、哺乳類の骨などが用いられているが、日本列島では土壌の条件で、岩手県花泉遺跡の歯牙製装身具の未成品を除き、これまでに出土している装身具とされるもののほとんどが琥珀を含む石製品である。

　東アジアにおける旧石器時代の装身具については松藤和人によって概観されているので、小稿では日本列島における後期旧石器時代の装身具・有孔石製品の集成をおこない、その出現と縄文時代の装身具への系譜について探りたい。一般に装身具としては髪飾りや首飾り、耳飾り、衣装飾りなどに使用される玉類や装飾品、ペンダント、腕輪などがあるが、遺跡からの出土品の中には用途を特定できない非実用的な石製品も存在する。ここでは使途不明な有孔石製品も装身具とともに取り上げる。

2 後期旧石器時代の出土例

① 北海道湯の里4遺跡 （㈶北海道埋蔵文化財センター 1985b）

北海道上磯郡知内町湯の里4遺跡の墓と考えられている土壙（P-15）からカンラン岩製の小玉3点、垂飾1点と琥珀製の垂飾1点が細石核、石刃核、細石刃、剥片などといっしょに出土している。第89図8のカンラン岩製垂飾は長さ2.8cm、幅1.1cm、厚さ1.0cmで、断面三角形の細長い礫の端部に両側から穿孔されている。「孔には穿孔時の条痕がみられる。ブリッヂの部分は糸ずれと思われる摩耗が著しく、細くなっている」という。第89図9～11の小玉は径0.6～0.9cmの小型で、厚さは一定ではなく、いずれも左右で異なっている。「断面形は、玉ずれによるものであろうか、いずれも斜めに摩耗している」と玉ずれによる形態変化が想定されている。第89図12の琥珀製垂飾は推定復元で長さ2.5cm、幅1.2cm、厚さ1.1cmを測る。穿孔は両側からおこなわれている。「玉ずれ」や「糸ずれ」が想定できる摩耗が確認できることは、これらの玉類がネックレス状に長期間使用された可能性を示している。伴出した細石刃核は蘭越型に類似している。

小玉や垂飾の素材となっているカンラン岩は日本産のものでない可能性が指摘され（渡辺 1985）、アムール川下流域からシベリア、中国の大陸地域に起源の可能性が言及されている。琥珀もサハリンからシベリアにかけて産出することから、白滝産の黒曜石とは逆ルートでの搬入が考慮されている。

② 美利河1遺跡 （㈶北海道埋蔵文化財センター 1985a）

北海道瀬棚郡今金町美利河1遺跡の第1次調査でⅢ層下bの焼土ブロック（Fb-4）から4点（第89図3～5・7）とⅢ層中の焼土ブロック（Fb-6）から3点（第89図1・2・6）の小玉が出土している。7点ともカンラン岩を素材とし、径0.9cmから0.4cmの小型である。穿孔は両面からおこなわれており、孔部に穿孔時の工具回転痕が認められる。また、孔部の特定の部分に工具回転痕を擦り消す滑沢面がみられ、紐ずれと考えられている。さらに、断面は台形を呈するものが多く、湯の里4遺跡と同様に玉ずれによる磨り減りと判断されており、ネックレス状の用途が想定されている。

素材のカンラン岩は岩石分析の結果、湯の里4遺跡の玉類と同様に列島内の

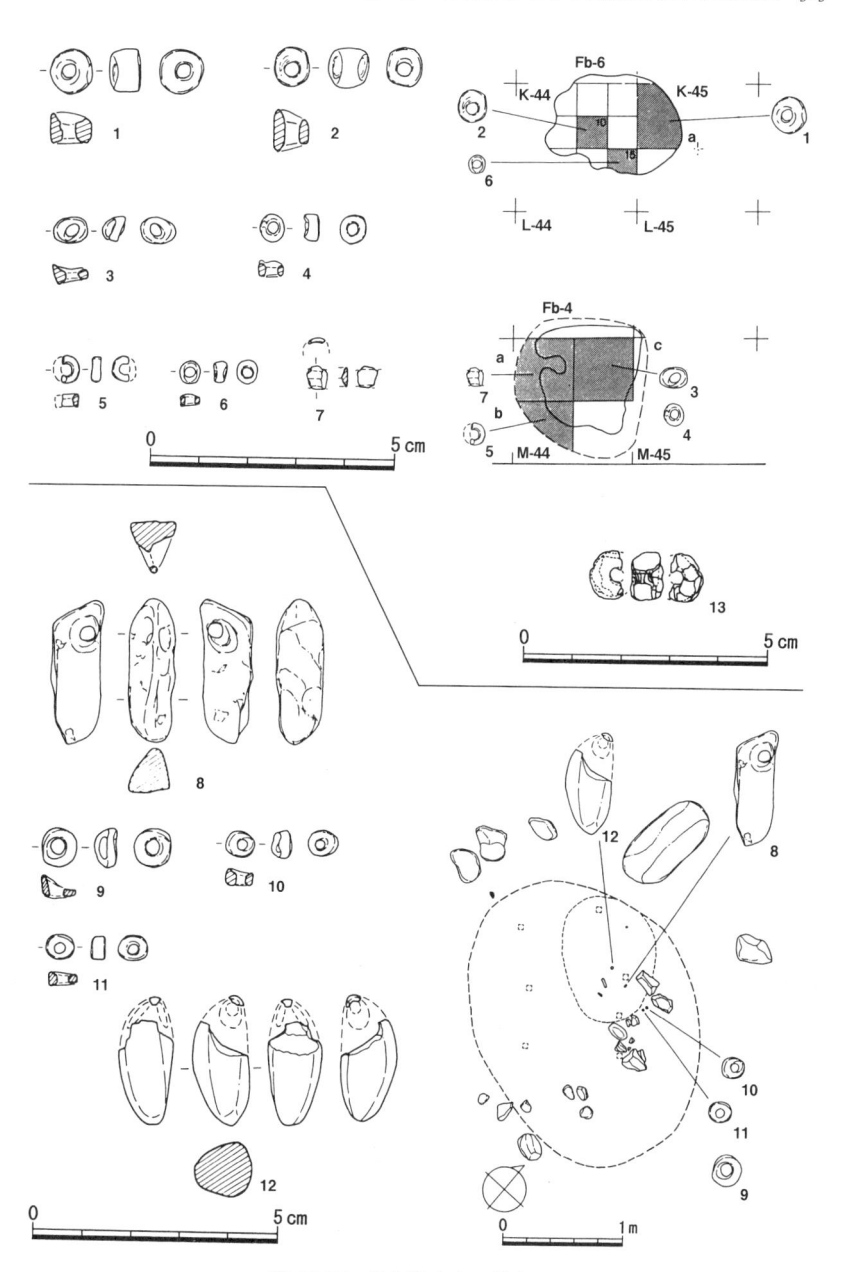

第3節　日本列島における後期旧石器時代の装身具　303

第89図　北海道出土の装身具
1〜7：美利河1遺跡　8〜12：湯の里4遺跡　13：柏台1遺跡

産出ではなく、大陸からもたらされた可能性が指摘されている（渡辺 1985）。遺跡内での玉作りの痕跡が認められないことから、遺跡外から完成品での搬入と考えられている。

Ⅲ層下bの焼土ブロック（Fb-4）とⅢ層中の焼土ブロック（Fb-6）は伴出した細石刃核などの特徴から同時期の所産とみられている。石器群は層位と石器の様相から5群に分けられており、美利河Ⅰ石器群→美利河ⅡA・美利河ⅡB石器群→美利河ⅢA・美利河ⅢB石器群の変遷が考えられており、玉出土の焼土ブロックは蘭越型細石刃核を特徴とするⅡB石器群に含められる。ⅡB石器群を包含とするⅢ層下bから出土の木炭の^{14}C年代測定結果は19800±380B.P.であることから後期旧石器時代後半に位置づけられる。また、湯の里4遺跡の玉類を出土した土壙についても細石刃核の特徴などからほぼ同時期に属すると考えられている。

③ **北海道柏台1遺跡**（㈶北海道埋蔵文化財センター 1999）

北海道千歳市柏台1遺跡の細石刃石器群のブロック15から1点の琥珀の小玉が出土している（第89図13）。一部が破損しておりC字状に残存している。平面形は円形と推定され、中央に両面から孔が穿たれていたと考えられる。「周縁は入念に整形されているものの、風化のためあばた状を呈し、整形痕は観察できない」とされている。色調は暗赤色、径0.98㎝、厚さ0.68㎝、孔径0.24㎝、重量0.3g。この琥珀は色調から岩手県の久慈産ではないことが指摘されており、サハリンなどの国外からの将来も示唆されている。

このほか、細石刃石器群に先行すると考えられている不定形剥片石器群のブロック9からは砂岩製の刻み目の施された石製品が出土しているが、破片でも6.4×8.1㎝、厚さ3.9㎝もあり装身具、装飾品とは考えにくい。

柏台1遺跡の細石刃石器群は蘭越型細石刃核を代表とする石器群で、玉類を出土した湯の里4遺跡、美利河1遺跡と同様である。こうした玉類が北海道において近接した時期の所産である可能性が高い。

④ **岩手県柏山館跡遺跡**（㈶岩手県文化振興事業団 1996）

岩手県胆沢郡金ヶ崎町柏山館跡遺跡の発掘調査では旧石器時代から縄文時代草創期まで8枚の文化層が確認されているが、そのうちの上から3枚目の第Ⅱa（下）文化層から「ペンダント」が1点出土している（第90図1）。ホルンフェルスを素材としており、下部が欠損し本来の形態は不明である。「上部に三条

の刻目を入れ、側辺部には擦切痕が認められる。先端部裏面はその表面を一部欠損するが、ドリルによる浅い穿孔凹所がある」と報告されている。現在長2.8cm、幅0.5cm、厚さ0.6cm。重量1.14ｇ。

第Ⅱa（下）文化層からは二側辺加工のナイフ形石器を主体に彫器、掻器、中・小型の石刃が出土している。また、第Ⅱa（下）文化層は第Ⅱa層下部に出土層準があり、第Ⅱa層最下部にAT層が堆積していることから、第Ⅱa（下）文化層はAT降灰以降の堆積と考えられている。

⑤ **岩手県峠山牧場Ⅰ遺跡**（㈶岩手県文化振興事業団 1999）

岩手県和賀郡西和賀町（旧湯田町）峠山牧場Ⅰ遺跡A地区の発掘調査では後期旧石器時代から縄文時代まで7枚の文化層が確認されており、第3文化層のブロック28、27、6の3ヶ所のブロックから装身具・装飾品が出土している。

ブロック28から出土の石製品は淡黄緑色の滑石片岩製で、下端部の一部を欠損するが、長さ7.2cm、幅3.9cm、厚さ1.2cm、重量47.8ｇである（第90図3）。素材の板状の滑石片岩を敲打の後、研磨で平坦にし、楕円形に整形している。上端部は表裏両面から三重四重にわたって穿孔され、貫通している。ブロック28の石器群は石刃製の先刃式の掻器が主体で石刃が組成されている。

ブロック27の石製品は淡黄緑色の滑石片岩製で、上端の一部を欠損している。長さ5.9cm、幅3.3cm、厚さ0.7cm、重量21.0ｇである（第90図4）。扁平に薄く研磨した素材を菱形に近い楕円形に整形し、表裏両面に横方向に2条と縦方向に2条の凹線を描いている。側縁は上部横線の下から末端にかけて17ヶ所の刻み目が入れられ、もう一方は15ヶ所の刻み目が施されている。上部の横線は両面とも水平に、また下部の横線は表裏が対応するように斜めに描かれている。縦線は両面とも左右両側から中央部に向けて湾曲するように引かれている。凹線の太さは約0.2～0.3cm、深さは0.1～0.15cmである。両面ともていねいな作りで表裏の区別はつけがたい。ブロック27は基部整形のナイフ形石器、石刃素材の先刃式掻器、石刃を組成している。

ブロック6からは淡黄緑色の滑石片岩を素材とする石製品が出土している（第90図2）。破損品であり全容は不明である。現在長2.6cm、幅1.5cm、厚さ0.4cm、重量2.1ｇであるが、厚さがきわめて薄いのでもともと小型の装身具と考えられる。「上下両端及び左側辺部中央部の穿孔部から右半分を欠損しており、全体の形状はボタン様と考えられるが詳細は不明である」と推定されて

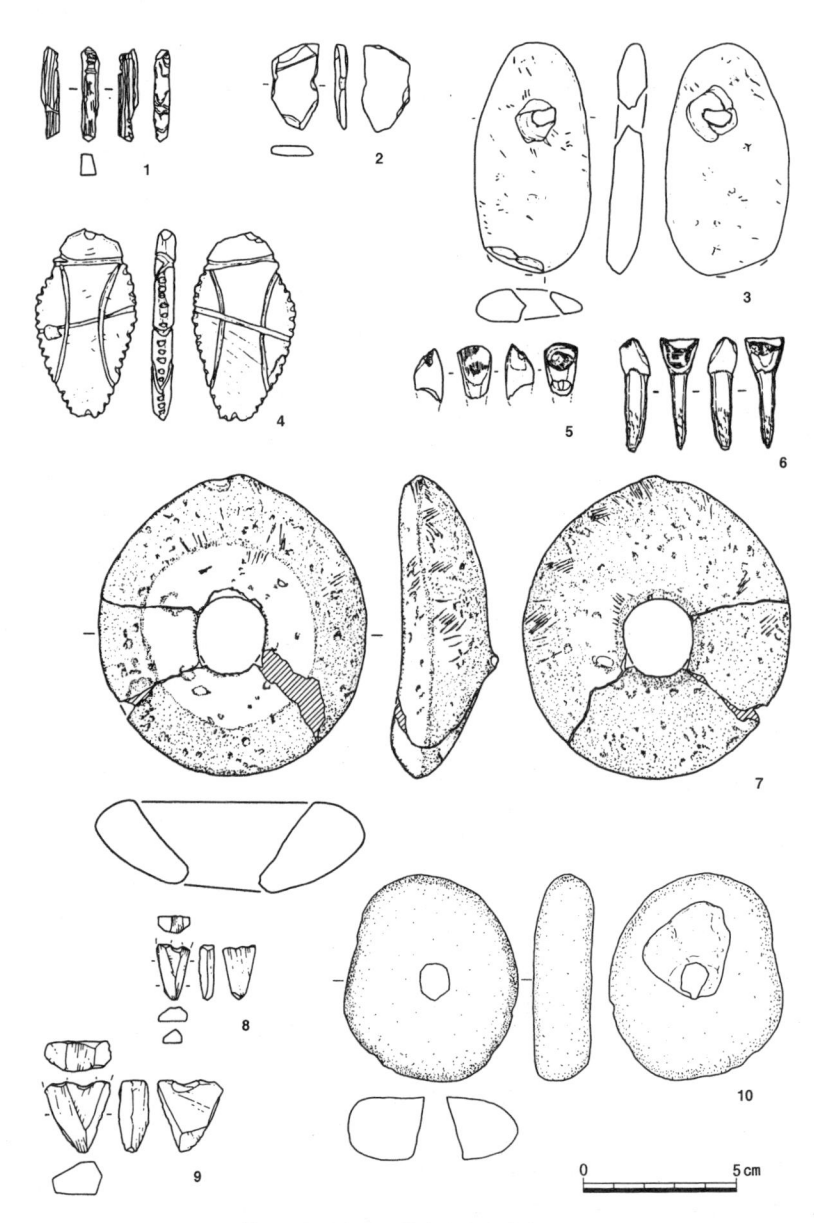

第90図　東北・関東出土の装身具
1：岩手・柏山館跡遺跡　2〜4：岩手・峠山牧場Ⅰ遺跡　5、6：岩手・花泉遺跡
7：秋田・鴨子台遺跡　8、9：千葉・出口・鐘塚遺跡　10：御殿山遺跡

いる。ブロック6は多数の石刃素材の先刃式掻器と削器が主体の石器群である。

第3文化層はⅡa層中部に発達し、Ⅱa層下半部にAT火山灰が集中する傾向が認められ、AT降灰以後の所産である。

⑥ **岩手県花泉遺跡**（花泉町教育委員会 1993）

岩手県一関市（旧西磐井郡花泉町）花泉遺跡は古くから旧石器時代の動物化石の出土で知られているが、1985年から1988年にかけて実施された発掘調査で、歯牙製の装身具未成品が2点出土している。2点ともウシ科獣類の第一切歯を素材とした加工品で、いずれも未成品である。第90図5は歯根を欠落し、歯冠内両側には穿孔痕が認められ、その上部は象牙質が人為的と考えられる剥離で剥落している。長さ1.6cm、幅1.1cm、厚さ0.9cm。第90図6は歯根と歯冠が完存しており、歯冠先端部に研磨が認められる。特に外側の研磨が進んでいる。長さ3.4cm、幅0.7cm、厚さ0.9cm。

こうした歯製ペンダントは「中国北京市郊外周口店山頂洞、やや年代が下降するがロシア共和国のマリタ遺跡、イルクーツク市の陸軍記念病院遺跡に対比することが可能である」（菊池 1993）という。さらに遼寧省小孤山洞穴出土の装身具にも穿孔された歯牙製品がある。周口店山頂洞やマリタ遺跡、小孤山洞穴では歯牙製装身具にさまざまな材質の装身具が伴っており、後期旧石器時代の装身具素材獲得の多様性がわかる。

花泉遺跡の獣骨化石含層は最新の調査でⅣb層の下底付近とされており、その直下のⅤa層にAT火山灰が検出されており、歯牙製装身具を含めた獣骨化石群はAT降灰期より新しく位置づけることが可能である。

⑦ **秋田県鴨子台遺跡**（秋田県教育委員会 1992）

秋田県山本郡三種町（旧八竜町）鴨子台遺跡では発達した石刃石器群のAブロックから「環状石製品」が出土している（第90図7）。この「環状石製品」は「赤褐色の礫岩を素材とし、外面を擦り上げて環状に作り上げた石器である」と報告されている。外周径9.23cm×8.46cm、厚さ2.72cm、穿孔部径2.425cm×2.225cmの大型品である。

伴出した石器群は調整技術の発達した石刃石器群で、石刃を素材とするナイフ形石器、彫器、掻器などを組成する。ナイフ形石器は東北地方特有の基部加工のものではなく、二側辺加工や細身で基部を尖らせる形態が目立つ。ナイフ形石器の形態などからは、後期旧石器時代後半の所産と考えられる。

⑧ 千葉県出口・鐘塚遺跡（(財)千葉県文化財センター 1999）

千葉県四街道市出口・鐘塚遺跡では5枚の文化層が検出されているが、最下層の第1文化層集中6から装身具が2点出土している。集中6は出土石器総数が装身具を含めてわずか32点の小さな石器集中である。第90図8は上部が欠損しており全体の形状は不明である。残存部は三角形を呈する板状で、片面は研磨によるＹ字状の稜線が認められる。穿孔部には擦痕が認められる。この擦痕は縦方向に密に平行した条線状で光沢がみられ紐ずれの可能性が指摘されている。研磨は全面におよんでおり、側面にも面取りが認められる。黒色に近い色調で安山岩または玄武岩を素材とし、現在長1.69cm、幅1.07cm、厚さ0.48cm、重量0.7ｇである。

第90図9は同図8と比べやや粗雑な作りであるが、形態や製作手法は同様である。赤褐色の砂岩を素材とし、現在長2.26cm、幅2.08cm、厚さ0.88cm、重量2.96ｇ。石材が粗粒な材質のため風化が著しく、加工痕が判別しにくいが、形態が第90図8の小型品と類似しており、同形態の装身具と考えてよい。

第1文化層からは、ナイフ形石器、台形石器、刃部磨製斧形石器など後期旧石器時代の初頭を特徴づける石器が出土している。出土層位も第1文化層が出口・鐘塚遺跡の最古の文化層で、Ⅸa層からⅨc層にかけて装身具を含む石器が出土しているが、中心はⅨc層で南関東の層位では第2暗色帯下部にあたるⅨ層下部の石器群と報告されている。出土石器の様相、出土層位ともに後期旧石器時代前葉の古さを示している。

⑨ 東京都御殿山遺跡（御殿山遺跡調査会 1987）

東京都武蔵野市「井の頭池遺跡群」の御殿山遺跡第1地区Ｄ地区の発掘調査で、Ⅲ層中部、Ⅳ層上部、Ⅴ層上部、Ⅶ層4枚の旧石器時代の包含層が確認され、このうちⅣ層上部から有孔石製品が出土している。径6.6cm×5.65cm、厚さ1.75cm、重量66.5ｇの砂岩製で、「全面磨って形状を整えたと思われ」、「孔は礫の中央部に穿孔され」、「孔の形状は六角形を呈しており、自然による開口を否定し、人為的な穿孔と見做してよい」と報告されている。Ⅳ層上部から出土した石器群は砂川期の特徴を有するナイフ形石器が主体で、剥離技術も「砂川型刃器技法」に相当する。ナイフ形石器文化の後葉に位置づけられる有孔石製品といえよう。

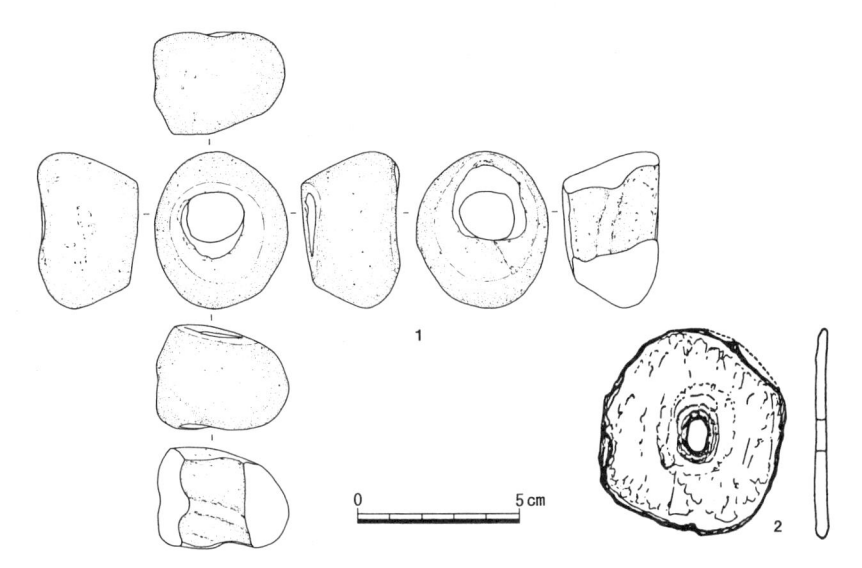

第91図　中部地方出土の装身具
1：長野・日向林B遺跡　2：三重・大台出張遺跡

⑩ **長野県日向林B遺跡**（長野県埋蔵文化財センター 2000）

長野県上水内郡信濃町日向林B遺跡の第12号ブロックから有孔石製品が1点出土している。第91図1は暗赤褐色の砂岩製で、長さ4.5cm、幅4cm、厚さ3cm、穴の径は1.9cmを測る円柱形である。「自然状態で土中に含まれない岩石のため、人間により持ち込まれたことは確か」とされているが、「明瞭な加工痕が認められないため、サンドパイプなどの自然物の可能性」や「穴の内部には、らせん状の弱い稜が見られ、巻貝類が抜け落ちた跡の可能性」なども指摘されているが、石質が柔らかそうで敲き石などには用いることが不可能なため、装飾品として遺跡内に持ち込まれた可能性が考えられている。

第12号ブロックは刃部磨製斧形石器や台形石器を特徴とする日向林Ⅰ石器文化に属し、日向林Ⅰ石器文化は出土層位、石器群の特徴から後期旧石器時代の前葉に位置づけられている。この有孔石製品が装飾品であるとすれば、出口・鐘塚と並び列島最古の装飾品としての石製品となる。

⑪ **三重県大台出張遺跡**（大台町出張遺跡調査会 1979）

三重県度会郡大台町出張遺跡から「石製有孔円盤」の出土が報告されている（第91図2）。千枚岩を使用し、不整形な隅丸方形を呈している。中央部に楕円

形の穴があけられている。法量は記されていないが、実測図から測れば、外径が5.8cm×6.1cm、内孔径が0.9cm×0.6cm、厚さ0.4cmである。この有孔石製品はA地区Ⅲ層からの出土であるが、Ⅲ層からはチャート製の縦長剥片を素材とした小型のナイフ形石器を主体とする石器群が出土している。石器群にはナイフ形石器の他に角錐状石器、掻器、削器が組成されている。しかし同一層準からは細石刃やわずか2点ではあるが石鏃も出土しており、必ずしもナイフ形石器に伴うものとはいえないかもしれない。ナイフ形石器は不揃いだが切出形が主体を占める伊勢湾沿岸に特徴的な形態組成で後期旧石器時代の所産と考えられる。

このほかに、大分県豊後大野市（旧大野郡清川村）岩戸遺跡の1979年におこなわれた第2次調査で、AT火山灰層の上位に位置する岩戸D文化層中に集石墓が検出され、その墓壙から人骨片とともに貝殻の破片が4点出土しており、その内の2点はイシダタミとアワビであることが確認されている（坂田 1980）。小破片のためか貝殻に加工痕は認められないが、中国の周口店山頂洞や遼寧省小孤山洞穴、河北省虎頭梁遺跡、同干家溝遺跡から装身具として穿孔された貝殻が出土しており、岩戸遺跡の集石墓出土の貝殻片も本来は装身具であった可能性を否定できない。

3 縄文時代草創期の石製装飾品

① 長崎県福井洞穴（鎌木義昌・芹沢長介 1967）

長崎県佐世保市（旧北松浦郡吉井町）福井洞穴の1963年に実施された第2次調査でID層から「有孔円板」が2点と「土製品有孔円板」が1点出土している。有孔円板はいずれも砂岩製で、破損しているが、復元すれば径が約11cmと10cmぐらいの大型品である。「砂岩を扁平にみがいてつくっている。しかし現在は両面ともかなり面がガサガサで、良好な研磨とはいえない」と報告されている。中央に穿孔されているが、孔の径は数mmと非常に小さい。「土製品有孔円板」は細隆起線文土器の破片を利用しており、径は6〜7cmで中央に穴がある。この石製品は従来、有孔土製品と併せて「紡錘車」と考えられていたが、その後の発見例もなく、三重県大台出張遺跡の有孔石製品との類似から土肥孝は「頭部に着装する「ヘッドバンドアクセサリー」と考え」ている（土

肥 1997)。

ID層は細隆起線文土器と船底形の細石刃核、細石刃を主体に出土しており、この有孔石製品は細隆起線文土器の段階の所産と見なすことができる。

② **岐阜県九合洞穴**（澄田・安達 1967）

岐阜県山県市（旧山県郡美山町）九合洞穴の第2次調査で、赤褐色の砂岩を楕円形に整形しその周縁に沿って刻み目を付した線刻石製品が出土している。先端付近には両面穿孔による孔が穿たれており、表面には2条の線刻でたすき掛けの文様が描かれている。下半分は欠損しており、現存長3.5cm、幅3.6cm、厚さ1cmである。原報告ではこの石製品の出土層位や伴出した土器群が明記されておらず時期の特定はできないが、『岐阜県史』（岐阜県 1972）には線刻石製品が第Ⅰ群土器出土層からの出土とされている。第Ⅰ群土器は九合洞穴では隆起線文土器、爪形文土器、押圧文土器等の草創期の土器を指しており、この記述が正しいとすれば、数少ない縄文時代草創期の装身具の可能性がある。しかし、第Ⅰ群土器出土層と呼ばれる包含層からは押型文土器、撚糸文土器も出土していることが原報告に明記されており、第Ⅰ群土器出土層が純粋に草創期の包含層とはいえない。

このほかに縄文時代草創期の装身具として宮城県大原B遺跡「出土」の有孔石製品が知られていたが、この遺跡自体が前・中期旧石器時代遺跡捏造事件と同期に同一犯による捏造事件であることが判明しており学術資料として使用できない。

また、愛媛県上黒岩岩陰出土の有孔石製品と有孔線刻板状石製品（江坂・岡本・西田 1967）を草創期の装身具と紹介されることもあるが、この有孔石製品は早期初頭と考えられる無文土器と共存しており、さらに有孔線刻板状石製品は原報告では「出土層位が不明確であるが、あるいは第Ⅵ層の出土品かと思われる」とされたものだが、その後の概説書では「上黒岩岩陰第6層からの出土品」（江坂・渡辺 1988）と変更されたもので、古くても第6（Ⅵ）層の早期初頭をさかのぼらないと考えられる。

以上のように、縄文時代草創期に属する装身具は意外と少なく、確実な資料としては長崎県福井洞穴の有孔石製品、さらにその可能性がある資料としては岐阜県九合洞穴の線刻石製品が数えられるにすぎない。

4 列島の旧石器時代装身具の様相

　ここまで詳述したように日本列島では本州島東部と北海道島において11遺跡で後期旧石器時代の装身具やその可能性のある石製品を出土している（第92図）。装身具等が東日本に集中し、九州島と四国島を含む西日本一帯と朝鮮半島が旧石器時代の装身具分布の空白地帯であることは、その起源と経路に大陸北方の文化が深く関与していることを暗示している。

　日本列島での装身具の出現は、刃部磨製斧形石器や台形石器を特徴とする千葉県出口・鐘塚遺跡や長野県日向林B遺跡例を最古とし後期旧石器時代前葉にさかのぼる。しかし、これらは砂岩や安山岩を素材とした石製品で縄文時代の玉類などの装身具と比較するとやや違和感がある。

　後期旧石器時代後半では、北海道の3遺跡をはじめ、中部地方以東で点々と認められる。北海道の3遺跡は伴出の細石刃核の形態から同一時期の所産の可能性が高く、これらの石器群の年代が従来想定されていた後期旧石器時代後葉をさかのぼる可能性が高く、細石刃石器群の日本列島への流入初期の段階でシベリアに起源を持つ装身具が北海道へ搬入されたと考えられる。これらの装身具はいずれも小型で、特に小玉は1cm未満である。素材はカンラン岩、琥珀で、装飾品にふさわしく往時は光沢があり美しい材質である。しかしこうした美しい石材を使用した小型の装身具を製作する伝統は、日本列島に根づかなかったようでこれ以後の段階での出土例はない。次に登場するのは縄文時代早期である。すでに多くの指摘があるように小型の垂飾と小玉の組み合わせは、後期旧石器時代後葉のカムチャッカ半島ウシュキ遺跡（ヂコフ 1975）第7文化層の墓からの出土品と共通しており、北方から列島への新しい文化の波及であるといわれている（松藤 1994、春成 1997など）。

　東北地方では岩手県峠山牧場I遺跡が異色である。同じ文化層から3点の石製品が出土しているが、形態はそれぞれ異なっている。素材に滑石片岩を使用し、完成品の光沢や美しさを充分意識しており、玉、装身具としての機能を意図して製作されたことを充分にうかがい知ることができる。第90図4の石製品は日本列島での類例が存在しない。小破片であるが、柏山館跡遺跡の石製品（第90図1）に側縁に刻み目が残っており、類似品の可能性もある。側縁に刻

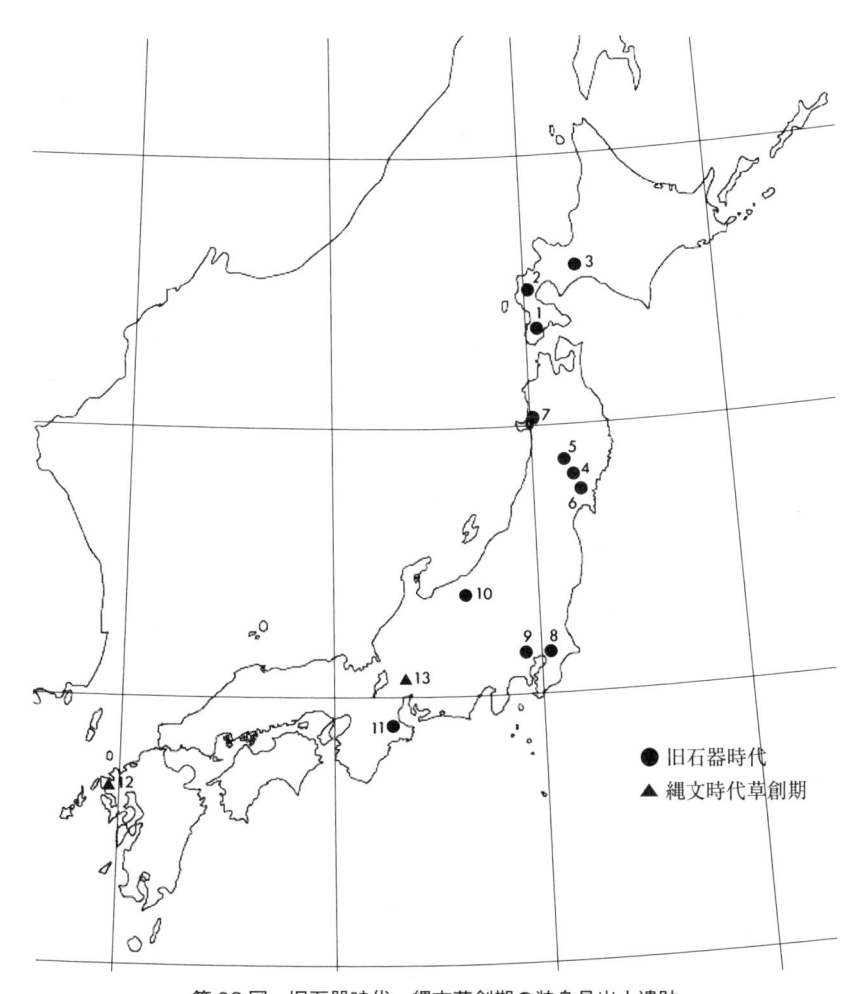

第 92 図　旧石器時代〜縄文草創期の装身具出土遺跡
1：湯の里4遺跡　2：美利河1遺跡　3：柏台1遺跡　4：柏山館跡遺跡　5：峠山牧場1遺跡
6：花泉遺跡　7：鴨子台遺跡　8：出口・鐘塚遺跡　9：御殿山遺跡　10：日向林B遺跡
11：大台出張遺跡　12：福井洞穴　13：九合洞穴

み目がつけられた装身具は、バイカル湖周辺のオシュルコヴォ遺跡で知られており、大陸に類例が存在しないわけではないが旧石器時代にはきわめて少ない。もし九合洞穴の線刻石製品が縄文時代草創期の所産であるならば、峠山牧場Ⅰ遺跡、柏山館跡遺跡の石製品の系譜を引くものかもしれない。愛媛県上黒岩岩

陰の縄文時代早期の所産とみられる有孔線刻板状石製品もこの系統に連なる可能性がある。

　岩手県花泉遺跡からウシ科獣類の歯牙製装身具未成品が確認された意義は大きい。大陸において後期旧石器時代の装身具の多くが骨、貝殻、卵殻、角、歯牙などを素材としていることから、日本列島もこうした素材が装身具に多数使用された可能性を示していた。後期旧石器時代のロシア・スンギール遺跡の墓からマンモスの牙製小玉や狐の犬歯の垂飾など4000個以上の装身具類が出土していることを参考に、春成秀爾は日本列島でも「スンギール人のように有機質の材料のアクセサリーをつけていた可能性も十分ある」と期待していた（春成 1997）。日本列島では旧石器時代の人類遺跡で有機質を今日まで残している例は数えるほどしかなく、花泉遺跡での歯牙製装身具の発見は、春成の想定したように本来存在した岩石以外を素材とする装身具の大半が、現在失われてしまった蓋然性が高いことを示唆している。カンラン岩や琥珀の小玉が出土している北海道の湯の里4遺跡、美利河1遺跡、柏台1遺跡でもカンラン岩や琥珀とセットで骨、貝殻、卵殻、角、歯牙などの有機質素材の装身具が伴っていた可能性は高いといえよう。

　岩手県の3遺跡を除けば、後期旧石器時代後半の本州島で明確に装身具と指摘できる例はない。東京都御殿山遺跡や秋田県鴨子台遺跡、三重県大台出張遺跡の有孔石製品は北海道や岩手の遺跡のように装身具としてふさわしく磨けば光沢の出るような岩石ではなく、砂岩などの粗粒の岩石が使用されている。縄文時代には砂岩のような石材を用いて装身具を製作する例は少ない。しかし、有孔石製品を実用品と考えることはできず、土肥孝が想定したようにシベリア・レンコフカ1号墓例から大台出張遺跡例を装身具の一種とみなし、縄文時代草創期の福井洞穴例、さらに縄文時代早期まで系譜を追えるとしたら、他の旧石器時代の有孔石製品も装身具である可能性を捨てきれない。

5　おわりに

　日本列島に後期旧石器時代の初めから装身具と考えられる有孔石製品が存在するが、「玉」と呼べるような美しい石製品は、後期旧石器時代後半に入ってからおそらくシベリアから細石刃文化とともに北海道へもたらされている。し

かしこの玉文化は列島では後の時代に継承されていない。また東北北部にもほぼ同時期に北海道とは異なった「玉」文化の片鱗をうかがい知ることができる。この装身具の系譜は不明であるが、大陸との関係がうかがわれる。これもまた、次代へ受け継がれていないようである。また、大台出張遺跡の有孔石製品も大陸との関係が見いだされ、縄文時代の開始期まで細々と続くようである。

次の大陸から日本列島への玉文化の波及は縄文時代早期後半の石刃鏃文化で、多様な石製装身具が石刃鏃とともに北海道島へ流入している。このように、後期旧石器時代からの装身具の日本列島への伝播を概観すると、北方ルート、またその窓口としての北海道島の重要性があらためて認識できる。後期旧石器時代後葉における細石刃文化の流入や縄文時代草創期の神子柴文化も大陸の北方との関連が議論されていた。装身具についても同様な視点での検証作業が必要となろう。

東アジアにおける旧石器時代の装身具が中国北部やシベリアなどの高緯度地帯に限られていることは、新石器時代に東アジア一帯に広がる装身具・玉文化も北方起源の可能性を示唆しているといえよう。

引用・参考文献

赤堀英三 1981『中国原人雑考』
秋田県教育委員会 1992『一般国道7号琴丘能代道路建設事業に係る埋蔵文化財発掘調査報告書Ⅲ―鴨子台遺跡・八幡台遺跡―』
江坂輝弥・岡本健児・西田学 1967「愛媛県上黒岩岩陰」『日本の洞穴遺跡』
江坂輝弥・渡辺誠 1988『装身具と骨角製漁具の知識』
大台町出張遺跡調査会 1979『出張遺跡調査報告書』
小野勝年・日比野丈夫 1990『陽高古城堡―中国山西省陽高県古城堡漢墓―』東方考古学会叢刊乙種八冊
加藤真二 1993「中国遼寧省鴿子洞石器文化小考」『古代文化』第45巻第7号
加藤真二 2000『中国北部の旧石器文化』
鎌木義昌・芹沢長介 1967「長崎県福井洞穴」『日本の洞穴遺跡』
菊池強一 1993「花泉遺跡の人類遺物」『花泉遺跡』花泉町教育委員会
岐阜県 1972『岐阜県史 通史編原始』
御殿山遺跡調査会 1987『井の頭池遺跡群武蔵野市御殿山遺跡第1地区D地点』
㈶岩手県文化振興事業団埋蔵文化財センター 1996『柏山館跡発掘調査報告書』

㈶岩手県文化振興事業団埋蔵文化財センター 1999『峠山牧場Ⅰ遺跡A地区発掘調査報告書』
㈶千葉県文化財センター 1999『四街道市出口・鐘塚遺跡』
㈶北海道埋蔵文化財センター 1985a『今金町美利河1遺跡』
㈶北海道埋蔵文化財センター 1985b『湯の里遺跡群』
㈶北海道埋蔵文化財センター 1999『千歳市柏台1遺跡』
坂田邦洋 1980『大分県岩戸遺跡―大分県清川村岩戸における後期旧石器文化の研究―』
澄田正一・安達厚三 1967「岐阜県九合洞穴」『日本の洞穴遺跡』
ヂコフ, N.N. 1975「カムチャッカ上部旧石器時代」『シベリア極東の考古学①極東篇』
土肥　孝 1997『縄文時代の装身具　日本の美術』第369号
中川和哉・松浦五輪美・光石鳴巳 2001「中国遼寧省の旧石器時代遺跡を訪ねて」『旧石器考古学』61
長野県埋蔵文化財センター 2000『上信越自動車道埋蔵文化財発掘調査報告書15―信濃町内その1―』
日中旧石器学術交流訪中団 1992a「日中旧石器学術交流経過報告」『旧石器考古学』44
日中旧石器学術交流訪中団 1992b「'92日中旧石器学術交流に伴う討論会記録」『旧石器考古学』45
花泉町教育委員会 1993『花泉遺跡』
春成秀爾 1997『古代の装い　古代史発掘④』
麻柄一志 1994「許家窰遺跡を訪ねて」『富山市日本海文化研究所報』第13号
松藤和人 1994「東アジアの旧石器時代装身具」『考古学と信仰』同志社大学考古学シリーズⅥ
渡辺　順 1985「美利河1・湯の里4遺跡出土玉類の鉱物学的特質について」『今金町美利河1遺跡』㈶北海道埋蔵文化財センター
安家瑗 1991「小孤山発現的骨魚鏢－兼論与新石器時代骨魚鏢的関係」『人類学学報』第10巻第1期
王兵翔 1992『旧石器時代考古学』
王幼平 2000『旧石器時代考古』
蓋　培 1993「中国の細石核について」『北方ユーラシアにおける細石刃石器群の起源と拡散』
賈蘭坡 1978『中国大陸上遠古居民』
賈蘭坡・衛奇 1976「陽高許家窰旧石器時代文化遺址」『考古学報』1976年2期
賈蘭坡・衛奇・李超榮 1979「陽高許家窰旧石器時代文化遺址1976年発掘報告」『古脊椎動物与古人類』第17巻4期
金牛山聯合発掘隊 1976「遼寧営口金牛山発見的第四紀哺乳動物群及其意義」『古脊椎動物与古人類』第14巻第2期

金牛山聯合発掘隊 1978「遼寧營口金牛山旧石器文化的研究」『古脊椎動物与古人類』第16巻第2期
鴿子洞発掘隊 1975「遼寧鴿子洞旧石器遺址発掘報告」『古脊椎動物与古人類』第13巻第2期
高　星　1999「関於"中国旧石器時代中期"的探討」『人類学学報』第18巻第1期
呉汝康・呉新智編 1999『中国古人類遺址』
呉汝康・呉新智・張森水 1989『中国遠古人類』
張鎮洪・傅仁義・陳宝峰・劉景玉・祝明也・呉洪寛・黄慰文 1985「遼寧海城小孤山遺址発掘簡報」『人類学学報』第4巻第1期
張森水　1987『中国旧石器文化』
張森水　1990「中国北方旧石器工業的区域漸進与文化交流」『人類学学報』第9巻第4期
傅仁義　1991「渤海湾北岸古人類旧石器文化及与東亜的関係」『遼海文物学刊』1991-1
傅仁義　1992「鴿子洞遺址時代的再研究」『北方文物』1992年第4期
遼寧省博物館 1973「凌源西八間房旧石器時代文化地点」『古脊椎動物与古人類』第11巻第1期
遼寧省博物館・本渓市博物館 1986『廟後山　遼寧省本渓市旧石器文化遺址』

あとがき

　日本海沿岸地域の旧石器研究は1948年の富山県眼目新丸山遺跡の発見や1949年の山形県大隅遺跡の報告など、岩宿遺跡の発見・発掘に遜色のない歴史を持っている。しかし、その後の研究史は太平洋側に比べて記述量が少ない。特に1970年代以降の南関東地方での多層位遺跡の発掘が進み層位による後期旧石器時代の編年研究が確立する中で、層位に恵まれていない日本海沿岸地域は本州島の中で一歩出遅れた観は否めない。しかし北陸地方は列島のほぼ中央部に位置しているという地理的環境のもとに各地の石器群の流入が断続的に認められ、また東北地方日本海側は珪質頁岩製石刃石器群の中核地として、それぞれ研究テーマには事欠かず、1980年代以降は系統論、型式論、技術論が隆盛となる。本書に収めた論文等はこうした列島日本海側における旧石器研究の潮流のなかで書かれたものであるが、その出発点は大学1回生の時に参加した奈良県二上山桜ヶ丘遺跡第1地点の調査と2回生の夏に調査した立野ヶ原遺跡群である。

　桜ヶ丘の調査では同志社大学松藤和人教授（当時同志社大学大学院生）と東北大学柳田俊雄教授（当時東北大学大学院生）に遺跡の発掘に始まり、石器の観察、実測方法などの基礎的なことから研究の方法までを、報告書の刊行にいたるまでの4年間に時には寝食を共にしながら教わった。同志社大学在学中はこの二人の師に鍛えられた。

　立野ヶ原遺跡群第5次調査では幸運にも西原C遺跡で「立野ヶ原型ナイフ形石器」や刃部磨製斧形石器等を発掘し、南原C遺跡で輝石安山岩と下呂石の瀬戸内系石器群に遭遇した。この調査への参加を契機に西井龍儀氏、故橋本正氏、山本正敏氏から北陸旧石器研究の現状と課題を学んだ。

　日本海沿岸地域の瀬戸内系石器群への関心は、桜ヶ丘遺跡第1地点の報告書作成までの国府石器群との格闘と南原C遺跡の調査経験が端緒となった。また「立野ヶ原型ナイフ形石器」と刃部磨製斧形石器への取り組みは西原C遺跡の調査に参加した時点に始まった。さらに石器群と石材との関係に注目したのは、足元にメノウの原石が転がっている立野ヶ原台地であえて輝石安山岩と下呂石

で石器を作る南原Cの石器を掘り出した時からである。これらの課題は約30年を経た今も現在進行形で細々と解明を試みている。

また日本海へのこだわりは恩師森浩一先生が提唱された『日本海文化』論に触発され、さらに富山市で1981年から合計10回にわたって開催された『日本海文化を考える富山シンポジウム』に刺激を与えられたことも大きな要因となっている。『日本海文化』はいまだ充分な検証がおこなわれていない概念であるが、当該地域を研究の対象とする場合避けて通ることはできない。

日本海沿岸地域は本書でも詳細に論じたように東西各地の石器群の通り道となっている。瀬戸内系、東北の石刃石器群、削片系細石刃石器群など本州島を大きく移動する石器群は常に日本海沿岸をルートとしている。立野ヶ原遺跡群の立美遺跡で出土した槍先形尖頭器石器群はほとんどが黒曜石製であるが、その黒曜石は青森県深浦産である。石材のほぼすべてが黒曜石であることから、石材を交易等で入手したと考えるより深浦で黒曜石を入手した集団が直接立野ヶ原へやってきたと考える方が理解しやすい。これも日本海沿岸を舞台とした大規模移動の一例である。これに対し、太平洋側では関東地方が各石器群の移動の障壁となっている。瀬戸内系石器群も関東地方で在地の石器群に吸収されて消えてしまい、珪質頁岩の石刃石器群や削片系細石刃石器群も関東から西へ進出できない。これは関東の旧石器人が排他的で異文化をそのまま受け入れなかったというだけでなく、当時の環境や人口などの様々な原因が想定される。このように旧石器時代には太平洋側と日本海側で他集団の受け入れ方がやや異なる。こうした日本海側の特性についてもさらに究明する必要がある。

本書に収録した論文等の多くは『旧石器考古学』誌に掲載されたもので、北陸を中心とする日本海沿岸地域の旧石器文化の実態を明らかにすることを主眼としたものである。論文名にも使ったとおり地域資料の「基礎的整理」にとどまっているものも多いが、本書をステップとして環日本海の旧石器研究を深化させ基礎的研究にまで発展させる夢は失っていない。収録論文には発表以来20年を経過したものも含まれており、個別の石器群についての評価など現在の解釈とは若干の齟齬が生じているものもあるが、誤字・脱字の訂正、用語の統一等の手直しを最小限にとどめた。また各章にまとめた節には一部に重複する内容もふくまれているが、一つの節がそれぞれ個別の論文として書いているためで、やや煩雑かもしれないがあえて初出のまま再録している。

ところで、2000年11月に発覚した旧石器遺跡捏造事件は1980年代以降に書かれた旧石器時代を対象とした論文の見直しを迫るものであった。ここに収めた論文にも捏造資料の影響が現れている。「後期旧石器時代の斧形石器について」（1989年）では後期旧石器時代の斧形石器の祖型に前期旧石器時代と考えられた捏造遺跡で出土した石器（ヘラ状石器）を想定していた。捏造の判明後、この石器は縄文時代の石箆であることが明らかになり（麻柄一志・大類誠 2003「捏造石器に使った石器の型式学的検討　1ヘラ状石器」『前・中期旧石器問題の検証』日本考古学協会 pp.433-441）、列島の斧形石器の起源探しは振り出しに戻ってしまった。また、「許家窰遺跡を訪ねて」（1994）では追記の中で、中国華北の泥河湾の中期旧石器と列島の中期旧石器の関連を説いているが、ここでイメージしていた列島の中期旧石器は馬場壇遺跡（本来の意味での遺跡ではないが捏造事件の遺跡として）などからの出土（埋め込み）石器を指していた。これらも今となっては比較すること自体無意味な作業であった。両者ともここに撤回したい。この他にも列島の前・中期旧石器時代に言及している箇所があるが、具体的な資料を指している訳ではなく、後期旧石器時代の前段階としての意味にすぎない。

 さて収録された多くの論文が初出掲載誌、特に『旧石器考古学』の歴代編集者の温かい励ましと厳しい督促によってようやく成文化したものである。また日本海学推進機構の研究助成成果を偶然目にし、本書を企画された雄山閣編集部の羽佐田真一氏には用語や表現の統一や校正といった細かな編集作業をおこなっていただいた。さらに写真家風間耕司氏にはカバーに使用したウワダイラⅠ遺跡の石器の写真を提供していただいた。各氏にあらためてお礼を申し上げる次第である。

 最後に、序文を寄せていただいた松藤和人先生には在学中から現在にいたるまで指導を受けており、個々の論文に対してもその都度助言をいただいている。さらに東アジアの旧石器文化に対する関心も松藤先生に同行した韓国や中国の遺跡・遺物の見学、さらに韓国、中国の研究者との交流から芽生えた。厚く感謝の意を表したい。

　2006年3月

収録論文初出一覧

第Ⅰ章　序論―北陸旧石器研究の現状と課題―
　第1節　北陸地方の旧石器研究50年
　　　　　原題：「地域研究50年の成果と展望―中部地方―」『旧石器考古学』58
　　　　　旧石器文化談話会　1999年6月
　第2節　北陸旧石器研究の現状
　　　　　原題：「日本旧石器時代研究50年と今後の展望―北陸地方―」『石器文化研究』7　石器文化研究会　1999年5月
　第3節　北陸地方の旧石器編年（新稿）
第Ⅱ章　石材と石器群
　第1節　「石器文化と石材選択」『同志社大学考古学シリーズⅢ　考古学と地域文化』同志社大学考古学シリーズ刊行会　1987年6月
　第2節　「剥片剥離技術と石材」『旧石器考古学』58　旧石器文化談話会　1999年6月
　第3節　瀬戸内系石器群の安山岩使用（新稿）
第Ⅲ章　後期旧石器時代前葉の石器群
　第1節　「局部磨製石斧を伴う石器群について」『旧石器考古学』31　旧石器文化談話会　1985年10月
　第2節　「いわゆる立野ヶ原型ナイフ形石器の基礎的整理」『旧石器考古学』33　旧石器文化談話会　1986年11月
　第3節　「立野ヶ原遺跡群ウワダイラL遺跡の再検討」『旧石器考古学』50　旧石器文化談話会　1995年5月
　第4節　「後期旧石器時代前葉の剥離技術―米ヶ森技法の出現と展開―」『旧石器考古学』66　旧石器文化談話会　2005年2月
第Ⅳ章　日本海沿岸地域の瀬戸内系石器群
　第1節　「日本海沿岸地域における瀬戸内系石器群」『旧石器考古学』28　旧石器文化談話会　1984年4月
　第2節　「国府型ナイフ形石器と掻器」『同志社大学考古学シリーズⅡ　考古学と移住・移動』同志社大学考古学シリーズ刊行会　1985年3月

第3節　「御淵上遺跡の瀬戸内技法」『旧石器考古学』45・46　旧石器文化談話会　1992年11月・1993年5月（古森政次と共著）
第4節　「中部地方および東北地方日本海側の瀬戸内系石器群について」『瀬戸内技法とその時代』中・四国旧石器文化談話会　1994年5月
第5節　「富山市御坊山遺跡出土の瀬戸内系石器群」『富山市考古資料館報』No.40　富山市考古資料館　2003年3月
第6節　瀬戸内系石器群をめぐる諸問題（新稿）
第Ⅴ章　後期旧石器時代および縄文時代草創期の斧形石器
第1節　「後期旧石器時代の斧形石器について」『日本考古学協会1989年度大会研究発表要旨』日本考古学協会　1989年10月
第2節　「斧形石器の用途」『旧石器考古学』61　旧石器文化談話会　2001年3月
第3節　「神子柴型石斧の機能―破損と石質に関する研究ノート―」『旧石器考古学』37　旧石器文化談話会　1988年10月
第Ⅵ章　後期旧石器時代の日本列島と東アジア
第1節　「許家窯遺跡を訪ねて」『富山市日本海文化研究所報』13　富山市日本海文化研究所　1994年12月
第2節　「中国遼寧省の旧石器文化と日本列島」『富山市日本海文化研究所報』28　富山市日本海文化研究所　2002年3月
第3節　「日本列島における後期旧石器時代の装身具」『環日本海の玉文化の始源と展開』敬和学園大学人文社会科学研究所　2004年3月

索引 I （遺跡名）

【日本列島】

あ

青山　184
赤浦　269、270、272
阿久　269、270、272
愛宕山　134、136、137
荒川台　31
荒沢　25
荒屋　11、15、17、31
安養寺　21、51、156、168、169、174、176、177、224、240、249

い

飯山　27、42、50、185、186
家の下　133、134、137
池上（曽根）　252、269、270
石太郎A　165、166
石の本8　147
石山I　41、42、166、167、174、176
居尻A　25、40
居尻B　30
磯山　82、91〜94
板井・寺ヶ谷　89、90、237
市ノ久保　268
猪野口南幅　22、27、28、57、60〜63、230
岩宿　10、11、18、56、91、246、249、272、319
岩戸　181、310

う

植野　65
上ノ平(A)　16、25、26
上ノ平(C)　25、26
上ノ原　23〜25、232、235、236、238、240
後田　253
後野　263

内野前　65、172
卯の木　12、268
上車野A　138、139、141
ウワダイラA　122
ウワダイラC　111、112
ウワダイラDI　111、112、122
ウワダイラDII　111、112、122
ウワダイラH　129
ウワダイラI　40、49、77、78、84、85、88、96、99、100、104〜109、111、112、120、121、123〜126、129〜131
ウワダイラL　40、49、54、96、98〜100、104〜107、109〜114、116〜121、123〜127、129〜131
ウワダイラQ　122
上野林J　138、139、141

え

越中山(K)　20〜22、24、41、52、55、62、63、68、70、156、157、172、173、176、179、190、191、214〜221、225、230、231、236〜239

お

大刈野　15、31
大久保南　140、256
大坂　268、273
大隅　319
大台出張　309、310、313〜315
大台野　84、93、109
大林　64
大平山元I　263
大原北I　40
大原B　311
大平　31
大渡II　28、29、37、44
御経塚　252
奥白滝1　134、144、145
御山　142、143、149

恩原　69

か

貝坂　11、24、26、40
貝坂桐ノ木平　30、40
風無台 I　92、93、136、137
風無台 II　132〜134、137
風早　272
笠舞　269、270、272
かじか沢　40、231、236
柏山館　304、306、312、313
柏ヶ谷長ヲサ　70、172、180、181、184、231
柏台 I　303、304、313、314
桂江口　268
金沢　268
金谷原　86、87
鹿原 D　218、268
上似平　145
上黒岩岩陰　311、313
上白滝 8　144
上萩森　93、134、136、137
神谷　268
神山　11、12、24、26、31、40、57
鴨子台　25、306、307、313、314
唐沢 B　273
貫ノ木　140、232〜238、240、256

き

桔梗 2　125、134、144、145
北代　83、84
北前　290
木橋　62、171
共栄 3　144、145
桐野　65

く

九合洞穴　311、313
草山 B　226
黒川東　268
栗木 IV　268
郡家今城　23、28、37、41、57、62、63、175、176、182〜186、238

郡家川西　237

こ

小出 I　133、134、137
国府　182、237
香坂山　141
越那 A　40
小瀬ヶ沢洞窟　12、14、17
古曽志清水　125、145〜147
五智　10
御殿山　306、308、313、314
小長谷　43、69
小梨沢　268
此掛沢 II　92、93、125、131〜134、137
御坊山　60、225〜229
権現後　91、92、142、149
誉田白鳥　69

さ

才川七的場　27、42、50、186
境野新　226、229
坂ノ沢 C　21、63、64、138、139、141
桜ヶ丘第 I 地点　181、187、319
笹山原 No.7　136
笹山原 No.8　134、136
座散乱木　268、290
眼目新（丸山）　10、11、21、22、27、42、167、168、174、177、185、186、218、236、240、319
三和工業団地 I　143

し

塩坪　86
地宗寺　90
地蔵田 B　135〜137
志引　218
下郷原田代　146、147
下堤 G　125、134、135、137
下モ原 I　25、40
祝梅三角山　109、145
宿東山　125、139、140
宿向山　140

正面中島　31
正面ヶ原 B　40、63、231、236
正面ヶ原 D　39
白岩藪ノ上　15、40、81、82、84〜86、88、
　103、104、106〜109、125、130、131、139、
　141、178
城山東　146、147
壬　15、268、271
新造池 A　15、21、23、41、88、162〜165、
　173、174、176、178、224〜226、229、236
新保チカモリ　269、270、272

す

末野　254
杉久保　24〜26、37、85
杉谷 H　43、51
杉谷 G　51
杉村　10
直坂 I　34、41、42、51、53、79、84、85、88、
　106、108、162、185、224、265
直坂 II　16、21〜23、32〜34、40〜44、51〜
　53、79、104、107、120、130、161、162、171、
　173、174、176〜178、223〜225、230、232、
　236、239、265
直坂第3地区　43、54
すぐね　40
砂川　160、178

せ

勢雄　145
善上　253

そ

早水台　89

た

太子林　83〜85、87、89
大聖寺　63、221
大明神　268
高井戸東　91
竹生野　139、140
田沢　11

立美　30、43、50、53、54、88
立科 F　141
田能　252、270
多摩ニュータウンNo.9　268
多摩ニュータウンNo.116　268
多摩ニュータウンNo.426　268
田家池ノ平　139、140
樽口　14、16、20〜22、25〜29、31、35〜37、
　41、44、63、64、68、138、139、230、
　236〜238

ち

茶臼山　10
長七谷地貝塚　269、270、272
長者久保　263、273

つ

塚原　184
月岡　12、31
月見野上野　268
椿洞　66、230、231
津留　181
鶴峯荘第1地点　58、175

て

出口・鐘塚　306、308、309、312、313
鉄砲谷　41、42、50、75、76、84、86〜89、
　111、186、250、251
天神峰奥之台　143

と

峠山牧場 I　305、306、312、313
胴抜原 A　40
土代 A　226
灯台笹　27、28、30、52、185、186
灯台笹下　27
戸谷　89、90
殿山　22、172、180、181、184、231

な

中尾台 K　41、43、49
中山谷　91、142

中島 B　268
中台 B　49、129、170
中土　12、14、31、189、190、209
中林　11、17
長原　146、147、149
仲町　21、23、160〜162、172〜174、176、178、215、224、225、232、238〜240、256
中東 A　141
中峰　268
中矢下　268
中山　121
中山西　146、147
長山　80、84、86、88、89、94、106、130、139、171、251
七曲　21、41、42、51、169、170、174、176、177、240
七日市　89、90
楢ノ木平　12、25、26、30、40
鳴鹿山鹿　265、273
縄手下　133、134、137

に

丹生　268
西岡 A　22、232〜240
西岡 B　256
西倉　15
西下向　13、15、17、21、23、41、42、52、62、68、169、170、173、175、179、205、215、222〜225、231、239
西原 C　40、42、49、50、77〜79、82、84、85、88、101、102、104、106〜109、111、112、120、123、124、126、129〜131、319

ぬ

ぬたぶら　142

の

野川（遺跡群）　16
野沢　265〜267、274
野沢（A）　15、41、76、77、79、86〜89、178、186
野沢（C）　77、85
野尻湖湖底　298
野田原　268

は

橋本　90
八森　63、68
初矢　64、65、69、172
花泉　298、301、306、307、313、314
花見山　175
馬場壇　290、319
早風 A　89、90、124、125、145〜147
早月上野　185
原水無　268
原の寺　268

ひ

東裏　23、140、232〜238、240、256
東山　28
人母シモヤマ　169、170、174、176
日向林 B　140、141、256、257、309、312、313
日野 I　268、271
日ノ岳　121
日ノ宮　43、69
美利河 I　302〜304、313、314
広沢池　175、176、183、184
広野北　68、172

ふ

吹野原 A　256
福井　268
福井洞穴　310、311、313、314
藤坂宮山　184
二子沢 B　63
懐ノ内 F　132、135、137、148
古沢　84

ほ

細谷　82、85、88、102、105、106〜108、124、166、167、174
本郷　268、273

ま

前畑　268
前山　140、141
曲野　89、147
松木台Ⅱ　133、137
松木台Ⅲ　137
真人原　30
円山　27
万年台A　41、43、49、51
万年台B　41、43、49、51

み

神子柴　263、273
瑞穂　221、232
道下　30、40
南野　86
南原C　21、41、49、52、67、68、165、166、173、174、319、320
御淵上　12、14、21、22、30、41、52、55、57、58、63、69、70、157〜160、172〜174、176、179、187〜194、196、199、200、202〜205、207〜211、213〜215、219〜221、225、230、231、238、239
耳切　147
宮地向山　27、28
宮ノ入　273
宮ノ前　67、221
宮林　268

む

向野池　43、60、69、226、228
向原A　40
武蔵台　143
室谷洞窟　12

も

持川　273
本ノ木　11、17、262
紅葉谷　167、168、174、176、240

や

八木鼻岩陰　189
八木山大野　265〜267、274
薬師堂　25、26
八里向山　43、60
山田上ノ台　290

ゆ

湯の里4　302〜304、313、314
弓張平　268

よ

横針前久保　142
横道　24
吉ヶ沢（B）　25
吉峰　185
米ヶ森　86、124、127、131〜133、137、148、280
嫁兼平林　27、42、50、53、185、186

わ

和賀仙人　25、26

【列島外】

ウシュキ　312、
オシュルコヴォ　313
ガガリノ　255
コスチョンキⅠ　255
スカーテホルムⅠ　255
スンギール　314
ソルダートーペズ　256
ベヨ　259
マリタ　255、301、307
陸軍記念病院　307
レンコフカ　314
鵝毛口　285
干家溝　310
許家窰　280〜286、288〜291、293、299、321

金牛山　291〜296、299
高山　285
鴿子洞　291、292、296、297、299、300
古城堡古墳群　287
虎頭梁　310
古龍山　291、298
周口店第1地点　282、299
周口店15地点　295
周口店山頂洞　301、307、310
新廟荘　293、299

水洞溝　293
青磁窰　285
西八間房　291、292、297、298、300
前陽洞穴　298
小孤山　291〜294、300、307、310
丁村　291、295、299
板井子　289、291、293、299
廟後山　291、292、294、295、299、300
窰頭溝　296、299、300

索引 II（人名）

あ

相沢忠洋　10
会田容弘　216
赤堀英三　282
安斎正人　229、233、264、271

い

イェンセン　255
石毛直道　258
石沢寅二　11
稲田孝司　273

う

梅川知江　132

お

大塚和義　258
岡崎里美　250、255
岡本東三　263
小熊博史　10、70
奥村(松島)吉信　14、17、30、32、82、86、88、95、104、107、130、141
小野昭　14、30、191
小畑弘己　121
織笠昭　58、221

か

加藤真二　296、298、299
鹿野忠雄　259
鎌木義昌　56、57、156、174
亀田正夫　70、171、226

こ

小林武彦　15
小林達雄　96、120
駒井和愛　10、31
近藤義郎　263

さ

佐藤達夫　156、157、264
佐藤宏之　126、145
佐藤雅一　14、33、159、190、191、231
佐藤良二　188、240
佐原真　250、255、261、274
沢田敦　25

し

謝飛　285、288、289
賈蘭坡　281、282
白石浩之　96、121、159、189、191、252、274

す

菅沼亘　25、26
菅原和孝　260
杉浦重信　268、271
鈴木忠司　15
スチュワード　261
砂田佳弘　19、74、90、143、148、268

せ

セミョーノフ　248、255
芹沢長介　10、11、14、18、24、31、32、91

た

田村隆　129、137、142

ち

張森水　293
鄭紹宗　288

つ

立木宏明　10、30、31

て

寺崎康史　145

と

富樫泰時　124
土肥孝　310、314

な

中川和哉　122
長崎潤一　254
中村孝三郎　11、13、14、18、31、158、188、189
中村由克　19、39、235

に

西井龍儀　10、12、13、16、18、30、33、86、96、110、113、124、159、166、170、177〜179、190、319

は

橋本正　13、15、16、32、33、86、87、96、120、122、179、319
春成秀爾　121、124、250、314

ひ

平口哲夫　13、14、16、17、33、170、173、179、191、221、240、249

ふ

傅仁義　290、292、296
藤森栄一　10
藤原妃敏　86、93、127
古川知明　30、150、191
古森政次　188、240

ほ

ボアズ　261
星野芳郎　11

ま

増田一裕　188、240
松井政信　124、170、171、173
松藤和人　57、58、190、280、301、319、321
松村和男　247
真鍋昌弘　175

み

三浦知徳　62、70、229

む

村崎孝宏　147

も

望月静雄　150
森浩一　320
森秀雄　10
森嶋稔　263

や

柳田俊雄　156、159、188、191、319
山内清男　11、264
山本正敏　166、319

よ

横田義章　268
吉井雅勇　31、64、229
吉川耕太郎　137

り

李超栄　282、285、290

わ

渡辺哲也　39
渡辺仁　256

【著者紹介】

麻柄 一志（まがら ひとし）

1955年富山市生まれ。1979年3月、同志社大学文学部文化学科卒業。
富山県魚津市教育委員会、魚津歴史民俗博物館、魚津埋没林博物館の学芸員を経て、2004年4月より魚津市立図書館長、市史編纂準備室長。
＜主な論文＞
「石刃鏃文化の石製装身具」『縄文時代の渡来文化』雄山閣　2002年
「北陸の弥生系高地性集落の出現と消滅」『古代探求』中央公論社 1998年
「北陸の焼失住居」『考古学ジャーナル』第509号　2003年
「扇状地の打製石斧」『大境』第25号　2005年　ほか

2006年6月10日　初版発行　　　　　　　　　　　　　　　《検印省略》

日本海沿岸地域における旧石器時代の研究

著　者　麻柄一志
発 行 者　宮田哲男
発 行 所　株式会社 雄山閣
　　　　　〒102-0071　東京都千代田区富士見2-6-9
　　　　　T E L　03-3262-3231㈹／FAX　03-3262-6938
　　　　　U R L　http://www.yuzankaku.co.jp
　　　　　E-mail　info@yuzankaku.co.jp
　　　　　振替：00130-5-1685
組版・装丁　中村ゆき子〈シャルード http://sharrood.com〉
印　　刷　株式会社 三陽社
製　　本　協栄製本株式会社

©Hitoshi Magara　　　　　　　　　　　　Printed in Japan 2006
ISBN4-639-01929-7　C3021

雄山閣出版案内

石器実測法
情報を描く技術

B5判 88頁
2,625円

田中英司著（埼玉県立博物館学芸主幹）

旧石器遺跡捏造事件を境として見直された石器実測の重要性。モノに即した認識を武器に，再び日本の石器考古学を構築し直す。江戸時代以来の実測図の歴史を振り返り、実技を説く。

■ 主 な 内 容 ■

第Ⅰ章　石器実測図の歴史
　絵図・正投影図／木版と石版／『大森貝塚』と『陸平貝塚』／研究者が実測者／現代の実測図
第Ⅱ章　実技
　石器実測図の原則／外形から稜線まで／リング・フィッシャーからトレースまで／配置と表現
石器実測図集成
石器実測図一覧表
引用・参考文献

考古学選書
世界史のなかの縄文文化 改訂第三版

A5判 310頁
4,725円

安田喜憲著（国際日本文化研究センター副所長・教授）

人類史における自然と人間とのかかわりを解明し、縄文時代の世界史的位置づけを行なう。環境考古学を進める著者が新しい視点から探る縄文文化の解明！三版にあたり新しい1節を追加。

■ 主 な 内 容 ■

序　章　人類史的世界史
　危機の時代の歴史観／日本史の世界史的位置づけ／生態史観と世界史ほか
第1章　縄文人のルーツ
　縄文人の祖先をめぐる論争／カギにぎる日本海／縄文土器の起源と環境変動ほか
第2章　海洋的日本文明の原点
　矢出川遺跡／最古の縄文土器／北欧の晩氷期との比較／海洋的日本文明の原点
第3章　縄文農耕論の世界史的位置づけをめぐって
　なぜ鳥浜貝塚にはイネがない／農耕と文明開化／農耕の起源を探究した人々／縄文農耕論／稲作以前
第4章　縄文文化崩壊の世界史的位置
　エジプトはナイルのたまもの／エジプト文明と日本文明の原点ほか
終　章　縄文文化の人類史的意味
　文明の永続性／文明崩壊のアナロジー／自然／日本縄文再生計画

考古学選書
縄紋時代史 I

A 5 判 302頁
4,410円

林　謙作著（前北海道大学教授）

縄文時代の社会・時代像を追究するうえで重要な生業、領域、交易を項目として取り上げ、さらに集団間関係にまで及ぶ、縄文考古学の最先端を示す詳細な書。『季刊考古学』連載の講座をまとめる。

■　主　な　内　容　■

第1章　研究の流れ
第2章　縄紋人の素性
第3章　縄紋文化の形成
　　　　自然史的背景／草創期から早期へ
第4章　縄紋土器の型式
第5章　縄紋人の生業
　　　　生業とは／仙台湾の事例／季節の推定／資源と生業
第6章　縄紋人の領域
第7章　縄紋人の〈交易〉

考古学選書
縄紋時代史 II

A 5 判 300頁
4,410円

林　謙作著（前北海道大学教授）

遊動から定住、そして成立期定住から普及期定住にいたる変遷過程を、集落・住居・土器などの調査データから解析し、縄文集落研究の現状と課題を論究する。『季刊考古学』連載の講座をまとめる。

■　主　な　内　容　■

第8章　縄紋人の集落
　　　　「縄紋集落」の形成／縄紋集落論の現状と問題点
第9章　縄紋人の住居
　　　　住居の種類と構造／住居を建てる
第10章　定住集落の成立
　　　　目に見えぬ定住・目に見える定住／成立期定住まで
第11章　定住集落の普及
　　　　初期定住をめぐる諸問題／旧石器時代・縄紋時代の貯蔵／貯蔵と定住の諸段階／定住確立期集落の構成
付　章　研究手段としての命名・分類

雄山閣出版案内

日本の先史文化
—その特質と源流—

A5判 266頁
3,780円

松浦宥一郎著（東京国立博物館）

縄文土器と弥生土器の特色と対比など、東京国立博物館における研究・展示活動の豊富な経験をもとに、北海道・南西諸島も含めた日本列島先史文化の特質と源流について明快に語る。

■ 主 な 内 容 ■

I 日本の先史文化
　日本の先史時代研究／先史文化をみる二つの視点／日本先史文化の特質ほか。
II 縄文土器と弥生土器
　縄文土器の起源／縄文土器の造形／弥生土器の造形／土器の色／縄文のヴィーナスほか。
III 先史時代の中国と日本
　栃木県湯津上村出土の玉斧／中国東北部の新石器時代玉文化／中国の先史土偶ほか。
IV 弥生時代から古墳時代へ
　弥生時代終末期の西日本／弥生時代から古墳時代の政治・軍事
V 埴輪の世界
　日本の埴輪／埴輪と古墳

縄文「ムラ」の考古学

A5判 250頁
3,675円

川崎 保著（長野県立歴史館）

炉の形の違いは何を意味するか、無文土器はどこでどのように使われたか、柄鏡形敷石住居の出現にどんな背景があったか、中部高地の縄文文化に海の要素がみられるのはなぜか——ヒトとモノの動きから縄文ムラの実像に迫る。

■ 主 な 内 容 ■

縄文ムラをみる視点……………………川崎 保
吊るす文化と据える文化—縄文時代における土器利用炉の分類とその意義………………三上徹也
飾られない縄文土器—長野県大清水遺跡の再検討を通してみえてくるもの……………百瀬新治
土器をつくる女、土器をはこぶ男—胎土からみた土器のふるさと…………………水沢教子
柄鏡形敷石住居の出現と環状集落の終焉—縄文時代中期集落形態の変化を追う……本橋恵美子
縄文ムラを復元する—長野県筑北村東畑遺跡の発掘成果から……………………………柳澤 亮
海にあこがれた信州の縄文文化………川崎 保
〈コラム〉栗林遺跡の水さらし場状遺構／八ヶ岳の縄文ムラを掘る／カワシンジュガイ